Fezer · Obergfell | Klausurenkurs zum Schuldrecht Allgemeiner Teil

Klausurenkurs zum Schuldrecht

Allgemeiner Teil

Von

Dr. iur. Karl-Heinz Fezer
Universitätsprofessor em. an der Universität Konstanz
Honorarprofessor an der Universität Leipzig
Richter am Oberlandesgericht Stuttgart a.D.

und

Dr. iur. Eva Inés Obergfell
Universitätsprofessorin an der Humboldt-Universität zu Berlin
Vizepräsidentin für Lehre und Studium an der Humboldt-Universität zu Berlin

unter Mitarbeit von

Dr. iur. Ronny Hauck
Professor an der Humboldt-Universität zu Berlin

9., neu bearbeitete Auflage 2019

Verlag Franz Vahlen

Zitiervorschlag: *Fezer/Obergfell* Klausurenkurs SchuldR AT S.

www.vahlen.de

ISBN 978 3 8006 5543 4

Wilhelmstraße 9, 80801 München

Druck: Druckhaus Nomos, In den Lissen 12, 76547 Sinzheim
Satz: R. John + W. John GbR, Köln
Umschlaggestaltung: Martina Busch, Grafikdesign, Homburg Saar

Gedruckt auf säurefreiem, alterungsbeständigem Papier
(hergestellt aus chlorfrei gebleichtem Zellstoff)

Vorwort zur neunten Auflage

Der Allgemeine Teil des Schuldrechts nimmt in der juristischen Examensvorbereitung eine Schlüsselrolle ein. Fragen des Leistungsstörungsrechts bilden häufig einen zentralen Gegenstand des zivilrechtlichen Teils in der Ersten Juristischen Staatsprüfung. Der vorliegende Klausurenkurs bietet als Teil der Reihe »Examenstraining« für fortgeschrittene Studierende in erster Linie ein Fallrepetitorium mit anspruchsvollem Fallmaterial zum Allgemeinen Teil des Schuldrechts auf Examensniveau. Zur Vertiefung des Lernstoffs und Kontextualisierung der klausurmäßig behandelten Probleme wird die Falllösungssystematik bisweilen – im Sinne einer didaktischen Erweiterung – durch (grau markierte) Exkurse durchbrochen, die weiterführende Hinweise liefern und als gedankliche Vor- und Abgrenzungsarbeit zu betrachten sind, welche selbst nicht in eine gutachterliche Lösung eingeht.

Der »Klausurenkurs zum Schuldrecht Allgemeiner Teil« wird durch die beiden weiteren Bände »Klausurenkurs zum Allgemeinen Teil des BGB« und »Klausurenkurs zum Schuldrecht Besonderer Teil« flankiert und bildet mit ihnen eine Einheit. Gerne habe ich diese äußerst positiv aufgenommenen zivilrechtlichen Klausurenkurse von *Karl-Heinz Fezer* nach seinem Ausscheiden aus der aktiven Lehrtätigkeit übernommen. Ich freue mich, dass mein Kollege *Ronny Hauck* zur engagierten Mitarbeit an der Neuauflage gewonnen werden konnte. Ihm gebührt mein besonderer Dank.

Für die Neuauflage wurde der Klausurenkurs umfassend überarbeitet und aktualisiert. So behandelt etwa der neue Fall 3 den Anspruch gem. § 21 Abs. 1 S. 1 AGG. Es wurden sowohl neue Rechtsprechung und Literatur eingearbeitet als auch alle relevanten Gesetzesänderungen berücksichtigt. Eingegangen sind Änderungen im Werklieferungsvertrags- und Reisevertragsrecht, die durch das Dritte Gesetz zur Änderung reiserechtlicher Vorschriften vom 17.7.2017 (BGBl. 2017 I 2394, in Kraft getreten am 1.7.2018) und das Gesetz zur Reform des Bauvertragsrechts, zur Änderung der kaufrechtlichen Mängelhaftung, zur Stärkung des zivilprozessualen Rechtsschutzes und zum maschinellen Siegel im Grundbuch- und Schiffsregisterverfahren vom 28.4.2017 (BGBl. 2017 I 969, in Kraft getreten am 1.1.2018) notwendig geworden sind.

Bei der umfassenden Überarbeitung und Aktualisierung wie auch schließlich der Druckfahnenkorrektur haben mich mein wissenschaftlicher Mitarbeiter *Andreas Mann* sowie meine studentische Mitarbeiterin *Olivia Klaehn* und mein studentischer Mitarbeiter *Heiko Blaut* tatkräftig unterstützt. Ihnen allen sei herzlich gedankt!

Berlin, im November 2018 *Eva Inés Obergfell*

Zehn Gebote
Anweisungen zum deutlichen Schreiben

Der Anfang des Jahres 2003 verstorbene britische Historiker *Hugh Trevor-Roper* verfasste im Jahre 1971 eine pointierte Anleitung, die er seinen Schülern ans Herz legte und die jeder Jurastudent beim Schreiben seiner Klausuren beachten sollte.[1]

I.

Du sollst dein Argument kennen und fest auf ihm beharren, und du sollst nicht davon abweichen oder abschweifen ohne Wissen und Zustimmung deines Lesers, den du allezeit auf einem Weg führen sollst, dem er folgen kann und der ihm, während er geht, klar wird.

II.

Du sollst die Selbstständigkeit jedes Absatzes achten, wie es durch Autorität und Beispiel des Propheten Edward Gibbon befohlen ist; denn er ist in der Kette der Argumente die wesentliche Einheit. Deswegen sollst du das Argument rein und in sich geschlossen halten; jeder Absatz sollte einen zentralen Punkt haben, dem sich alle anderen Beobachtungen präzise unterordnen durch richtigen Gebrauch der Partikel und Flexionsformen, die uns zu diesem Zweck gegeben sind.

III.

Du sollst immer nach Klarheit der Gliederung streben, der alle anderen literarischen Ziele untergeordnet sind, eingedenk der Worte des Propheten Kommandant Black: »clarté prime, longueur secondaire«. Zu diesem Ende sollst du danach streben, dass kein Satz syntaktisch eine unbeabsichtigte Bedeutung annehmen kann und dass kein Leser verpflichtet ist, auch nur einen einzigen Satz zweimal zu lesen, um seine wahre

1 Der Abdruck der von *Hugh Trevor-Roper* (1914–2003) im Jahre 1971 verfassten *Zehn Gebote* erfolgt mit freundlicher Genehmigung der Frankfurter Allgemeinen Zeitung. In der Ausgabe vom 19.3.2003, Nr. 66, Seite N3 heißt es zu *Hugh Trevor-Roper* erläuternd: »Neben seinen Helden bringt er auch einige seiner Dämonen in dieser wunderbar pointierten Anleitung unter. Die weniger bekannten Figuren wie *Nicolas Boileau*, der französische Klassizist des siebzehnten Jahrhunderts, der die Schriftsteller der Antike als unübertreffliche Vorbilder pries, oder dessen Zeitgenosse *Sir Thomas Browne*, der Mediziner und geistvolle Denker, den auch *Samuel Johnson* und *Virginia Woolf* verehrten, oder der in Vergessenheit geratene spätviktorianische Romancier *George Moore* zeugen von den breitgefächerten Interessen *Trevor-Ropers*. Der Kommandant Black war im Krieg für das »Freie Frankreich« in London tätig. Mit seinem Spruch wollte er der Forderung nach Knappheit in den verschlüsselten Mitteilungen von damals entgegnen« (G. T.).

Bedeutung zu verstehen. Zu diesem Ende sollst du dich weder vor Wiederholungen fürchten, wenn die Klarheit es verlangt, noch sollst du dich scheuen, Tatsachen anzuführen, von denen du meinst, dass sie anderen ebenso vertraut sind wie dir selbst. Denn es ist besser, die Gebildeten an etwas zu erinnern, als die Ungebildeten im Dunkeln zu lassen.

IV.

Du sollst den Bau deiner Sätze klar halten, kurze Sätze langen Sätzen vorziehen, damit der Leser sich nicht in einem Labyrinth von Nebensätzen verliert; und vor allem sollst du nie einen Relativsatz in einen anderen einbauen, denn dies verrät Unbeholfenheit im Ausdruck und ist außerdem eine fruchtbare Quelle von Zweideutigkeit.

V.

Du sollst die Einheit von Zeit und Ort wahren, wie es der Hohepriester Nicolas Boileau gebot, indem du dich in deiner Phantasie in eine Zeit und an einen Ort versetzt und alles übrige, worauf du dich beziehen magst, davon unterscheidest durch einen passenden Gebrauch der Zeiten und anderer Redeformen, die für diesen Zweck bestimmt sind; denn wenn wir die Unterscheidung zwischen den Zeiten von Vergangenheit und Plusquamperfekt und zwischen Imperfekt und Futur nicht nutzen, können wir eine vollkommene Durchsichtigkeit des Stils und der Argumentation nicht erlangen.

VI.

Du sollst den Konjunktiv, einen nützlichen, subtilen und anmutigen Modus, nicht verachten, der von Erasmus den Segen erhalten hat und von George Moore verherrlicht wurde, dagegen von der Heiligen Inquisition, der »Prawda« und dem verstorbenen Lord Beaverbrook verflucht und mit Bann belegt wurde.

VII.

Du sollst stets in geordneter Manier vorgehen, nach der Regel des guten Verstandesgebrauchs: also vom Allgemeinen zum Besonderen, wenn ein Allgemeines illustriert, dagegen vom Besonderen zum Allgemeinen, wenn etwas Allgemeines bewiesen werden soll.

VIII.

Du sollst sehen, was du schreibst; und deswegen sollst du die Metaphern nicht mischen. Denn eine gemischte Metapher beweist, dass das in ihr enthaltene Bild nicht mit dem inneren Auge gesehen wurde, und eine solche Metapher ist keine echte Metapher, die vielmehr vom tätigen Auge der Einbildungskraft geschaffen wird, sondern abgedroschener Jargon, gedankenlos aus dem Sumpf der Gemeinplätze gefischt.

IX.

Du sollst auch hören, was du schreibst, mit deinem inneren Ohr, sodass kein äußeres Ohr durch grelle Silben oder unmelodische Rhythmen beleidigt wird; und hier sollst du mit Demut, doch ohne sie nachahmen zu wollen, an das Wohlgerundete bei Sir Thomas Browne und an Ciceros »*clausulae*« denken.

X.

Du sollst aus deinem Schreiben alle absichtsvoll verfassten hochtrabenden Passagen sorgfältig tilgen, auf dass sie sich nicht erheben, um dich im Alter zu beschämen.

Inhaltsverzeichnis

Abkürzungsverzeichnis

aA	anderer Ansicht
Abs.	Absatz
AcP	Archiv für civilistische Praxis (Zeitschrift)
aE	am Ende
aF	alte Fassung
AG	Aktiengesellschaft, Amtsgericht
AGB	Allgemeine Geschäftsbedingungen
AGG	Allgemeines Gleichbehandlungsgesetz
AktG	Aktiengesetz
Allg.	Allgemein
Alt.	Alternative
Anh.	Anhang
Anm.	Anmerkung
AnSVG	Gesetz zur Verbesserung des Anlegerschutzes (Anlegerschutzverbesserungsgesetz)
Art.	Artikel
AT	Allgemeiner Teil
AtG	Gesetz über die friedliche Verwendung der Kernenergie und den Schutz gegen ihre Gefahren (Atomgesetz)
Aufl.	Auflage
BAG	Bundesarbeitsgericht
BAGE	Entscheidungen des Bundesarbeitsgerichts
BauGB	Baugesetzbuch
BauR	Baurecht
BeckRS	Beck online Rechtsprechung
BB	Betriebs-Berater (Zeitschrift)
BBG	Bundesbeamtengesetz
Bd.	Band
Beil.	Beilage
BGB	Bürgerliches Gesetzbuch
BGBl.	Bundesgesetzblatt
BGH	Bundesgerichtshof
BGHZ	Entscheidungen des Bundesgerichtshofs in Zivilsachen
BNotO	Bundesnotarordnung
BörsG	Börsengesetz
BRAO	Bundesrechtsanwaltsordnung
BR-Drs.	Bundesrats-Drucksache
BRRG	Rahmengesetz zur Vereinheitlichung des Beamtenrechts (Beamtenrechtsrahmengesetz)
BSHG	Bundessozialhilfegesetz
BT	Besonderer Teil
BT-Drs.	Bundestags-Drucksache
BürgerlR	Bürgerliches Recht
BVerfG	Bundesverfassungsgericht
BWStrG	Straßengesetz für Baden-Württemberg
bzw.	beziehungsweise
cic	culpa in contrahendo
DB	Der Betrieb (Zeitschrift)
dh	das heißt

Einf. .... Einführung
EFZG .... Gesetz über die Zahlung des Arbeitsentgelts an Feiertagen und im Krankheitsfall (Entgeltfortzahlungsgesetz)
EnWG .... Gesetz über die Elektrizitäts- und Gasversorgung (Energiewirtschaftsgesetz)

f. .... und folgende (Seite)
FamRZ .... Zeitschrift für das gesamte Familienrecht
ff. .... und folgende (Seiten)
Fn. .... Fußnote
FS .... Festschrift

gem. .... gemäß
GG .... Grundgesetz
GmbH .... Gesellschaft mit beschränkter Haftung

HGB .... Handelsgesetzbuch
hL .... herrschende Lehre
hM .... herrschende Meinung
HPflG .... Haftpflichtgesetz
Hrsg. .... Herausgeber
Hs. .... Halbsatz

idR .... in der Regel
iHv .... in Höhe von
InsO .... Insolvenzordnung
InVG .... Investmentgesetz
iSd .... im Sinne der/des
iSv .... im Sinne von
iVm .... in Verbindung mit

JA .... Juristische Arbeitsblätter (Zeitschrift)
JR .... Juristische Rundschau (Zeitschrift)
JURA .... Juristische Ausbildung (Zeitschrift)
JuS .... Juristische Schulung (Zeitschrift)
JZ .... Juristenzeitung

Kap. .... Kapitel
KG .... Kommanditgesellschaft, Kammergericht
KWG .... Gesetz über das Kreditwesen (Kreditwesengesetz)

LG .... Landgericht
Lit. .... Literatur
LM .... Lindenmaier-Möhring, Nachschlagewerk des BGB
LuftVG .... Luftverkehrsgesetz

mAnm .... mit Anmerkung
MDR .... Monatsschrift für Deutsches Recht (Zeitschrift)
Mot. .... Motive
MüKo .... Münchener Kommentar
MünzG .... Münzgesetz
mwN .... mit weiteren Nachweisen

Nachw. .... Nachweise
nF .... neue Fassung
NJW .... Neue Juristische Wochenschrift (Zeitschrift)
NJW-RR .... NJW-Rechtsprechungsreport (Zeitschrift)
NK-BGB .... Nomos Kommentar zum BGB

Nr. . . . . Nummer

OLG . . . . Oberlandesgericht

PBefG . . . . Personenbeförderungsgesetz
PDLV . . . . Postdienstleistungsverordnung
PflVG . . . . Gesetz über die Pflichtversicherung für Kraftfahrzeughalter (Pflichtversicherungsgesetz)
ProdHaftG . . . . Gesetz über die Haftung für fehlerhafte Produkte (Produkthaftungsgesetz)

RG . . . . Reichsgericht
RGRK . . . . Reichsgerichtsrätekommentar
RGZ . . . . Entscheidungen des Reichsgerichts
Rn. . . . . Randnummer
Rspr. . . . . Rechtsprechung
RVO . . . . Reichsversicherungsordnung aF
RW . . . . Zeitschrift für rechtswissenschaftliche Forschung

S. . . . . Seite, Satz
s. . . . . siehe
SchuldR . . . . Schuldrecht
SGB . . . . Sozialgesetzbuch
sog. . . . . sogenannt(e)
StGB . . . . Strafgesetzbuch
str. . . . . strittig
stRspr . . . . ständige Rechtsprechung
StVG . . . . Straßenverkehrsgesetz

Teilbd. . . . . Teilband
TKG . . . . Telekommunikationsgesetz

UmweltHG . . . . Umwelthaftungsgesetz
UStG . . . . Umsatzsteuergesetz

v. . . . . vor, von
VerkProspG . . . . Wertpapier-Verkaufsprospektgesetz
VermAnlG . . . . Gesetz über Vermögensanlagen
VersR . . . . Versicherungsrecht (Zeitschrift)
vgl. . . . . vergleiche
Vorbem. . . . . Vorbemerkung
VVG . . . . Gesetz über den Versicherungsvertrag
VzD . . . . Vertrag zugunsten Dritter

WM . . . . Zeitschrift für Wirtschaft und Bankrecht, Wertpapiermitteilungen, Teil IV
WpPG . . . . Gesetz über die Erstellung, Billigung und Veröffentlichung des Prospekts, der beim öffentlichen Angebot von Wertpapieren oder bei der Zulassung von Wertpapieren zum Handel an einem organisierten Markt zu veröffentlichen ist (Wertpapierprospektgesetz)

zB . . . . zum Beispiel
ZIP . . . . Zeitschrift für Wirtschaftsrecht
ZRP . . . . Zeitschrift für Rechtspolitik

Literaturverzeichnis

I. Abgekürzt zitierte Literatur

Bamberger, H./Roth, H./Hau, W./Poseck, R., Beck'scher Online-Kommentar zum BGB, 47. Ed. 2018 (zit.: BeckOK BGB/*Bearbeiter*)

Baur, F./Stürner, R., Sachenrecht, 18. Aufl. 2009 (zit.: *Baur/Stürner* SachenR)

Beuthien, V., Zweckerreichung und Zweckstörung, 1969 (zit.: *Beuthien* Zweckerreichung)

Blomeyer, A., Allgemeines Schuldrecht, 4. Aufl. 1969 (zit.: *Blomeyer* SchuldR AT)

Buck-Heeb, P., Kapitalmarktrecht, 9. Aufl. 2017 (zit.: *Buck-Heeb* KapitalmarktR)

Boecken, W., BGB – Allgemeiner Teil, 2. Aufl. 2012 (zit.: *Boecken* BGB AT)

Brox, H./Walker, W.-D., Allgemeiner Teil des BGB, 42. Aufl. 2018 (zit.: *Brox/Walker* BGB AT)

Brox, H./Walker, W.-D., Allgemeines Schuldrecht, 42. Aufl. 2018 (zit.: *Brox/Walker* SchuldR AT)

Brox, H./Walker, W.-D., Besonderes Schuldrecht, 42. Aufl. 2018 (zit.: *Brox/Walker* SchuldR BT)

Canaris, C.-W., Bankvertragsrecht, 1981 (zit.: *Canaris* BankvertragsR)

Dauner-Lieb, B./Heidel, T./Ring, G., Nomoskommentar BGB, 2. Aufl. 2016 (zit.: NK-BGB/*Bearbeiter*)

Ehmann, H., Die Gesamtschuld, 1972 (zit.: *Ehmann* Gesamtschuld)

Ehmann, H./Sutschet, H., Modernisiertes Schuldrecht, Lehrbuch der Grundsätze des neuen Rechts und seiner Besonderheiten, 2002 (zit.: *Ehmann/Sutschet* ModSchuldR)

Emmerich, V., Das Recht der Leistungsstörungen, 6. Aufl. 2005 (zit.: *Emmerich* LeistungsstörungsR)

Enneccerus, H./Lehmann, L., Lehrbuch des Bürgerlichen Rechts Band 2, Recht der Schuldverhältnisse, 1954 (zit.: *Enneccerus/Lehmann* SchuldR)

Erman, W., Bürgerliches Gesetzbuch, Handkommentar mit AGG, EGBGB (Auszug), ErbbauRG, HausratsVO, LPartG, ProdHaftG, UKlaG, VAHRG und WEG, Bd. 1, §§ 1–758 BGB, AGG, UKlaG, 15. Aufl. 2017 (zit.: Erman/*Bearbeiter*)

Esser, J./Schmidt, E., Schuldrecht, Bd. 1, Allgemeiner Teil, Teilbd. 1, Entstehung, Inhalt und Beendigung von Schuldverhältnissen, 8. Aufl. 1995 (zit.: *Esser/Schmidt* SchuldR AT I)

Esser, J./Schmidt, E., Schuldrecht, Bd. 1, Allgemeiner Teil, Teilbd. 2, Durchführungshindernisse und Vertragshaftung, Schadensausgleich und Mehrseitigkeit beim Schuldverhältnis, 8. Aufl. 2000 (zit.: *Esser/Schmidt* SchuldR AT II)

Fezer, K.-H., Klausurenkurs zum Schuldrecht BT, 9. Aufl. 2013 (zit.: *Fezer* SchuldR BT)

Fezer, K.-H./Obergfell, E., Klausurenkurs zum BGB AT, 10. Aufl. 2018 (zit.: *Fezer/Obergfell* BGB AT)

Fikentscher, W./Heinemann, A., Schuldrecht, 11. Aufl. 2017 (zit.: *Fikentscher/Heinemann* SchuldR)

Flume, W., Allgemeiner Teil des Bürgerlichen Rechts, 2. Bd., Das Rechtsgeschäft, 4. Aufl. 1992 (zit.: *Flume* BGB AT II)

Fritzsche, J., Fälle zum Schuldrecht I, Vertragliche Schuldverhältnisse, 7. Aufl. 2016 (zit.: *Fritzsche* Fälle SchuldR I)

Haas, L./Medicus, D./Rolland, W./Schäfer, C./Wendtland, H., Das neue Schuldrecht, 2002 (zit.: HMRSW/*Bearbeiter* SchuldR)

Harder, M., Zuwendungen unter Lebenden auf den Todesfall, 1962 (zit.: *Harder* Zuwendungen)

Heck, P., Grundriß des Schuldrechts, 1958 (zit.: *Heck* Grundriß des Schuldrechts)

Helm, J., Haftung für Schäden an Frachtgütern, 1966 (zit.: *Helm* Schäden an Frachtgütern)

Huber, P./Faust, F., Schuldrechtsmodernisierung, Einführung in das neue Recht, 2002 (zit.: *Huber/Faust* SchuldRMod)

Gernhuber, J., Das Schuldverhältnis, 1989 (zit.: *Gernhuber* Schuldverhältnis)

Gernhuber, J., Die Erfüllung und ihre Surrogate, 2. Aufl. 1994 (zit.: *Gernhuber* Erfüllung)

Hagen, H., Die Drittschadensliquidation im Wandel der Rechtsdogmatik, 1971 (zit.: *Hagen* Drittschadensliquidation)

Jacoby, F./v. Hinden, M., Studienkommentar BGB, 16. Aufl. 2018 (zit.: *Jacoby/v. Hinden*)

Jauernig, O., Bürgerliches Gesetzbuch mit Allgemeinem Gleichbehandlungsgesetz (Auszug), Kommentar, 17. Aufl. 2018 (zit.: Jauernig/*Bearbeiter*)

Köhler, H., Unmöglichkeit und Geschäftsgrundlage bei Zweckstörungen, 1971 (zit.: *Köhler* Unmöglichkeit)

Köndgen, J., Selbstbindung ohne Vertrag: Zur Haftung aus geschäftsbezogenem Handeln, 1981 (zit.: *Köndgen* Haftung)

Köpcke, G., Typen der positiven Vertragsverletzung, 1965 (zit.: *Köpcke* Positive Vertragsverletzung)

Kornblum, U./Stürner, M., Fälle zum Allgemeinen Schuldrecht, 8. Aufl. 2017 (zit.: *Kornblum/Stürner* Fälle SchuldR AT)

Krebs, P., Sonderverbindung und außerdeliktische Schutzpflichten, 2000 (zit.: *Krebs* Sonderverbindung)

Löwisch, M., Der Deliktsschutz relativer Rechte, 1970 (zit.: *Löwisch* Deliktsschutz relativer Rechte)

Lange, K. W., Erbrecht, 2. Aufl. 2017 (zit.: *Lange* ErbR)

Lange, H./Schiemann, G., Handbuch des Schuldrechts in Einzeldarstellungen, Bd. 1, Schadensersatz, 3. Aufl. 2003 (zit.: *Lange/Schiemann* HdB SchuldR)

Larenz, K., Lehrbuch des Schuldrechts, Bd. 1: Allgemeiner Teil, 14. Aufl. 1987 (zit.: *Larenz* SchuldR I)

Larenz, K./Canaris, C.-W., Lehrbuch des Schuldrechts, Band II: Besonderer Teil, 2. Halbbd, 13. Aufl. 1994 (zit.: *Larenz/Canaris* SchuldR II/2)

Looschelders, D., Schuldrecht Allgemeiner Teil, 16. Aufl. 2018 (zit.: *Looschelders* SchuldR AT)

Looschelders, D., Schuldrecht Besonderer Teil, 13. Aufl. 2018 (zit.: *Looschelders* SchuldR BT)

Lorenz, S./Riehm, T., Lehrbuch zum neuen Schuldrecht, 2002 (zit.: *Lorenz/Riehm* Neues SchuldR)

Medicus, D./Petersen, J., Bürgerliches Recht, Eine nach Anspruchsgrundlagen geordnete Darstellung zur Examensvorbereitung, 26. Aufl. 2017 (zit.: *Medicus/Petersen* BürgerlR)

Medicus, D./Lorenz, S., Schuldrecht I, Allgemeiner Teil, 21. Aufl. 2015 (zit.: *Medicus/Lorenz* SchuldR AT)

Mommsen, F., Zur Lehre vom Interesse, 1855 (zit.: *Mommsen* Zur Lehre vom Interesse)

Musielak, H.-J./Hau, W., Grundkurs BGB, Eine Darstellung zur Vermittlung von Grundlagenwissen im bürgerlichen Recht mit Fällen und Fragen zur Lern- und Verständniskontrolle sowie mit Übungsklausuren, 15. Aufl. 2017 (zit.: *Musielak/Hau* GK BGB)

Münchener Kommentar zum Bürgerlichen Gesetzbuch (BGB), (zit.: MüKoBGB/*Bearbeiter*)

Bd. 1, Allgemeiner Teil, 7. Aufl. 2016,

Bd. 2, Schuldrecht Allgemeiner Teil (§§ 241–432), 7. Aufl. 2016,

Bd. 5, Schuldrecht Besonderer Teil II, 7. Aufl. 2016,

Bd. 6, Schuldrecht Besonderer Teil IV, 7. Aufl. 2017,

Bd. 7, Sachenrecht, 7. Aufl. 2017

Palandt, O., Bürgerliches Gesetzbuch, mit Nebengesetzen, 78. Aufl. 2019 (zit.: Palandt/*Bearbeiter*)

Reichsgerichtsrätekommentar, Das Bürgerliche Gesetzbuch, mit besonderer Berücksichtigung der Rechtsprechung des Reichsgerichts und des Bundesgerichtshofes, Bd. 2, Teil 1, §§ 241–413, 12. Aufl. 1976 (zit.: RGRK/*Bearbeiter*)

Soergel, T., Bürgerliches Gesetzbuch, mit Einführungsgesetz und Nebengesetzen, (zit.: Soergel/*Bearbeiter*)

Bd. 2, Schuldrecht I, §§ 241–432 BGB, 12. Aufl. 1990,

Bd. 5/2, Schuldrecht III/2, §§ 320–327 BGB, 13. Aufl. 2005

Staudinger, J., Kommentar zum Bürgerlichen Gesetzbuch mit Einführungsgesetz und Nebengesetzen (zit.: Staudinger/*Bearbeiter*)

§§ 90–124; §§ 130–133 (Sachen und Tiere; Geschäftsfähigkeit; Willenserklärung), Neubearbeitung 2017,

§§ 139–163 (Allgemeiner Teil 4b), Neubearbeitung 2015,

§§ 164–240 (Allgemeiner Teil 5), Neubearbeitung 2014,

§§ 241–243 (Einleitung zum Schuldrecht, Treu und Glauben), Neubearbeitung 2015,

§§ 244–248 (Geldrecht), Neubearbeitung 2016,

§§ 249–254 (Schadensersatzrecht), Neubearbeitung 2017,

§§ 255–304 (Leistungsstörungsrecht I), Neubearbeitung 2014,

§§ 305–310 UKlaG (Recht der Allgemeinen Geschäftsbedingungen), Neubearbeitung 2013,

§§ 311, 311a, 312, 312a–i (Vertragsschluss), Neubearbeitung 2012,

§§ 311b, 311c (Verträge über Grundstücke, das Vermögen und den Nachlass), Neubearbeitung 2011,

§§ 315–326 (Leistungsstörungsrecht II), Neubearbeitung 2015,

§§ 328–345 (Vertrag zugunsten Dritter, Draufgabe, Vertragsstrafe), Neubearbeitung 2015,

§§ 362–396 (Erfüllung, Hinterlegung, Aufrechnung), Neubearbeitung 2016,

§§ 397–432 (Erlass, Abtretung, Schuldübernahme, Mehrheit von Schuldnern und Gläubigern), Neubearbeitung 2017,

§§ 433–480 (Kaufrecht), Neubearbeitung 2014,

§§ 741–764 (Gemeinschaft, Leibrente, Spiel), Neubearbeitung 2015,

§§ 854–882 (Einleitung zum Sachenrecht, allgemeines Liegenschaftsrecht I), Neubearbeitung 2012

Traeger, L., Kausalbegriff im Zivil- und Strafrecht, 1904 (zit.: *Traeger* Kausalbegriff)

Ulmer, P./Brandner, H. E./Hensen, H.-D., AGB-Recht, 12. Aufl. 2016 (zit.: Ulmer/Brandner/Hensen/*Bearbeiter*)

Westermann, H. P./Bydlinski, P./Weber, R., BGB – Schuldrecht Allgemeiner Teil, 8. Aufl. 2014 (zit.: *Westermann/Bydlinski/Weber* SchuldR AT)

Wolf, M./Lindacher, W. F./Pfeiffer, T., AGB-Recht, Kommentar, 6. Aufl. 2013 (zit.: Wolf/Lindacher/Pfeiffer/*Bearbeiter*)

Wolf, M./Neuner, J., Allgemeiner Teil des Bürgerlichen Rechts, 11. Aufl. 2016 (zit.: *Wolf/Neuner* BGB AT)

II. Weiterführende und vertiefende Literatur

1. Lehrbücher:

Kittner, M., Schuldrecht, Rechtliche Grundlagen – wirtschaftliche Zusammenhänge, 3. Aufl. 2003

Köhler, H./Lorenz, S., Schuldrecht I, Allgemeiner Teil, 22. Aufl. 2014

Kreß, H., Lehrbuch des Allgemeinen Schuldrechts, 1929

Marburger, P./Sutschet, H., 20 Probleme aus dem BGB Schuldrecht Allgemeiner Teil, 7. Aufl. 2006

Rüthers, B./Stadler, A., Allgemeiner Teil des BGB, 19. Aufl. 2017

2. Monografien:

Fezer, K.-H., Teilhabe und Verantwortung – Die personale Funktionsweise des subjektiven Privatrechts, 1986

Stoll, H., Die Lehre von den Leistungsstörungen, 1936

Teichmann, A., Gestaltungsfreiheit in Gesellschaftsverträgen, 1970

1. Kapitel. Schuldrechtliche Grundbegriffe

1. Fall Sachverhalt

Vermieter V hat an die Mieter M und D gewerbliche Räume in demselben Gebäude vermietet. Die beiden Mieter M und D sind berechtigt, den Lastenaufzug im Gebäude zu benutzen. Wegen einer Unachtsamkeit des M wird beim Transport einer Maschine der Aufzug erheblich beschädigt. Die Reparatur dauert einige Tage. Aus diesem Grunde kann D mehrere ihm angebotene Aufträge nicht übernehmen und ausführen.

D verlangt von M Schadensersatz iHv 5.000 EUR.

1. Fall Lösung

Schwerpunkte

- Relativität der Forderung
- Drittwirkung von Schuldverhältnissen
- Vertrag mit Schutzwirkung für Dritte
- Bruchteilsgemeinschaft (§§ 741 ff. BGB)

Gliederung

A. Ansprüche aus Vertrag
I. Schadensersatzanspruch des D gegen M nach §§ 280 I, 535 I BGB
1. Schuldverhältnis
2. Ergebnis

Exkurs
Ausnahmsweise Drittwirkung von Schuldverhältnissen

II. Schadensersatzanspruch des D gegen M nach §§ 280 I, 535 I BGB in Verbindung mit den Grundsätzen des Vertrages mit Schutzwirkung zugunsten Dritter
1. Schuldverhältnis
   a) Leistungsnähe
   b) Gläubigernähe
   c) Erkennbarkeit von a) und b)
   d) Schutzbedürftigkeit
   e) Zwischenergebnis
2. Pflichtverletzung
3. Vertretenmüssen
4. Schaden
5. Ergebnis
III. Schadensersatzanspruch des D gegen M nach §§ 280 I, 741 ff. BGB

Exkurs
Bruchteilsgemeinschaft

B. Ansprüche aus Delikt
I. Schadensersatzanspruch des D gegen M nach § 823 I BGB
1. Rechtsgutverletzung
   a) Kein deliktischer Forderungsschutz
   b) Deliktischer Besitzschutz
2. Rechtswidrigkeit und Verschulden
3. Schaden
4. Ergebnis
II. Schadensersatzanspruch des D gegen M nach § 823 II BGB iVm § 858 BGB

Allgemeines zur Dogmatik des Vertrags mit Schutzwirkung zugunsten Dritter
I. Begriff und Bedeutung
II. Rechtsnatur und Rechtsgrundlage
III. Erhöhung des Haftungsrisikos
IV. Geschützter Personenkreis
1. Leistungsnähe des Dritten
2. Gläubigernähe bei Einbeziehungsinteresse
3. Erkennbarkeit für den Schuldner
4. Schutzbedürftigkeit des Dritten

A. Ansprüche aus Vertrag

I. Schadensersatzanspruch des D gegen M nach §§ 280 I, 535 I BGB

D könnte gegen M ein Schadensersatzanspruch iHv 5.000 EUR nach §§ 280 I, 535 I BGB zustehen.

1. Schuldverhältnis

Zunächst müsste zwischen D und M ein wirksames Schuldverhältnis vorliegen. Vertragliche Beziehungen liegen jedoch nur zwischen V und M sowie zwischen V und D – jeweils in Form eines Mietvertrages gem. § 535 I BGB – vor. D und M haben keinen Mietvertrag geschlossen, sodass ein Schadensersatzanspruch aus etwaiger Pflichtverletzung des Mietvertrags zwischen V und M dem D, der nicht selbst Vertragspartei ist, grundsätzlich nicht zusteht.

Ein vertraglicher Schadensersatzanspruch des D gegen M kommt nur dann in Betracht, wenn dem Mietvertrag zwischen V und M ausnahmsweise rechtliche *Drittwirkung* zugunsten des D beizumessen ist.

2. Ergebnis

Ein Schadensersatzanspruch des D gegen M iHv 5.000 EUR nach §§ 280 I, 535 I BGB scheidet mangels Schuldverhältnisses aus.

Exkurs
Ausnahmsweise Drittwirkung von Schuldverhältnissen

Es gibt eine Reihe von Ausnahmen vom Grundsatz der Relativität der Forderung. Dabei ist zwischen gesetzlich angeordneter und privatautonom durch Rechtsgeschäft vereinbarter Drittwirkung eines Schuldverhältnisses zu unterscheiden.[1]
Beispiele *gesetzlicher* Drittwirkung sind die Gebrauchsüberlassung einer Mietsache oder eines Pachtrechts an einen Dritten (§§ 546 II, 581 II BGB), das Bestehenbleiben des Mietvertrags trotz Verkaufs der Mietsache (§ 566 BGB, »Kauf bricht nicht Miete«) und die Weitergabe einer geliehenen Sache an einen Dritten (§ 604 IV BGB).
Rechtsgeschäftlich vereinbarte Drittwirkungen können aus jedem schuldrechtlichen Verpflichtungsvertrag entstehen, so etwa beim *Vertrag zugunsten Dritter* nach § 328 BGB oder durch *Einbeziehung von Dritten in den Schutzbereich eines Vertrags*; die Drittschadensliquidation, bei der ein Anspruchsinhaber ausnahmsweise nicht den eigenen Schaden, sondern den Schaden eines Dritten geltend macht, ist eine weitere Fallkonstellation der Drittwirkung.[2] Jede Art der Drittbeziehung in einem Schuldverhältnis hat ihre eigenen tatbestandlichen Voraussetzungen.

II. Schadensersatzanspruch des D gegen M nach §§ 280 I, 535 I BGB in Verbindung mit den Grundsätzen des Vertrages mit Schutzwirkung zugunsten Dritter

Jedoch könnte dem D gegen M ein Schadensersatzanspruch iHv 5.000 EUR aus §§ 280 I, 535 I BGB in Verbindung mit den Grundsätzen des Vertrages mit Schutzwirkung zugunsten Dritter zustehen.

1. Schuldverhältnis

Als Schuldverhältnis zwischen D und M kommt der zwischen V und M geschlossene Mietvertrag in Betracht. Problematisch dabei ist jedoch, dass D nicht selbst Vertragspartei ist. Nach dem Grundsatz der Relativität der Schuldverhältnisse ist ein Vertrag grundsätzlich nur für die Vertragsparteien maßgeblich. Anders wäre dies nur dann zu beurteilen, wenn in diesen Vertrag ausnahmsweise ein Dritter einbezogen ist. Dies wäre der Fall, wenn der Mietvertrag zwischen V und M Schutzwirkung zugunsten Dritter (D) auslöst. Dazu müssten die Voraussetzungen der Leistungsnähe, Gläubi-

1 Zu den verschiedenen Arten der vertraglichen Pflichten s. Fall 2 sowie den Überblick bei *Medicus/Petersen* BürgerlR Rn. 204 ff.; *Larenz* SchuldR I § 2 I.

2 S. zur Rechtsfigur des Vertrags mit Schutzwirkung für Dritte und zur Drittschadensliquidation Fall 17.

gernähe, Erkennbarkeit der Leistungs- und Gläubigernähe sowie Schutzbedürftigkeit des Dritten vorliegen.

a) Leistungsnähe

Leistungsnähe liegt vor, wenn der Dritte bestimmungsgemäß mit der Leistung des Schuldners in Berührung kommt und daher den Gefahren von Schutzpflichtverletzungen ebenso ausgesetzt ist, wie der Gläubiger selbst.

Als Mitmieter kommt der Dritte D bestimmungsgemäß mit der etwaigen Nichterfüllung der Schutzpflichten durch andere Mieter in Kontakt. Daher kann die Leistungsnähe hier bejaht werden.

b) Gläubigernähe

Des Weiteren müsste auch Gläubigernähe bzw. Einbeziehungsinteresse vorliegen.

Nach der früheren Rechtsprechung ist die Gläubigernähe gemäß der sog. »Wohl und Wehe-Formel« immer dann gegeben, wenn der Gläubiger für das »Wohl und Wehe« des Dritten mitverantwortlich ist und ihm Schutz und Fürsorge schuldet.

Die neuere Rechtsprechung erweitert das Einbeziehungsinteresse jedoch dahingehend, dass dieses ebenfalls zu bejahen sein kann, wenn der Gläubiger an der Einbeziehung des Dritten in den Schutzbereich des Vertrages ein besonderes Interesse hat und der Vertrag dahin ausgelegt werden kann, dass der Vertragsschutz in Anerkennung dieses Interesses auf den Dritten ausgedehnt werden soll.[3]

Fraglich ist daher, ob der Vermieter (V) ein solches Einbeziehungsinteresse bezüglich des Dritten (D) aufweist.

Der BGH verneint dies jedoch in mehreren älteren Entscheidungen.[4] Dort findet sich die Aussage, dass »ein Vermieter in aller Regel nicht für das Wohl und Wehe der Mieter verantwortlich« ist.[5] Weiter führt er aus, dass dieser vertragliche Schutz »im Hinblick darauf, dass er seine Grundlage in dem Willen der Vertragsschließenden hat, auf die Personen beschränkt bleiben, die mit dem Gläubiger in so enger Verbindung stehen, dass er für ihr Wohlergehen mitverantwortlich und deshalb sein – von seinem Vertragspartner gebilligter – Vertragswille auf ihre Einbeziehung in den vertraglichen Schutzbereich gerichtet ist.«[6] Zudem handelt es sich vorliegend nicht um eine Beeinträchtigung der körperlichen Integrität des D, sondern es wird ein sonstiger Schadensersatz geltend gemacht. Solche Schadensposten im Rahmen des Vertrags mit Schutzwirkung für Dritte geltend zu machen, würde die Relativität der Schuldverhältnisse in nicht zu rechtfertigender Weise überdehnen. Mit diesen Argumenten ließe sich daher die Gläubigernähe im vorliegenden Fall verneinen.

Andererseits ließe sich argumentieren, dass die Gläubigernähe bezüglich des Verhältnisses zwischen Gläubiger und Drittem »abstrakt« beurteilt werden muss. Vorliegend handelt es sich um ein gewerbliches Mietverhältnis gem. § 535 I BGB zwischen dem Gläubiger V und dem Dritten D. Aufgrund dieses Mietvertrages ist der V dem Mieter

3 BGH NJW 2018, 1537 (1538); NJW-RR 2017, 888 (889, 890).
4 BGH ZMR 2005, 520; NJW 1969, 41; 1964, 33.
5 BGH NJW 1969, 41. Ausdrücklich bzgl. eines Mietvertrages über einen Stellplatz auf einem Campingplatz offengelassen, BGH ZMR 2005, 520.
6 BGH NJW 1969, 41.

D gegenüber zur Fürsorge verpflichtet.[7] Welche konkreten Schadensposten geltend gemacht werden, ist dabei nicht maßgeblich. Da ein Fürsorgeverhältnis grundsätzlich in Form des Mietvertrages besteht, genüge dies für die Bejahung der Gläubigernähe. Schließlich müsse auch der Umstand beachtet werden, dass es nicht um die vertragliche Haftung eines Mieters im Rahmen eines Wohnraummietvertrages geht, sondern sich zwei Mieter gewerblicher Räume gegenüberstehen. Die anzustellende Interessenabwägung würde hiernach zu dem Ergebnis kommen, dass vorliegend die Gläubigernähe gegeben ist.

Sofern letzterer Auffassung gefolgt wird, muss wie folgt weitergeprüft werden:

c) Erkennbarkeit von a) und b)

Zudem muss Leistungs- und Gläubigernähe für den Schuldner bei Vertragsabschluss erkennbar gewesen sein. Dem Mieter M ist die Anzahl seiner Mitmieter im Mietshaus bewusst bzw. kann er diese sehr leicht herausfinden. Bei Vertragsschluss sind die einbezogenen Mieter objektiv abgrenzbar. Mit guten Gründen kann daher die Erkennbarkeit bejaht werden.

d) Schutzbedürftigkeit

Letztlich müsste der Dritte auch schutzbedürftig sein. Dies ist der Fall, sofern er keinen eigenen vertraglichen Anspruch gegen den Gläubiger hat. Vorliegend hat D gegen den Mieter M keinen eigenen vertraglichen Anspruch. Schutzbedürftigkeit besteht also.

e) Zwischenergebnis

Da der zwischen V und M geschlossene Mietvertrag Schutzwirkungen für den Dritten D entfaltet, liegt ein Schuldverhältnis zwischen D und M vor.

2. Pflichtverletzung

Zudem müsste M eine Pflichtverletzung begangen haben. Durch die erhebliche Beschädigung des Lastenaufzugs, die eine mehrtägige Reparatur erforderte, hat M seine aus dem Mietvertrag resultierende Sorgfaltspflicht (§ 241 II BGB) verletzt. Eine Pflichtverletzung liegt daher vor.

3. Vertretenmüssen

Da M aus Unachtsamkeit, somit zumindest aus Fahrlässigkeit iSd § 276 I 1, II BGB, die Beschädigung herbeigeführt hat, kann er die Vermutung des Vertretenmüssens gem. § 280 I 2 BGB nicht widerlegen. M hat die Pflichtverletzung daher auch zu vertreten.

4. Schaden

Schließlich ist M dazu verpflichtet, D den entstandenen Schaden zu ersetzen. Dies bedeutet, dass nach § 249 I BGB der Zustand herzustellen ist, der bestehen würde, wenn der zum Ersatz verpflichtende Umstand nicht eingetreten wäre (sog. Naturalrestitution). Erfasst werden grundsätzlich alle unfreiwilligen Vermögensopfer, die

7 Vgl. MüKoBGB/*Häublein* § 535 Rn. 146.

kausal auf der Pflichtverletzung beruhen. Da D aufgrund des schädigenden Ereignisses (Beschädigung des Lastenaufzuges durch M) mehrere ihm angebotene Aufträge nicht übernehmen und ausführen konnte, entging ihm ein Gewinn iHv 5.000 EUR. Dieser ist gem. § 252 S. 1 BGB vom Schadensersatzanspruch mitumfasst.

5. Ergebnis

D hat gegen M einen Schadensersatzanspruch iHv 5.000 EUR gem. §§ 280 I, 535 I BGB in Verbindung mit den Grundsätzen des Vertrages mit Schutzwirkung zugunsten Dritter.

III. Schadensersatzanspruch des D gegen M nach §§ 280 I, 741 ff. BGB

Es könnte auf Grundlage eines gegenüber den beiden Mietverträgen mit V selbstständigen Schuldverhältnisses zwischen D und M ein Schadensersatzanspruch des D gegen M gem. § 280 I BGB vorliegen. In Betracht kommt dabei ein Gemeinschaftsverhältnis nach §§ 741 ff. BGB.

Im vorliegenden Sachverhalt erschöpft sich die Gemeinschaft zwischen M und D jedoch *im bloßen Mitbesitz* an dem Lastenaufzug. Schutzpflichten des M und D bestehen allein gegenüber V. M und D stehen sich mit ihrem gleichermaßen von V abgeleiteten Benutzungsrecht wie Fremde gegenüber. Sie haften einander nicht nach dem Recht der Sonderverbindungen, sondern nur nach Deliktsrecht.

Ein Gemeinschaftsverhältnis zwischen D und M nach §§ 741 ff. BGB liegt somit nicht vor, sodass auch ein hierauf basierender Schadensersatzanspruch des D gegen M nach §§ 280 I, 741 ff. BGB ausscheidet.

Exkurs
Bruchteilsgemeinschaft

Eine *Bruchteilsgemeinschaft* liegt vor, wenn ein Recht mehreren gemeinschaftlich zusteht, ohne dass zugleich eine Zweckgemeinschaft vorliegt. Im letzteren Fall besteht eine Gesellschaft (§§ 705 ff. BGB). Das der Rechtsgemeinschaft zustehende Recht kann dinglich oder obligatorisch sein (bei teilbaren Leistungen § 420 BGB beachten). Beispiel: Miteigentum nach Bruchteilen, §§ 1008 ff. BGB.
Gegenstand einer Bruchteilsgemeinschaft kann der Besitz (Mitbesitz) sein. Das ist bedeutsam für den gemeinsamen Erwerb von Früchten (§§ 955 ff. BGB) oder für die Ersitzung (§§ 937, 900, 927 BGB iVm §§ 742, 743 I BGB).
Das *Innenverhältnis* der Bruchteilsgemeinschaft ist zum einen dinglich ausgestaltet: Jeder Teilhaber ist an dem gemeinsamen Recht zu einem rechnerischen Bruchteil beteiligt, über den er selbstständig verfügen kann (§ 747 BGB). Es ist zum anderen schuldrechtlich ausgestaltet: Die §§ 742–758 BGB regeln die Verwaltung und Nutzung des Rechts, die Verteilung der Kosten und Lasten, ferner die Aufhebung sowie die Auseinandersetzung. Insoweit besteht ein gesetzliches Schuldverhältnis.
Das gesetzliche Schuldverhältnis der Bruchteilsgemeinschaft beschränkt sich auf die in §§ 742–758 BGB umschriebenen Rechte und Pflichten. Insbesondere bestehen keine wechselseitigen Verpflichtungen zur Erhaltung der Sache. Bewahrungspflichten sollen nur im Rahmen der allgemeinen Rechtspflichten bestehen.
Dem kann nur mit Vorbehalten zugestimmt werden. Zum einen führen Verletzungen der in §§ 742 ff. BGB genannten oder nach § 745 BGB begründeten Pflichten unter den

Voraussetzungen der §§ 276, 278 BGB zum Schadensersatz nach den Grundsätzen der Vertragshaftung. Zum anderen sind Miteigentümern und sonstigen dinglich Berechtigten wechselseitig Schutzpflichten im Hinblick auf den Gegenstand der Gemeinschaft aufzuerlegen, sofern sie berechtigten Zugang zu diesem haben. Anders ist es, wenn sich die Gemeinschaft im bloßen Mitbesitz erschöpft, hinter dem keine einheitliche Rechtszuordnung steht, sondern nur selbstständige schuldrechtliche Beziehungen zu einem Dritten. In einem solchen Fall sind wechselseitige Erhaltungs- oder Schutzpflichten nicht anzuerkennen; sie bestehen allein zum Dritten.

B. Ansprüche aus Delikt

I. Schadensersatzanspruch des D gegen M nach § 823 I BGB

Ein Schadensersatzanspruch des D gegen M nach § 823 I BGB iHv 5.000 EUR besteht, wenn M ein absolut geschütztes Recht oder Rechtsgut des D widerrechtlich und schuldhaft verletzt hat und dem D daraus ein Schaden entstanden ist.[8]

1. Rechtsgutverletzung

Die Verletzung eines *sonstigen Rechts* iSd § 823 I BGB verlangt eine den namentlich aufgezählten Rechten und Rechtsgütern vergleichbare Rechtsposition mit sozialer Ausschließungsfunktion, spezifischem Zuweisungsgehalt und sozialtypischer Offenkundigkeit.[9]

a) Kein deliktischer Forderungsschutz

Das mietvertragliche Recht des D, den Lastenaufzug zu benutzen, ist ein Forderungsrecht, das als ein relatives Recht keinen absoluten Deliktsschutz als sonstiges Recht genießt.[10] Es besteht allein gegenüber dem Vermieter V und ist nicht gegen tatsächliche Beeinträchtigungen durch M geschützt.

b) Deliktischer Besitzschutz

Als verletztes Recht iSd § 823 I BGB kommt das Besitzrecht des D an dem Lastenaufzug in Betracht. Der berechtigte Besitz ist als sonstiges Recht iSd § 823 I BGB anerkannt, da er dem Eigentum vergleichbar dem Besitzer Ausschluss- und Nutzungsrechte gewährt.[11]

Zweifelhaft ist, ob der Besitzer auch *gegenüber einem Mitbesitzer* Rechte aus § 823 I BGB ableiten kann. Dem scheint § 866 BGB entgegenzustehen, der den *possessorischen* Schutz unter Mitbesitzern ausschließt, soweit es sich um die Grenzen des dem

8 Zum Fallaufbau der Ansprüche aus unerlaubter Handlung s. ausführlich *Fezer* SchuldR BT Kap. 7, 5. Abschnitt.

9 Zum Begriff des sonstigen Rechts s. nur MüKoBGB/*Wagner* § 823 Rn. 142, 265 ff.; *Larenz/Canaris* SchuldR II/2 § 76 II 4; *Medicus/Petersen* BürgerlR Rn. 607 ff.; krit. zur restriktiven Auslegung des Tatbestandsmerkmals eines sonstigen Rechts *Fezer*, Teilhabe und Verantwortung – Die personale Funktionsweise des subjektiven Privatrechts, 1986, 526 ff.

10 *Larenz/Canaris* SchuldR II/2 § 76 II 4g; *Medicus/Petersen* BürgerlR Rn. 610.

11 HM, *Larenz/Canaris* SchuldR II/2 § 76 II 4 f.; *Medicus/Petersen* BürgerlR Rn. 607; aA *Fikentscher/Heinemann* SchuldR Rn. 1568.

einzelnen Mieter zustehenden Gebrauchs handelt.[12] Ersatzansprüche wegen Beschädigung der Sache werden jedoch von §§ 859 ff. BGB nicht erfasst. Der Ausgleich eines schuldhaft verursachten Sachschadens gehört insbesondere nicht zu den Streitigkeiten über die Grenzen des Gebrauchs. § 866 BGB soll lediglich verhindern, dass petitorische Elemente (Gebrauchsbefugnisse) in den ausschließlich possessorischen Schutz hineingezogen werden.[13]

Im Verhältnis der Mitbesitzer D und M untereinander greift deshalb der deliktische Besitzschutz ein;[14] § 823 I BGB ist anzuwenden. D ist in seinem Besitzrecht durch die Beschädigung des Lastenaufzugs verletzt worden.

2. Rechtswidrigkeit und Verschulden

Die Rechtsverletzung ist nicht gerechtfertigt und schuldhaft erfolgt.

Eine entsprechende Anwendung des § 708 BGB – Haftung nur für eigenübliche Sorgfalt – ist nicht sachgerecht. Gesellschafter (§§ 705 ff. BGB) müssen sich so nehmen, wie sie sind, weil sie sich zur gemeinsamen Zweckverfolgung vertraglich zusammengeschlossen haben. *Gemeinschafter* (§§ 741 ff. BGB) dagegen sind nur lose, in der Regel zufällig miteinander verbunden.

3. Schaden

M ist verpflichtet, dem D seinen Schaden zu ersetzen, der ihm aus der Besitzverletzung entstanden ist. Das ist insbesondere der dem D entgangene Gewinn (§ 252 BGB).

Ersatz des Sachschadens verlangt D hier nicht. Er hätte den M jedoch auch insoweit in Anspruch nehmen können, da sich sein Besitzinteresse auch auf die Unversehrtheit der Sache bezieht. Freilich hat auch der Eigentümer und Vermieter den Anspruch auf den Ersatz des Sachschadens. Die Konkurrenz ist nach § 432 BGB zu lösen.[15]

4. Ergebnis

D hat gegen M auch einen Schadensersatzanspruch iHv 5.000 EUR gem. § 823 I BGB.

II. Schadensersatzanspruch des D gegen M nach § 823 II BGB iVm § 858 BGB

Da § 858 I BGB (verbotene Eigenmacht) als Schutzgesetz iSd § 823 II BGB anzusehen ist,[16] und M dies verwirklicht hat, besteht auch ein Schadensersatzanspruch des D gegen M gem. § 823 II BGB iVm § 858 I BGB.

12 So *Medicus* AcP 165 (1965), 115 (138 f.).
13 Protokolle der Kommission für die zweite Lesung des Entwurfs des BGB, Bd. III, 42.
14 Dazu BGHZ 62, 243 (248 ff.) = NJW 1974, 1189; *Baur/Stürner* SachenR § 7 Rn. 83 ff.
15 Näheres dazu bei *Medicus* AcP 165 (1965), 140 ff.
16 MüKoBGB/*Wagner* § 823 Rn. 524.

Allgemeines zur Dogmatik des Vertrags mit Schutzwirkung zugunsten Dritter

I. Begriff und Bedeutung

Ursprünglich wurde von der Rechtsprechung in Anlehnung an den Vertrag zugunsten Dritter (§§ 328 ff. BGB) im Wege der richterlichen Rechtsfortbildung [17] das heute allgemein anerkannte[18] Rechtsinstitut des Vertrags mit Schutzwirkung für Dritte entwickelt.

Die Einbeziehung eines geschädigten Dritten in den Schutzbereich eines Vertrags (Beispiel: Kinder in den von den Eltern geschlossenen Mietvertrag über eine Familienwohnung) verbessert erheblich die Rechtsstellung des Geschädigten. Diesem steht nicht nur ein *deliktischer* Schadensersatzanspruch zu, der dem Schädiger die Möglichkeit offenlässt, für das Handeln eines Verrichtungsgehilfen den Entlastungsbeweis zu führen (§ 831 BGB). Der geschädigte Dritte erhält zusätzlich einen eigenen *vertraglichen* Schadensersatzanspruch mit der Haftung des Schädigers für das Verschulden seines Erfüllungsgehilfen (§ 278 BGB) ohne Exkulpationsmöglichkeit.

Zudem wird im Rahmen eines *vertraglichen* Schadensersatzanspruchs das Vertretenmüssen gem. § 280 I 2 BGB vermutet, während bei deliktischen Ansprüchen gem. §§ 823 ff. BGB ein Verschulden stets positiv festgestellt werden muss.

Zwar begründet der drittschützende Vertrag gegenüber dem Dritten keine Hauptleistungspflichten, wohl aber die mit diesem in aller Regel verbundenen Sorgfalts- oder Schutzpflichten (§ 241 II BGB).

> *Prüfungsrelevante, aktuelle Konstellationen* zum Vertrag mit Schutzwirkungen sind insbesondere der Drittschutz beim Tieruntersuchungsvertrag[19], die Haftung für Testate im Wertpapierprospekt[20] sowie die Haftung des Gutachters[21].

II. Rechtsnatur und Rechtsgrundlage

Der Vertrag mit Schutzwirkung für Dritte ist nach Rechtsprechung[22] und hL[23] ein gewohnheitsrechtlich anerkanntes *vertragsrechtliches Rechtsinstitut*. Die Rechtsprechung begründet den Vertrag mit Schutzwirkung für Dritte über eine ergänzende Vertragsauslegung nach §§ 157, 242 BGB.[24] Art und Umfang bestehender Sorgfalts- und Schutzpflichten sind im Wege der Auslegung zu ermitteln. Über eine Erstreckung der Nebenpflichten auf den Schutz Dritter enthält ein Vertrag meist keine ausdrückliche Regelung. Die Schutzwirkung für Dritte ist regelmäßig durch ergänzende Vertragsauslegung in Ergänzung des dispositiven Rechts festzustellen.

17 Dazu *Larenz* SchuldR I § 17 II; Palandt/*Grüneberg* § 328 Rn. 14.
18 S. nur MüKoBGB/*Gottwald* § 328 Rn. 164.
19 OLG Hamm NJW-RR 2014, 29.
20 BGH NJW 2014, 2345.
21 *Pinger/Behme* JuS 2008, 675 ff.
22 S. etwa BGH NJW 2018, 1537.
23 *Larenz* SchuldR I § 17 II; *Medicus/Petersen* BürgerlR Rn. 844 ff.; *Canaris* JZ 1965, 475.
24 RGZ 127, 218 (221 f.); BGH NJW-RR 1986, 484 (485); s. auch BGH NJW 2004, 3035 (3036).

Schon im Zeitpunkt der Vertragsanbahnung und Vertragsverhandlungen können Schutzpflichten für Dritte bestehen (*culpa in contrahendo mit Schutzwirkung für Dritte*).[25] Die Existenz drittschützender Nebenpflichten setzt nicht das Zustandekommen oder die Wirksamkeit des angestrebten Vertrags voraus. Der Schadensersatzanspruch wird im Wege der richterlichen Rechtsfortbildung auf der Grundlage des Grundsatzes von Treu und Glauben (§ 242 BGB) gebildet.[26]

Eine Mindermeinung in der Lehre[27] versucht, den Vertrag mit Schutzwirkung für Dritte auf ein *gesetzliches Schutzpflichtverhältnis* zu gründen, das aus dem sozialen Kontakt zum leistungsnahen Dritten abgeleitet wird. Die Eigenständigkeit einer gesetzlichen Schutzpflichtbeziehung zwischen Drittem und Schädiger macht die Schutzwirkung für den Dritten von Zustandekommen und Wirksamkeit des Vertrags vollständig unabhängig. Die Annahme eines gesetzlichen Schutzpflichtverhältnisses vernachlässigt aber, dass die Schutzbeziehung des Dritten zum Schädiger in vielfacher Hinsicht vom eigentlichen Vertragsverhältnis tatsächlich und rechtlich geprägt wird und abhängig ist.[28]

Die Lösung einzelner *Rechtsprobleme der Drittwirkung* von Schuldverträgen bedarf wegen der Interdependenz von Drittschutz und Vertragsinhalt des Rückgriffs auf die konkrete Ausgestaltung des jeweiligen Vertrags. Das gilt etwa bei der Berücksichtigung des Mitverschuldens, ferner der Behandlung von vertraglichen Haftungsklauseln sowie dem Verhältnis der vertraglichen Drittschutzhaftung zu deliktsrechtlichen Haftungsnormen:

(1) Der in den Schutzbereich eines Vertrags einbezogene Dritte muss sich das *Verschulden des Vertragspartners* des Schädigers als *Mitverschulden* anrechnen lassen (§§ 254 II 2, 278 BGB). Nach der vertragsrechtlichen Konzeption des Vertrags mit Schutzwirkung für Dritte folgt dies schon aus dem Rechtsgedanken des § 334 BGB.[29] Wem der Vorteil der Schutzwirkung zugutekommt, der muss auch die Nachteile aus dem Vertrag tragen.

(2) Nichts anderes gilt für *vertragliche Haftungsbeschränkungen*, die sich auf den Anspruch des Dritten aus der Schutzwirkung des Vertrags auswirken.

(3) Sehr umstritten ist, ob *konkurrierende deliktische Ansprüche* von solchen vertragsrechtlich begründeten Begrenzungen des Ersatzanspruchs des Dritten berührt werden.[30]

III. Erhöhung des Haftungsrisikos

Der Drittschutz eines Vertrags erhöht das Haftungsrisiko des Schuldners. Anders als bei den Fallkonstellationen der Drittschadensliquidation,[31] bei denen nur eine Scha-

---

25 BGH NJW 1976, 712; *Looschelders* SchuldR AT § 9 Rn. 2 ff.; *Canaris* JZ 2001, 499 (520). Zum *nichtigen* Vertrag s. BGH JZ 1968, 304.

26 *Larenz* SchuldR I § 17 II.

27 So *Canaris* JZ 1965, 475; *Esser/Schmidt* SchuldR AT II § 34 IV 2b; vgl. auch BGH NJW 1977, 191.

28 Anders wohl *Esser/Schmidt* SchuldR AT II § 34 IV 2c.

29 S. dazu BGH NJW 1995, 392 (393); NJW-RR 2005, 1426 (1429).

30 Zu einer Anrechnung des Mitverschuldens eines Mieters aufgrund fehlender Mängelanzeige: BGH NJW 1968, 1323 f.; *Medicus/Petersen* BürgerlR Rn. 871.

31 S. dazu Fall 17.

densverlagerung auf einen Dritten eintritt (»*Der Schaden wird zum Anspruch gezogen.*«), kommt es beim Vertrag mit Schutzwirkung für Dritte zu einer Kumulierung von Schadensrisiken (»*Der Anspruch wird zum Schaden gezogen.*«). Bei einer Ausdehnung der Schutzpflichten über den Kreis der Vertragsparteien hinaus ist deshalb Vorsicht geboten; Drittschutz kommt nur in engen Grenzen in Betracht.[32] Es ist erforderlich, den geschützten Personenkreis sachgerecht einzugrenzen.

IV. Geschützter Personenkreis

Die Rechtsprechung hat verschiedene *Kriterien* herausgebildet, anhand derer die Schutzwirkung eines Vertrags und damit der geschützte Personenkreis festzustellen ist.

1. Leistungsnähe des Dritten

Der Dritte muss mit der Leistung des Schuldners in Berührung kommen (Leistungsnähe). Leistungsnahe Personen sind den *Gefahren einer Schlechtleistung* des Schuldners ebenso wie der Gläubiger ausgesetzt[33] (Beispiele: die Hausangehörigen des Mieters, nicht aber dessen Besucher und Gäste;[34] das Bedienungspersonal des Käufers beim Kauf einer Maschine). Erforderlich ist, dass der Dritte mit einer schlecht erfüllten Hauptleistung des Schuldners in Berührung kommt; es genügt nicht, dass er nur mit einer schlecht erfüllten Nebenleistung in Berührung kommt.[35]

2. Gläubigernähe bzw. Einbeziehungsinteresse

Der Gläubiger muss ein *berechtigtes Interesse* am Schutz des Dritten haben. Ein Drittschutzinteresse des Gläubigers besteht, wenn der Gläubiger für das *Wohl und Wehe* des Dritten, seiner Rechte und Rechtsgüter mitverantwortlich ist.[36] Ursprünglich nahm die Rechtsprechung eine solche Mitverantwortung in Fällen von Körper- und Sachschäden nur dann an, wenn der Gläubiger dem Dritten zu *Schutz und Fürsorge* verpflichtet ist (Rechtsverhältnisse mit *personenrechtlichem Einschlag*). Nach heutiger Rechtslage genügt es, wenn der Gläubiger an der Einbeziehung des Dritten in den Schutzbereich des Vertrages ein besonderes Interesse hat und die Leistung auch dem Dritten bestimmungsgemäß zugutekommt.[37] Selbst wenn der Gläubiger und der Dritte gegenläufige Interessen verfolgen, ist das Drittschutzinteresse des Gläubigers also nicht ausgeschlossen.[38]

3. Erkennbarkeit für den Schuldner

Leistungsnähe des Dritten und Drittschutzinteresse des Gläubigers müssen für den Schuldner der Leistung bei Abschluss des Vertrags erkennbar sein.[39] Der Schuldner soll sein *Vertragsrisiko* kalkulieren können.

---

32 Vgl. BGH NJW 1969, 269 (271 ff.); 1975, 867 ff.
33 BGH NJW 1978, 883.
34 BGH NJW 1951, 596.
35 BGH NJW 1996, 2977.
36 BGH NJW 1969, 269 (272); 1970, 38 (40).
37 Jauernig/*Stadler* § 328 Rn. 25.
38 BGH NJW 1995, 392 (394); Jauernig/*Stadler* § 328 Rn. 25.
39 Zur Erkennbarkeit der Leistungsnähe und des Drittschutzinteresses im Falle eines Auskunftsvertrages: BGH JZ 1985, 951 ff. Dazu *Assmann* JuS 1986, 885 (890 f.); s. auch BGH NJW 1998, 1059.

4. Schutzbedürftigkeit des Dritten

Ferner kann es an der *Schutzbedürftigkeit des Dritten* fehlen. Das wird regelmäßig dann der Fall sein, wenn der Dritte selbst einen vertraglichen Anspruch gegen den Gläubiger hat.

2. Fall Sachverhalt

Die Stadt S sucht nach neuen Trinkwasserquellen. Sie beauftragt den Chemiker C mit der Erstellung einer kleinen Wasseranalyse, die im Unterschied zu einer großen Wasseranalyse nur das Vorkommen bestimmter Stoffe, nicht aber deren mengenmäßige Bestimmung erfasst.

C stellt in seinem Gutachten fest, dass Sulfat nachweisbar ist, dagegen kein Eisen und Mangan. Daraufhin kauft die Stadt das Quellengrundstück und errichtet eine Pumpstation. Später stellt sich heraus, dass das Wasser einen außergewöhnlich hohen Anteil an Natriumsulfat (Glaubersalz) enthält, der das Wasser für Trinkzwecke ungeeignet macht. Ferner werden Eisen und Mangan festgestellt, die jedoch die Wasserqualität nicht beeinträchtigen.

Die Stadt S verlangt von C Ersatz ihrer nutzlosen Aufwendungen.

2. Fall Lösung

Schwerpunkte

- Primär- und Sekundärpflichten
- Haupt- und Nebenpflichten
- Leistungs- und Verhaltenspflichten

Gliederung

A. Anspruch der S gegen C auf Ersatz vergeblicher Aufwendungen nach §§ 634 Nr. 4 Alt. 2, 284 BGB

S könnte von C gem. §§ 634 Nr. 4 Alt. 2, 284 BGB Ersatz ihrer vergeblichen Aufwendungen verlangen. Dazu müssten zunächst die Voraussetzungen des § 634 BGB und anschließend die des § 284 BGB vorliegen.

Man unterscheidet primäre und sekundäre Leistungspflichten. Zweck der Primärpflichten ist die Vertragserfüllung. Die *primäre Leistungspflicht* (Hauptpflicht) des C besteht nach dem Werkvertrag in der Herstellung eines mangelfreien Gutachtens aufgrund sachgerechter Analysen. Die primäre Gegenleistungspflicht der S ist die Zahlung der vereinbarten Vergütung (§ 631 I BGB).
Sekundäre Leistungspflichten ergeben sich aus den Tatbeständen einer Störung der Primärpflichten aus dem Vertrag (Vertragsverletzung) auf Schadensersatz (§§ 280 ff., 311a II BGB), aus der Sachmängelhaftung (§§ 437, 536, 536a, 634 BGB), aus Rücktritt (§§ 346 ff. BGB) oder auch aus der Verpflichtung zur Leistung einer Vertragsstrafe (§§ 339 ff. BGB). Sekundärpflichten ersetzen (Schadensersatz statt der Leistung nach §§ 280 I, III, 281–283 BGB) oder ergänzen (Ersatz des Verzögerungsschadens nach §§ 280 I, II, 286 BGB) die gestörten Primärpflichten und verlangen regelmäßig ein Vertretenmüssen des Schuldners (§ 280 I 2 BGB).

I. Voraussetzungen des § 634 BGB

1. Werkvertrag iSd § 631 I BGB

Zunächst müsste der Vertrag zwischen S und C als Werkvertrag iSd § 631 I BGB einzustufen zu sein. Dies ist der Fall, sofern vertraglich ein Erfolg geschuldet ist. C schuldete die Vornahme einer Wasseranalyse und die Niederlegung der Ergebnisse in einem Gutachten. Er schuldete daher einen Erfolg iSd § 631 II BGB, nicht nur die Leistung von Diensten (§ 611 BGB). Verträge auf Erstellung von Gutachten werden grundsätzlich als Werkverträge beurteilt.[1] Ein Werkvertrag zwischen S und C liegt vor.

2. Mangel des Gutachtens nach § 633 BGB

Zudem müsste das Werk (Gutachten) iSd § 633 BGB mangelhaft sein.

a) Mangelhaftigkeit wegen Nichtfeststellung der Spuren von Eisen und Mangan

Ein Mangel des Gutachtens nach § 633 II BGB liegt in der unterlassenen Feststellung der Spuren von Eisen und Mangan, denn das Gutachten zeigt die tatsächlich vorhandenen Spuren von Eisen und Mangan unrichtig nicht auf; es ist insoweit in seinem Wert herabgesetzt und fehlerhaft. Die fehlerhaften Angaben über die Eisen- und Manganspuren sind aber nicht ursächlich für den Schaden der S.

> Bei dieser Prüfung ist zu beachten, dass hier ein Mangel besteht und man damit auch die Prüfung beenden könnte. Lediglich die Kausalität des Schadens ist nicht gegeben. Aus Gründen der Übersichtlichkeit wurde dies jedoch bei dieser Lösung zusammengefasst.

b) Mangel wegen falscher Aussage über Sulfatgehalt im Wasser

Ein Mangel könnte in der Aussage des Gutachtens über den Sulfatgehalt liegen. Im Gutachten wird zwar Sulfat nachgewiesen, nicht aber der außergewöhnlich hohe Anteil an Glaubersalz festgestellt, der das Wasser für Trinkzwecke ungeeignet macht. Welche gutachterlichen Angaben der C schuldet, ist durch Auslegung des Gutachtervertrags zu ermitteln (§§ 157, 133 BGB). Die Stadt hat von C kein Gutachten darüber verlangt, ob das Wasser für Trinkzwecke geeignet ist. Sie hat ausdrücklich nur eine kleine Wasseranalyse bestellt. Mehr als die Angabe, dass Sulfat nachzuweisen ist, konnte die Stadt nach dem Inhalt des Vertrags nicht erwarten, insbesondere keine mengenmäßige Bestimmung der Chemikalien. Ein Mangel des Gutachtens liegt insoweit weder nach § 633 II 1 BGB noch nach § 633 II 2 Nr. 1 bzw. Nr. 2 BGB vor.

c) Mangelhaftigkeit des Gutachtens wegen unterlassener Aufklärung

Das Gutachten könnte jedoch deshalb mangelhaft sein, weil C es unterlassen hat, die Stadt auf die beschränkte Brauchbarkeit einer kleinen Wasseranalyse hinzuweisen. Die werkvertragliche Mängelhaftung greift aber nur dann ein, wenn die Erfüllung einer solchen Hinweispflicht zur Herstellung eines mangelfreien Gutachtens erforderlich war, da die Hinweispflicht nur dann der Hauptpflicht aus dem Werkvertrag nach § 631 BGB zugerechnet werden kann.

Man unterscheidet zwischen der Verletzung von Haupt-, Neben- und Schutzpflichten.[2] Eine Verpflichtung, auf die Notwendigkeit einer großen Wasseranalyse hinzuweisen, könnte sich aus dem Gutachtervertrag als eine sog. Nebenpflicht ergeben. Die Verpflichtung zur Erteilung von Auskünften sowie zu Anweisungen zum Vertragsgegenstand können wie andere Mitwirkungspflichten des Schuldners als typische leistungsbezogene Nebenpflichten Vertragsinhalt sein.[3] Fraglich ist aber, ob eine

1 BGH NJW 1979, 214; Palandt/*Sprau* Einf. v. § 631 Rn. 29.
2 S. dazu ausführlich die Übersicht am Ende des Falles.
3 *Larenz* SchuldR I § 10 II.

möglicherweise bestehende Auskunftspflicht des C überhaupt die Hauptpflicht aus dem Werkvertrag berührt. Denn nur dann könnte das Unterlassen des gebotenen Hinweises den werkvertraglichen Hauptanspruch der S auf eine mangelfreie Erstellung des Gutachtens verletzen.

Zwar war das Gutachten bezüglich der Feststellung von Eisen- und Manganspuren fehlerhaft, doch nicht bezüglich der Feststellung zum Vorkommen von Sulfat; insoweit war das Gutachten fehlerfrei. Die Unterlassung einer möglichen Hinweispflicht hängt nicht mit dem Mangel des Gutachtens zusammen. Eine Aufklärungspflichtverletzung hinsichtlich der Brauchbarkeit einer kleinen Wasseranalyse begründet nicht die Mangelhaftigkeit der fehlerfreien Sulfatfeststellung. Daher kommt lediglich ein Anspruch wegen Verletzung einer Nebenpflicht in Betracht.

3. Ergebnis zu den Voraussetzungen des § 634 BGB

Die Voraussetzungen des § 634 BGB liegen nicht vor.

II. Ergebnis

Ein Ersatzanspruch der S gegen C nach §§ 634 Nr. 4 Alt. 2, 284 BGB besteht nicht.

B. Schadensersatzanspruch der S gegen C nach §§ 280 I, 631 I BGB

S könnte jedoch gegen C ein Schadensersatzanspruch gem. §§ 280 I, 631 I BGB zustehen. Dafür ist von C ein zu vertretender und durch Pflichtverletzung verursachter Schaden nötig.

I. Schuldverhältnis

Zwischen S und C liegt in Form eines Werkvertrages ein Schuldverhältnis vor (s. oben).

II. Pflichtverletzung

C müsste nun eine Pflicht aus dem Werkvertrag verletzt haben. Er könnte dadurch eine Nebenpflicht aus dem Werkvertrag verletzt haben, dass er in seinem Gutachten lediglich auf das Vorkommen von Sulfat hinweist, ohne auf die Notwendigkeit der Durchführung einer Vollanalyse aufmerksam zu machen. Die *Erteilung von Auskünften* ist Gegenstand typischer *leistungsbezogener Nebenpflichten* eines Vertrags.[4] Ein Vertragspartner ist bei Abschluss eines Vertrags verpflichtet, den anderen Teil über solche Umstände, die erkennbar für den Vertragsschluss von wesentlicher Bedeutung sind, aufzuklären, sofern der andere Teil nicht ohnehin schon Kenntnis davon hat.

Die Stadt S bestellte bei C ausdrücklich nur eine kleine Wasseranalyse. Deshalb durfte C davon ausgehen, dass S Kenntnis von dem nur begrenzten Aussagewert der kleinen Analyse hatte und wissen musste, dass das Gutachten als alleinige Grundlage für

4 Jauernig/*Mansel* § 242 Rn. 19; s. auch Palandt/*Grüneberg* § 242 Rn. 37.

die Entscheidung über die Nutzung der Quelle ungeeignet ist. C wäre zur Aufklärung allenfalls verpflichtet gewesen, wenn er begründete Zweifel an der Trinkbarkeit des zu prüfenden Wassers gehabt hätte oder aufgrund seiner Analyse hätte haben müssen. Beides war jedoch nicht der Fall. Der BGH hat im vorliegenden Fall eine Hinweispflicht verneint.[5]

III. Ergebnis

Da es an einer nebenvertraglichen Hinweis- und Warnpflicht des Chemikers gegenüber der Bestellerin fehlte, scheidet ein Anspruch nach §§ 280 I, 631 I BGB aus.

C. Gesamtergebnis zu Fall 2

Die Stadt S kann von C nicht Ersatz ihrer nutzlosen Aufwendungen verlangen.

5 BGH DB 1989, 1406; *Larenz* SchuldR I § 10 II.

Übersicht
Arten der Pflichten aus einem Schuldverhältnis

Gliederung

A. Das Schuldverhältnis als komplexes System

Primärer Zweck eines Schuldverhältnisses ist es, einen oder mehrere *schuldrechtliche Ansprüche* zu begründen, kraft derer der jeweilige Gläubiger berechtigt ist, vom jeweiligen Schuldner eine bestimmte Leistung zu fordern (§ 241 BGB; zum Begriff des Anspruchs, der allgemein im Zivilrecht gilt, vergleiche die Legaldefinition in § 194 I BGB). Das Schuldverhältnis kann *vertraglich* (zB Kaufvertrag, § 433 BGB; Werkvertrag, § 631 BGB) oder *gesetzlich* (zB Deliktsrecht, §§ 823 ff. BGB; Bereicherungsrecht, §§ 812 ff. BGB) begründet werden.

Doch das Schuldverhältnis erschöpft sich nicht in der Begründung von primären Leistungspflichten. Manche verwenden den Begriff Schuldverhältnis im *engeren* Sinn für den einzelnen schuldrechtlichen Anspruch. In einem *weiteren* Sinn ist das Schuldverhältnis ein komplexes System zwischen Gläubiger und Schuldner sowie in den Schutzbereich des Schuldverhältnisses einbezogener Dritter. Das Schuldverhältnis geht über die Begründung der einzelnen Leistungsbeziehungen hinaus. Das Schuldverhältnis ist als umfassendes Rechtsverhältnis, das manche als »konstante Rahmenbeziehung«[1], als »Gefüge«, »Organismus« oder auch »Prozess«[2] bezeichnen, die Grundlage verschiedener Arten von weiteren Pflichten des Schuldners. Zu denken ist an die Entstehung sekundärer Pflichten bei einer Störung von primären Pflichten oder an Verhaltenspflichten, die einer ordnungsgemäßen Abwicklung der Leistungsbeziehungen dienen.

B. Systematik der schuldrechtlichen Pflichten

Die Terminologie zur Unterscheidung der verschiedenen Pflichten aus einem Schuldverhältnis ist nicht einheitlich.[3] Verbreitet ist die Unterscheidung zwischen Primär- und Sekundärpflichten, Haupt- und Nebenpflichten sowie Leistungs- und Verhaltenspflichten.[4]

---

1 *Herholz* AcP 130 (1929), 257 (276).
2 *Larenz* SchuldR I § 2 V.
3 S. nur *Larenz* SchuldR I § 2 I; *Medicus/Petersen* BürgerlR Rn. 206 ff.; MüKoBGB/*Bachmann* § 241 Rn. 26 ff.
4 *Medicus/Petersen* BürgerlR Rn. 204 ff.; ähnlich *Larenz* SchuldR I § 2.

I. Primär- und Sekundärpflichten

Primäre und sekundäre Pflichten unterscheiden sich in Entstehungstatbestand und Zielrichtung. *Primärpflichten* ergeben sich ohne das Vorliegen weiterer Umstände unmittelbar aus dem Schuldverhältnis (Abschluss eines Schuldvertrags, Verwirklichung eines Delikts, Eintritt einer Bereicherung) und dienen der Erfüllung des Schuldverhältnisses (Zahlung des Kaufpreises, Schadensersatz aus unerlaubter Handlung, Bereicherungsausgleich). *Sekundärpflichten* entstehen bei einer Verletzung von Primärpflichten, die sie ersetzen (Schadensersatz statt der Leistung, § 280 III BGB) oder ergänzen (Ersatz des Verzögerungsschadens, § 280 II BGB). Die Entstehung sekundärer Verpflichtungen des Schuldners verlangt regelmäßig, dass dieser die Störung der primären Pflicht zu vertreten hat.

II. Haupt- und Nebenpflichten

Hauptpflichten sind *typische* Pflichten des Schuldverhältnisses, die im Rechtsverkehr das Bild des konkreten Schuldverhältnisses prägen (Pflicht des Käufers zur Zahlung des Kaufpreises sowie des Mieters zur Entrichtung des Mietzinses). *Nebenpflichten* konstituieren nicht den jeweiligen Typ des Schuldverhältnisses (Gewährleistungsrechte). Bei gegenseitigen Schuldverträgen stehen Hauptpflichten im *Synallagma*, Nebenpflichten sind nicht synallagmatisch.

Gegenüber dem vor der Schuldrechtsreform geltenden Recht hat die Bedeutung der Unterscheidung zwischen Haupt- und Nebenpflichten erheblich an Bedeutung verloren, weil für Schadensersatzansprüche bei Leistungsstörungen allgemein §§ 280 ff. BGB anwendbar sind. Auch die Anwendung der Rücktrittsregeln nach §§ 323 ff. BGB hängt nicht davon ab, ob die verletzte Pflicht im *Synallagma* steht oder nicht.[5]

Die Unterscheidung zwischen Haupt- und Nebenpflichten nach der Typik des Schuldverhältnisses steht unter dem Vorbehalt der Privatautonomie. Die Parteien des Schuldverhältnisses können anderes vereinbaren. So kann beim Hauskauf auf Abbruch die Abnahmepflicht des Käufers, die vertragstypisch eine Nebenpflicht ist, als eine synallagmatische Hauptpflicht geregelt werden.

III. Leistungs- und Verhaltenspflichten

Gegenstand einer *Leistungspflicht* ist die Verpflichtung des Schuldners, eine bestimmte Leistung an den Gläubiger zu erbringen. Leistungspflichten können Hauptpflichten (Pflicht zur Kaufpreiszahlung) und Neben*leistungs*pflichten (Pflicht zur Abnahme der Kaufsache) sein. *Verhaltenspflichten* sind nicht auf eine Leistung gerichtet. Zweck der Verhaltenspflichten ist es, eine *ordnungsgemäße Abwicklung des Schuldverhältnisses* zu gewährleisten. Ihre Einhaltung ist allgemein nach Treu und Glauben geboten (§ 242 BGB); sie werden seit der Schuldrechtsreform in § 241 II BGB nunmehr ausdrücklich als Bestandteil des Schuldverhältnisses genannt. Art und Umfang solcher Verhaltenspflichten, die je nach den Umständen des Rechtsverhältnisses vielgestaltig sind, ergeben sich aus dem Inhalt des Schuldverhältnisses, das im Hinblick auf den Typus der primären Leistungspflichten auszulegen ist. Verhaltenspflichten konkretisieren ein Schutzverhältnis zur korrekten Leistungserbringung durch den

5 BT-Drs. 14/6040, 184; Palandt/*Grüneberg* Einf. v. § 320 Rn. 16.

Schuldner. Es sind *Schutzpflichten*,[6] wie etwa Anzeige-, Mitteilungs- und Aufklärungspflichten sowie allgemeine *Obhuts-* und *Fürsorgepflichten*. Ein Erfüllungsanspruch des Gläubigers besteht regelmäßig nicht. Die schuldhafte Verletzung einer Verhaltenspflicht begründet Ansprüche nach dem Recht der Leistungsstörungen.

IV. Problemstrukturen der schuldrechtlichen Pflichten

Terminologie und Systematisierung der Pflichten aus einem Schuldverhältnis dürfen nicht darüber hinwegtäuschen, dass die inhaltliche Bestimmung einer einzelnen Pflicht des Schuldners die Antwort auf konkrete Rechtsfragen gibt und den Eintritt spezifischer Rechtsfolgen bewirkt. Die Systematisierung kann unterschiedliche Problemstrukturen nur terminologisch deutlich machen.

Vornehmlich geht es um die folgenden Problembereiche:

- die selbstständige Klagbarkeit der Pflicht,
- die Einbeziehung der Pflicht in das Synallagma (§§ 320–322 BGB),
- die Orientierung der Pflicht am Erfüllungsinteresse oder am Erhaltungsinteresse des Gläubigers,
- die Bestimmung der Rechtsfolgen einer Pflichtverletzung nach den Vorschriften über Leistungsstörungen.

Welche Einteilungskriterien man auch zugrunde legt, die Beantwortung dieser sehr unterschiedlichen Fragen steht nicht notwendig und vor allem nicht einheitlich mit der Zuordnung einer Pflicht zu der einen oder der anderen Gruppe in Zusammenhang. Die mit einer Systematisierung der Pflichten aus Schuldverhältnissen verbundenen Problemstrukturen sollen im Folgenden nochmals verdeutlicht werden.

1. Hauptpflichten

Hauptpflichten sind vor allem die den Typus des Schuldverhältnisses, insbesondere den Vertragstypus, kennzeichnenden Pflichten in dem durch das vertragliche oder gesetzliche Schuldverhältnis bestimmten Umfang. Sie sind grundsätzlich *klagbar*. Ausnahmen sind die unvollkommenen Verbindlichkeiten oder *Naturalobligationen* (vergleiche etwa §§ 656, 762, 1297 BGB), die *nicht einklagbar* sind, das auf sie Geleistete aber gleichwohl nicht zurückverlangt werden kann; ob es sich überhaupt um Forderungen im rechtlichen Sinne handelt, sei hier dahingestellt. Eine weitere Ausnahme ist die *verjährte* Forderung nach Erhebung der Einrede (§ 214 BGB). Hauptpflichten sind bei gegenseitigen Verträgen durch das *Synallagma* (Gegenseitigkeitsverhältnis) verknüpft.

Zu den Hauptpflichten können nach der Vereinbarung der Schuldvertragsparteien auch solche für den Vertragstypus nicht belangvolle Pflichten wie etwa die Abnahmepflicht des Käufers (§ 433 II BGB), die in der Regel allerdings eine Nebenpflicht ist, zählen.[7] Auch sie ist selbstständig einklagbar. Ob sie jedoch im Gegenseitigkeitsverhältnis mit den Leistungspflichten des Verkäufers steht, richtet sich nach den Partei-

6 Verbreitet ist auch der Ausdruck Nebenpflichten in Abgrenzung zu den Nebenleistungspflichten.

7 Palandt/*Weidenkaff* § 433 Rn. 44.

vereinbarungen oder nach ihrer Bedeutung für die Vertragsabwicklung (das *Synallagma* ist zu bejahen etwa beim Kauf eines Hauses auf Abbruch).[8]

2. Leistungsbezogene Nebenpflichten

Leistungsbezogene Nebenpflichten sind den Leistungspflichten aus dem Schuldverhältnis (Haupt- und Nebenleistungspflichten) zugeordnet. Ihre Kennzeichnung als leistungsbezogen macht die Hilfsfunktion dieser Nebenpflichten deutlich. Ihre Aufgabe ist es, die Erbringung der Leistung und das Bewirken des Leistungserfolgs zu unterstützen. Sie dienen dazu, eine *ordnungsgemäße Erfüllung* des Schuldverhältnisses am Maßstab der im Verkehr erforderlichen Sorgfalt (§ 276 II BGB) sowie nach dem Gebot von Treu und Glauben (§ 242 BGB) zu sichern. Leistungsbezogene Nebenpflichten sind von Bestand und Inhalt der Leistungspflichten abhängig (vgl. auch § 217 BGB).

Bei leistungsbezogenen Nebenpflichten handelt es sich inhaltlich um Fürsorge-, Treue- und Obhuts- sowie Aufklärungs-, Warnungs-, Mitteilungs-, Betreuungs- und Sicherungspflichten.[9] In seltenen Fällen sind sie schon im Gesetz normiert (vgl. §§ 402, 618, 666, 713 BGB). Regelmäßig ergeben sie sich erst im Einzelfall aus einer Auslegung des Schuldverhältnisses.

Geht man systematisch von leistungsbezogenen Nebenpflichten aus, dann wird die Unterscheidung zwischen Nebenleistungspflichten, die der Erbringung von Nebenleistungen dienen, und weiteren, sog. unselbstständigen Nebenpflichten,[10] die zwar nicht unmittelbar auf die Erbringung einer Leistung gerichtet sind, aber die Leistungserbringung zu unterstützen bezwecken, sachlich entbehrlich. Denn eine solche Unterscheidung ist weder für die selbstständige Klagbarkeit noch für die Einordnung in das *Synallagma* oder für den Anwendungsbereich der §§ 282, 324 BGB maßgebend.[11] Wichtig ist vielmehr nur die Unterscheidung von Pflichten, die auf die Leistung und den Leistungserfolg bezogen sind, und den nicht leistungsbezogenen Schutzpflichten (unten c).

Ob eine Nebenpflicht selbstständig *klagbar* ist oder nicht, richtet sich nach deren Inhalt und den auf dem Spiel stehenden Interessen unter Berücksichtigung der Parteivereinbarung, aber auch danach, ob ein Erfüllungsanspruch überhaupt praktikabel ist. Es trifft nicht zu, dass Nebenpflichten grundsätzlich nicht einklagbar seien. Richtig ist nur, dass Nebenpflichten im Rechtsleben meist erst dann relevant werden, wenn sie bereits verletzt sind und ein Schaden eingetreten ist. Aber der Gläubiger kann auch einer erst bevorstehenden Pflichtverletzung durch Klage (und einstweilige Verfügung) entgegentreten, wenn die Leistungsklage keinen hinreichenden Rechtsschutz bietet. Das gilt nicht nur für Nebenleistungspflichten, sondern auch für sonstige Verhaltens- und Unterlassungspflichten.

So ist der Verkäufer verpflichtet, die dem Käufer noch nicht übergebene und übereignete Sache sorgsam zu behandeln (Obhutspflicht). Übereignet er sie einem Dritten, haftet er nach §§ 280 ff. BGB. Schickt er sich aber erst an, sie anderweitig zu übereignen oder sie zu verbrauchen, kann der Käufer dem mit einer einstweiligen Verfügung

8 BeckOK BGB/*Faust*, 48. Ed. 1.11.2018, § 433 Rn. 61.

9 Vgl. etwa die ausführliche Aufzählung bei *Köpcke* Positive Vertragsverletzung.

10 So noch etwa *Esser/Schmidt* SchuldR AT I § 5 III 1a, b; *Larenz* SchuldR I § 2 I.

11 *Medicus/Petersen* BürgerlR Rn. 208, 209.

nach §§ 935, 938 ZPO, §§ 135, 136 BGB begegnen. Er hat auch einen materiellen Anspruch auf Unterlassung der Übereignung an einen Dritten (vorbeugende Unterlassungsklage).[12]

Welche Rechtsfolgen sich an die Verletzung von Nebenpflichten knüpfen, hängt davon ab, ob dadurch zugleich die Hauptpflicht berührt ist oder nicht. Bleiben die Hauptpflichten unberührt, gelten ohne Weiteres die allgemeinen Grundsätze über Schadensersatz bei Leistungsstörungen. Steht die verletzte Nebenpflicht jedoch im Zusammenhang mit der Hauptpflicht, ist zu prüfen, ob und inwieweit zunächst die speziellen Vorschriften der Sachmängelhaftung eingreifen.

3. Schutzpflichten

Die *Schutzpflichten* gründen auf einem zwischen den Parteien des Schuldverhältnisses bestehenden sozialen Kontakt, der schon mit der Aufnahme geschäftlicher Beziehungen und vertraglicher Verhandlungen (§§ 241 II, 311 II BGB) hergestellt wird, während der Abwicklung des Schuldverhältnisses andauert und noch nach Leistungserbringung und Erfolgseintritt fortdauern kann. Innerhalb dieser Sonderverbindung zwischen Gläubiger und Schuldner bestehen gesteigerte Einflussmöglichkeiten auf die vorhandenen Rechte und Rechtsgüter des jeweils anderen Teils. Zum Schutz der Integrität der fremden Rechtssphäre besteht eine gegenüber dem allgemeinen Standard im Rechtsverkehr erhöhte Sorgfaltspflicht der Partner des Schuldverhältnisses. Die am Erhaltungsinteresse (*Integritätsinteresse*) orientierten Sorgfaltspflichten werden als Schutzpflichten bezeichnet.

Im *vorvertraglichen* Stadium der geschäftlichen Beziehungen werden die Schutzpflichten, durch die eine rechtliche Sonderverbindung zwischen Gläubiger und Schuldner erst hergestellt wird, aus einem gesetzlichen Schuldverhältnis abgeleitet. Eine Schutzpflichtverletzung führt zur Schadenshaftung des Schuldners nach den Grundsätzen der Vertragshaftung (§§ 311 II, 241 II BGB, *culpa in contrahendo*; vertragsähnliche Haftung mit Anwendung des § 278 BGB). Während der *Abwicklung* des Schuldverhältnisses (Durchführung eines Vertrags oder eines sonstigen, auch gesetzlichen Schuldverhältnisses) werden die Schutzpflichten nach überwiegender Meinung unmittelbar aus dem Vertrag oder dem Schuldverhältnis abgeleitet. Eine Schutzpflichtverletzung begründet die Schadenshaftung des Schuldners nach § 280 I BGB bzw. nach §§ 280 I, III, 282 BGB.

Die Schadenshaftung aus einer Schutzpflichtverletzung ist von der Rechtswirksamkeit des Vertrags und dem Bestehen von Leistungspflichten unabhängig.[13] Denn entfielen die Schutzpflichten der Vertragsabwicklung im Falle der Unwirksamkeit der Rechtsbeziehungen, dann bestünde eine Schadenshaftung nur nach Deliktsrecht (Anwendung des § 831 BGB). Das widerspräche der mit der Anerkennung der cic (§ 311 II BGB) verbundenen Wertung.

Aus diesen anerkannten Grundsätzen der Schadenshaftung aus einer Schutzpflichtverletzung wird von manchen gefolgert, dass ein Vertragsverhältnis nur die Grundlage für die Leistungspflichten und die leistungsbezogenen Nebenpflichten bildet.

---

12 S. auch *Medicus/Petersen* BürgerlR Rn. 208; aA *Krebs* Sonderverbindung 547 ff.

13 Vgl. BGH NJW 1967, 1320; ferner: *Larenz* SchuldR I § 9 II; *Medicus/Petersen* BürgerlR Rn. 203; *Brox/Walker* SchuldR AT § 2 Rn. 14.

Zur Begründung der Rechtsfolgen aus einer Schutzpflichtverletzung wird auf ein besonderes Schutzpflichtverhältnis zurückgegriffen. Dem Schutzpflichtverhältnis komme eigenständige Bedeutung selbst dann zu, wenn das Vertragsverhältnis rechtswirksam sei.[14] Die Annahme eines gesetzlichen Schutzpflichtverhältnisses schließt nicht aus, dass sich Tatbestände der Nicht- und Schlechterfüllung von Verträgen zum einen sowie die Schadenshaftung aus einer Schutzpflichtverletzung zum anderen decken oder überlagern. Diese Zweispurigkeit der Haftung kann im Hinblick auf die Orientierung des Ersatzanspruchs am Erfüllungsinteresse oder ausschließlich am Erhaltungs- oder Integritätsinteresse von Bedeutung sein. Beispiel einer solchen Überlagerung ist etwa die Einbeziehung bestimmter Schutzpflichten in den Kreis der leistungsbezogenen Nebenpflichten (Obhutspflichten beim Güter- und Personenbeförderungsvertrag).

14 So *Canaris* JZ 1965, 478; *Gerhardt* JZ 1970, 536.

2. Kapitel. Entstehung und Inhalt von Schuldverhältnissen

Übersicht
Entstehung und Inhalt von Schuldverhältnissen

Gliederung

A. Zur Entstehung von Schuldverhältnissen

I. Schuldverhältnisse aus Rechtsgeschäft

Schuldverhältnisse können durch Verträge, Beschlüsse und einseitige Rechtsgeschäfte begründet werden. Geltungsgrund der rechtsgeschäftlichen Regelung ist die Selbstbestimmung der Beteiligten (*Prinzip der Privatautonomie*). Vereinfacht kann man sagen, die Regelung gilt, weil sie gewollt ist und die Rechtsordnung der Privatautonomie Raum gewährt. Die sich daraus ergebenden Prinzipien der *Abschlussfreiheit* und der *inhaltlichen Gestaltungsfreiheit* gelten nicht schrankenlos. Sie sind über die Gültigkeitsgrenzen der §§ 134, 138 BGB hinaus in verschiedener Hinsicht gesetzlich eingeschränkt. Inhaltsgestaltend wirken vor allem die zwingenden Gesetzesvorschriften, aber auch die Normen von Tarifverträgen, darüber hinaus der im Schuldrecht – anders als im Sachen- und Familienrecht – freilich seltene Typenzwang, nach dem den Parteien zur Erreichung bestimmter Ziele nur bestimmte Rechtsformen und Vertragstypen zur Verfügung stehen (so etwa im Gesellschaftsrecht).

Die Abschlussfreiheit wird nicht nur durch gesetzliche Verbote, sondern auch durch gesetzliche Gebote eingeschränkt. So kennt das Gesetz in verschiedenen Lebensbereichen Abschlussgebote; dann besteht ein *Kontrahierungszwang* unter den gesetzlichen Voraussetzungen, etwa im Bereich der Energieversorgung (§ 36 EnWG), der Personen- und Güterbeförderung (§ 22 PBefG, § 3 PDLV), der Telekommunikation

(§§ 18, 21 TKG) und im Versicherungswesen (§ 5 II PflVG, § 23 SGB XI). Ferner hat die Rechtsprechung schon sehr früh einen Kontrahierungszwang nach §§ 826, 249 BGB abgeleitet (beim sog. *Monopolmissbrauch*). Diese Rechtsprechung ist für das Verhältnis zwischen Unternehmen heute weitgehend durch kartellrechtliche Abschlusszwänge verdrängt.

II. Schuldverhältnisse aus Gesetz

Ohne Rücksicht auf einen rechtsgeschäftlichen Willen knüpft das Gesetz an verschiedene Tatbestände schuldrechtliche Rechtsfolgen. Die wichtigsten Tatbestände sind die unerlaubten Handlungen (§§ 823 ff. BGB), die ungerechtfertigte Bereicherung (§§ 812 ff. BGB) und die Geschäftsführung ohne Auftrag (§§ 677 ff. BGB). Dazu kommen die sog. dinglichen Ansprüche (etwa nach § 985, §§ 987 ff. BGB) und die sog. possessorischen Ansprüche (§§ 861 ff. BGB), soweit diese Vorschriften nach ihrem Inhalt auch schuldrechtliche Beziehungen begründen, bei denen aber den ihnen zugrunde liegenden sachenrechtlichen Besonderheiten Rechnung zu tragen ist. Weiter zu nennen sind die gesetzlichen Schuldverhältnisse, die mit sachen-, familien- und erbrechtlichen Beziehungen verbunden sind, etwa beim Fund (§§ 965 ff. BGB), beim Pfandrecht (§§ 1204 ff. BGB) und beim Nießbrauch (§§ 1030 ff. BGB), bei der Vormundschaft (§§ 1793 ff. BGB), der Unterhaltspflicht (§§ 1601 ff. BGB) und beim Erbschaftsbesitz (§§ 2018 ff. BGB).

III. Gesetzliche Schuldverhältnisse aus geschäftlichem Kontakt

Aus einer schuldhaften Verletzung von Sorgfaltspflichten für die Rechte und Rechtsgüter des Verhandlungspartners bei Vertragsanbahnung und Vertragsverhandlungen wird die Schadenshaftung aus *culpa in contrahendo* (§ 311 II BGB) abgeleitet.[1] Die Sorgfaltspflichten (*Schutzpflichten*) entspringen dem gewollten und gezielten Kontakt bestimmter Personen, der ihre Beziehungen aus den Zufallsbegegnungen, die allein nach Deliktsrecht zu beurteilen sind, heraushebt. Das Vorliegen eines geschäftlichen Kontakts, der eine rechtliche Sonderverbindung begründet, verlangt ein auf Anbahnung rechtsgeschäftlicher Beziehungen abzielendes Verhalten.

Das Schuldverhältnis aus geschäftlichem Kontakt hat keine primären Leistungspflichten zum Inhalt. Es beschränkt sich darauf, die Beteiligten zur Anwendung der gebotenen Sorgfalt zu verpflichten, um den jeweils anderen Teil vor Schaden an seinen Rechten und Rechtsgütern (*Integritätsinteresse*) zu bewahren. Diese Schutzpflichten nach § 241 II BGB decken sich weithin mit den deliktischen Verkehrssicherungspflichten, doch bedarf es nicht der besonderen Tatbestandsvoraussetzungen des § 823 BGB, um eine Haftung auszulösen.[2] Die cic führt auch zum Ersatz reiner Vermögensschäden.[3] § 278 BGB ist anwendbar.[4]

1 Einen berühmten Fall bildet RGZ 78, 239 – Linoleumrollenfall; einführend *Lorenz* JuS 2015, 398; ausführlich zur cic s. Fälle 9 und 10.

2 S. nur *Larenz* SchuldR I § 9 Ia 1; *Medicus/Lorenz* SchuldR AT Rn. 114; zur Abgrenzung des Rechtsgeschäfts vom Gefälligkeitsverhältnis s. *Fezer/Obergfell* BGB AT Übersicht vor Fall 5.

3 Vgl. dazu *Medicus/Lorenz* SchuldR AT Rn. 533.

4 *Medicus/Lorenz* SchuldR AT Rn. 527.

B. Zum Inhalt des Schuldverhältnisses

I. Arten der Leistungspflicht

Der Inhalt einer Leistungspflicht muss *bestimmt* oder *bestimmbar* sein. Verträge über unbestimmte und auch nicht bestimmbare Leistungen sind unwirksam.

1. Stückschuld

Bezieht sich das Schuldverhältnis auf einen *individualisierten* bestimmten Gegenstand – oder auf mehrere individualisierte bestimmte Gegenstände – liegt eine Stück- oder Speziesschuld vor. Das Gesetz selbst verwendet diese Begriffe allerdings nicht.

2. Gattungsschuld

Eine Gattungsschuld liegt vor, wenn die geschuldete Leistung nur nach *Gattungsmerkmalen*, im Übrigen aber durch Stück-, Mengen- oder Gewichtsangaben, bestimmt ist.

a) Gattungsschuld und vertretbare Sache

Das Vorliegen einer Gattungsschuld ist nicht schon dann anzunehmen, wenn der vereinbarte Leistungsgegenstand eine vertretbare Sache ist. Vertretbare Sachen sind nach § 91 BGB bewegliche Sachen, die im Verkehr *objektiv* nach Zahl, Maß oder Gewicht bestimmt zu werden pflegen. Anders bestimmt sich, ob eine Stück- oder Gattungsschuld vorliegt, *subjektiv* nach dem Willen der Vertragsparteien (Parteivereinbarung). So kann eine Stückschuld vorliegen, auch wenn der Vertragsgegenstand eine vertretbare Sache ist (dieser konkrete Sack Kartoffeln, dieser konkrete VW-Golf). Umgekehrt liegt eine Gattungsschuld vor, wenn irgendein Sack Kartoffeln oder irgendein VW-Golf bestellt ist.

b) Gattungsschuld und Vertragstyp

Die Regelung des Gesetzes über die Gattungsschuld ist am Liefervertrag (Kauf) orientiert.[5] Gattungsschulden gibt es aber auch bei anderen Vertragstypen, etwa beim Mietvertrag (die Bestellung eines Hotelzimmers) oder beim Werkvertrag mit Gattungsschuldcharakter (Beispiel: Schneider S soll einen Maßanzug aus einem von ihm zu beschaffenden, bestimmten Stoff herstellen. Das Stoffmuster wird nicht mehr hergestellt. Sofern der Stoff noch bei Großhändlern greifbar ist, muss S ihn dort beschaffen; S trägt insoweit das Beschaffungsrisiko nach § 276 I 1 BGB).

3. Andere Schuldarten

Ist der Schuldgegenstand im Vertrag nicht individualisiert, dann liegt nicht immer schon eine Gattungsschuld vor.

a) Nachträgliche Leistungsbestimmung (§§ 315 ff. BGB)

Es kann ein Gegenstand geschuldet sein, der erst nach Vertragsschluss durch einen Vertragspartner (§ 315 BGB) oder einen Dritten (§ 317 BGB) bestimmt werden soll. Ein Beispiel bietet die Klausel »Preis freibleibend«, nach der die Preisbestimmung

5 S. *Medicus* FS Felgentraeger, 309 ff.

dem billigen Ermessen des Verkäufers oder Herstellers obliegt. Sobald die Leistungsbestimmung erfolgt ist und sich auf einen konkreten individuellen Gegenstand bezieht, liegt eine Stückschuld vor.

b) Wahlschuld (§§ 262 ff. BGB)

Gegenstand des Schuldverhältnisses können auch mehrere bestimmte Gegenstände sein, von denen aber nur einer nach Wahl des Gläubigers oder des Schuldners geleistet werden soll. Es liegt eine Wahlschuld vor (§§ 262 ff. BGB).

c) Ersetzungsbefugnis

Ist der Leistungsgegenstand zwar bestimmt, kann der Gläubiger aber auch einen anderen fordern oder der Schuldner einen anderen leisten, so liegt eine Ersetzungsbefugnis des Gläubigers oder des Schuldners vor (*facultas alternativa*). Anders als bei der Wahlschuld wird von Anfang an nur eine Leistung geschuldet.

d) Geldschuld (§§ 244 f. BGB)

Die Geldschuld[6] ist keine Gattungsschuld iSd Gesetzes, auch wenn gewisse Ähnlichkeiten zwischen den beiden Schuldarten bestehen. Die *Geldleistungsschuld* ist eine Summen- oder Betragsschuld (Wertbeschaffungsschuld).[7] Der Schuldner ist berechtigt, die geschuldete Summe in gesetzlichen Zahlungsmitteln nach seinem Belieben zu begleichen (vgl. aber § 3 MünzG).

Die Zahlung durch *Banküberweisung* bedarf des Einverständnisses des Gläubigers; niemand braucht sich Buchgeld aufzwingen zu lassen.[8]

Sehr strittig. Manche gehen davon aus, in Anbetracht der gegenwärtigen Zahlungspraxis müsse der Gläubiger sein Interesse an Barzahlung in irgendeiner Form zum Ausdruck bringen.[9] Gibt der Gläubiger eine Kontonummer im Geschäftsverkehr an, wird regelmäßig Zahlung durch Überweisung vereinbart sein.[10] Der Bedeutung des bargeldlosen Zahlungsverkehrs entsprechend wird sich häufig auch aus den Umständen die Befugnis ergeben, eine Geldschuld durch Buchgeld zu erfüllen. Allgemein kann dies wohl aber nicht gelten. Durch bargeldlose Zahlung erlangt der Gläubiger statt Geld eine Forderung. Daher liegt nach einer Auffassung eine Annahme an Erfüllungs statt vor,[11] nach anderer Meinung ist die Leistung von Buchgeld der von Bargeld im Regelfall gleichzusetzen.[12]

Die Erfüllung tritt nach § 364 I BGB ein. Auch einen Scheck braucht der Gläubiger nicht anzunehmen (vgl. § 364 I und II BGB).

Auch die *uneigentliche Geldsortenschuld*, bei der Leistung in einer bestimmten Münzsorte vereinbart ist, ist eine echte Geldschuld (Goldmünzklauseln vor dem 1. Weltkrieg). Befindet sich die bestimmte Münzsorte, in der zu zahlen ist, zur Zeit der Zahlung nicht mehr in Umlauf, dann ist die Zahlung so zu leisten, wie wenn die

6 Grundfälle zu Geld und Geldschulden bei *Martens* JuS 2014, 105 ff., 200 ff.
7 *Gernhuber* Schuldverhältnis § 10 I 6.
8 Zu einer ausführlichen Darstellung der Problematik s. Schimansky/Bunte/Lwowski/*Schefold*, Bankrechts-Handbuch, 4. Aufl. 2011, § 115 Rn. 43 ff.
9 MüKoBGB/*Grundmann* § 245 Rn. 110.
10 BGH NJW 1986, 2428.
11 BGH NJW 1972, 633; *Meder* JuS 1996, 89.
12 Palandt/*Grüneberg* § 362 Rn. 9.

Münzsorte nicht bestimmt wäre (§ 245 BGB). Anders ist die *eigentliche Geldsortenschuld*, bei der der Leistungsgegenstand unmittelbar bestimmte Sorten von Münzen sind, die etwa wegen ihres Sammlerwerts erworben werden, eine Gattungsschuld.

Bei der Geldschuld kommt objektive Unmöglichkeit tatsächlich nicht vor. Bei subjektiver Unmöglichkeit besteht eine *Garantiehaftung* (§ 276 I 1 BGB). Das folgt aus dem Grundsatz der unbeschränkten Vermögenshaftung. Geldmangel entlastet den Schuldner nicht (»Geld hat man zu haben«). Die Geldschuld bleibt bestehen.

Die *Leistungsgefahr* ist bei Geldschulden abweichend von §§ 243 II, 275 BGB und für den Geldschuldner ungünstiger geregelt. Zwar ist die Geldschuld eine Schickschuld (§ 270 I, IV BGB), doch trägt der Geldschuldner die Leistungsgefahr für die Übermittlung des Gelds zum Gläubiger. Bei Verlust des Geldes auf dem Weg zum Gläubiger wird der Schuldner nicht frei.

II. Die rechtliche Bedeutung der Gattungsschuld

1. Inhalt der Gattungsschuld

Der Schuldner hat Gegenstände aus der vereinbarten Gattung zu liefern. Das Auswahlrecht steht ihm zu. Er muss jedoch Gegenstände *mittlerer Art und Güte* auswählen und anbieten, § 243 I BGB (s. auch § 360 HGB). Liegt ein Handelsgeschäft (§ 343 HGB) vor, dann ist bei einer Gattungswarenschuld Handelsgut mittlerer Art und Güte zu leisten (§ 360 HGB).

2. Beschaffungspflicht

Der Gattungsschuldner trägt das *Beschaffungsrisiko* iSd § 276 I 1 BGB. Er bleibt zur Leistung verpflichtet, solange die Beschaffung der geschuldeten Sachen aus der Gattung objektiv noch möglich ist. Erst wenn die gesamte Gattung untergeht, wird der Gattungsschuldner von seiner *primären* Leistungspflicht frei. Solange obliegt dem Gattungsschuldner eine Beschaffungspflicht.[13]

> Es ist seit dem Inkrafttreten des Schuldrechtsmodernisierungsgesetzes (BGBl. 2001 I 3138) am 1.1.2002 hinsichtlich des neu eingeführten *allgemeinen Nacherfüllungsanspruchs* des Käufers nach § 439 BGB umstritten, ob auch bei einer *Stückschuld* generell oder im Einzelfall ein Anspruch des Käufers auf Ersetzung oder Nachlieferung besteht (§§ 437 Nr. 1, 439 BGB). Wenn von einem solchen Anspruch auszugehen ist (so die hM), dann stellt sich die Frage, ob den *Stückschuld-Verkäufer* ebenso wie den Gattungsschuldner eine *Beschaffungspflicht* nach § 276 I 1 BGB trifft.

a) Beschränkte Gattungsschuld

Der Umfang der Beschaffungspflicht bestimmt sich nach dem Inhalt des Vertrags. Wird nur aus einem eigenen, vorhandenen Vorrat geschuldet (*Vorratsschuld*), dann entfällt jede Beschaffung. Ist die Gattung, aus der geschuldet wird, in anderer Art und Weise vertraglich eingegrenzt oder beschränkt (*beschränkte Gattungsschuld*), dann hat der Schuldner nur für die Beschaffung aus der beschränkten Menge der tauglichen Gegenstände zu sorgen.

13 S. dazu MüKoBGB/*Emmerich* § 243 Rn. 1; MüKoBGB/*Grundmann* § 276 Rn. 177 ff.; MüKoBGB/*Westermann* § 439 Rn. 12 f.

b) Grenzen der Beschaffungspflicht

Die Beschaffungspflicht *endet* in den folgenden Fällen:

aa) Untergang der ganzen Gattung (selten),
bb) Untergang des Vorrats bei der Vorratsschuld,
cc) Untergang der ganzen, vertraglich eingegrenzten Gattung (beschränkte Gattungsschuld),
dd) unüberwindliche Schwierigkeiten der Beschaffung, sofern ihre Ursache nicht in wirtschaftlichen Gründen in der Person des Schuldners liegt (etwa Ausfuhrverbote, Rationierungen, allgemeine Transportschwierigkeiten),[14]
ee) sonstige Verhinderung des Schuldners an der Beschaffung, insbesondere bei eigener Erkrankung ohne objektive Substitutionsmöglichkeit.

Entfällt die Beschaffungspflicht, liegt Unmöglichkeit vor. Der Schuldner wird von seiner Leistungspflicht frei (§ 275 I BGB). Hat der Schuldner die Unmöglichkeit zu vertreten, haftet er nach §§ 280 ff. BGB.

Das Beschaffungsrisiko trägt der Gattungsschuldner im Hinblick auf seine wirtschaftliche Leistungsfähigkeit. Er hat nicht nur dafür einzustehen, dass er die zur Beschaffung nötigen Mittel zur Verfügung hat,[15] sondern auch dafür, dass er in der Lage ist, die geschuldeten Gegenstände mithilfe dieser Mittel tatsächlich zu besorgen. Er kann sich nicht darauf berufen, dass ihm niemand die Gegenstände überlassen will.

3. Die Konkretisierung der Gattungsschuld

a) Konkretisierung und Leistungsgefahr

Die Gattungsschuld wird durch Konkretisierung (Konzentration) in eine Stückschuld umgewandelt. Wenn der Schuldner das zur Leistung seinerseits Erforderliche getan hat, dann wird die Gattungsschuld nunmehr als Stückschuld behandelt (§ 243 II BGB). Von diesem Zeitpunkt an ist der Schuldner nicht mehr zur erneuten Beschaffung verpflichtet. Die *Leistungsgefahr* trägt von jetzt an der Gläubiger. Bei einem zufälligen Untergang der konkretisierten Gegenstände wird der Gattungsschuldner von seiner Leistungsverpflichtung frei.

b) Erforderliche Leistungshandlungen der Konkretisierung

Zur Konkretisierung ist es notwendig, dass der Schuldner ordnungsgemäße, zur Erfüllung taugliche (§ 243 I BGB, § 360 HGB) Sachen aus der Gattung beschafft und aussondert. Das Schuldverhältnis kann sich nur auf bestimmte Sachen konzentrieren, wenn diese objektiv erkennbar zur Erfüllung eines bestimmten Vertrags bereitgestellt werden.

Im Übrigen bestimmen sich die *Voraussetzungen der Konkretisierung* danach, welche Leistungshandlungen der Schuldner nach dem Inhalt des Vertrags vorzunehmen hat. Zu unterscheiden ist danach, ob eine Hol-, Schick- oder Bringschuld vorliegt.

---

14 Das folgt aus einer das Beschaffungsrisiko einschränkenden Auslegung der Risikoübernahme durch den Schuldner, s. dazu Palandt/*Grüneberg* § 276 Rn. 32.

15 S. BGH NJW 1982, 1585 zu § 279 BGB aF.

aa) Holschuld

Bei der Holschuld, die nach § 269 BGB in der Regel vereinbart ist, ist Voraussetzung einer wirksamen Konkretisierung, dass der Schuldner zum einen die Leistungsgegenstände *aussondert* und *bereitstellt* und zum anderen dem Gläubiger die Leistung wörtlich *anbietet* (§ 295 S. 1 Alt. 2 BGB). Dazu genügt, dass der Gläubiger aufgefordert wird, die Sache abzuholen oder ihm mitgeteilt wird, die Sache sei bereitgestellt. Die Übergabe der Sache ist nach hM nicht erforderlich.[16] Selbst ein wörtliches Angebot ist dann nicht erforderlich, wenn für das Abholen eine Zeit nach dem Kalender bestimmt ist (§ 296 BGB) oder der Gläubiger ernsthaft (vgl. § 295 S. 1 Alt. 1 BGB) und endgültig erklärt hat, dass er die Leistung nicht annehmen werde (§ 242 BGB; das wörtliche Angebot wäre nur noch leere Formalität).

bb) Schickschuld

Bei der Schickschuld ist der Schuldner verpflichtet, die *Versendung der Sache* zu besorgen. Er hat dann das seinerseits Erforderliche getan, wenn er die Sache demjenigen übergibt, der sie dem Gläubiger überbringen soll.

cc) Bringschuld

Wenn eine Bringschuld vereinbart ist, dann muss der Schuldner den Leistungsgegenstand dem *Gläubiger in seiner Wohnung* oder seiner geschäftlichen Niederlassung tatsächlich anbieten.

c) Erneute Konkretisierung

Umstritten ist, ob die einmal eingetretene Konkretisierung das Schuldverhältnis endgültig auf die konkretisierten Gegenstände festlegt oder ob dem Schuldner erlaubt ist, nochmals zu konkretisieren, die neuen Sachen dem Gläubiger anzubieten und dieser zur Annahme verpflichtet ist.

> **Beispiel:** Der Verkäufer verkauft und übereignet die bereits dem K verkaufte und für ihn konkretisierte Ware einem Dritten und dirigiert die zunächst für K verladene Ware an D um. Kann K in jedem Falle die Rechte nach §§ 280, 283, 326 V BGB gegen V geltend machen oder kann V ihm nach erneuter Konkretisierung andere Sachen aus der Gattung anbieten, die K abzunehmen verpflichtet ist?

Die früher hM nahm eine Bindung beider Parteien an die Konkretisierung an.[17] Ausnahmen wurden nur in Sonderfällen nach § 242 BGB anerkannt.[18] Diese Auffassung ist heute überholt. § 243 II BGB ist eine Schutzvorschrift zugunsten des Schuldners, der auf seinen Schutz verzichten kann (vergleichbar § 407 BGB). Der Schuldner kann die Konkretisierung rückgängig machen, indem er anderweitig über die Gegenstände verfügt und dem Gläubiger erneut beschaffte oder ausgewählte Sachen anbietet.[19]

Das Recht des Gattungsschuldners zur erneuten Konkretisierung besteht aber dann nicht mehr, wenn sich der Gläubiger auf die anderweitige Verfügung des Schuldners

16 BeckOK BGB/*Sutschet*, 48. Ed. 1.11.2018, § 243 Rn. 17.
17 RGZ 88, 389 (392); *Enneccerus/Lehmann* SchuldR § 6 IV 2.
18 RGZ 108, 185.
19 Grundlegend *Medicus* JuS 1966, 297; *Medicus/Petersen* BürgerlR Rn. 262; *Blomeyer* SchuldR AT § 12 IV 2; *Esser/Schmidt* SchuldR AT I § 13 I; *Fikentscher/Heinemann* SchuldR Rn. 249; *Larenz* SchuldR I § 11 I; MüKoBGB/*Emmerich* § 243 Rn. 31 ff.; vgl. auch Jauernig/*Berger* § 243 Rn. 11 zu Schadensersatzfolgen aus der Rückgängigmachung der Konkretisierung.

über die konkretisierten Sachen bereits eingestellt hat, etwa sich anderweitig eingedeckt oder aus anderen Gründen kein Interesse mehr an der Leistung hat. In diesem Fall ist das Vertrauen des Gläubigers schutzwürdiger als das Interesse des Gattungsschuldners. Anders ist es, wenn der Schuldner die Neulieferung rechtzeitig ankündigt. Im Übrigen bleiben die Rechte des Gläubigers aus einem Verzug des Schuldners unberührt.

3. Fall Sachverhalt

D und F wollen an einem sommerlichen Freitagabend den von C neu eröffneten Club »Partymeile« besuchen. Am Eingang des Clubs empfängt sie der Türsteher L. Bei der »Partymeile« hat das Ansehen der Person für den Einlass nur eine nachrangige Bedeutung. Gästen ist – nach Anweisung des C an die Türsteher – nur dann der Zutritt zu verweigern, wenn der Club überfüllt ist, die Gäste unangemessene Kleidung tragen, alkoholisiert sind, der Verdacht auf Drogenkonsum besteht oder ein zu aggressives Verhalten an den Tag gelegt wird. L war über 30 Jahre lang bei einem anderen Club des C als Türsteher tätig und ist nie negativ aufgefallen. In wöchentlichen Teamsitzungen werden zudem stets die genauen Arbeitsanweisungen besprochen.

Dem D, einem Deutschen afrikanischer Herkunft, wird im Gegensatz zu seinem Freund F, einem Deutschen mit hellerer Hautfarbe, der Zugang verwehrt. *»Es sind schon viel zu viele Schwarze drin«** entgegnet L dem D auf die Frage nach dem Grund für die Zugangsverweigerung. Insgesamt hielten sich zum Zeitpunkt der Abweisung des D nur etwa 100 von möglichen 250 Besuchern in dem Club auf.

D ist entsetzt. Er wendet sich daher an seine Freundin R, die seit diesem Jahr als Rechtsanwältin zugelassen ist. Von ihr möchte er wissen, ob er einen Anspruch auf Zutritt zur »Partymeile« hat, da er trotz dieses Erlebnisses in Zukunft den Club besuchen möchte.

Bearbeitervermerk: Es ist davon auszugehen, dass die Verweigerung des Zutritts durch L allein aufgrund der Hautfarbe des D erfolgte.

* So in der Tat die Situation in OLG Stuttgart NJW 2012, 1085.

3. Fall Lösung

Schwerpunkte

- Kontrahierungszwang
- § 21 I 1 AGG

Gliederung

Um dem D eine Antwort auf seine Rechtsfrage geben zu können, wird R nun jegliche in Betracht kommenden Anspruchsgrundlagen prüfen.

A. Anspruch nach § 21 I 1 AGG

D könnte gegen Clubbetreiber C nach § 21 I 1 AGG einen Anspruch darauf haben, dass ihm bei zukünftigen Clubbesuchen nicht wegen seiner Hautfarbe der Zutritt verwehrt wird.

I. Objektiver Verstoß gegen das Benachteiligungsverbot aus § 19 I und II AGG

Zunächst müsste ein objektiver Verstoß gegen das Benachteiligungsverbot aus § 19 I, II AGG vorliegen. Nach § 19 I AGG ist eine Benachteiligung aus Gründen der Rasse oder wegen der ethnischen Herkunft, wegen des Geschlechts, der Religion, einer Behinderung, des Alters oder der sexuellen Identität bei der Begründung, Durchführung und Beendigung zivilrechtlicher Schuldverhältnisse, die Massengeschäfte iSd § 19 I Nr. 1 AGG oder privatrechtliche Versicherungen iSd § 19 I Nr. 2 AGG betreffen, unzulässig. Die Vorschrift ist anwendbar, da kein Ausschlussgrund nach § 19 IV, V AGG einschlägig ist.

1. Vertragsverweigerung als Benachteiligung

D wurde von L mit der Begründung nicht in den Club gelassen, dass schon »viel zu viele Schwarze« im Club seien. Zeitgleich wurde hellhäutigen Clubbesuchern Eintritt gewährt. Zwar ist dem Umstand, dass teilweise nur den Türstehern bekannte Stammgäste Zutritt gewährt werden soll, grundsätzlich nichts entgegenzusetzen. Jedoch wurde D aufgrund seiner dunklen Hautfarbe, somit seiner ethnischen Herkunft, der Zutritt verwehrt. Ihm wurde daher der Abschluss des zivilrechtlichen Vertrages zum Clubbesuch (typengemischter Vertrag nach § 311 I BGB mit überwiegenden Elementen des Dienst- und Werkvertrages) verwehrt.

Nach § 22 AGG greift zugunsten des vermutlich Benachteiligten eine Beweislastregelung, wonach dann die Vermutung der Benachteiligung von der anderen Partei widerlegt werden muss.

2. Massengeschäft

Zudem könnte es bei dem Besuch eines Nachtclubs vorliegend um ein Massengeschäft iSd § 19 I Nr. 1 AGG handeln. Hiervon sind zivilrechtliche Schuldverhältnisse erfasst, die typischerweise ohne Ansehen der Person zu vergleichbaren Bedingungen in einer Vielzahl von Fällen zustande kommen. Gegen die Einordnung des Clubbesuchs als Massengeschäft ließe sich anführen, dass es durch den Einsatz von Türstehern doch gerade auf das Ansehen der Person ankomme. Für den Charakter eines Massengeschäfts spricht jedoch, dass dem Ansehen der potentiellen Clubbesucher bei genauerer Betrachtung eine bloß nachrangige Bedeutung zukommt. Insbesondere aus den Anweisungen an die Türsteher geht hervor, dass bei der Einlasskontrolle nicht so sehr die individuelle Person von Interesse ist, sondern vor allem etwaige Störungen des Clubbetriebs vermieden werden sollen.[1] Aufgrund der Vorgaben des Clubbetreibers C an seine Türsteher ist ein Massengeschäft iSd § 19 I Nr. 1 AGG vorliegend zu bejahen.

3. Zurechnung des Verhaltens des Türstehers

Schließlich müsste auch eine dem C als Clubbetreiber vorwerfbare Benachteiligung vorliegen. C selbst hat vorliegend mit der Verweigerung des Zutritts nicht direkt zu tun. Auch seine Anweisungen an die Türsteher, nach denen den Leuten gegebenenfalls der Zutritt verweigert werden kann, sind vorliegend weder einschlägig noch enthalten sie diskriminierende Kriterien. Jedoch ist ihm gem. § 278 I BGB (analog) die Bemerkung des L zuzurechnen. Folglich liegt nun auch eine dem I zurechenbare Benachteiligung vor.

Am Eingangsbereich des Clubs angekommen, um in den Club zu gelangen, entsteht zwischen dem Besucher und dem Clubbetreiber ein vorvertragliches Schuldverhältnis nach § 311 II BGB. Wird ein Türsteher am Clubeingang eingesetzt, so dient dieser zur Erfüllung der vorvertraglichen Pflichten. Dessen Verhalten kann daher dem Clubbetreiber nach § 278 BGB (analog) zugerechnet werden.[2]

II. Gegenwärtiger, rechtswidriger, benachteiligender Zustand

Des Weiteren müsste das Resultat ein gegenwärtiger, rechtswidriger, benachteiligender Zustand sein. Die vorliegende Verweigerung des Abschlusses eines typengemischten Vertrages nach § 311 I BGB bezüglich des Besuchs des Nachtclubs stellt einen solchen gegenwärtigen sowie rechtswidrigen Zustand dar.

1 OLG Stuttgart NJW 2012, 1085; AG Oldenburg BeckRS 2008, 21531; zustimmend BeckOK BGB/*Wendtland*, 48. Ed. 1.11.2018, AGG § 19 Rn. 5.
2 OLG Stuttgart NJW 2012, 1085 (1085); AG Oldenburg BeckRS 2008, 21531.

III. Besonderes Kausalitätserfordernis

Zudem setzt der Anspruch auf Abschluss des Vertrages voraus, dass es ohne die Benachteiligung tatsächlich zum Abschluss des Vertrages gekommen wäre.[3] Die dunklere Hautfarbe des D war der alleinige Grund für die Zugangsverweigerung. Insbesondere war der Club zu dem Zeitpunkt, als D Einlass begehrte, nicht überfüllt. Ohne die Benachteiligung wäre es daher zum Einlass in den Club gekommen und ein Vertrag wäre somit zustande gekommen.

IV. Bestimmtheitserfordernis

Der angestrebte Vertrag ist vorliegend auch als hinreichend bestimmt hinsichtlich der *essentialia negotii* anzusehen.

V. Keine Unmöglichkeit gem. § 275 BGB

Schließlich dürfte keine Unmöglichkeit gem. § 275 BGB vorliegen. Die Erfüllung des angestrebten Vertrages muss für den Anspruchsgegner noch möglich sein. Da bei zukünftigen Clubbesuchen ein Vertragsschluss mit D nicht von vornherein nach § 275 BGB unmöglich ist, ist auch diese Voraussetzung gegeben.

VI. Benachteiligter als Anspruchsteller

Als Benachteiligter ist D auch tauglicher Anspruchsteller.

VII. Rechtsfolge

Fraglich ist schließlich, welche Rechtsfolge sich aus § 21 I 1 AGG ergibt. Dem Wortlaut nach besteht ein Anspruch auf Beseitigung der Beeinträchtigung. Ein Kontrahierungszwang findet sich somit zwar nicht ausdrücklich, jedoch wird ein solcher Anspruch nach wohl hM nach allgemeinen Grundsätzen aus dem Beseitigungsanspruch des § 21 I 1 AGG abgeleitet.[4] Die erforderliche Wiederholungsgefahr nach § 21 I 2 AGG für einen solchen Unterlassungsanspruch ist durch den vorangegangenen, rechtswidrigen Verstoß gegen das Benachteiligungsverbot mangels Widerlegung gegeben. Inhalt des Unterlassungsanspruchs aus § 21 I 1 AGG ist also, dass C den D in Zukunft nicht wegen seiner Hautfarbe am Eingang des Clubs zurückweisen darf.

> Eine Pflicht, den D nun bei zukünftigen Besuchen stets einzulassen, resultiert aus dem Anspruch nach § 21 I 1 AGG hingegen keineswegs. »Vielmehr müssen für eine Abweisung plausible Sachgründe vorliegen. So muss es dem Beklagten erlaubt sein, die Besucherzahl von Veranstaltungen bewusst klein zu halten, nach Zufall auszuwählen oder Stammgäste zu bevorzugen. *Nicht erlaubt ist lediglich die Diskriminierung nach Hautfarbe, ethnischer Herkunft oder anderen nicht sachgerechten Kriterien.*«[5]

3 *Thüsing/v. Hoff* NJW 2007, 21 (23).

4 MüKoBGB/*Thüsing* AGG § 21 Rn. 17; ebenso BeckOK BGB/*Wendtland*, 48. Ed. 1.11.2018, AGG § 21 Rn. 13 mwN; aA etwa *Armbrüster* NJW 2007, 1494 (1497 f.) mwN zur Gegenansicht.

5 LG Tübingen BeckRS 2012, 01258.

VIII. Ergebnis

D kann von C nach § 21 I 1 AGG verlangen, dass ihm in Zukunft der Zutritt zum Club nicht allein wegen seiner Hautfarbe verweigert wird.

B. Anspruch nach §§ 280 I, 311 II Nr. 1, 241 II BGB

Da zwischen D und C, vertreten durch L, bereits ein vorvertragliches Schuldverhältnis mit Pflichten nach § 241 II BGB entstanden ist und durch die vorliegende Aussage des L eine dem C nach § 278 BGB (analog) zurechenbare und zu vertretende Pflichtverletzung vorliegt, hat D auch gegen C gem. § 280 I BGB einen Anspruch darauf, in Zukunft nicht allein wegen seiner schwarzen Hautfarbe am Eingang des Clubs abgelehnt zu werden (Vertragsschluss als Naturalrestitution iSd § 249 I BGB).

C. Anspruch nach § 823 I BGB

Mangels einer Verletzungshandlung des C scheidet jedenfalls ein Anspruch des D nach § 823 I BGB aus.

D. Anspruch nach § 823 II BGB iVm § 185 StGB

Mangels Beleidigung seitens des C scheidet auch ein Anspruch nach § 823 II BGB iVm § 185 StGB aus.

E. Anspruch nach §§ 1004 analog, 823 I BGB iVm Art. 2 I GG iVm Art. 1 GG

Mangels einer Verletzungshandlung des C scheidet jedenfalls ein Anspruch des D gegen C nach §§ 1004 analog, 823 I BGB iVm Art. 2 I GG iVm Art. 1 GG aus.

F. Anspruch nach § 831 I 1 BGB

Da L über 30 Jahre lang bei C als Türsteher tätig ist und durch wöchentliche Teamsitzungen eine ständige Überprüfung der Arbeit stattfindet, scheitert ein Anspruch des D gegen C nach § 831 I 1 BGB jedenfalls an der Exkulpation des C nach § 831 I 2 BGB.

G. Gesamtergebnis zu Fall 3

R wird dem D mitteilen, dass er von C nach § 21 I 1 AGG sowie §§ 280 I, 311 II Nr. 1, 241 II BGB verlangen kann, dass ihm in Zukunft der Zutritt zur »Partymeile« nicht allein wegen seiner dunklen Hautfarbe verweigert wird.

4. Fall Sachverhalt

A bestellt bei dem Möbeltischler B sechs Stühle nach einem bei B ausgestellten Muster für 600 EUR. Unmittelbar nach Fertigstellung lässt ein Gläubiger des B die Stühle bei diesem wegen einer Forderung von 400 EUR pfänden. B teilt dem A die Pfändung mit und fordert ihn unter Hinweis auf seine eigenen Zahlungsschwierigkeiten auf, die Stühle beim Gerichtsvollzieher auszulösen. A reagiert nicht. Bei der Versteigerung erwirbt A die Stühle für 250 EUR.

1. Muss A den Kaufpreis bezahlen oder kann B von ihm wenigstens Zahlung von 600 EUR verlangen, wenn er ihm sechs weitere Stühle anbietet?

2. Wie ist zu entscheiden, wenn B dem A die Fertigstellung der Stühle angezeigt hat, der A die Stühle nicht abholt und nunmehr erst die Pfändung und Versteigerung erfolgt?

4. Fall Lösung

Schwerpunkte

- Gattungsschuld
- Zweckerreichung
- § 326 BGB

Gliederung

1. Fallvariante
Anspruch auf Kaufpreiszahlung nach §§ 650 S. 1, 433 II BGB
A. Entstehung des Kaufpreisanspruchs
B. Untergang des Kaufpreisanspruchs
I. Erlöschen des Anspruchs nach § 362 I BGB
II. Erlöschen des Anspruchs nach § 326 I 1 BGB
1. Unmöglichkeit iSd § 275 I BGB
2. Sonderfall der Unmöglichkeit: Zweckerreichung
3. Ergebnis zu § 326 I 1 BGB
III. Ergebnis zum Untergang des Kaufpreisanspruchs
C. Durchsetzbarkeit des Kaufpreisanspruchs
D. Gesamtergebnis zur Fallvariante 1

2. Fallvariante
Anspruch auf Kaufpreiszahlung nach §§ 650 S. 1, 433 II BGB
A. Entstehung des Kaufpreisanspruchs
B. Untergang des Kaufpreisanspruchs
I. Erlöschen des Anspruchs nach § 326 I 1 BGB
1. Unmöglichkeit iSd § 275 I BGB
a) Konkretisierung
b) Eintritt der Unmöglichkeit
2. Zwischenergebnis
II. Ausnahme von der Befreiung von der Gegenleistung nach § 326 II 1 BGB
1. Annahmeverzug des A
2. Vertretenmüssen des B
III. Ergebnis zum Untergang des Anspruchs
C. Durchsetzbarkeit des Anspruchs
D. Umfang des Anspruchs (§ 326 II 2 BGB)
E. Gesamtergebnis zur Fallvariante 2

1. Fallvariante

A muss den Kaufpreis iHv 600 EUR bezahlen, sofern B einen Kaufpreisanspruch gem. §§ 650 S. 1, 433 II BGB hat.

Anspruch auf Kaufpreiszahlung nach §§ 650 S. 1, 433 II BGB

B kann von A den Kaufpreis iHv 600 EUR gem. §§ 650 S. 1, 433 II BGB verlangen, sofern und soweit dieser Anspruch entstanden, nicht untergegangen und durchsetzbar ist.

A. Entstehung des Kaufpreisanspruchs

Zwischen A und B ist ein Vertrag über die Herstellung und Lieferung von Stühlen nach Muster geschlossen worden. Es handelt sich um einen *Lieferungskaufvertrag*

(§ 650 BGB), bei dem die Vertragsverpflichtung des Unternehmers darin besteht, aus einem entweder von ihm selbst beschafften oder vom Besteller gelieferten Stoff *vertretbare* Sachen herzustellen. Auf einen solchen Lieferungskauf sind ausschließlich die Vorschriften über den Kauf (§§ 433 ff. BGB) anzuwenden. Ein Anspruch des B gegen A nach §§ 650 S. 1, 433 II BGB ist entstanden.

B. Untergang des Kaufpreisanspruchs

Der Anspruch könnte wegen *Erfüllung* (§ 362 I BGB) oder *Unmöglichkeit* der Leistung (§ 326 I 1 BGB) untergegangen sein.

I. Erlöschen des Anspruchs nach § 362 I BGB

Der Kaufpreisanspruch könnte wegen teilweiser Erfüllung zum Teil erloschen sein, insoweit A die geschuldete Leistung an B bewirkt hat (§ 362 I BGB). A hat für die von ihm ersteigerten Stühle 250 EUR bezahlt, die dem B mittelbar wegen Befreiung von einer Schuld gegenüber seinem Gläubiger nach Abzug der Versteigerungskosten zugeflossen sind. Die Erfüllung setzt jedoch voraus, dass der Anspruch des Gläubigers durch ein *vertragsmäßiges, schuldbezogenes* Verhalten des Schuldners getilgt wird.[1] Daran fehlt es hier. A hat lediglich seine Schuld gegenüber dem Gerichtsvollzieher bezahlt. Der Kaufpreisanspruch ist – auch nicht teilweise – nicht nach § 362 I BGB erloschen.

Im Übrigen hat auch B nicht erfüllt; dessen Erfüllung hätte bewirkt, dass A auf jeden Fall zahlen müsste. A hat zwar sechs Stühle erhalten, aber ebenfalls nicht durch ein vertragsmäßiges, schuldbezogenes Verhalten des B. Zudem waren diese Stühle nicht Schuldgegenstand, da die Schuld noch nicht konkretisiert war.

II. Erlöschen des Anspruchs nach § 326 I 1 BGB

A könnte wegen Unmöglichkeit der Leistung von seiner Verpflichtung zur Zahlung des Kaufpreises nach § 326 I 1 BGB frei geworden sein, wenn dem B seine Leistung, sechs Stühle herzustellen und dem A zu liefern, gem. § 275 I BGB unmöglich geworden ist.

1. Unmöglichkeit iSd § 275 I BGB

Der Schuldner B ist jedoch weder außerstande, die sechs Stühle herzustellen und zu liefern, noch ist das Leistungsinteresse des Gläubigers A im Rechtssinne entfallen. Zum anderen ist auch noch keine Konkretisierung der sechs Stühle eingetreten ist. B hat noch nicht die seinerseits erforderliche Leistungshandlung (§ 243 II BGB) vorgenommen, er hat dem A das bei einer *Holschuld* insoweit erforderliche *Leistungsangebot* noch nicht gemacht. Die Aufforderung von B an A, die Stühle beim Gerichtsvollzieher auszulösen, um durch Zahlung eines Betrags in Höhe der Gläubigerforderung zuzüglich Zwangsvollstreckungskosten (§§ 788, 803, 818 ZPO) die Aufhebung der Pfändung zu erwirken, ist kein Leistungsangebot, das § 243 II BGB entspricht. Des-

1 S. zu den Erfüllungstheorien nach Fall 20, Allgemeines zum Eintritt der Erfüllungswirkung.

halb sind *mangels Konkretisierung* die gepfändeten Stühle nicht die geschuldete Leistung. Dem B sind nur vorbereitende Maßnahmen fehlgeschlagen. B muss nach der Pfändung und Versteigerung neue Stühle herstellen und liefern. Ob er dazu etwa außerstande ist, weil ihm die nötigen Mittel zur Beschaffung des Materials und Bezahlung von Hilfskräften fehlen, ist nach dem Grundgedanken des übernommenen Beschaffungsrisikos iSd § 276 I 1 BGB rechtlich unerheblich.[2] Grundsätzlich liegt daher kein Fall der Unmöglichkeit iSd § 275 I BGB vor.

2. Sonderfall der Unmöglichkeit: Zweckerreichung

Es könnte jedoch ein Fall der Zweckerreichung vorliegen, der ebenfalls zur Unmöglichkeit iSd § 275 I BGB führt. Zweckerreichung wird in solchen Fällen angenommen, in denen der Leistungserfolg durch *andere Umstände als eine Leistungshandlung* des Schuldners eintritt.[3]

Die Anwendung des Unmöglichkeitsrechts kann bei gegenseitigen Verträgen zu Unzuträglichkeiten im Hinblick auf die Gegenleistung (§ 326 I BGB) führen. Beispiel: Das auf eine Sandbank aufgelaufene Schiff wird nach Bestellung des Bergungsschleppers von selbst wieder frei. Nicht sachgerecht ist, dass der Unternehmer, der seinen Schlepper bereits in Marsch gesetzt hat, nach § 326 I BGB völlig leer ausgehen soll. Versucht wird, damit zu helfen, dass die vorbereitenden Handlungen des Schuldners als *Teilleistungen* iSd § 326 I Hs. 2 BGB angesehen werden und entsprechend zu vergüten sind.[4] Ein anderer Vorschlag geht dahin, vertragsspezifische *Risikoverteilungsregeln* anzuwenden (etwa §§ 537, 615, 645 BGB) und danach die Gegenleistungsgefahr zu verteilen.[5] Wenn der Gläubiger die Zweckerreichung zumindest weit überwiegend zu vertreten hat, etwa im Beispiel das Schiff selbst wieder flott macht, wird teilweise eine Anwendung des § 326 II BGB angenommen.[6] Voraussetzung dieser Lösungswege ist stets, dass die anderweitige Zweckerreichung die geschuldete Leistung gegenstandslos macht oder das Interesse des Gläubigers an einer einmaligen individuellen Leistung oder an individuell bestimmten Sachen nicht mehr sinnvoll befriedigt werden kann, weil es bereits abgedeckt ist.

Zwar hat A die sechs Stühle, die er haben wollte, erworben und deshalb an einer Lieferung weiterer Stühle kein Interesse. Es fehlt aber am Vorliegen einer *rechtlich erheblichen* Zweckerreichung. Denn ausschlaggebend für eine entsprechende Anwendung des Unmöglichkeitsrechts sind der vereinbarte konkrete Schuldinhalt und der gegenständliche Leistungserfolg. Dass A subjektiv kein Interesse an sechs weiteren Stühlen mehr hat, ist nicht entscheidend. Der subjektive Bedarf ist bloßes *Motiv*. Der Gläubiger trägt grundsätzlich das Risiko der Verwendbarkeit des geschuldeten Gegenstands, es sei denn, diese wird zur Vertragsbedingung erhoben. Wer einen Gegenstand zur Deckung eines wirklichen oder angenommenen Bedarfs bestellt, kann sich nicht vom Vertrag lösen, wenn er einen gleichartigen oder gleichwertigen Gegenstand anderweitig erhält und sein Bedarf deshalb gedeckt ist. Wer ein Lehrbuch oder einen Kommentar bestellt, muss abnehmen und bezahlen, auch wenn ihm das Werk von

---

2 S. dazu oben die Ausführungen in der Übersicht zum Inhalt des Schuldverhältnisses.
3 Palandt/*Grüneberg* § 275 Rn. 18.
4 So *Beuthien* Zweckerreichung 114 ff.; *Esser/Schmidt* SchuldR AT II § 23 III.
5 *Köhler* Unmöglichkeit 31 ff. (34 ff., 48 ff.); *Fikentscher/Heinemann* SchuldR Rn. 394.
6 *Emmerich* LeistungsstörungsR § 24 Rn. 19; Palandt/*Grüneberg* § 275 Rn. 19.

anderer Seite inzwischen geschenkt worden ist oder er es anderweitig billiger erstanden hat.[7]

Im Ergebnis ist B von seiner Leistungspflicht nicht wegen Zweckerreichung frei geworden.

3. Ergebnis zu § 326 I 1 BGB

Es ist somit kein Fall des § 326 I 1 BGB gegeben, sodass der Kaufpreisanspruch des B gegen A auch nicht hiernach erloschen ist.

III. Ergebnis zum Untergang des Kaufpreisanspruchs

Der Kaufpreisanspruch des B gegen A ist somit nicht erloschen.

C. Durchsetzbarkeit des Kaufpreisanspruchs

Da rechtshemmende Einreden nicht ersichtlich sind, ist der Anspruch auch durchsetzbar.

D. Gesamtergebnis zur Fallvariante 1

A schuldet dem B gem. §§ 650 S. 1, 433 II BGB den vereinbarten Kaufpreis iHv 600 EUR Zug um Zug gegen Lieferung von sechs Stühlen (§ 320 I 1 BGB).

2. Fallvariante

Anspruch auf Kaufpreiszahlung nach §§ 650 S. 1, 433 II BGB

A. Entstehung des Kaufpreisanspruchs

Diesbezüglich bestehen keine Unterschiede zum Ausgangsfall.

B. Untergang des Kaufpreisanspruchs

I. Erlöschen des Anspruchs nach § 326 I 1 BGB

B könnte seinen Anspruch gegen A auf Zahlung des Kaufpreises nach § 326 I 1 BGB verloren haben. A wird von seiner Zahlungsverpflichtung frei, soweit dem B seine

7 *Larenz* SchuldR I § 21 Ic; vgl. auch *Medicus/Lorenz* SchuldR AT Rn. 440.

Leistung, die Stühle herzustellen und zu liefern, unmöglich geworden ist (§ 275 I BGB) und kein Grund zur Aufrechterhaltung des Anspruchs vorliegt.

1. Unmöglichkeit iSd § 275 I BGB

B müsste von seiner Verpflichtung zur Leistung der Stühle wegen Unmöglichkeit frei geworden sein (§ 275 I BGB).

a) Konkretisierung

B hatte die Stühle fertiggestellt und den A aufgefordert, sie abzuholen. Damit hat er das seinerseits Erforderliche (§ 243 II BGB) getan (§ 295 S. 1 Alt. 2 BGB); Konkretisierung ist eingetreten. B schuldete nur noch diese sechs Stühle.

b) Eintritt der Unmöglichkeit

Nach der Konkretisierung sind die Stühle gepfändet und versteigert worden. B kann dem A die Stühle nicht mehr liefern. Da dem A die Stühle vom Gerichtsvollzieher übergeben und übereignet worden sind, ist er Eigentümer geworden. Dadurch ist dem B die Erfüllung der Lieferungspflicht nach § 433 I BGB unmöglich geworden. An diesen Stühlen kann B dem A kein Eigentum mehr verschaffen, sodass er von seiner Leistungsverpflichtung frei geworden ist (§ 275 I BGB).

2. Zwischenergebnis

Damit ist der Anspruch auf die Gegenleistung nach § 326 I 1 BGB grundsätzlich entfallen.

II. Ausnahme von der Befreiung von der Gegenleistung nach § 326 II 1 BGB

Der B könnte aber ausnahmsweise seinen Gegenleistungsanspruch gegen A trotz Befreiung von seiner eigenen Leistungspflicht behalten haben, sofern ein Fall des § 326 II 1 BGB vorliegt.

Nach § 326 II 1 Alt. 2 BGB behält der Schuldner (der Leistung) den Anspruch auf die Gegenleistung, wenn die vom Schuldner nicht zu vertretende Unmöglichkeit zu einer Zeit eintritt, zu welcher sich der Gläubiger (der Leistung) im Annahmeverzug befindet.

1. Annahmeverzug des A

Die Voraussetzungen eines Annahmeverzugs des A liegen vor (§§ 293, 295 S. 1 BGB). A hat die ihm wörtlich angebotenen Stühle nicht abgeholt.

2. Vertretenmüssen des B

B darf die zur Unmöglichkeit führende Vertragsverletzung nicht zu vertreten haben.

Die Nichtabwendung der Pfändung und Versteigerung der konkretisierten Stühle könnte das Vertretenmüssen des B begründen. Hierzu wäre erforderlich, dass der Verkäufer einer Stückschuld verpflichtet ist, den Zugriff Dritter abzuwenden. Nach § 276 I 1 BGB kann unter anderem die Übernahme eines *Beschaffungsrisikos* eine verschuldensunabhängige Haftung begründen, was bei der *Gattungsschuld* grundsätzlich der Fall ist.

Auch bei der *Stückschuld* ist eine Übernahme des Beschaffungsrisikos anzunehmen, wenn sich der Schuldner verpflichtet, den geschuldeten Gegenstand zu beschaffen,[8] etwa wenn ein Galerist ein noch herzustellendes Bild eines Malers verkauft, das dieser nachträglich nur zu einem höheren Preis zu malen bereit ist.

Die Beschaffungspflicht trifft hier den Schuldner. Nicht anders ist es bei der Pflicht des Verkäufers zur Abwendung einer Pfändung oder Versteigerung der Kaufsache. Deshalb hätte B den zur Unmöglichkeit führenden Umstand grundsätzlich zu vertreten.

Allerdings befand sich A zur Zeit der Pfändung in Annahmeverzug. Nach § 300 I BGB hatte B deswegen nur noch Vorsatz und grobe Fahrlässigkeit zu vertreten. Der Sachverhalt lässt nicht erkennen, dass die Zahlungsschwierigkeiten des B auf grober Fahrlässigkeit oder gar Vorsatz beruhen. Daher hat B die Unmöglichkeit nicht zu vertreten.

Der Anspruch des B gegen A auf Kaufpreiszahlung besteht somit nach § 326 II 1 Alt. 2 BGB weiterhin.

III. Ergebnis zum Untergang des Anspruchs

Der Kaufpreisanspruch des B gegen A ist somit nicht untergegangen.

C. Durchsetzbarkeit des Anspruchs

Da rechtshemmende Einreden nicht ersichtlich sind, ist der Anspruch auch durchsetzbar.

D. Umfang des Anspruchs (§ 326 II 2 BGB)

Der Umfang des Anspruchs richtet sich nach § 326 II 2 BGB. B muss sich auf den Kaufpreisanspruch anrechnen lassen, was er infolge der Befreiung von seiner Leistungspflicht erspart hat. Die Unmöglichkeit ist eingetreten durch Übereignung der Stühle an A in der Versteigerung. Da die Übereignung nach § 817 II ZPO nur gegen Barzahlung erfolgen durfte und konnte, ist beides im Zusammenhang zu sehen. Die Zahlung an den Gerichtsvollzieher bewirkte nach § 819 ZPO die Befreiung des Schuldners B gegenüber seinem pfändenden Gläubiger. B hat daher iSd § 326 II 2 BGB die Zahlung von 250 EUR an den Gläubiger und etwaige Zwangsvollstreckungskosten erspart. Im Ergebnis besteht der Anspruch des B gegen A auf Zahlung des Kaufpreises nur noch iHv 350 EUR.

E. Gesamtergebnis zur Fallvariante 2

B hat gegen A einen Kaufpreisanspruch iHv 350 EUR aus Kaufvertrag gem. §§ 650 S. 1, 433 II BGB.

---

8 Palandt/*Grüneberg* § 276 Rn. 31.

5. Fall Sachverhalt

Landwirt S baut eine Scheune, die Baukosten betragen 5.000 EUR. Zur Finanzierung verkauft er im Februar die gesamte, für das laufende Jahr iHv 3.000 Zentner erwartete, Getreideernte seines Hofes zu je 1.000 Zentner an die Getreidehändler A, B und C, die ihm je 5.000 EUR Vorschuss zahlen.

Bevor die Ernte eingebracht werden kann, wird sie durch Hagel schwer beschädigt. S erntet nur 1.500 Zentner. A, B und C verlangen Lieferung der von ihnen gekauften Mengen. Zuerst erscheint A und verlangt unter Androhung von Schadensersatzansprüchen die Lieferung von 1.000 Zentner.

Wie ist die Rechtslage?

5. Fall Lösung

Schwerpunkte

- Vorratsschuld
- Unmöglichkeit
- Gefahrengemeinschaft

Gliederung

A. **Anspruch des A gegen S auf Lieferung nach § 433 I BGB**
I. Entstehung des Anspruchs
II. Untergang des Anspruchs nach § 275 I BGB
III. Ergebnis zum Anspruch des A gegen S nach § 433 I BGB

B. **Anspruch des B gegen S auf Lieferung nach § 433 I BGB**
C. **Anspruch des C gegen S auf Lieferung nach § 433 I BGB**
D. **Gesamtergebnis zu Fall 5**

A. Anspruch des A gegen S auf Lieferung nach § 433 I BGB

A könnte gegen S einen Lieferanspruch iHv 1.000 Zentner Getreide gem. § 433 I 1 BGB haben.

I. Entstehung des Anspruchs

Der Kaufvertrag zwischen A und S ist wirksam zustande gekommen. Dass die geschuldete Gattung (Getreide eigener Erzeugung dieses Jahres) zur Zeit des Vertragsabschlusses noch nicht vorhanden war, führt zu einer (vorübergehenden) objektiven Unmöglichkeit. Das Vorliegen einer (endgültigen) objektiven Unmöglichkeit berührt die Wirksamkeit des Vertrags nicht (vgl. § 311a I BGB).

II. Untergang des Anspruchs nach § 275 I BGB

S könnte von seiner Leistungspflicht ganz oder teilweise wegen *nachträglicher Unmöglichkeit* nach § 275 I BGB frei geworden sein. Die teilweise Vernichtung des Getreides auf dem Halm ist nach den Grundsätzen der Unmöglichkeit zu behandeln.

S schuldete dem A 1.000 Zentner Getreide aus eigener Ernte. Es liegt eine *Vorratsschuld* (beschränkte Gattungsschuld) vor.

Bei einer beschränkten Gattungsschuld bezieht sich die Leistungspflicht und damit auch das Beschaffungs- oder Bereithaltungsrisiko von vornherein nur auf die vertraglich gekennzeichnete Gattung bzw. den Vorrat.[1] Der Schuldner wird nach § 275 I BGB frei, wenn die Gattung ganz oder teilweise untergeht und er deshalb nicht mehr oder nicht mehr vollständig leisten kann.

1 *Medicus/Petersen* BürgerlR Rn. 255.

Infolge des Hagelschlags hat S statt der erwarteten 3.000 Zentner nur 1.500 Zentner geerntet. Er braucht daher an A, B und C zusammen keinesfalls mehr als diese 1.500 Zentner zu liefern; im Übrigen ist er nach § 275 I BGB frei geworden.

Anders wäre es, wenn S gegen Hagel versichert gewesen wäre. Dann hätten die Gläubiger nach § 285 I BGB auf die Versicherungsansprüche zurückgreifen können, soweit § 275 BGB eingreift.[2]

Die geerntete Menge iHv 1.500 Zentner reicht nicht aus, die Ansprüche der drei Gläubiger A, B und C, die sich auf Lieferung von je 1.000 Zentner Getreide belaufen, in vollem Umfang zu befriedigen. Dem S wäre allerdings möglich, den Anspruch des A, der unter Androhung von Schadensersatz als erster Lieferung von S verlangt, voll zu erfüllen. Problematisch und zu entscheiden ist, ob sich S dem B und C gegenüber nicht darauf berufen kann, die Leistung sei ihm – zumindest teilweise – unmöglich geworden und er deshalb an A aus Gründen der Priorität 1.000 Zentner Getreide liefern muss, oder ob S nicht vielmehr berechtigt und auch verpflichtet ist, seine drei Gläubiger anteilig zu befriedigen und an A, B und C je 500 Zentner Getreide zu liefern.

In der höchstrichterlichen Rechtsprechung,[3] der die ganz hM im Schrifttum[4] folgt, wird von dem Grundsatz einer verhältnismäßigen Verteilung der verfügbaren Menge an alle Abnehmer ausgegangen. Aus dem Grundsatz von Treu und Glauben (§ 242 BGB) wird abgeleitet, der Schuldner einer beschränkten Gattungsschuld müsse *alle Gläubiger anteilsmäßig befriedigen*, wenn der vorhandene Bestand zur vollen Befriedigung aller nicht ausreiche. Zur Begründung wird vorgetragen, der Schuldner sei verpflichtet, jeden einzelnen Gläubiger wenigstens in dem Maße zu beliefern, wie ihm dies unter gleichmäßiger Berücksichtigung der Interessen der übrigen Gläubiger möglich und zumutbar sei. Die Verpflichtung des Schuldners zur Rücksichtnahme aus Treu und Glauben sowie die Gleichbehandlungsinteressen seiner Gläubiger (»In der Not sitzen alle in einem Boot.«) rechtfertigen es, den Prioritätsgrundsatz (»Wer zuerst kommt, mahlt zuerst.«), der im Privatrecht grundsätzlich Geltung beansprucht, nicht zu beachten. Dem Gattungsschuldner ist nicht zuzumuten, sich die Erfüllung seiner Pflichten dadurch unmöglich zu machen, dass er einen seiner Gläubiger bevorzugt, indem er diesen voll befriedigt.[5] Denn wenn der Schuldner an einen der Gläubiger vorrangig leistet, macht er sich die Leistung an den oder die anderen Gläubiger unmöglich. Ob der Schuldner diese nachträglich eintretende Unmöglichkeit zu vertreten hat oder sein Verhalten wegen des Bestehens einer unverschuldeten Pflichtenkollision gerechtfertigt ist, kann wegen der gleichwertigen Gläubigerinteressen rechtlich nicht entscheidend sein. Zwischen den mehreren Gläubigern des Gattungsschuldners besteht eine *Gefahrengemeinschaft*, auf die sich die Risiken einer beschränkten Gattungsschuld gleichrangig verteilen.

Im Ergebnis ist S berechtigt und verpflichtet, an A, B und C anteilig 500 Zentner Getreide zu liefern; im Übrigen wird er von seiner Leistungspflicht frei.

---

2 RGZ 93, 143 (zu § 281 BGB aF).

3 RGZ 84, 125; s. auch RGZ 91, 312; 100, 134.

4 S. nur Jauernig/*Berger* § 243 Rn. 8; *Medicus/Petersen* BürgerlR Rn. 256; krit. Staudinger/*Looschelders/Olzen*, 2015, § 242 Rn. 576 ff., die nur ein Recht, keine Pflicht der Schuldner zur Repartierung annehmen.

5 *Larenz* SchuldR I § 11 I.

III. Ergebnis zum Anspruch des A gegen S nach § 433 I BGB

A hat gegen S nach § 433 I BGB einen Anspruch auf Lieferung von 500 Zentner Getreide.

B. Anspruch des B gegen S auf Lieferung nach § 433 I BGB

Somit steht auch B gegen S nach § 433 I BGB ein Anspruch auf Lieferung von 500 Zentner Getreide zu.

C. Anspruch des C gegen S auf Lieferung nach § 433 I BGB

Auch C hat gegen S nach § 433 I BGB einen Anspruch auf Lieferung von 500 Zentner Getreide.

D. Gesamtergebnis zu Fall 5

A, B und C haben jeweils einen Anspruch auf Lieferung von 500 Zentner Getreide nach § 433 I BGB.

6. Fall Sachverhalt

K sieht bei einem Einkaufsbummel im Schaufenster des Schuhgeschäfts V ein Paar italienische Slipper, die im Preis von 149 EUR auf 110 EUR herabgesetzt worden sind. Im Laden lässt er sich die Schuhe von der allein anwesenden Verkäuferin A zeigen. Nach kurzer Anprobe ist er zum Kauf entschlossen; zwar drückt das Leder etwas an der Ferse, doch als A verspricht, dieses »weichzuklopfen«, erklärt K, dass er die Schuhe nehme.

A packt daraufhin die Schuhe in den Karton und bittet zur Kasse. Mit der Bemerkung: »Ich hab's passend!« legt K zwei Fünfzigeuroscheine und einen Zehneuroschein auf den Kassenteller am Ladentisch. Zwar hat A den K verstanden und sieht auch das Geld auf dem Teller liegen, doch sie nimmt es noch nicht in Empfang, da sie zunächst die Schuhe in der Werkstatt im hinteren Teil des Ladens weichklopfen möchte.

Inzwischen tritt eine andere Kundin an den Ladentisch. Sie hat es sehr eilig und bedrängt die kurz darauf von der Werkstatt zurückkehrende Verkäuferin erfolgreich, sie doch zuerst zu bedienen. Als diese Kundin den Laden verlassen hat, wendet sich die Verkäuferin wieder an K und bittet um Bezahlung. Nun stellt sich heraus, dass es der Unbekannten gelungen ist, die auf dem Ladentisch liegenden Scheine einzustecken, indem sie einen Augenblick leicht fahrlässiger Unaufmerksamkeit des K ausnutzte, der sein Geld an sich immer im Auge behielt.

Trotz sofort eingeleiteter Verfolgung war die Kundin nicht mehr aufzufinden. Der herbeigerufene Geschäftsinhaber V verlangt gleichwohl Abnahme der Schuhe und Bezahlung des Kaufpreises. K ist zwar bereit, die Schuhe entgegenzunehmen, weigert sich aber, »nochmals zu bezahlen«. Seiner Meinung nach hätte die Verkäuferin die später hinzugetretene Kundin nicht einfach vorziehen dürfen.

Es sind die Ansprüche des V gegen K und des K gegen V zu prüfen.

6. Fall Lösung

Schwerpunkte

- Geldschuld
- Konkretisierung

Gliederung

A. Anspruch des V gegen K auf Zahlung des Kaufpreises iHv 110 EUR nach § 433 II BGB

V könnte gegen K einen Anspruch auf Zahlung des Kaufpreises iHv 110 EUR nach § 433 II BGB haben.

I. Entstehung des Anspruchs

Voraussetzung des Kaufpreisanspruchs ist das Zustandekommen eines wirksamen Kaufvertrags zwischen K und V nach den allgemeinen Regeln der §§ 145 ff. BGB.

1. Antrag iSd § 145 BGB

Das Aufstellen der Schuhe im Schaufenster ist nach hM eine bloße Aufforderung zur Abgabe eines Angebots (*invitatio ad offerendum*).[1] Entsprechendes gilt für die Vorlage der Schuhe zur Anprobe. Diese hat lediglich den Zweck, den Käufer vor Vertragsschluss über das Angebot zu informieren. Ein Antrag des V zum Abschluss eines Kaufvertrags liegt nicht vor.

Der *Antrag* geht von K aus, der unmissverständlich erklärt, dass er die Schuhe »nehme«. Fraglich könnte der Rechtsbindungswille des K sein, denn beim Kauf im Selbstbedienungsladen wird überwiegend davon ausgegangen, dass die maßgebliche Einigung erst an der Kasse zustande kommt.[2] Ausschlaggebend ist das beiderseitige Interesse des Verkäufers und Käufers, dass sich der Kunde in Ruhe im Ladenlokal umsehen kann und zunächst von ihm ausgewählte Waren auch wieder zurückstellen

1 HM, s. nur Staudinger/*Bork*, 2015, § 145 Rn. 3 ff. mwN; aA mit beachtlichen Gründen *Köndgen* Haftung 291 ff.

2 *Stadler* BGB AT § 19 Rn. 5a; Jauernig/*Mansel* § 145 Rn. 3.

darf. Auch muss dem Geschäftsinhaber erlaubt sein, eine fehlerhafte Preisauszeichnung an der Kasse noch zu berichtigen.[3]

Auf ein Rechtsgeschäft wie den Schuhkauf, der unter Mitwirkung von Verkaufspersonal zustande kommt, sind aber diese Grundsätze zum Kauf im Selbstbedienungsladen nicht ohne Weiteres zu übertragen. Das Verkaufspersonal soll den Kunden möglichst durch ein Verkaufsgespräch überzeugen und auf eine Entscheidung festlegen. Könnte jeder seine Entscheidung bis zur Kasse noch revidieren, wäre der Aufwand häufig umsonst, da die Intensität der Beeinflussung nach Beendigung des Verkaufsgesprächs erfahrungsgemäß nachlässt. Umgekehrt weiß der Kunde um die Verbindlichkeit seiner Entscheidung; er probiert die verschiedensten Modelle und lässt sich mit dem Kaufabschluss Zeit. Wenn er dann – wie im Sachverhalt – unmissverständlich erklärt, die Schuhe zu nehmen, gibt es keinen Grund, an der Verbindlichkeit der Willenserklärung zu zweifeln. Das im Selbstbedienungssystem anerkannte Interesse, fehlerhafte Preisauszeichnungen noch an der Kasse zu korrigieren, kann hier außer Betracht bleiben, da die Preise in jedem Fall einer Kontrolle durch das beratende Personal unterliegen. K hat deshalb ein verbindliches Kaufangebot iSd § 145 BGB abgegeben.

2. Annahme iSd §§ 146, 147 I BGB

Die *Annahme* des Kaufantrags des K durch V könnte konkludent erfolgt sein, indem die Verkäuferin die Schuhe einpackte und zum Ladentisch trug. Durch dieses Verhalten gibt sie zu erkennen, dass sie das Angebot des K akzeptiert. Dafür spricht auch die in Vollzug des Vertrags vorgenommene Ausführungshandlung, das »Weichklopfen« des Leders; es wäre nicht im Interesse des V, vorzuleisten und dabei das Risiko auf sich zu nehmen, auf solchermaßen bearbeiteten und daher schwer absetzbaren Schuhen sitzen zu bleiben.

Die Annahme durch A wirkt für und gegen V, da bei Geschäftsabschlüssen im Laden auch ohne persönliche Gegenwart des Geschäftsinhabers stets mit diesem abgeschlossen wird.[4] Auch ohne Hinweis ist offenkundig (§ 164 I 2 BGB), dass der Geschäftsabschluss im Namen des Geschäftsinhabers stattfinden soll, wer immer hinter dem Geschäft stehen mag. Im Übrigen ist dem Kunden die Person des Vertretenen bei solchen Alltagsgeschäften gleichgültig. Die Vertretungsmacht des Angestellten folgt zumindest aus § 56 HGB.

3. Zwischenergebnis

Mithin ist ein wirksamer Kaufvertrag und daher der Kaufpreisanspruch des V gegen K nach § 433 II BGB entstanden.

3 Staudinger/*Bork*, 2015, § 145 Rn. 4, 7; Palandt/*Ellenberger* § 145 Rn. 8; aA MüKoBGB/*Busche* § 145 Rn. 12; Soergel/*Wolf* § 145 Rn. 6.

4 HM, s. BGH NJW 1974, 1191; 1983, 1844 f.; *Wolf/Neuner* BGB AT § 49 Rn. 45, 46; *Medicus/Petersen* BürgerlR Rn. 86.

II. Untergang des Anspruchs

1. Erfüllung nach § 362 I BGB

Die Kaufpreisschuld könnte jedoch durch Erfüllung erloschen sein (§ 362 I BGB). Erfüllung mit Bargeld erfolgt grundsätzlich durch Übereignung und *Besitzverschaffung* nach §§ 929 ff. BGB (vgl. auch § 935 II BGB).[5] Zu prüfen ist, ob § 929 S. 1 BGB dadurch erfüllt ist, dass K die Scheine auf den Kassenteller legte.

a) Einigung nach § 929 S. 1 BGB

Die Übereignung nach § 929 S. 1 BGB bedarf eines dinglichen Vertrages beider Parteien (§§ 145 ff. BGB). Unproblematisch ist das Angebot des K, das dieser abgibt, indem er die Scheine auf den Kassenteller legt. Dagegen ist zweifelhaft, ob A – in Vertretung des V – den Antrag des K angenommen hat. Ausdrücklich hat sie die Annahme nicht erklärt und ihr Verhalten – insbesondere die bevorzugte Bedienung der anderen Kundin – kann nur so gedeutet werden, dass sie erst zu einem späteren Zeitpunkt zu einer Willenserklärung bereit sein würde.

Man könnte allenfalls im Bereitstellen des Kassentellers eine konkludente, generell auf Eigentumserwerb an den von Kunden deponierten Geldstücken gerichtete Willenserklärung sehen. Solche Erwägungen geraten freilich allzu leicht in die Nähe der Fiktion. Das Aufstellen eines Kassentellers hat primär technische Gründe, dient der übersichtlichen Abwicklung des Zahlungsverkehrs. In vielen Geschäften fehlt diese Einrichtung, und es wäre wenig einleuchtend, dort andere Voraussetzungen für den Eigentumserwerb aufzustellen. Zu bedenken ist auch, dass der Verkäufer sich vorbehalten will, größere Scheine, auf die er nicht herausgeben kann, zurückzuweisen. Solange die Verkäuferin die Scheine nicht körperlich in Empfang genommen hat, fehlt es also an der Einigung zwischen K und V.

b) Übergabe nach § 929 S. 1 BGB

Die zur Übereignung erforderliche Übergabe nach § 929 S. 1 BGB liegt ebenfalls nicht vor. Eine Übergabe setzt einen Besitzerwerb des V voraus, der auf Veranlassung des Veräußerers K erfolgt und diesen von jeder Einwirkung auf die Sache ausschließt.[6] Da die Angestellte (§ 855 BGB) die Geldscheine nicht *körperlich* entgegengenommen hat, kommt es darauf an, ob dem Verkäufer nach der Verkehrsauffassung die *Sachherrschaft* über die auf dem Kassenteller liegenden Geldstücke zugesprochen wird.[7] Angestellte sind wegen ihrer sozialen Abhängigkeit regelmäßig Besitzdiener. Dagegen spricht, dass der Kunde regelmäßig wartet, bis eine empfangsberechtigte Person die Geldstücke körperlich entgegengenommen und gegebenenfalls der Kasse zugeführt hat. Ferner wird es im Verkehr toleriert, dass der Kunde sein Geld wieder zurücknehmen darf, etwa wenn er zu viel hingelegt hat, passendere Geldstücke auswählt oder wenn die Verkäuferin vorübergehend nicht annahmebereit ist. Auf der anderen Seite hat der Verkäufer kein Interesse daran, Besitz an Geldstücken zu erwerben, solange diese noch dem Zugriff Dritter ausgesetzt sind. Er müsste sonst die Gefahr des zufälligen Untergangs tragen, obwohl der Kunde wesentlich näher daran ist, für eine sichere Übergabe zu sorgen (vergleiche zur Gefahrtragung § 270 I BGB;

---

5 S. nur Jauernig/*Stürner* § 362 Rn. 1.
6 MüKoBGB/*Oechsler* § 929 Rn. 53.
7 MüKoBGB/*Joost* § 854 Rn. 3 f.

s. auch § 446 BGB). Es fehlt also an einer eindeutigen Zuordnung der Geldstücke zur Herrschaftssphäre des Verkäufers, am vollständigen Besitzverlust des bisherigen Besitzers und schließlich auch am Erwerbswillen des Verkäufers.

Andere *Konstellationen*, in denen der Erwerb von Besitz auch ohne körperliche Entgegennahme der Sachen bejaht wird, sind in wesentlichen Punkten verschieden. Bei den Brötchen, die der anliefernde Bäcker vor die Haustür legt, liegt ein vollständiger Besitzverlust auf der Veräußererseite vor.[8] Ebenso bei Sendungen, die in Briefkästen oder ähnliche Empfangsvorrichtungen geworfen werden.[9] Hinzu kommt, dass in diesen Fällen die Zuordnung zur Besitzsphäre des Empfängers keine Schwierigkeiten bereitet und auch am Besitzwillen des Erwerbers, zumindest im Regelfall, kein Zweifel besteht.

c) Zwischenergebnis

Im Ergebnis hat eine Übereignung iSv § 929 S. 1 BGB nicht stattgefunden, K hat nicht erfüllt (§ 362 I BGB).

2. Unmöglichkeit nach § 275 I BGB

K könnte durch Untergang des Leistungssubstrats von seiner Verpflichtung frei geworden sein (§ 275 I BGB).

Unmöglichkeit der Leistung nach § 275 I BGB setzt voraus, dass sich die Leistungspflicht des K auf die untergegangenen Geldstücke konkretisiert hat. Dabei kann offenbleiben, ob es sich bei Geldschulden um Gattungsschulden handelt, denn der Übergang der Leistungsgefahr richtet sich bei Geldschulden nicht nach der Konkretisierung, sondern nach § 270 I BGB; die Konkretisierung spielt für Geldschulden rechtlich keine Rolle. Danach muss der Schuldner das Geld dem Gläubiger »übermitteln«.

Die hM nimmt an, dass es sich bei der *Geldschuld* nicht um eine Gattungsschuld, sondern um eine Schuld eigener Art (*Wertschuld*) handelt.[10] Die Rechtsprechung hingegen geht vom Vorliegen einer *Gattungsschuld* aus.[11]

Nach hM ist »übermitteln« mit dem *tatsächlichen Empfang* des Gelds durch den Gläubiger gleichzusetzen. Bei Annahmeverweigerung durch den Gläubiger soll also die Leistungsgefahr nicht übergehen;[12] entsprechendes würde für die Annahmeverzögerung gelten. Für diese Lösung spricht die Parallelwertung zu § 446 BGB, der eine Übergabe und damit den Besitzerwerb des Gläubigers voraussetzt; erst ab diesem Zeitpunkt besteht eine gesteigerte Einwirkungsmöglichkeit auf die Sache, die es rechtfertigt, das Verlustrisiko auf den Gläubiger zu verlagern. Für die Risikoerhöhung, die durch Annahmeverweigerung oder -verzögerung für den Schuldner entsteht, treffen §§ 293, 326 II 1 Alt. 2 BGB eine Regelung.

---

8 S. dazu BGH NJW 1968, 662; MüKoBGB/*Joost* § 854 Rn. 41, § 856 Rn. 2 ff.

9 RGZ 106, 135 (136); krit. MüKoBGB/*Joost* § 854 Rn. 41, § 856 Rn. 2 ff.

10 *Larenz* SchuldR I § 12 III; Jauernig/*Berger* §§ 244, 245 Rn. 6. S. dazu auch oben in der Übersicht zum Inhalt des Schuldverhältnisses.

11 BGH NJW 1982, 1585 (1587).

12 *Larenz* SchuldR I § 25 IIb; Erman/*Hager* § 300 Rn. 8; aA *Fikentscher/Heinemann* SchuldR Rn. 259.

Vertretbar ist es auch, im Begriff der Übermittlung ein Weniger gegenüber dem Begriff der Übergabe zu sehen. Der Wortlaut des § 270 BGB ist nicht eindeutig und in erster Linie geht es um die Verteilung des Transportrisikos. Dieses ist nicht mehr betroffen, wenn die Geldstücke in den Machtbereich des Gläubigers gelangt sind.

Folgt man der hM, ist weiter zu prüfen, ob mit dem Übergang der Leistungsgefahr nach § 300 II BGB eine Konkretisierung auf die untergegangenen Geldstücke eingetreten ist. Es ist heute nahezu außer Streit, dass die Vorschrift auch auf Geldschulden Anwendung findet, selbst wenn man diese nicht als Gattungsschulden auffasst.[13] § 300 II BGB regelt den *Übergang der Leistungsgefahr im Annahmeverzug* des Gläubigers. Das bedeutet:

Der Schuldner muss leisten dürfen, das heißt, am rechten Ort und zur rechten Zeit anbieten. Nach §§ 270 IV, 269 I BGB sind Geldschulden im Zweifel *Schickschulden*, sofern nicht aus den Umständen, insbesondere der Natur des Schuldverhältnisses, eine andere Bestimmung folgt. Bei Ladengeschäften des täglichen Lebens ist nach der Verkehrsauffassung für beide Parteien das Ladenlokal Leistungsort, das heißt, in diesem Fall ist die Geldschuld ausnahmsweise *Bringschuld*.[14] Das tatsächliche Angebot muss also im Laden des Verkäufers erfolgen und zwar sofort. Verpflichtung und Berechtigung zu sofortiger Leistung folgen aus den Umständen des Vertragsschlusses bzw. der Verkehrssitte, die bei Alltagsgeschäften grundsätzlich sofortige Abwicklung verlangt. Zum selben Ergebnis führt auch die gesetzliche Regel des § 271 I BGB, die im Zweifel sofortige Fälligkeit statuiert.

K musste also das Geld dem V bzw. der empfangsberechtigten A sofort anbieten. Er hat dies auch getan, indem er das Geld auf den Kassenteller legte. Das Angebot ist A zugegangen (§ 130 BGB analog).

A hat die angebotenen Geldzeichen nicht angenommen (§ 293 BGB).

Umstritten ist, ob zur Konkretisierung nach § 300 II BGB zusätzlich eine *Aussonderung* der angebotenen Ware (vorliegend also der Geldzeichen) erforderlich ist.[15] Die hM bejaht dies vor allem mit Rücksicht auf § 326 II 1 BGB, der in Wechselwirkung zu § 300 II BGB steht und Unmöglichkeit der Leistung voraussetzt.[16] Im Ergebnis kommt es freilich auf den Streit nicht an, da bei den vorgelegten Geldzeichen eine Aussonderung vorgenommen wurde.

Eine Konkretisierung der Geldzeichen ist somit erfolgt und K ist nach §§ 300 II, 275 I BGB von seiner Leistungspflicht frei geworden.

III. Ergebnis

V hat gegen K keinen Anspruch auf Bezahlung des Kaufpreises nach § 433 II BGB.

---

13 *Larenz* SchuldR I § 25 IIb; Palandt/*Heinrichs* § 300 Rn. 3; Jauernig/*Berger* §§ 244, 245 Rn. 10; aA Staudinger/*Omlor*, 2016, Vorbem. zu § 244 Rn. B 7, B 36, B 62.

14 Palandt/*Grüneberg* § 269 Rn. 12, § 270 Rn. 4; s. auch OLG Stuttgart OLGE 1941, 244.

15 Eingehend *Hönn* AcP 177 (1977), 385 (400 f.) mwN.

16 *Westermann/Bydlinski/Weber* SchuldR AT Rn. 8/105; Staudinger/*Feldmann*, 2014, § 300 Rn. 19.

B. Ansprüche des K gegen V

I. Anspruch auf Übereignung und Übergabe der Schuhe nach § 433 I 1 BGB

Fraglich ist, ob K von V nach § 433 I 1 BGB Übergabe und Übereignung der Schuhe verlangen kann.

Dieser Anspruch ist durch Abschluss eines wirksamen Kaufvertrags entstanden.

Er könnte allenfalls nach § 326 I 1 BGB wieder untergegangen sein, nachdem die Sachleistung (also die Geldschuld) unmöglich geworden und K nach § 275 I BGB von seiner Leistungspflicht frei geworden ist.

Es ist zumindest zweifelhaft, ob es aufseiten des Gläubigers an einem Vertretenmüssen fehlt. Darauf kommt es hier jedoch nicht an, da sich V im Annahmeverzug befand und K folglich nach § 326 II 1 Alt. 2 BGB den Gegenleistungsanspruch auf Übergabe und Übereignung der Schuhe behält, soweit er seinerseits die Unmöglichkeit nicht zu vertreten hat. Laut Sachverhalt hat K leicht fahrlässig gehandelt; da sich V im Annahmeverzug befand, hat K diese leichte Fahrlässigkeit nach § 300 I BGB jedoch nicht zu vertreten.

K kann also von V nach § 433 I 1 BGB Übergabe und Übereignung der Schuhe verlangen.

II. Schadensersatzanspruch gem. §§ 280 I, 433 I BGB

Ein Schadensersatzanspruch des K gegen V nach §§ 280 I, 433 I BGB scheidet jedenfalls mangels eines Schadens des K aus (er behält den Anspruch nach § 433 I 1 BGB).

III. Ergebnis

K kann von V nach § 433 I 1 BGB Übergabe und Übereignung der Schuhe verlangen.

C. Gesamtergebnis zu Fall 6

V hat gegen K keinen Anspruch auf Bezahlung des Kaufpreises nach § 433 II BGB und K hat gegen V einen Anspruch auf Übergabe und Übereignung der Schuhe nach § 433 I 1 BGB.

3. Kapitel. Vertrag zugunsten Dritter

7. Fall Sachverhalt

Erblasser E vereinbart Ende 2017 mit dem Filialleiter L seiner Bank B mündlich, dass nach seinem Tod das Guthaben auf seinem Girokonto dem F, einem langjährigen Freund des E, zustehen solle. Wenn E verstorben sei, solle L das Girokonto löschen, das Guthaben dem Konto des F gutschreiben und den F entsprechend informieren. L vermerkt die Vereinbarung auf dem Kontoblatt des E. Im Februar 2018 erfährt L, dass E im Januar verstorben ist. Er löscht das Konto des E, schreibt dem F das Guthaben gut und teilt den Sachverhalt dem F mit. F hebt den Gesamtbetrag von 1.000 EUR ab. Dem Alleinerben A des E wird der Vorgang bekannt. A verlangt von F Zahlung von 1.000 EUR. Mit Recht?

7. Fall Lösung

Schwerpunkte

- Struktur des Vertrages zugunsten Dritter
- Schenkung von Todes wegen

Gliederung

A. Anspruch des A gegen F auf Zahlung von 1.000 EUR nach § 812 I 1 Alt. 1 BGB

A könnte gegen F einen Anspruch auf Zahlung von 1.000 EUR nach § 812 I 1 Alt. 1 BGB haben. Diese Leistungskondiktion des A gegen F besteht, wenn F »Etwas« durch eine Leistung des A ohne rechtlichen Grund erlangt hat.

I. Erlangtes Etwas

Zunächst müsste F »Etwas« iSd § 812 I 1 Alt. 1 BGB erlangt haben. Erlangtes Etwas kann dabei jeder vermögenswerte Vorteil sein.[1]

Vorliegend kommt als Gegenstand einer Bereicherung des F zunächst der Besitz an den Geldscheinen im Wert von 1.000 EUR in Betracht.

Zudem hatte F auch einen Auszahlungsanspruch im Wert von 1.000 EUR gegen die Bank B erlangt (BGH: unregelmäßige Verwahrung gem. § 700 I 1, 2, §§ 488 I 2, 697, 695 BGB; aA § 675f II BGB; dies kann dahinstehen, da die Gutschrift jedenfalls ein abstraktes Schuldversprechen gem. §§ 780, 781 BGB ist).

Mithin hat F »Etwas« iSd § 812 I 1 Alt. 1 BGB erlangt.

II. Durch Leistung

Des Weiteren müsste F diese Geldscheine und den Auszahlungsanspruch im Wert von 1.000 EUR gegen die Bank B durch Leistung des A erlangt haben.

Leistung ist bereicherungsrechtlich die *bewusste und zweckgerichtete Mehrung fremden Vermögens*.[2]

1 Jauernig/*Stadler* § 812 Rn. 8.

Hinsichtlich des Besitzes an den Geldscheinen im Wert von 1.000 EUR ist dies aber problematisch. Die Geldscheine hat F bei der Bank B nämlich von seinem eigenen Konto, das die B für ihn führt, abgehoben. Die Bank erfüllte mit dieser Zahlung ausschließlich eine eigene Verbindlichkeit gegenüber F aus dem Zahlungsdiensterahmenvertrag – früher: Girovertrag – (§ 675f II BGB) zwischen der Bank und F. Es liegt nur eine Leistung der B an F vor.[3] Eine Leistung von A an F liegt bezüglich der Geldscheine nicht vor.

Zu prüfen ist aber nun, ob der Auszahlungsanspruch des F gegen B im Wert von 1.000 EUR auf einer Leistung des A beruhte. Sollte dies als eine dem E zurechenbare Leistung zu bewerten sein, dann wäre diese dem A als Erben gem. § 1922 BGB zurechenbar, sodass eine Leistung des A bejaht werden könnte.

E wollte mithilfe der B dem F sein Guthaben (von Todes wegen) schenken. Durch die entsprechende Weisung des E an die B ist die Gutschrift bei F und die Löschung bei A als Rechtsnachfolger des E erfolgt. E hat demnach diese Gutschrift an F geleistet. Der Anspruch des F gegen B aus seinem Bankguthaben beruht insoweit auf einer Leistung des E. Eine Leistungsbeziehung zwischen E und F liegt vor, in die A als Erbe des E nachfolgen könnte.

Eine Leistungsbeziehung könnte auch zwischen B und E bestehen, sodass sich die Frage stellt, in welchem Leistungsverhältnis die bereicherungsrechtliche Rückabwicklung zu erfolgen hat. Denn auch die B wollte leisten, indem sie gegenüber E den Zweck verfolgte, ihre aufgrund der Weisung des E bestehende Verpflichtung aus dem Bankvertrag mit E zu erfüllen.[4]

Es kommt hinzu, dass die B zugleich auch eine eigene Verpflichtung gegenüber F erfüllt haben könnte, und zwar dann, wenn die Abrede zwischen E und B als ein berechtigender Vertrag zugunsten Dritter zu verstehen ist (§ 328 II BGB). Wenn die Vereinbarung des E mit seiner Bank, nach seinem Tod sein Guthaben dem F zuzuschreiben, als ein Vertrag zugunsten Dritter zu beurteilen ist, dann steht dem F nach dem Tod des E ein eigener Anspruch auf Ausführung der Geschäftsführung zu. Geht man von dieser rechtlichen Würdigung aus, bezweckte die Gutschrift durch B sowohl die Erfüllung ihrer bankvertraglichen Pflicht gegenüber E als auch die Erfüllung ihrer Verpflichtung aus dem Vertrag zugunsten Dritter gegenüber F. In diesem Fall leistete die B nicht nur an E, sondern auch an F (doppelter Leistungszweck), allerdings mit einem bereicherungsrechtlich untergeordneten Leistungszweck.

> Gegen die Konstruktion eines Auftrags oder einer Weisung zugunsten Dritter bestehen erhebliche Bedenken.[5] Denn Gegenstand der Zuwendung nach § 328 I BGB ist unmittelbar die Forderung gegen die Bank, nicht die Durchführung der Gutschrift. Nach dieser Beurteilung besteht allerdings keine Widerrufsmöglichkeit, die von der Rechtsprechung aus § 671 BGB abgeleitet wird; denn der Dritte erwirbt die Forderung mit dem Tod des E endgültig (vergleiche § 328 II BGB aE, auch § 331 I BGB). Diese Unentziehbarkeit bezieht

2 Zum Leistungsbegriff s. BGH NJW 1964, 399; 1990, 3194; *Fezer* SchuldR BT Übersicht vor Fall 29; MüKoBGB/*Schwab* § 812 Rn. 4147.

3 Zu diesem in Mehrpersonenverhältnissen relevanten Grundsatz instruktiv *Looschelders* SchuldR BT Rn. 1060 f.

4 Dazu allgemein Staudinger/*Klumpp*, 2015, § 328 Rn. 12, 20; s. zu diesem Problemkomplex der Anweisungen im bargeldlosen Zahlungsverkehr *Hauck* JuS 2014, 1066.

5 *Harder* FamRZ 1976, 418 (419).

> sich indessen nur auf den Forderungserwerb (§ 328 I BGB) als solchen, das heißt auf den Rechtserwerb kraft der Drittbegünstigungsklausel im Deckungsverhältnis. Ob der Erwerb auch bereicherungsfest ist, ist ausschließlich nach dem Valutaverhältnis zu beurteilen. Zur Beurteilung des vorliegenden Falls kommt es auf diesen Meinungsstreit nicht an, da weder E noch A als sein Erbe den Forderungserwerb des F vor der Gutschrift auf dessen Konto rückgängig gemacht haben.

Da bereicherungsrechtlich im Dreieck der Leistungsbeziehungen abzuwickeln ist und eine Leistung des E an F vorliegt, die nach dem Tod des E dessen Erbe A als Leistung zuzurechnen ist (§ 1922 BGB), hat A iSd § 812 I 1 Alt. 1 BGB an F geleistet.

III. Ohne Rechtsgrund

Die dem A zurechenbare Leistung des E an F müsste ohne rechtlichen Grund erfolgt sein. Als Rechtsgrund kommt eine Schenkung (von Todes wegen) nach § 516 BGB in Betracht.

1. Zustandekommen der Schenkung

Die Schenkung bedarf einer Einigung des Beschenkten mit dem Schenker über die Unentgeltlichkeit der Zuwendung nach § 516 BGB. Der Schenkungsvertrag ist dadurch zustande gekommen, dass E dem F durch die als Botin handelnde B ein Angebot gemacht und F dieses angenommen hat.[6] Das an F gerichtete *Angebot* ist in der Weisung des E an B enthalten und über den Tod hinaus wirksam geblieben (§§ 130 II, 153 BGB).[7] Zu Unrecht wird gelegentlich die Abgabe der Willenserklärung durch Beauftragung eines Boten verneint.[8] Ist aber § 130 II BGB anwendbar, so ist es auch § 153 BGB, das heißt, das Angebot braucht nicht vor dem Tod des Antragenden wirksam geworden (zugegangen) zu sein.[9] B hatte auch die erforderliche Botenmacht (vergleiche §§ 675, 672 BGB). F hat das Angebot schlüssig angenommen. Einer Annahmeerklärung bedurfte es nicht (§ 151 BGB) → Erklärung braucht es schon, nur keinen Zugang

> Vor der Ausführung des Auftrags durch B hätte der Erbe A des E allerdings den Auftrag (die Botenmacht) gegenüber B oder das Schenkungsangebot gem. § 130 I 2 BGB gegenüber F widerrufen können.

Über die Unentgeltlichkeit der Zuwendung besteht Einigkeit. Auch die Voraussetzung der Bereicherung aus dem Vermögen des Schenkers liegt vor (§ 516 BGB); Stoffgleichheit wird nicht vorausgesetzt.

2. Wirksamkeit der Schenkung

Die *Form des Schenkungsversprechens*, das der notariellen Beurkundung bedarf (§ 518 I BGB), ist nicht gewahrt. Hier liegt jedoch eine sog. *Handschenkung* vor, das heißt, die unmittelbare Leistung des Gegenstandes unter Einigung über den Rechtsgrund, ihn als Geschenk zu geben und zu nehmen. Eine Hand- oder Realschenkung bedarf keiner Form (*argumentum ex* § 518 II BGB).

---

6 BGH NJW 1984, 480 (481); s auch dazu *Olzen* JURA 1987, 16 (23 f.).
7 AA *Harder* FamRZ 1976, 421.
8 S. etwa *Lange* ErbR § 33 II 3b γ, III 1b γ.
9 Soergel/*Wolf* § 153 Rn. 2; *Medicus/Petersen* BürgerlR Rn. 392.

Die Schenkung könnte jedoch nach § 2301 I BGB den *Formvorschriften über Verfügungen von Todes wegen* unterliegen und deshalb unwirksam sein. Die Anwendbarkeit von § 2301 I BGB auf Schenkungen von Todes wegen, die rechtstechnisch über einen (berechtigenden) Vertrag zugunsten Dritter (§ 331 BGB) bewirkt werden, ist stark umstritten.[10] Der BGH hält in gefestigter Rechtsprechung in den Fällen der §§ 328 I, 331 BGB die Einhaltung der Formen des Erbrechts (§ 2301 I BGB) auch dann nicht für erforderlich, wenn im Valutaverhältnis eine Schenkung vorliegt, die erst beim oder nach dem Tod des Schenkers wirksam wird.[11] § 331 BGB wird als Sondervorschrift gegenüber § 2301 BGB gewertet. In Teilen des Schrifttums wird die gegenteilige Auffassung vom Vorrang des Erbrechts vertreten. § 2301 BGB sei auch im Falle des § 331 BGB anzuwenden, wenn im Verhältnis des Erblassers zum begünstigten Dritten eine Schenkung vorliege. Die Auffassung der Rechtsprechung höhle die erbrechtlichen Formen aus und missachte die Rangordnung der Nachlassverbindlichkeiten.[12]

Die Problematik besteht vornehmlich darin: Einerseits soll durch § 2301 BGB verhindert werden, dass Zuwendungen auf den Todesfall anders als in den erbrechtlichen Formen zulasten der Erben und Nachlassgläubiger wirksam werden können.[13] Nach der Rechtsprechung und überwiegenden Meinung genügt aber die bloße Einschaltung eines Dritten durch den Vertrag zugunsten Dritter, um ein wirtschaftlich gleiches Ergebnis zu erzielen. Andererseits ist einzuräumen, dass die erbrechtlichen Formvorschriften die infrage stehenden Fallkonstellationen nur unzureichend und kaum sachgerecht regeln. So enthält der Vertrag zugunsten Dritter selbst keine Schenkung. Es entspricht allgemeiner Meinung, dass sich die Form des Vertrags zwischen dem Versprechenden und dem Versprechensempfänger ausschließlich nach den für diesen geltenden Regeln richtet. Wenn im Valutaverhältnis eine Schenkung gewollt ist, so passt § 2301 BGB bei Einschaltung eines anderen (Vertrag zugunsten Dritter) auch hier nicht, da regelmäßig kein Schenkungsversprechen vorliegt, sondern eine Handschenkung vollzogen wird. Außerdem ist für einige Fälle typisch unentgeltlicher Leistungen im Valutaverhältnis in § 330 BGB der Vertrag zugunsten Dritter ausdrücklich als geeignete Zuwendungsform vorgesehen.

Trotz des Gewichts der vorgetragenen Bedenken ist die Auffassung der höchstrichterlichen Rechtsprechung vorzuziehen. Die Besonderheit des Vertrags zugunsten Dritter gegenüber dem Falltypus, der § 2301 BGB zugrunde liegt, ist darin zu sehen, dass der Versprechensempfänger/Erblasser durch die Abrede im Deckungsverhältnis, also noch zu seinen Lebzeiten, bereits »verfügt«: Er »verzichtet« auf dasjenige, was der Versprechende schuldet, zugunsten des Dritten. Deshalb darf das Valutaverhältnis (Schenkung an den Dritten) nicht völlig isoliert und ausschließlich unter erbrechtlichen Gesichtspunkten betrachtet werden. Das entspricht auch am ehesten der in § 2301 II BGB zum Ausdruck gelangten Wertung. So wie dort die – selbst bedingte – Verfügung über den Gegenstand der Schenkung als Vollzug angesehen wird, ist die – bedingte oder befristete – Zuwendung des Anspruchs gegen den Versprechenden bereits ein Vollzugsakt. Der Unterschied zu den Fällen des § 2301 BGB, dass nicht

10 *Gernhuber* Schuldverhältnis § 20 V 6; *Harder* Zuwendungen; Staudinger/*Klumpp*, 2015, § 328 Rn. 55.

11 BGH NJW 2004, 767 (768); 1984, 480 (481).

12 Näher *Medicus/Petersen* BürgerlR Rn. 396 f.; so auch noch Staudinger/*Jagmann*, 2009, § 328 Rn. 54; anders nunmehr Staudinger/*Klumpp*, 2015, § 328 Rn. 55.

13 *Olzen* JURA 1987, 16 (24).

bereits ein Schenkungsversprechen vorliegt, sondern nur das Schenkungsangebot im Valutaverhältnis abgegeben worden ist, dürfte angesichts der §§ 130 II, 153 BGB ohne entscheidende Bedeutung sein.

Geht man von diesen Überlegungen aus, so ergeben sich im vorliegenden Fall Zweifel an der endgültigen Wirksamkeit des Rechtserwerbs durch F. E hatte nämlich seine eigene Guthabenforderung nicht aufgegeben, sondern nur der Bank B den Auftrag erteilt, sie nach seinem Tod umzuschreiben. Bis zur Umschreibung auf F gehörte die Forderung daher zum Nachlass. Bei dieser – vom BGH[14] offenbar angenommenen – Konstruktion hatte F lediglich einen Anspruch aus § 328 I BGB auf Ausführung der Weisung (anders bei – bedingter – Zuweisung der Forderung aus dem Sparguthaben).[15] Deshalb sollten erbrechtliche Grundsätze den Vorrang haben und § 2301 BGB angewendet werden. Da die Abrede im Deckungsverhältnis nur mündlich getroffen worden ist, kommt auch keine Umdeutung des in ihr enthaltenen Schenkungsangebots in ein Vermächtnis (§§ 2147, 2176, 2247 BGB) in Betracht.

Somit besteht vorliegend auch kein Rechtsgrund für die dem A zurechenbare Leistung des E an F.

IV. Rechtsfolge

Da nun der Herausgabeanspruch des A gegen F nach § 812 I 1 Alt. 1 BGB dem Grunde nach besteht, richtet sich der Umfang dieses Anspruchs nach §§ 818 ff. BGB. Gemäß § 818 I BGB ist grundsätzlich Herausgabe der Sache geschuldet. Vorliegend ist Gegenstand des Bereicherungsanspruchs der Auszahlungsanspruch des F gegen seine Bank B iHv 1.000 EUR. Da bei diesem eine Herausgabe wegen der Beschaffenheit des Erlangten nicht möglich ist, muss nach § 818 II Alt. 1 BGB Wertersatz iHv 1.000 EUR geleistet werden.

B. Ergebnis

Im Ergebnis steht deshalb dem A gegen F ein Zahlungsanspruch iHv 1.000 EUR nach § 812 I 1 Alt. 1 BGB zu.

> Zum gegenteiligen Ergebnis gelangt man, wenn man der Abwandlung in der Beurteilung des Sachverhalts folgt und die Abrede des E mit seiner Bank als eine Abtretung deutet.[16] Diese Abtretung wäre als bedingte Verfügung zugunsten des F wirksam, weil sie, wenn auch bedingt, iSd § 2301 BGB vollzogen wäre. In diesem Fall hätte F die Forderung gegen B bereits mit dem Tod – nicht erst mit der Erbschaft durch B – endgültig erworben (mit Bedingungseintritt ist die Forderung des F gegen B *cum causa* [nachträgliche Rechtsgrundabrede im Sinne einer Handschenkung] entstanden). Im Ergebnis stünde dann A gegen F kein Bereicherungsanspruch zu.

14 BGH NJW 1975, 382.
15 BGH NJW 1967, 101 (102); Erman/*Westermann* Vorbem. § 328 Rn. 1.
16 S. oben den Exkurs.

Struktur des Vertrags zugunsten Dritter[17] und der bereicherungsrechtlichen Leistungsbeziehungen

Beim *berechtigenden bzw. echten Vertrag* zugunsten Dritter (VzD) sind drei Leistungsverhältnisse zu unterscheiden.

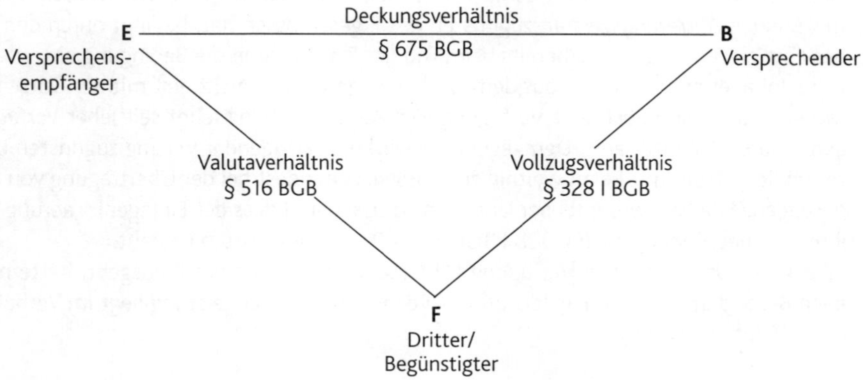

Das *Deckungsverhältnis* enthält den Rechtsgrund für die Begründung des Rechts des Dritten. Es allein bestimmt Art und Umfang seines Rechts, das Ob und Wann seines Rechtserwerbs (§§ 328 II, 330, 331 BGB). Der im Deckungsverhältnis vorliegende Vertragstypus bestimmt auch die Abschlussmodalitäten einschließlich der Form. Das Deckungsverhältnis gibt Auskunft darüber, warum sich der Versprechende zu einer Leistung an den Dritten bereitfindet.

Das *Valutaverhältnis* enthält den Rechtsgrund für das Behaltendürfen des Dritten. Es bildet den Rechtsgrund für die Leistung des Versprechensempfängers an den Dritten (Drittleistung) und entscheidet darüber, ob der Dritte sie behalten darf.[18] Was dieser vom Versprechenden erhält, steht ihm im Verhältnis zum Versprechensempfänger allein nach Maßgabe des zu diesem bestehenden Valutaverhältnisses zu. Wirtschaftlich und rechtlich leistet der Versprechensempfänger mittels des Versprechenden an den Dritten im Hinblick auf den im Valutaverhältnis jeweils gesetzten Rechtsgrund.

Im *Vollzugsverhältnis* zwischen dem Versprechenden und dem Dritten erfolgt die tatsächliche Vermögensverschiebung. Es ist kein Vertragsverhältnis, sondern nur ein Vertrauensverhältnis.[19] Im Hinblick auf § 328 I BGB ist es ebenfalls ein Leistungsverhältnis, wird aber bereicherungsrechtlich regelmäßig vernachlässigt (untergeordneter Leistungszweck).

Der *Bereicherungsausgleich* erfolgt grundsätzlich in den Leistungsbeziehungen (»im Dreieck«). Bei Fehlern im Deckungsverhältnis erfolgt die Leistungskondiktion regelmäßig im Deckungsverhältnis, da das Vollzugsverhältnis vom Deckungsverhältnis abgeleitet und abhängig ist. Nur in den Fällen des § 330 BGB, insbesondere beim Lebensversicherungsvertrag (s. dazu die §§ 159–178 VVG), ist das Verhältnis des Ver-

17 S. hierzu auch die Grundfälle bei *Hornberger* JA 2015, 7 ff., 93 ff.
18 BGH NJW 1984, 2156; *Looschelders* SchuldR AT § 51 Rn. 12.
19 BGH NJW 1970, 2157.

sprechenden zum Dritten wegen dessen besonderer Nähe zum Leistungszweck vorrangig;[20] Leistungsempfänger ist stets der Dritte. Bei Fehlern im Valutaverhältnis kommt nur eine Leistungskondiktion des Versprechensempfängers gegen den Dritten in Betracht.[21]

Abwandlung der rechtlichen Beurteilung des Sachverhalts

Der Sachverhalt könnte auch dahin verstanden und rechtlich beurteilt werden, dass E mit B einen *Abtretungsvertrag* zugunsten des F geschlossen hat, bedingt durch den Tod des E. In diesem Fall wäre F bereits beim Tod des E, weil damit die Bedingung eingetreten wäre, Inhaber der Forderung aus dem Guthaben geworden, nicht erst mit der Gutschrift. Die Abtretung ist jedoch eine Verfügung. Die Rechtsprechung lehnt seit jeher *Verfügungen zugunsten Dritter* ab.[22] Demgegenüber wird ein verfügender Vertrag zugunsten Dritter im Schrifttum mit Recht weithin zugelassen, zumindest bei der Übertragung von Forderungen,[23] da kein wesentlicher Unterschied zu einem Erlass der Einlagenforderung und ihrer Neubegründung nach § 328 I BGB in der Person des Dritten besteht.
Wenn man aber von einer Verfügung (Abtretung) zugunsten des F ausgeht, hätte nicht auch B, sondern nur E an F geleistet. Der Rechtsgrund dieser Leistung liegt im Verhältnis E – F (*Valutaverhältnis*).

20 *W. Lorenz* AcP 168 (1968), 286; aA MüKoBGB/*Schwab* § 812 Rn. 195; *Harder* Zuwendungen 225 ff.; BGH NJW 1990, 3194 (3195).

21 Einzelheiten dazu s. *Fezer* SchuldR BT Fälle 29–41.

22 RGZ 98, 279 (282); BGH NJW-RR 1986, 849; NJW 1993, 2617.

23 S. nur *Esser/Schmidt* SchuldR AT II § 36 IV; *Fikentscher/Heinemann* SchuldR Rn. 296; *Larenz* SchuldR I § 17 IV.

8. Fall Sachverhalt

Der Vater V will zur Ausstattung der neuen Wohnung des jungen Ehepaares E beitragen. Er kauft im Möbelhaus M eine komplette Küche, für die er 1.500 EUR auszugeben bereit ist. Das Modell und die Zusammenstellung der Einzelteile sollen die Eheleute E bestimmen. V unterrichtet die E von dieser Vereinbarung. Die von ihnen ausgesuchte Küche »Modell Italia« wird von M geliefert und eingebaut. V zahlt den Kaufpreis von 1.400 EUR.

Nach kurzer Zeit stellt sich heraus, dass die Spüle undicht ist, die Schranktüren verzogen sind, der Elektroherd nicht ordnungsgemäß regulierbar ist und der Kühlschrank versagt. In ihrer großen Enttäuschung erklären die Eheleute E dem M, er möge die Küche wieder abholen und ihnen den Kaufpreis zurückzahlen. M ist dagegen nur zu den entsprechenden und möglichen Reparaturen bereit, worauf sich die E einlassen. Nachdem auch nach dem zweiten Reparaturtermin die Geräte nicht ordnungsgemäß funktionieren, weigern sich die E, M weitere Reparaturversuche zuzugestehen und verlangen Rückzahlung gegen Rückgabe der Küche.

Abwandlung:

V verlangt nun den rechnerisch richtigen Minderungsbetrag von 400 EUR von M. Er will die erforderlichen Reparaturen von einem befreundeten Fachmann ausführen lassen, der nur 200 EUR verlangt. Wie ist die Rechtslage?

8. Fall Lösung

Schwerpunkt

- Leistungsstörungen beim Vertrag zugunsten Dritter

Gliederung

Anspruch der E gegen M auf Rückzahlung des Kaufpreises gegen Rückgabe der Küche nach §§ 437 Nr. 2, 440, 323 I, 346 I BGB iVm § 328 I BGB

I. Anspruchsvoraussetzungen
1. Kaufvertrag
2. Zwischenergebnis
II. Sekundäransprüche zugunsten Dritter
1. Grundsatz der Sekundäransprüche des Versprechensempfängers und des Dritten
2. Bestandserhebliche Sekundärrechte des Versprechensempfängers
3. Mitwirkungsrecht des Dritten
4. Rücktrittsrecht des V
5. Zwischenergebnis
III. Ergebnis

Abwandlung

A. Anspruch des V gegen M auf Zahlung von 400 EUR aus Minderung des Kaufpreises nach §§ 437 Nr. 2, 441 I, IV 1, 346 I BGB

I. Anspruchsvoraussetzungen
1. Kaufvertrag
2. Sachmangel bei Gefahrübergang
3. Minderungserklärung
4. Minderungsrecht
5. Kein Ausschluss des Minderungsrechts
II. Minderungsrecht des V
III. Kein Mitwirkungsrecht der E
IV. Ergebnis

B. Ausgleichsanspruch der Dritten (E) gegen den Versprechensempfänger (V)

C. Ergebnis zur Abwandlung

A. Anspruch der E gegen M auf Rückzahlung des Kaufpreises gegen Rückgabe der Küche nach §§ 437 Nr. 2, 440, 323 I, 346 I BGB iVm § 328 I BGB

Das Ehepaar E hat gegen M einen Anspruch auf Rückzahlung des Kaufpreises gegen Rückgabe der Küche nach §§ 437 Nr. 2, 440, 323 I, 346 I BGB iVm § 328 I BGB, wenn ein Kaufvertrag wirksam geschlossen wurde, die Küche mangelhaft ist und die Voraussetzungen des Rücktritts vorliegen.

I. Anspruchsvoraussetzungen

1. Kaufvertrag

Zunächst müsste zwischen E und M ein Kaufvertrag zustande gekommen sein. Käufer der Küche war jedoch V. Zwischen V und M ist ein Kaufvertrag über eine Küche mit zunächst unbestimmtem, aber bestimmbarem Gegenstand und Preis geschlossen worden. Aus dem Kaufvertrag zwischen V und M wurden die Eheleute E begünstigt. Aus den Umständen (vergleiche § 328 II BGB) des Vertragsschlusses ist zu entnehmen, dass den Eheleuten außer einem Auswahlrecht auch ein *selbstständiger Anspruch* auf Lieferung aus einem Kaufvertrag zugunsten Dritter zustehen soll (§ 328 I BGB). Als Inhaber eines eigenen Anspruchs sind die Eheleute auch nicht nur Dritte iSd § 317 BGB, denen allein die Bestimmung der vertraglich geschuldeten Leistung überlassen ist. Nachdem sich die E für eine bestimmte Küche entschieden und damit ihr Wahlrecht ausgeübt haben, gilt die gewählte Küche als von Anfang an allein geschuldet (§ 263 I, II BGB).

> Man wird eine Wahlschuld mit Wahlrecht der E annehmen können und nicht nur beschränkte Gattungsschuld, wenn die Auswahl einer Küche unter Küchen verschiedener Modelle und damit nicht nur eine aus einer Gattung vereinbart worden ist.

2. Zwischenergebnis

Vertragsparteien des vorliegenden Kaufvertrages sind allein V und M. Aufgrund des Vertrages zugunsten Dritter nach § 328 I BGB haben E jedoch eigene Ansprüche.

II. Sekundäransprüche zugunsten Dritter

Auch wenn Vertragsparteien des Kaufvertrags zugunsten der E allein V und M sind, so haben die E doch unmittelbar das Recht erworben, die Leistung von M zu verlangen. Deshalb ist denkbar, dass beim Vertrag zugunsten Dritter auch der begünstigte Dritte als Käufer iSd Sachmängelhaftungsrechts anzusehen ist und ihm selbst die Gewährleistungsrechte zustehen.

1. Grundsatz der Sekundäransprüche des Versprechensempfängers und des Dritten

Dem begünstigten Dritten (E) steht ein eigener Leistungs(Erfüllungs-)anspruch zu.[1] Ferner kann auch der Versprechensempfänger (V) nach § 335 BGB einen eigenen Anspruch gegen den Versprechenden (M) auf Leistung an die Dritten (E) geltend machen.[2] Bei Leistungsstörungen durch den versprechenden Schuldner (M) stehen die Sekundäransprüche daher grundsätzlich sowohl den Dritten (E) zu, als auch dem Versprechensempfänger (V), der aber nur Leistung an die Dritten (E) verlangen kann.

2. Bestandserhebliche Sekundärrechte des Versprechensempfängers

Diese Rechtslage ist unproblematisch hinsichtlich der wegen einer Leistungsstörung bestehenden Sekundäransprüche auf Nachlieferung und Nachbesserung (§ 439 I BGB), auf Verzögerungsschadensersatz (§§ 280 I, II, 286 BGB), das stellvertretende commodum (§ 285 BGB) sowie allgemein auf Schadensersatz nach § 280 I BGB neben der Leistung. Diese Sekundäransprüche ergänzen die Hauptpflichten aus dem Vertrag, die nach wie vor zu erfüllen sind.[3]

Problematisch ist die Rechtslage aber bei solchen Sekundäransprüchen und Rechten, die auf den *Bestand des Vertrags im Deckungsverhältnis* einwirken. Dazu gehören das Rücktrittsrecht (§ 323 BGB) sowie die Geltendmachung eines Schadensersatzanspruchs statt der Leistung (§§ 280 I, III, 281–283 BGB)[4], soweit der große Schadensersatz geltend gemacht wird.[5] Auch die Möglichkeit des Verletzten, nach §§ 280 I, III,

---

1 *Larenz* SchuldR I § 17 I; MüKoBGB/*Gottwald* § 328 Rn. 28; Staudinger/*Klumpp*, 2015, § 328 Rn. 1; *Medicus/Lorenz* SchuldR AT Rn. 856.

2 HM, s. Palandt/*Grüneberg* § 328 Rn. 5; MüKoBGB/*Gottwald* § 328 Rn. 28; *Medicus/Lorenz* SchuldR AT Rn. 863; aA Soergel/*Hadding* § 328 Rn. 40; Staudinger/*Jagmann*, 2009, § 335 Rn. 3.

3 *Larenz* SchuldR I § 17 I; MüKoBGB/*Gottwald* § 335 Rn. 10.

4 Palandt/*Grüneberg* § 328 Rn. 5.

5 S. BGH NJW 1985, 1457 mit kritischer Besprechung von *Gottwald* JZ 1985, 575; dazu Jauernig/*Stadler* § 328 Rn. 16.

281 I 2 BGB (Teilleistung ohne Interesse für den Gläubiger) und §§ 280 I, III, 283 S. 2, 281 I 2 analog BGB (teilweise Unmöglichkeit) Schadensersatz statt der ganzen Leistung zu verlangen, führt bei Verträgen zugunsten Dritter zu Problemen.

Solchen Sekundärrechten, deren Ausübung den Bestand des Vertrags im Deckungsverhältnis berührt, ist gemeinsam, dass die Vertragsabwicklung der Sache nach rückgängig gemacht oder ausgeschlossen wird. Aus diesem Grund ist fraglich, ob dem begünstigten Dritten das Recht zustehen soll, auf diese Weise über den Bestand des Deckungsverhältnisses gleichsam zu verfügen. Dagegen spricht, dass der Dritte zwar vom Vertrag begünstigt, nicht aber am Vertrag als Vertragspartner beteiligt ist. Auch wenn dem Dritten ein eigener Anspruch auf die Leistung zusteht, so leitet er seine Rechte doch nur aus einem von anderen begründeten Vertragsverhältnis ab. Deshalb ist es dem Dritten versagt, in das Vertragsgefüge einzugreifen. Rücktrittsrecht sowie Ansprüche auf Schadensersatz statt der ganzen Leistung kann nur der Versprechensempfänger, nicht aber der begünstigte Dritte geltend machen.[6]

3. Mitwirkungsrecht des Dritten

Aus gleichsam umgekehrter Sicht stellt sich das Problem einer Beschränkung der Rechte des Versprechensempfängers aufgrund der Rechtsstellung des begünstigten Dritten. Die Frage geht dahin, ob der Versprechensempfänger die Sekundärrechte, die den Bestand des Vertrags im Deckungsverhältnis berühren, ohne jede Mitwirkung des Dritten geltend machen kann. Stehen dem Versprechensempfänger diese Sekundärrechte uneingeschränkt zu, dann folgt daraus, dass der Dritte mit seiner Entscheidung für ihm zustehende Sekundäransprüche nicht gehört wird. Aus diesem Grunde ist dem Dritten eine mitbestimmende Parteirolle bei der Ausübung der dem Versprechensempfänger an sich vorbehaltenen Rechte zuzuerkennen. Der Versprechensempfänger bedarf zur Ausübung vertragsgestaltender Erklärungen der *Zustimmung des begünstigten Dritten*, soweit die Rechtsausübung den Dritten in seinen Rechten berührt.

Das Zustimmungserfordernis des Dritten ist nicht davon abhängig, ob das Recht des Dritten aus § 328 I BGB widerruflich oder unwiderruflich ausgestaltet ist. Nach überwiegender Meinung soll allerdings die Zustimmung des Dritten nur im Fall der Unwiderruflichkeit erforderlich sein.[7] Doch die nach § 328 II BGB vorbehaltene Befugnis des Versprechensempfängers zu einer Änderung oder Aufhebung des Rechts des Dritten ist der Sache nach nicht mit der Geltendmachung von Rechten aus Leistungsstörungen vergleichbar.

4. Rücktrittsrecht des V

Geht man von diesen Rechtsgrundsätzen aus, dann steht das Rücktrittsrecht nicht den Eheleuten E als begünstigten Dritten, sondern allein dem Versprechensempfänger V zu. Die E können nicht wirksam zurücktreten und so nicht den Kaufpreis von M zurückverlangen.

6 RGZ 101, 275; Erman/*Westermann* § 328 Rn. 8; aA MüKoBGB/*Gottwald* § 335 Rn. 17 ff.; *Westermann/Bydlinski/Weber* SchuldR AT Rn. 15/19; *Medicus/Lorenz* SchuldR AT Rn. 858; Soergel/*Hadding* § 328 Rn. 47.

7 HM seit RGZ 101, 275 f.; Palandt/*Grüneberg* § 328 Rn. 6.

5. Zwischenergebnis

Als Dritte bei einem Vertrag zugunsten Dritter ist es daher den E nicht möglich, einen Anspruch wegen eines Rücktritts geltend zu machen.

III. Ergebnis

Die E haben gegen M keinen Anspruch auf Rückzahlung des Kaufpreises gegen Rückgabe der Küche gem. §§ 437 Nr. 2, 440, 323 I, 346 I BGB iVm § 328 I BGB.

Abwandlung

A. Anspruch des V gegen M auf Zahlung von 400 EUR aus Minderung des Kaufpreises nach §§ 437 Nr. 2, 441 I, IV 1, 346 I BGB

V könnte gegen M einen Anspruch auf Rückzahlung des Minderungsbetrags iHv 400 EUR gem. §§ 437 Nr. 2, 441 I, IV 1, 346 I BGB.

I. Anspruchsvoraussetzungen

1. Kaufvertrag

Zwischen V und M liegt ein wirksamer Kaufvertrag gem. § 433 BGB vor. (s. oben)

2. Sachmangel bei Gefahrübergang

Da die Spüle undicht ist, die Schranktüren verzogen sind, der Elektroherd nicht ordnungsgemäß regulierbar ist und der Kühlschrank versagt, ist die Küche zumindest iSd § 434 I 2 Nr. 2 BGB mangelhaft. Dabei ist davon auszugehen, dass diese Mängel bereits bei Gefahrübergang (ergo bei Übergabe, § 446 S. 1 BGB) vorgelegen haben und das Ehepaar E diese Mängel weder kannte noch grob fahrlässig nicht kannte (vgl. § 442 I 1 BGB).

3. Minderungserklärung

Im Begehren des V, den Minderungsbetrag zurückgezahlt zu bekommen, ist konkludent die Minderungserklärung iSd § 441 I 1 BGB erfolgt.

4. Minderungsrecht

Das Recht zur Minderung ist nach § 441 I 1 BGB stets dann gegeben, wenn die Voraussetzungen des Rücktritts vorliegen. Vorliegend kommt ein Rücktrittsgrund nach §§ 437 Nr. 2, 440, 323 I BGB in Betracht. Grundsätzlich wäre eine erfolglose Fristsetzung zur Nacherfüllung (hier zur Nachbesserung, § 439 BGB) gem. § 323 I BGB erforderlich. Nachdem indes M zweimal erfolglos versucht hat, die Mängel zu beseitigen und dies auch nach dem zweiten Versuch nicht restlos gelungen ist, gilt die Nachbesserung als fehlgeschlagen, sodass es einer Fristsetzung nicht mehr bedarf, vgl. § 440 BGB. Da ein Ausschlussgrund nicht ersichtlich ist, liegen die Voraussetzungen eines Rücktritts vor. Somit besteht auch gem. § 441 I 1 BGB das Recht zur Minderung iHv 400 EUR (ausweislich der Angaben im Sachverhalt).

5. Kein Ausschluss des Minderungsrechts

Ein Ausschluss des Minderungsrechts nach §§ 438 V, 218 BGB ist nicht einschlägig.

II. Minderungsrecht des V

V ist als Versprechensempfänger berechtigt, die Minderung herbeizuführen. Denn auch in der vollzogenen Minderung liegt durch die Herabsetzung der Kaufpreisforderung eine Umgestaltung des Kaufvertrags. Das Minderungsrecht bedeutet eine Angleichung des *Synallagmas* der Leistungspflichten im gegenseitigen Vertrag und ist nicht nur eine Art Surrogat der fehlerhaften Leistung. Schon deshalb steht das Minderungsrecht nicht den begünstigten Dritten (E), sondern dem Versprechensempfänger (V) als Käufer, zu. Zudem verliert der Käufer durch den Vollzug der Minderung das Recht auf Rücktritt und Schadensersatz.

III. Kein Mitwirkungsrecht der E

Zur Ausübung des Minderungsrechts bedarf V auch nicht der Zustimmung der Eheleute E. Diese werden durch die Minderung nicht unmittelbar in ihren Rechten betroffen, da ihnen die Kaufsache nicht entzogen wird. Zwar muss im Falle der Minderung der begünstigte Dritte unter Umständen gegen seinen Willen die Sache behalten, obwohl sie wegen ihrer Mangelhaftigkeit möglicherweise für ihn unbrauchbar geworden ist. Doch das muss der Dritte mit dem Versprechensempfänger im Valutaverhältnis regeln.

IV. Ergebnis

Im Ergebnis steht V gegen M gem. §§ 437 Nr. 2, 441 I, IV 1, 346 I BGB ein Anspruch auf Rückzahlung des Minderungsbetrags iHv 400 EUR zu.

B. Ausgleichsanspruch der Dritten (E) gegen den Versprechensempfänger (V)

Ob die Eheleute E gegen V einen Anspruch auf Auskehrung des Minderungsbetrags haben, richtet sich ausschließlich nach den Rechtsbeziehungen im Valutaverhältnis. Im zu entscheidenden Fall liegt eine Schenkung vor, die unter den gegebenen Umständen keine Ansprüche der E gegen V wegen der Mangelhaftigkeit der Küche begründet (vergleiche § 524 BGB).

> Anders ist etwa die Rechtslage, wenn im Valutaverhältnis ein Kauf vorliegt. Dann stehen dem begünstigten Dritten als Käufer die Ansprüche aus Sachmängelhaftung gegen seinen Verkäufer als Versprechensempfänger zu.

Den Eheleuten E steht auch kein Anspruch gegen V zu, die Reparatur der Küche durchführen zu lassen. Zur Annahme einer solchen Verpflichtung bietet der Sachverhalt keine ausreichenden Anhaltspunkte. Selbstverständlich kann V die Reparatur freiwillig veranlassen oder sich dazu verpflichten.

C. Ergebnis zur Abwandlung

V hat gegen M gem. §§ 437 Nr. 2, 441 I, IV 1, 346 I BGB einen Anspruch auf Rückzahlung des Minderungsbetrags iHv 400 EUR.

4. Kapitel. Das System der Leistungsstörungen und Schutzpflichtverletzungen

Übersicht
Störungen im Schuldverhältnis (Leistungsstörungen)

Gliederung

A. Leistungsstörungen aufseiten des Schuldners

I. Gesetzliche Regelungen der nicht ordnungsgemäßen Leistung
1. Nichtleistung
   a) Unmöglichkeit der Leistung (§§ 275, 280, 283, 311a, 326 BGB)
   b) Leistungsverzögerung, Schuldnerverzug (§§ 281, 286, 323 BGB)
2. Schlechtleistung
   a) Sachmängelhaftung (etwa §§ 437 ff.; 536 ff.; 633 ff.; 651i ff. BGB)
   b) Pflichtverletzung im Sinne der früheren positiven Forderungsverletzung
3. *Culpa in contrahendo,* Vorvertragliches Schuldverhältnis (§ 311 II, III BGB iVm § 241 II BGB)

II. Vertragliche Vereinbarungen
1. Draufgabe (§§ 336–338 BGB)
2. Vertragsstrafe (§§ 339–345 BGB)

B. Störungen im Schuldverhältnis aufseiten des Gläubigers

I. Gläubigerverzug
II. Vom Gläubiger allein oder weit überwiegend zu vertretende Unmöglichkeit (§ 326 II BGB)
III. Pflichtverletzung
IV. *Culpa in contrahendo* (§ 311 II, III BGB iVm § 241 II BGB)

Die Väter des BGB regelten die Arten der denkbaren Störungen, die bei der Abwicklung eines vertraglichen oder gesetzlichen Schuldverhältnisses im weiteren Sinne auftreten können, nicht erschöpfend. Sie entwarfen kein geschlossenes System der Leistungsstörungen, das für die verschiedenen Typen einer dem Inhalt des Schuldverhältnisses widersprechenden Abwicklung die Rechtsfolgen vollständig bestimmte. Vor allem stellten sie ihr Regelwerk zu den Störungen im Schuldverhältnis nicht auf die Grundlage einer allgemeinen Lehre vom Vertragsbruch oder auf den Boden der weit gespannten cic-Haftung des Gemeinen Rechts.

Einen anderen Weg geht das französische Recht. Grundlage des Rechts der Leistungsstörungen im romanischen Rechtskreis ist ein einheitlicher Rechtsbegriff der Nichterfüllung (*inexecution*). Als zentraler Oberbegriff umfasst er im Grundsatz alle Erscheinungsformen einer nicht vertragsgemäßen Leistung des Schuldners.

Im allgemeinen Schuldrecht wurden bis zum Inkrafttreten des Schuldrechtsmodernisierungsgesetzes nur zwei Arten der Verletzung der Leistungspflicht gesetzlich geregelt: die *Unmöglichkeit* der Leistung und der *Schuldnerverzug*. Den ersten Fall kennzeichnet das Unvermögen des Schuldners, seine Leistung zu erbringen; im zweiten Fall erbringt der Schuldner die ihm noch mögliche Leistung nicht zur rechten Zeit. Im besonderen Schuldrecht fanden sich zusätzlich Vorschriften über eine *Gewährleistung* des Schuldners für eine mangelhafte Leistung, teilweise ergänzt in anderen Gesetzen (so für den Handelskauf §§ 377, 378 HGB). Andere Rechtsinstitute einer Störung im Schuldverhältnis waren überhaupt nicht gesetzlich geregelt, sondern im Laufe der Zeit von Rechtsprechung und Lehre entwickelt worden und später gewohnheitsrechtlich anerkannt, so die *culpa in contrahendo* sowie die *positive Forderungsverletzung*.

Das *Schuldrechtsmodernisierungsgesetz* vom 26.11.2001[1] hat das Leistungsstörungsrecht grundlegend umgestaltet, indem die verschiedenen Leistungsstörungstypen in wenigen gemeinsamen Vorschriften geregelt werden.[2] Zentraler Begriff des modernisierten Leistungsstörungsrechts ist die *Pflichtverletzung* nach § 280 I BGB als Grundtatbestand für sämtliche Leistungsstörungstypen (Einheitskonzept[3]). In den Begriff der Pflichtverletzung sind die Schlechtleistung, namentlich die früher nicht gesetzlich geregelte positive Forderungsverletzung, aber auch die Fälle der früheren Mängelgewährleistung, die Unmöglichkeit und der Verzug, einbezogen. Das exakte Herausarbeiten der Pflichtverletzung ist auch deshalb eine wichtige Weichenstellung in der Fallbearbeitung, weil sich das anschließend zu prüfende *Vertretenmüssen* auf diese bezieht. Die *Rechtsfolgen* der Pflichtverletzung sind soweit als möglich in allgemeinen Vorschriften zum Schadensersatz (§ 280 I BGB) und Rücktritt (§ 323 I BGB) geregelt, die durch spezielle Regelungen für verschiedene Typen der Pflichtverletzung (Unmöglichkeit §§ 283, 326, 311a II BGB, Schuldnerverzug §§ 286 ff. BGB, Gläubigerverzug §§ 293 ff. BGB, Störung der Geschäftsgrundlage § 313 BGB) und für die Mängelhaftung (vgl. etwa §§ 437 ff. BGB) ergänzt werden. Der zentrale Pflichtverletzungstatbestand erfasst sowohl Hauptleistungspflichten als auch Nebenleistungspflichten und Schutzpflichten (§ 241 II BGB) und soll nach dem Willen des Gesetzgebers den früher das Leistungsstörungsrecht dominierenden Begriff der Unmöglichkeit ablösen.[4]

> Für die *Falllösung* ergibt sich daraus Folgendes: Zunächst ist die begehrte Rechtsfolge festzustellen und sodann hierfür ausgehend von der im konkreten Fall vorliegenden Art der Leistungsstörung die passende Anspruchsgrundlage zu bestimmen.[5]

Da das Gesetz auch weiterhin durchaus zwischen anfänglichen und nachträglichen Leistungsstörungen (vgl. § 311a II BGB) und im Rahmen der nachträglichen Leistungsstörungen zwischen den Leistungsstörungstypen Unmöglichkeit, Verzug und sonstigen Pflichtverletzungen unterscheidet, ist es auch weiterhin sinnvoll, in der folgenden Darstellung nach den verschiedenen Typen der Leistungsstörungen zu differenzieren:[6]

A. Leistungsstörungen aufseiten des Schuldners

Der Schuldner befriedigt den Gläubiger nicht ordnungsgemäß.

I. Gesetzliche Regelungen der nicht ordnungsgemäßen Leistung

Die Rechtsfolgen der Leistungsstörung greifen ein, wenn der gesetzliche Tatbestand erfüllt ist, ohne dass es auf eine Vereinbarung zwischen Gläubiger und Schuldner ankommt.

---

1 BGBl. 2001 I 3138.
2 *Brox/Walker* SchuldR AT § 21 Rn. 6; *Lorenz/Riehm* Neues SchuldR Rn. 161.
3 S. MüKoBGB/*Ernst* Vorbem. § 275 Rn. 11.
4 Begr. BT-Drs. 14/6040, 84; *Lorenz/Riehm* Neues SchuldR Rn. 161; *Jacoby/v. Hinden* Vorbem. § 275 Rn. 2.
5 S. *Lorenz/Riehm* Neues SchuldR Rn. 168; s. zur an den Rechtsfolgen orientierten Systematik des neuen Schuldrechts *Brox/Walker* SchuldR AT § 21 Rn. 6.
6 S. auch *Emmerich* LeistungsstörungsR § 3 Rn. 1; *Brox/Walker* SchuldR AT § 21 Rn. 7.

1. Nichtleistung

Der Schuldner leistet nicht an den Gläubiger.

a) Unmöglichkeit der Leistung (§§ 275, 280, 283, 311a, 326 BGB)

Der Schuldner leistet nicht, weil ihm die Leistung unmöglich ist (*echte* – § 275 I BGB, *faktische* (*praktische*) – § 275 II BGB oder *persönliche* – § 275 III BGB – Unmöglichkeit).

Rechtsfolgen:

- § 275 I BGB – verschuldensunabhängig Befreiung von der Leistungspflicht
- § 275 II, III BGB – Leistungsverweigerungsrecht des Schuldners hinsichtlich der Leistung
- § 326 I BGB – bei gegenseitigen Verträgen Verlust des Gegenleistungsanspruchs
- §§ 326 V, 323 BGB – vom Verschulden des Schuldners unabhängiges Rücktrittsrecht des Gläubigers
- §§ 280 I, III, 283 BGB – Schadensersatz statt der Leistung
- § 284 BGB – Aufwendungsersatzanspruch

Bei *anfänglicher Unmöglichkeit* § 311a II BGB: Schadensersatz statt der Leistung, Aufwendungsersatz.

Nicht geregelt ist der Fall der *beiderseits zu vertretenden Unmöglichkeit* beim gegenseitigen Vertrag. § 326 II BGB lässt den Gegenleistungsanspruch des Schuldners bestehen, wenn der *Gläubiger* das Leistungshindernis *weit überwiegend zu vertreten* hat. Damit ist auch im neuen Recht nicht abschließend geregelt, wie der Fall zu lösen ist, dass den *Schuldner* ein *nicht ganz unerhebliches Mitverschulden* trifft.[7]

> Gemeint ist in § 326 II 1 BGB ein Verschuldensanteil des Schuldners, der so gering ist, dass er nicht zu einer Quotelung nach § 254 I BGB führen würde, sondern bei dem von einer Alleinverantwortlichkeit des Gläubigers auszugehen wäre.

Entsprechend den Lösungen nach dem alten Recht[8] sind hier mehrere *Lösungsalternativen* denkbar:[9]

- Nach dem Rechtsgedanken des § 254 BGB wird je nach dem Schwerpunkt des Vertretenmüssens beim Schuldner oder beim Gläubiger entweder § 326 II BGB oder §§ 280 I, III, 283 BGB angewendet und sodann jeweils um den Verschuldensanteil analog § 254 BGB gekürzt.[10]
- § 326 II BGB und §§ 280 I, III, 283 BGB werden nebeneinander angewendet und sowohl der Gegenleistungsanspruch als auch der nach der Differenzmethode berechnete Schadensersatzanspruch des Gläubigers analog § 254 BGB entsprechend den jeweiligen Mitverschuldensanteilen gekürzt.[11]

---

7 S. *Lorenz/Riehm* Neues SchuldR Rn. 351; s. auch *Canaris* JZ 2001, 499 (511).

8 S. dazu etwa *Brox*, Allgemeines Schuldrecht SchuldR AT, 27. Aufl. 2002, Rn. 270; *Medicus* BürgerlR, 20. Aufl. 2004, Rn. 270.

9 S. *Emmerich* LeistungsstörungsR, 5. Aufl. 2003, § 14; *Brade* JA 2013, 413 (414 ff.).

10 S. RGZ 94, 140 zum alten Recht.

11 *Looschelders* JuS 1999, 949 (952); *Emmerich* LeistungsstörungsR, 5. Aufl. 2003, § 14; *Medicus* BürgerlR, 20. Aufl. 2004, Rn. 271.

- Der Gegenleistungsanspruch des Schuldners bleibt in voller Höhe bestehen; der Gläubiger hat einen Anspruch nach §§ 280 I, III, 283 BGB im Wege der Surrogationsmethode, gekürzt analog § 254 BGB um seinen Mitverschuldensanteil.[12]

Im Schrifttum hat sich jedoch mittlerweile ein Ansatz durchgesetzt, der unmittelbar an § 326 I, II BGB anknüpft.[13] Dieser geht davon aus, dass beim Fehlen eines weit überwiegenden Verschuldens des Gläubigers der Gegenleistungsanspruch des Schuldners nach § 326 I BGB erlischt.[14] Die Absätze 1 und 2 des § 326 BGB stehen insoweit in einem Regel-Ausnahme-Verhältnis. Hierdurch wird der Regelung der Gegenleistungsgefahr für den Schuldner nach § 326 I 1 BGB in zutreffender Weise Rechnung getragen.[15] Der Schuldner hat im Gegenzug einen Schadensersatzanspruch nach § 280 I BGB.[16] Der Schaden des Schuldners besteht im Verlust seines Anspruchs auf die Gegenleistung. Der Gläubiger verletzt eine Schutzpflicht iSd § 241 II BGB, wonach er die Leistungskapazität des Schuldners nicht beeinträchtigen darf.[17] Dieser Anspruch ist nach § 254 I BGB im Rahmen des Verschuldensanteils des Schuldners zu kürzen.[18] Dem steht der ebenfalls nach § 254 I BGB um den Verschuldensanteil des Gläubigers zu kürzende Schadensersatzanspruch des Gläubigers statt der Leistung nach §§ 280 I, III, 283 BGB bzw. § 311a II BGB gegenüber.[19]

b) Leistungsverzögerung, Schuldnerverzug (§§ 281, 286, 323 BGB)
Der Schuldner leistet nicht, obwohl ihm die Leistung möglich ist.

Rechtsfolgen:

- § 323 I BGB – vom Verschulden des Schuldners unabhängiges Rücktrittsrecht des Gläubigers
- §§ 280 I, II, 286 BGB – Verzögerungsschadensersatz
- §§ 287 ff. BGB
- §§ 280 I, III, 281 BGB – Schadensersatz statt der Leistung aufgrund der Leistungsverzögerung

2. Schlechtleistung

Der Schuldner leistet nicht ordnungsgemäß an den Gläubiger.

a) Sachmängelhaftung (etwa §§ 437 ff.; 536 ff.; 633 ff.; 651i ff. BGB)
Der Schuldner leistet einen mangelhaften Leistungsgegenstand.

Rechtsfolgen, vgl. § 437 BGB.

12 *Teubner,* Gegenseitige Vertragsuntreue, 61 ff. zum alten Recht; *Lorenz/Riehm* Neues SchuldR Rn. 351.
13 Grundlegend *Canaris* FS Lorenz, 2004, 147 ff.
14 *Canaris* FS Lorenz, 2004, 158; *Emmerich* LeistungsstörungsR § 14 Rn. 4; Palandt/*Grüneberg* § 326 Rn. 15; *Medicus/Petersen* BürgerlR Rn. 270; *Looschelders* SchuldR AT § 35 Rn. 13; *Brade* JA 2013, 413 (417 f.).
15 *Emmerich* LeistungsstörungsR § 14 Rn. 4.
16 Palandt/*Grüneberg* § 326 Rn. 15; aA *Gruber* JuS 2002, 1066.
17 *Canaris* FS Lorenz, 2004, 179; aA BeckOK BGB/*Schmidt*, 48. Ed. 1.11.2018, § 326 Rn. 27.
18 Jauernig/*Stadler* § 326 Rn. 22; Palandt/*Grüneberg* § 326 Rn. 15.
19 Palandt/*Grüneberg* § 326 Rn. 15.

b) Pflichtverletzung im Sinne der früheren positiven Forderungsverletzung

Der Schuldner leistet schlecht. Gemeint ist eine weder durch Leistungsverzögerung noch Unmöglichkeit, noch eine sachmängelbehaftete Leistung vermittelte Vertragsverletzung. Es werden namentlich folgende *Fallgruppen* erfasst:

(1) Verletzung vertraglicher Nebenpflichten (Schutzpflichtverletzung: Obhuts- und Erhaltenspflichten, Auskunfts-, Mitteilungs- und Anzeigepflichten, Sorgfaltspflichten), sowohl leistungsbezogener als auch Schutzpflichten nach § 241 II BGB
(2) Fehlerhafte Erfüllung von Hauptleistungspflichten zur Ergänzung der bestehenden Mängelhaftung (etwa Ersatz von das Integritätsinteresse betreffenden Mangelfolgeschäden) oder zum Ersatz fehlender besonderer Mängelhaftung (etwa Auftrag, Gesellschaft, gesetzliches Schuldverhältnis)
(3) Endgültige Erfüllungsverweigerung (Vertragsaufsage)

Rechtsfolgen:

- § 280 I BGB – Ersatz des durch die Pflichtverletzung entstandenen Schadens
- §§ 280 I, III, 281 oder 282 BGB (Verletzung von Pflichten iSd § 241 II BGB)[20] – Schadensersatz statt der Leistung
- § 284 BGB – Aufwendungsersatzanspruch
- § 323 BGB oder § 324 BGB (Verletzung von Pflichten iSd § 241 II BGB) – Rücktrittsrecht des Gläubigers

3. Culpa in contrahendo, Vorvertragliches Schuldverhältnis (§ 311 II, III BGB iVm § 241 II BGB)

Vertragsverhandlungen und ähnliche geschäftliche Kontakte begründen ein vertragsähnliches Vertrauensverhältnis mit Schutzpflichten (Sorgfalts- und Obhutspflichten, Offenbarungspflichten wie Aufklärungs-, Mitteilungs- und Anzeigepflichten), deren schuldhafte Verletzung den Schuldner zum Schadensersatz verpflichtet. In ein solches vorvertragliches Schuldverhältnis können auch Dritte einbezogen sein (§ 311 III BGB).

Ein vorvertragliches Schuldverhältnis[21] begründet aber *keine Hauptleistungspflichten*. Vielmehr verweist § 311 II BGB für den Inhalt der Pflichten aus diesem Schuldverhältnis auf § 241 II BGB. § 241 II BGB, der auf den *Inhalt des konkreten Schuldverhältnisses* verweist, stellt nur fest, dass allgemein Rücksichtnahmepflichten im Rahmen eines Schuldverhältnisses bestehen können, ohne diese näher zu bestimmen. Der genaue *Inhalt und Umfang der Schutzpflichten* ist also auf den jeweiligen Einzelfall bezogen unter Heranziehung der vor der Schuldrechtsreform entwickelten Fallgruppen zu bestimmen.[22]

Die Pflichten von Verhandlungspartnern sind nicht allgemein zu umschreiben.[23] Sie sind situationsbezogen und von den konkreten Umständen des Einzelfalles abhängig. Wesentliche *Verhandlungspflichten beim Vertragsabschluss* sind:

---

20 Zum Verhältnis zwischen § 282 und § 281 BGB MüKoBGB/*Ernst* § 282 Rn. 1; Jauernig/*Stadler* § 282 Rn. 4; anders Palandt/*Grüneberg* § 282 Rn. 2.

21 Zu vorvertraglichen Schuldverhältnissen ausführlich *Looschelders* SchuldR AT § 8 Rn. 1 ff.

22 S. *Fritzsche* Fälle SchuldR I Fall 2 Rn. 8.

23 S. dazu den Überblick bei *Emmerich* LeistungsstörungsR § 7 Rn. 1 ff.

(1) *Aufklärungspflichten* hinsichtlich solcher Umstände, die für den Vertrag und seine Folgen erkennbar wichtig sind. Je unerfahrener der eine Verhandlungspartner und je sachkundiger der andere Verhandlungspartner ist, desto höher sind die Anforderungen an eine angemessene Aufklärung. Ein Verkäufer etwa erfüllt bei der Übergabe von Unterlagen seine Aufklärungspflicht nur dann, wenn er aufgrund konkreter Umstände die berechtigte Erwartung haben kann, dass der Käufer die Unterlagen nicht nur zum Zwecke allgemeiner Information, sondern unter einem bestimmten Gesichtspunkt gezielt durchsehen werde.[24] Je nach Sachlage können sich Aufklärungspflichten zu Beratungspflichten verdichten. Zu beachten ist aber, dass über die Annahme von Aufklärungspflichten die Selbstverantwortung des anderen Teils nicht völlig außer Betracht gelassen wird. Es muss im Einzelfall sorgsam abgewogen werden, ob und inwieweit eine Partei die andere über Bedeutung, Folgen und Risiken aufzuklären hat.

(2) Die Aufnahme von Vertragsverhandlungen verpflichtet grundsätzlich keine Partei, den Vertrag auch abzuschließen; Verhandlungen begründen noch keine *Abschlusspflicht*. Jeder Partner ist befugt, vom Vertragsabschluss Abstand zu nehmen. Wer jedoch in dem Anderen das begründete Vertrauen erweckt, dass der Vertrag mit Sicherheit zustande kommen wird, muss für die Folgen eines unbegründeten Abbruchs der Verhandlungen und die Verweigerung des Abschlusses aufkommen.[25] Es kann insoweit nicht darum gehen, eine Haftung allein an den Umstand zu knüpfen, dass der Vertrag letztlich nicht zustande gekommen ist. Vielmehr ist die Pflichtverletzung in der Verletzung von Aufklärungs- oder Warnpflichten in Ansehung möglicher Schäden des Vertragspartners infolge seines begründeten Vertrauens auf den Vertragsabschluss zu begründen.[26] Hingegen ist die Frage, ob der Vertragspartner in Ansehung auf den erwarteten Vertragsabschluss tatsächlich bereits Aufwendungen getätigt hat, keine Frage des Vorliegens einer Pflichtverletzung, sondern eine Frage des Schadens.[27]

(3) Jede Partei hat die Pflicht, dafür zu sorgen, dass der abgeschlossene Vertrag wirksam wird. Wer schuldhaft einen *Formmangel* verursacht, die Beschaffung einer Genehmigung unterlässt oder einen Dissens nicht verhindert, haftet nach den Grundsätzen der cic.

(4) *Schutzpflichten* ergeben sich daraus, dass durch die Aufnahme von Vertragsverhandlungen beiderseits erhöhte Möglichkeiten zur Beeinträchtigung der vorhandenen Rechte und Rechtsgüter geschaffen werden. Daher hat jeder Teil die Rechtspflicht, sorgsam darauf zu achten, dass er den anderen nicht schädigt.[28] Hier ergeben sich dann Abgrenzungsschwierigkeiten, wenn beispielsweise ein Ehegatte den anderen im Warenhaus abholen will. Doch genießt wohl auch in solchen Fällen der andere einen Schutz, da er ja ein »willkommener« potenzieller Kunde ist. Anders ist für denjenigen zu entscheiden, der in Diebstahlsabsicht das Geschäft betritt oder sich nur vor Regen unterstellt.

---

24 BGH NJW 2012, 846 (847).

25 BGH NJW-RR 2001, 381; 2001, 1524; OLG Dresden ZIP 2001, 604; *Flume* BGB AT II § 33, 8; Palandt/*Grüneberg* § 311 Rn. 30; vgl. auch *Medicus/Lorenz* SchuldR AT Rn. 534.

26 *Emmerich* LeistungsstörungsR § 7 Rn. 68.

27 S. auch *Jacoby/v. Hinden* § 311 Rn. 2; aA OLG Dresden ZIP 2001, 604 (605) (Ersatz nur im Hinblick auf Aufwendungen, die nach Entstehen des Vertrauenstatbestands gemacht wurden).

28 S. RGZ 78, 239 (In einem Ladengeschäft wird ein Kunde durch eine umstürzende Linoleumrolle verletzt.); BGH NJW 1962, 31 (Ein Kunde gleitet im Warenhaus auf einer Bananenschale aus.).

Die Haftung §§ 280 I, 311 II BGB ist ihrem Umfang nach auf das *negative Interesse* (Vertrauensschaden) gerichtet. Der Geschädigte ist so zu stellen, als ob die haftungsbegründende Pflichtverletzung nicht stattgefunden hätte.

Schwierigkeiten bereiten die Fälle des *unbegründeten Abbruchs von Vertragsverhandlungen*[29] sowie des *verschuldeten Formmangels*.[30] Nach der Rechtsprechung soll in ganz besonders gelagerten Ausnahmefällen eine Missachtung der gesetzlichen Formvorschriften der Wirksamkeit des Vertrags dann nicht entgegenstehen, wenn »es nach den Beziehungen der Beteiligten und nach den gesamten Umständen mit Treu und Glauben unvereinbar wäre, vertragliche Vereinbarungen wegen Formmangels unausgeführt zu lassen.« Dazu genügt nicht schon, dass die Nichtanerkennung des Vertrags für den betroffenen Teil ein besonders hartes Ergebnis darstellt, vielmehr muss es sich um ein »schlechthin untragbares« Ergebnis handeln, das »jedem Gerechtigkeitsempfinden ins Gesicht« schlägt.[31] Der Ersatzberechtigte ist so zu stellen, als sei der Vertrag wirksam zustande gekommen. Das Schrifttum lehnt diese Auffassung weitgehend ab. Ob der eingeschlagene Lösungsweg noch mit den Grundsätzen über die Berechnung des negativen Interesses zu vereinbaren ist, mag dahinstehen; jedenfalls verbleiben erhebliche Bedenken.[32] Denn aus den Vertragsverhandlungen ergibt sich grundsätzlich keine Rechtspflicht zum Abschluss eines Vertrags. Es besteht allenfalls eine Obliegenheit, bei deren Verletzung für die Schadensfolgen einzustehen ist. Zutreffend wird auch auf die sachliche Nähe der Fälle des Abbruchs von Vertragsverhandlungen zu § 122 BGB hingewiesen.[33] Die Annahme einer schadensersatzrechtlich begründeten Rechtspflicht zum Vertragsschluss oder auch der Anspruch aus Pflichtverletzung des vorvertraglichen Schuldverhältnisses auf das Erfüllungsinteresse stellen einen schwerwiegenden Eingriff in die Privatautonomie dar. Eine *Vertragsabschlusspflicht aus cic* sollte *auch nicht in Ausnahmefällen* angenommen werden. Der Schadensersatzanspruch aus cic beschränkt sich auf das negative Interesse.[34]

Auch nach Beendigung des Schuldverhältnisses können Nebenpflichten nachwirken (§ 242 BGB, *culpa post contractum finitum*).

II. Vertragliche Vereinbarungen

1. Draufgabe (§§ 336–338 BGB)
2. Vertragsstrafe (§§ 339–345 BGB)

B. Störungen im Schuldverhältnis aufseiten des Gläubigers

Der Gläubiger stört den Schuldner bei der ordnungsgemäßen Erbringung der Leistung (Gläubigerverzug; vom Gläubiger zu vertretende Unmöglichkeit). In anderen

29 S. BGH LM § 276 BGB (Fc), Nr. 2; NJW-RR 1989, 627 ff.
30 BGH NJW 1965, 812 (wegen verschuldetem formfehlerverschuldeten Formfehlers nichtiger Grundstückskaufvertrag).
31 BGH NJW 1965, 812 (813).
32 Staudinger/*Feldmann*, 2012, § 311 Rn. 173 ff.
33 *Larenz* SchuldR I § 9 I.
34 *Flume* BGB AT II § 15 III 4; *Larenz* SchuldR I § 9 I; *Emmerich* LeistungsstörungsR § 7 Rn. 73.

Fällen einer Störung im Schuldverhältnis durch den Gläubiger wird dieser selbst zum Schuldner der Leistungsstörung (Pflichtverletzung; *culpa in contrahendo*).

I. Gläubigerverzug

Der Gläubiger nimmt die ihm angebotene Leistung nicht an.

II. Vom Gläubiger allein oder weit überwiegend zu vertretende Unmöglichkeit (§ 326 II BGB)

Der Schuldner leistet nicht, weil ihm die Leistung infolge eines Umstandes unmöglich ist, den der Gläubiger allein oder weit überwiegend zu vertreten hat.

III. Pflichtverletzung

Auch den Gläubiger der Hauptleistungspflicht des Schuldners treffen bei der Annahme der Leistung entsprechende Schutzpflichten, deren Verletzung ihn zum Schuldner aus der Pflichtverletzung (vgl. oben A I 2b) macht.

IV. *Culpa in contrahendo* (§ 311 II, III BGB iVm § 241 II BGB)

Auch den Gläubiger der angestrebten Hauptleistungspflicht des Schuldners treffen bei den Vertragsverhandlungen entsprechende Schutzpflichten, deren Verletzung ihn zum Schuldner aus dem vorvertraglichen Schuldverhältnis (vgl. oben A I 3) macht.

9. Fall Sachverhalt

Die B-AG ist Inhaberin eines Patents. Das Vorstandsmitglied V der A-AG, die 75% der Aktien der B-AG hält, verhandelte mit der X-GmbH über die Erteilung einer Herstellungslizenz. V sandte der X-GmbH einen dem bisherigen Stand der Verhandlungen entsprechenden Entwurf eines Lizenzvertrags zwischen dieser und der B-AG und einen Begleitbrief (mit Briefkopf der A-AG), in dem es unter anderem hieß: »Wir werden den Vertrag in der vorliegenden Form unterzeichnen, sobald Sie Ihre Anlagen auf die speziellen Produktionsverfahren umgestellt und uns den Vertrag mit Ihrer Unterschrift zurückgesandt haben.« Da sich die Umstellung der Anlagen verzögerte, schrieb die A-AG nach längerer Korrespondenz an die X-GmbH, dass sie bis Juli Klarheit haben müsse, ob der Vertrag geschlossen werden könne. Am 15.6. teilte die X-GmbH der A-AG mit, dass die Umstellung beendet sei und sandte den von ihr unterschriebenen Vertrag zurück.

Von der B-AG wurde der Vertrag nicht unterschrieben. Im August teilte die A-AG vielmehr mit, die Lizenz sei anderweitig vergeben worden. Die X-GmbH verlangt jetzt von der A-AG und der B-AG Schadensersatz in Höhe der Kosten für die Umrüstung und die Wiederherstellung des vorherigen Zustands ihrer Produktionsanlagen. Mit Recht?

9. Fall Lösung

Schwerpunkte

- *Culpa in contrahendo*
- Schadensersatz bei Abbruch von Vertragsverhandlungen

Gliederung

A. Anspruch der X-GmbH gegen die B-AG
I. Vertragliche Ansprüche
1. Optionsvertrag
2. Vorvertrag mit Abschlusspflicht
II. Anspruch aus Verletzung vorvertraglicher Pflichten (§§ 280 I, 311 II BGB, *culpa in contrahendo*)
1. Vorvertragliches Schuldverhältnis
2. Pflichtverletzung
3. Vertretenmüssen
4. Schaden
5. Ergebnis
B. Anspruch der X-GmbH gegen die A-AG
Vertreterhaftung der A-AG gem. §§ 280 I, 311 II, III BGB
C. Gesamtschuldnerische Haftung
Die Haftung des Verhandlungsgehilfen nach §§ 280 I, 311 II, III BGB
I. Besonderes persönliches Vertrauen (Sachkunde)
II. Wirtschaftliches Eigeninteresse

A. Anspruch der X-GmbH gegen die B-AG

I. Vertragliche Ansprüche

Eine *vertragliche* Anspruchsgrundlage ist nicht ersichtlich, da ein Vertrag zwischen der X-GmbH und der B-AG noch nicht zustande gekommen ist. Es fehlt an einer Vertragsannahme des Vertragsangebots der X-GmbH vom 15.6. durch die B-AG.

1. Optionsvertrag

Auch ein Optionsvertrag, der der X-GmbH das Recht einräumte, durch einseitige Erklärung den Vertrag zu begründen (*Optionsrecht*), ist nicht abgeschlossen worden. Ein Optionsvertrag ist ein durch die Ausübung des Optionsrechts durch den Optionsberechtigten aufschiebend bedingter Vertrag.[1] Die A-AG und B-AG haben sich ihre Mitwirkung am Vertragsschluss noch vorbehalten.

2. Vorvertrag mit Abschlusspflicht

Die B-AG hat sich auch nicht rechtswirksam zum Abschluss des Lizenzvertrags verpflichtet (*Vorvertrag mit Abschlusspflicht*). Nach dem Grundsatz der Privatautonomie ist die B-AG als Empfängerin eines Vertragsangebots der X-GmbH grundsätzlich frei, das Angebot anzunehmen oder abzulehnen. Nur ausnahmsweise ist der Empfänger eines Vertragsangebots rechtlich zur Vertragsannahme verpflichtet. Eine solche Abschlusspflicht kann sich aus einem Vorvertrag ergeben, in dem sich eine oder beide Parteien zum Abschluss eines Hauptvertrags verpflichten. In dem Schreiben der A-AG, in dem es heißt »Wir werden unterzeichnen, sobald…« wird eine solche Abschlusspflicht rechtlich nicht wirksam begründet. Es handelt sich lediglich um die

1 *Brox/Walker* BGB AT Rn. 192; ferner MüKoBGB/*Busche* Vorbem. § 145 Rn. 70 f.; Soergel/*Wolf* Vorbem. § 145 Rn. 69.

Ankündigung einer Vertragserklärung ohne entsprechenden Rechtsbindungswillen, gerichtet auf den Abschluss eines Vorvertrags mit Abschlusspflicht.

II. Anspruch aus Verletzung vorvertraglicher Pflichten (§§ 280 I, 311 II BGB, *culpa in contrahendo*)

Es kommt ein Schadensersatzanspruch der X-GmbH gegen die B-AG aus Verletzung von Pflichten im Rahmen des vorvertraglichen gesetzlichen Schuldverhältnisses (*culpa in contrahendo*) gem. §§ 280 I, 311 II Nr. 1 BGB in Betracht.[2]

1. Vorvertragliches Schuldverhältnis

Zunächst müsste ein vorvertragliches Schuldverhältnis iSd § 311 II BGB zwischen der X-GmbH und der B-AG vorliegen. § 311 II BGB nennt Fälle, deren Vorliegen ein Vertrauensverhältnis begründet. Im vorliegenden Fall könnte das vorvertragliche Vertrauensverhältnis durch eine *Aufnahme von Vertragsverhandlungen* (§ 311 II Nr. 1 BGB) begründet worden sein.

Zwischen der X-GmbH und der B-AG müssten *Vertragsverhandlungen* geführt worden sein. Es lässt sich nicht erkennen, dass V als Stellvertreter oder auch nur als Verhandlungsbeauftragter der B-AG aufgetreten ist. Er hat stets nur in seiner Eigenschaft als Vorstandsmitglied der A-AG gehandelt. Er hat aber zugleich immer deutlich gemacht, dass der Lizenzvertrag nur mit der B-AG geschlossen werden sollte. Die Geschäftsführung der X-GmbH musste annehmen, dass V oder doch die A-AG die Verhandlungen mit der Möglichkeit zumindest der Einflussnahme auf die B-AG und mit deren Billigung führte.

Es bedarf hier nicht des Rückgriffs auf eine Scheinvollmacht, sei es als Abschlussvollmacht, sei es als Verhandlungsvollmacht. V hatte über die A-AG als Mutterunternehmen zumindest eine faktische Möglichkeit der Einflussnahme auf die B-AG als Tochterunternehmen.[3] Auf sie stützte er offensichtlich seine Verhandlungszuständigkeit. Daher durfte die X-GmbH die B-AG als ihren Verhandlungspartner ansehen, für den die A-AG durch V agierte.

Ein vorvertragliches Schuldverhältnis iSd § 311 II Nr. 1 BGB liegt zwischen der X-GmbH und der B-AG vor.

2. Pflichtverletzung

Zudem müsste der B-AG eine Pflichtverletzung vorzuwerfen sein. In Betracht kommt eine solche durch V, die sodann der B-AG zurechenbar sein müsste.

Vorliegend kommen Rücksichtnahmepflichten aus der Aufnahme von Vertragsverhandlungen im Sinne des Abbruchs von Vertragsverhandlungen in Betracht. Der grundlose Abbruch von Vertragsverhandlungen ist nur dann pflichtwidrig, wenn zuvor das Vertrauen erweckt worden ist, der Vertrag werde mit Sicherheit zustande kommen, und die Verhandlungen ohne triftigen Grund abgebrochen wurden.[4]

2 Zur Grundlage der Haftung aus cic s. bereits oben die Übersicht sowie Fall 2 und Übersicht vor Fall 3. Einführend zum Ganzen *Lorenz* JuS 2015, 398.

3 S. zu verbundenen Unternehmen §§ 15 ff., 291 ff. AktG; zu Begriffen *Mutterunternehmen* und *Tochterunternehmen* auch § 290 HGB.

4 BGH NJW 1985, 1779; MüKoBGB/*Emmerich* § 311 Rn. 162.

Die A-AG hat durch V deutlich den Eindruck erweckt, der Lizenzvertrag werde abgeschlossen werden, wenn die Produktionsanlagen der X-GmbH umgestellt worden sind. V, der den Vertragsabschluss fest in Aussicht stellte, war klar – oder er musste jedenfalls erkennen –, dass die X-GmbH unter diesen Umständen erhebliche Vorleistungen erbringen werde. Die A-AG hat der X-GmbH nicht einmal die gesetzte Frist belassen, die von der X-GmbH eingehalten worden ist. Ein beachtlicher Grund, den vorgesehenen Vertrag nicht zu schließen, ist nicht vorgetragen, sodass der Abbruch auch ohne triftigen Grund erfolgte. Der Vorstand der A-AG (§ 78 AktG, V) hat daher pflichtwidrig gehandelt (§ 31 BGB), wofür die B-AG gem. § 278 S. 1 BGB (analog) einzustehen hat. Der Umstand, dass möglicherweise auch die A-AG aus Pflichtverletzung des vorvertraglichen Schuldverhältnisses verantwortlich zu machen ist, kann die B-AG nicht von der Haftung für deren ihr zuzurechnende Pflichtverletzungen befreien.[5] Es liegt daher eine der B-AG zurechenbare Pflichtverletzung vor.

3. Vertretenmüssen

Die B-AG hat die ihr zurechenbare Pflichtverletzung der A-AG gem. §§ 278 S. 1, 280 I 2 BGB auch zu vertreten.

4. Schaden

Dem Ersatzberechtigten ist zu ersetzen, was er *im Vertrauen auf das Zustandekommen des Vertrags aufgewendet* hat. Die B-AG muss der X-GmbH die Aufwendungen ersetzen, die diese im Vertrauen auf das Zustandekommen des Vertrags gemacht hat und noch machen muss, um die infolge dieses Vertrauens getroffenen Anstalten wieder rückgängig zu machen. Daher sind die Kosten für die Umlagerung und die Wiederherstellung des vorherigen Zustands ihrer Produktionsanlagen zu ersetzen.

5. Ergebnis

Der X-GmbH steht gegen die B-AG ein Anspruch gem. §§ 280 I, 311 II Nr. 1 BGB zu.

B. Anspruch der X-GmbH gegen die A-AG

Vertreterhaftung der A-AG gem. §§ 280 I, 311 II, III BGB

Die X-GmbH könnte gegen die A-AG einen Schadensersatzanspruch gem. §§ 280 I, 311 II, III BGB haben. Die A-AG ist nämlich als Verhandlungsgehilfin aufgetreten. Als Muttergesellschaft der B-AG hat sie weitreichende Möglichkeiten der Einflussnahme auf ihre Tochtergesellschaft, die üblicherweise einem Verhandlungsgehilfen nicht zukommen. Die X-GmbH musste den Eindruck gewinnen, dass das Verhandlungsergebnis allein vom Vorstand der A-AG, dem V, abhängig ist. Darauf hat sie sich verlassen und nach den Umständen auch verlassen dürfen. Deshalb haftet auch die A-AG der X-GmbH gem. §§ 280 I, 311 II, III BGB.

5 BGH BB 1975, 1129; NJW 1971, 1309.

C. Gesamtschuldnerische Haftung

Die B-AG und die A-AG haften der X-GmbH als Gesamtschuldner (§ 421 BGB).[6]

Die Haftung des Verhandlungsgehilfen[7] nach §§ 280 I, 311 II, III BGB

Grundsätzlich hat nur der Partner des in den Vertragsverhandlungen angestrebten Vertrags für die Folgen eines Verschuldens beim Vertragsschluss – auch für das Verschulden seiner Verhandlungsgehilfen gem. § 278 S. 1 BGB – einzustehen.

Nach § 311 III BGB kann jedoch ausnahmsweise auch eine Haftung des Verhandlungsgehilfen selbst gegenüber dem Geschädigten unmittelbar aufgrund einer Pflichtverletzung des gesetzlichen Schuldverhältnisses der cic bestehen. Nach der Rechtsprechung ist dies unter folgenden Voraussetzungen der Fall:[8]

I. Besonderes persönliches Vertrauen (Sachkunde)

Der Handelnde nimmt bei der Vertragsanbahnung in einem *besonderen Maße* persönliches Vertrauen in Anspruch, das etwa auf besonderer Sachkunde beruht (Sachwalter) und das die Verhandlungen oder den Vertragsschluss in erheblichem Ausmaße beeinflusst, vgl. § 311 III 2 BGB.[9]

II. Wirtschaftliches Eigeninteresse

In § 311 III BGB ist der Fall nicht ausdrücklich genannt, jedoch ist aufgrund der nicht abschließenden Regelung anerkannt, dass der maßgeblich auf die Vertragsverhandlungen oder den Vertragsabschluss einwirkende Handelnde ein eigenes wirtschaftliches Interesse am Zustandekommen des Vertrags hat und von der Haftung erfasst wird.[10] Die Haftung beruht hier darauf, dass der Handelnde in diesem Fall nach wirtschaftlicher Betrachtung gleichsam in eigener Sache tätig wird (*procurator in rem suam*).[11] Nicht ausreichend ist dagegen ein bloßes mittelbares Eigeninteresse, in Form einer Aussicht auf eine Provision oder ein Entgelt.[12]

6 S. dazu auch noch Fall 25.

7 Zur Haftung von Plattformbetreibern unter diesem Gesichtspunkt *Hauck/Blaut* NJW 2018, 1425; zur Expertenhaftung *Leyens* JuS 2018, 217.

8 Zu den bereits vor der Schuldrechtsreform angenommenen Fallgruppen einer Erstreckung der Haftung aus cic auf einen Dritten s. BGH NJW 1983, 2696 (2696 f.); 1990, 389; *Looschelders* SchuldR AT § 9 Rn. 22 ff.; s. auch Fall 10.

9 BGH NJW-RR 2005, 1137 (1138); *Jacoby/v. Hinden* § 311 Rn. 9; *Emmerich* LeistungsstörungsR § 7 Rn. 81.

10 BGH LM § 276 BGB (Fa), Nr. 4, 14, 21; § 278, Nr. 49; s. auch die Nachweise bei *Emmerich* LeistungsstörungsR § 7 Rn. 81.

11 BGH NJW 2002, 208 (212).

12 Palandt/*Grüneberg* § 311 Rn. 61; BGH NJW 1990, 506.

10. Fall Sachverhalt

A gründete im Januar 2017 mit einem Stammkapital von 30.000 EUR eine Service-GmbH. Da er jedoch mit seinem Unternehmen kein Glück hatte und seine Kapitalreserven bald aufgebraucht waren, bot er seinem finanzstarken Bekannten B eine Gesellschafterbeteiligung an dem Unternehmen an. Als B am Erwerb eines Gesellschaftsanteils Interesse zeigte, zog A zu weiteren Vertragsverhandlungen den ihn beratenden Rechtsanwalt R hinzu. R unterschied bei den Vertragsverhandlungen zwischen dem Stammkapital von 30.000 EUR und dem Unternehmenswert, den er aufgrund von Informationen des A und dessen Steuerberaterbüro auf 90.000 EUR bezifferte. Auf Auskünfte von R vertrauend, verzichtete B auf eine Einsichtnahme in die Bilanzen und erklärte sich mit dem Erwerb eines Geschäftsanteils in Höhe einer Stammeinlage von 10.000 EUR für den Kaufpreis iHv 30.000 EUR einverstanden. Im Dezember 2017 unterschrieb B den von R formulierten Vertrag. Die S-GmbH hatte jedoch auch im Weiteren keinen Erfolg und wurde schon 2018 wegen Vermögenslosigkeit im Handelsregister gelöscht.

Eine Klage gegen A wegen unterlassener Aufklärung über die marode Vermögenslage der S-GmbH verspricht wegen der Zahlungsunfähigkeit des A wenig Erfolg. B möchte deswegen wissen, ob er einen Anspruch gegen R auf Zahlung von Schadensersatz iHv 30.000 EUR geltend machen kann.

10. Fall Lösung

Schwerpunkte

- Dritthaftung nach *culpa in contrahendo*
- Sachwalterhaftung
- Berufshaftung
- Prospekthaftung
- Verjährung der Dritthaftung aus cic

Gliederung

Haftung des R nach §§ 280 I, 311 II, III BGB
I. Allgemeine Berufshaftung
II. Sachwalterhaftung
III. Ergebnis

Exkurs
Unterschiedliche Ansätze zur Beurteilung der Haftung von Experten gegenüber Dritten

Exkurs
Verjährung der Dritthaftung aus cic

Fallgruppen der Dritthaftung nach cic (§ 311 III BGB)
I. Eigenhaftung von Vertretern und sonstigen Verhandlungsgehilfen bei wirtschaftlichem Eigeninteresse oder der Inanspruchnahme sonstigen besonderen Vertrauens
II. Sachwalterhaftung
III. Prospekthaftung
IV. Berufshaftung

Haftung des R nach §§ 280 I, 311 II, III BGB

B könnte gegen R einen Anspruch auf Schadensersatz iHv 30.000 EUR aus §§ 280 I, 311 II, III BGB haben.

Zwischen B und R bestehen keine Vertrags- oder sonstigen Geschäftsbeziehungen. Eine Haftung des R kommt nur dann in Betracht, wenn vorliegend ein Fall der *Dritthaftung aus cic* (§ 311 III BGB) gegeben ist.

I. Allgemeine Berufshaftung

Eine allgemeine Berufshaftung des R für die Verletzung einer vorvertraglichen Aufklärungspflicht aufgrund seiner Zulassung als Rechtsanwalt und des den Angehörigen dieses Berufsstandes typischerweise entgegengebrachten Vertrauens scheidet nach der Rechtsprechung aus.

II. Sachwalterhaftung

R könnte aber als Sachwalter für die schuldhafte Verletzung einer Aufklärungspflicht persönlich einzustehen haben (§§ 280 I, 311 II, III BGB). Dazu müsste R bei der Beratung des A Vertrauen des B über das normale Verhandlungsvertrauen hinaus in Anspruch genommen haben und dadurch den Vertragsschluss erheblich beeinflusst haben (§ 311 III 2 BGB). Da R an dem Geschäft oder dem Verhandlungsgegenstand kein wirtschaftliches Eigeninteresse hat, müsste er durch sein Verhalten dem B eine zusätzliche, persönliche Gewähr für seine Aussagen bei dem Verhandlungsgespräch geboten haben. Diesen besonderen Vertrauenstatbestand könnte R durch die Unterscheidung des Stammkapitals vom Unternehmenswert mit anschließendem Abstellen auf den von ihm genannten Unternehmenswert geschaffen haben. Dafür spricht, dass B wegen seines Vertrauens auf die Aussagen des R auf eine Einsichtnahme in die Bilanzen verzichtet hat. Doch ist zu bedenken, dass R beim Nennen des Unternehmenswertes lediglich Informationen von A und dessen Steuerberaterbüro zusammengefasst und weitergegeben hat. Er hat hierbei weder eigene Berechnungen angestellt, noch das Zahlenwerk überprüft oder sich sonst für die Verlässlichkeit der Informationen stark gemacht. Anders als ein Notar ist ein Rechtsanwalt auch nicht zur Überparteilichkeit verpflichtet (vgl. § 3 BRAO und § 14 I 2 BNotO). Er kann die Erklärungen seiner Partei ungeprüft übernehmen, ohne dafür anschließend geradestehen zu müssen. Demnach hat R kein Vertrauen über das normale Verhandlungsvertrauen hinaus durch die Nennung des Unternehmenswertes für sich in Anspruch genommen.

Fraglich ist, ob die Formulierung des Vertragstextes eine Inanspruchnahme persönlichen Vertrauens zu begründen vermag. Die Schaffung eines persönlichen Vertrauenstatbestandes könnte etwa dann bejaht werden, wenn R die Verhandlungstätigkeit maßgeblich selbst in die Hand genommen und aktiv in den Verhandlungsverlauf eingegriffen hätte. Eigene Kenntnisse über die wirtschaftlichen Verhältnisse und die allgemeinen Umstände einzubringen, wäre rechtserheblich. Den Vertrag unter Nennung des Unternehmenswertes zu formulieren, bedeutet aber lediglich, die Verhandlungsergebnisse zusammenzufassen. Das Vertrauen in die sachliche Richtigkeit der Angaben stützt sich allein auf A, von dem die Angaben maßgeblich stammen, nicht auf R, der sie nur formulierte. R hat durch die Vornahme der Formulierung der Vertragsergebnisse kein besonderes Vertrauen des B in Anspruch genommen. Er hat lediglich seine Aufgabe als Hilfe des A bei dem Vertragsabschluss wahrgenommen.

III. Ergebnis

Mangels Inanspruchnahme besonderen persönlichen Vertrauens haftet R dem B nicht wegen schuldhafter Verletzung einer Aufklärungspflicht nach §§ 280 I, 311 II, III BGB.

Exkurs
Unterschiedliche Ansätze zur Beurteilung der Haftung von Experten gegenüber Dritten

Auf welche rechtliche Grundlage eine Haftung von Experten gegenüber Dritten gestützt werden kann, war und ist umstritten. Mit der Schuldrechtsreform sollte diese Konstellation nach dem Willen des Gesetzgebers zwar auch von § 311 III 2 BGB erfasst werden.[1] Die Rechtsprechung jedoch wendet hierbei weiterhin den Vertrag mit Schutzwirkung zugunsten Dritter an.[2]
Ausführlich hierzu MüKoBGB/*Emmerich* § 311 Rn. 184 mwN.

Exkurs
Verjährung der Dritthaftung aus cic

In den Fällen der Dritthaftung aus cic ist bei der Frage nach der Verjährung dieser Ansprüche zu unterscheiden.

---

1 BT-Drs. 14/6040, 163.
2 BGH NJW 2012, 3165.

I. Grundsatz

Grundsätzlich verjähren Ansprüche nach §§ 280 I, 311 II, III BGB in drei Jahren (§ 195 BGB). Vor Einführung des Gesetzes über Vermögensanlagen[3] stellte sich die Frage nach einer Übertragung der *besonderen Verjährungsfristen im Rahmen der spezialgesetzlichen Prospekthaftung* auf die allgemeine zivilrechtliche Prospekthaftung.

II. Kürzere Verjährung

1. Prospekthaftung

Bei der allgemeinen zivilrechtlichen Prospekthaftung ist zwischen der Prospekthaftung im engeren und weiteren Sinne zu unterscheiden. Die *Prospekthaftung im engeren Sinne* greift bei der Inanspruchnahme *typischerweise* gewährten Vertrauens ein. Ihr Anwendungsbereich ist allerdings durch die Ausdehnung der spezialgesetzlichen Prospekthaftung wesentlich beschränkt worden.[4] Lange Zeit ungeklärt waren für den verbliebenen Anwendungsbereich die Regeln über die Verjährung. Bis zur Einführung des Gesetzes über Vermögensanlagen bevorzugte die Rechtsprechung eine Analogie zu den Vorschriften über die spezialgesetzlich geregelte Prospekthaftung (§ 46 BörsG, § 13 VerkProspG, § 127 V InVG).[5] Demnach verjährten die Ansprüche ein Jahr nach Kenntnis der Fehlerhaftigkeit des Prospekts und spätestens drei Jahre nach Erwerb der Kapitalanlage. Mit Einführung von § 20 VermAnlG und Aufhebung des § 46 BörsG hat sich diese Privilegierung der Verantwortlichen für Prospektmängel zwischenzeitlich erübrigt. Für Prospekthaftungsansprüche gilt seit dem 1.6.2012 die Regelverjährung der §§ 195, 199 BGB.[6]

Da die *Prospekthaftung im weiteren Sinne* auf der Gewährung *persönlichen* Vertrauens beruht, soll für sie grundsätzlich die allgemeine Verjährungsfrist nach §§ 195, 198 BGB gelten.[7] Wenn jedoch für den Haftenden kraft Zugehörigkeit zu einem bestimmten Berufsstand abweichende Verjährungsfristen gelten, sind diese nach hM bei Ansprüchen aus Prospekthaftung im weiteren Sinne zu beachten.[8] Die Bedeutung der entsprechenden Anwendung der berufsbedingten Verjährungsregeln ist nach der Verkürzung der regelmäßigen Verjährung nach § 195 BGB auf drei Jahre nur noch gering.

2. Sachwalterhaftung

Seit dem Fortfall der berufsbedingten Sonderverjährungsfristen[9] erübrigt sich die Überlegung einer entsprechenden Anwendung dieser auf die Sachwalterhaftung. Es gelten die allgemeinen Verjährungsvorschriften, §§ 195, 199 BGB.[10]

---

3 BGBl. 2011 I 2481.
4 S. Fall 10 I 3.
5 BGH NJW 2004, 3420 (3421); NJW-RR 2008, 1129 f.; ebenso Palandt/*Grüneberg* § 311 Rn. 72; aA MüKoBGB/*Emmerich* § 311 Rn. 136.
6 Palandt/*Grüneberg* § 311 Rn. 72; MüKoBGB/*Emmerich* § 311 Rn. 157.
7 Vgl. BGH NJW 2004, 3706 (3709); WM 1984, 889 zur früheren 30-jährigen Verjährungsfrist.
8 Vgl. BGH NJW 1987, 3135.
9 Gesetz zur Anpassung von Verjährungsvorschriften an das Gesetz zur Modernisierung des Schuldrechts v. 9.12.2004 (BGBl. 2004 I 3214).
10 BeckOK BGB/*Sutschet*, 48. Ed. 1.11.2018, § 311 Rn. 113.

Fallgruppen der Dritthaftung nach cic (§ 311 III BGB)

Die Rechtsprechung hatte vor der Schuldrechtsreform Fallgruppen einer Dritthaftung aus cic herausgebildet. Der im Zuge des Schuldrechtsmodernisierungsgesetzes aufgenommene § 311 III BGB erfasst neben den wichtigen Fällen des Vertrages mit Schutzwirkung für Dritte auch die Fälle der Haftung Dritter aus cic. Die Vorschrift ist ausdrücklich nicht abschließend gefasst (»insbesondere«, § 311 III 2 BGB), sodass neben der dort genannten Inanspruchnahme besonderen Vertrauens auch andere Fallgruppen unter § 311 III BGB subsumiert werden können. Neben der zukünftigen Entwicklung weiterer Fallgruppen können deshalb namentlich die früher von der Rechtsprechung entwickelten Fallgruppen einer Dritthaftung aus cic als Fälle des § 311 III BGB behandelt werden.[11]

I. Eigenhaftung von Vertretern und sonstigen Verhandlungsgehilfen bei wirtschaftlichem Eigeninteresse oder der Inanspruchnahme sonstigen besonderen Vertrauens

Regelmäßig treffen die Wirkungen eines Vertrags – und damit auch die Haftung für Vertragsverschulden – den Vertretenen und nicht den Vertreter (§ 164 BGB). Schließlich gilt das Vertrauen des anderen Vertragspartners dem vertretenen Geschäftspartner. Daher haftet grundsätzlich nur dieser dem anderen Vertragspartner für ein Verschulden seines Vertreters (§ 278 BGB).

Ausnahmsweise kann dem *Vertreter* ein besonderes persönliches Vertrauen entgegengebracht werden.[12] Das kann auf fundierter Sachkunde beruhen, seine Ursache aber auch in einer besonderen Beziehung des Vertreters zum Vertragsgegenstand oder zum Verhandlungspartner finden. Es muss sich allerdings um ein besonders qualifiziertes, über das übliche Maß hinausgehendes, Vertrauen, in Form einer persönlichen Gewähr für die Seriosität oder den Erfolg des Vertragsgegenstandes oder des Vertragspartners, handeln.[13] Ein eigenes wirtschaftliches Interesse des Vertreters macht den Vertragsschluss gleichsam zu einem Geschäft in eigener Sache.[14] Schon dieser wirtschaftliche Aspekt, für den jedoch ein bloß mittelbares Eigeninteresse in Form der Aussicht auf eine Provision oder ein Entgelt nicht ausreicht,[15] begründet ein besonderes Vertrauen des Verhandlungspartners in den Vertreter. Vermittelt ein Vertreter dem Verhandlungspartner in zurechenbarer Weise den Eindruck der Vertrauenswürdigkeit und beeinflusst er dadurch die Vertragsverhandlungen, dann haftet er selbst neben oder anstatt des Vertretenen für sein Verschulden bei den Vertragsverhandlungen.

II. Sachwalterhaftung

Die Rechtsprechung hat die Dritthaftung aus cic über die Vertreter und Verhandlungsgehilfen hinaus auf solche Personen ausgedehnt, die als *Sachwalter* einer Partei

11 S. die Überblicke von *Emmerich* LeistungsstörungsR § 7 Rn. 81; MüKoBGB/*Emmerich* § 311 Rn. 173.

12 BGH NJW 1983, 2696; 1990, 1908.

13 Palandt/*Grüneberg* § 311 Rn. 63; BGH NJW-RR 2006, 993 (994).

14 BGH NJW 2002, 208 (212).

15 Palandt/*Grüneberg* § 311 Rn. 61; BGH NJW 1990, 506.

in wirtschaftlich bedeutenden Geschäften persönliches Vertrauen in Anspruch nehmen.[16] Als Sachwalter bezeichnet die Rechtsprechung denjenigen, der weder Vertragspartner bei dem Geschäft noch Vertreter eines Vertragsteils ist, der aber dennoch für die schuldhafte Verletzung einer vorvertraglichen Aufklärungspflicht ausnahmsweise persönlich einzustehen hat. Er ist regelmäßig auf der Seite eines Vertragsteils am Zustandekommen des Vertragsschlusses beteiligt und nimmt bei der Anbahnung von Geschäftsbeziehungen in einem solchen Maß persönliches Vertrauen für sich in Anspruch, das über das übliche Verhandlungsvertrauen hinausgeht. Dadurch bietet er dem anderen Verhandlungspartner eine zusätzliche, gerade von ihm persönlich ausgehende, Gewähr für den Bestand und die Erfüllung des in Aussicht genommenen Geschäfts. Ein alltägliches Beispiel eines persönlich haftenden Sachwalters ist der Kraftfahrzeughändler, der bei einem Gebrauchtwagenverkauf aus steuerlichen Gründen als Vermittler des Kaufs (Kommissionär) auftritt, dem Käufer jedoch gleich einem Verkäufer aus cic haftet.[17]

III. Prospekthaftung[18]

Die Haftung für typisiertes Vertrauen wurde um die Fallgruppe der Prospekthaftung erweitert.[19] Bei der Prospekthaftung handelt es sich um einen einheitlichen Haftungskomplex, der aus verschiedenen Anspruchsgrundlagen besteht. Zu unterscheiden ist zwischen der spezialgesetzlichen und der allgemein zivilrechtlichen Prospekthaftung. Die *spezialgesetzliche Prospekthaftung* ist in §§ 21, 22, 23 WpPG, §§ 1, 2, 7, 20, 21, 23 VermAnlG iVm §§ 21 ff. WpPG, § 127 InvG geregelt und betrifft die Haftung bei der Ausgabe von Kapitalmarktpapieren. Die allgemeine *zivilrechtliche* Prospekthaftung ergibt sich aus §§ 280 I, 311 II BGB (cic).

Das Gesetz zur Novellierung des Finanzanlagenvermittler- und Vermögensanlagerechts v. 6.12.2011 (BGBl. 2011 I 2481) führte zur Aufhebung des bis dahin geltenden *VerkProspG* und der Einführung des *VermAnlG*, in Kraft getreten am 1.6.2012. Ebenfalls aufgehoben wurden §§ 44–47 BörsG, die durch §§ 21 ff. WpPG, in Kraft getreten am 1.6.2012, ersetzt wurden. Zielsetzung des Gesetzgebers war es den »grauen Kapitalmarkt« zum Schutze der Anleger in teilweiser Anlehnung an die Bestimmungen für den Wertpapiermarkt strenger als bisher zu regulieren; s. BT-Drs. 17/6051 sowie die Beschlussempfehlung des Finanzausschusses BT-Drs. 17/7453.

Bevor in den letzten Jahren die spezialgesetzliche Prospekthaftung wesentlich ausgedehnt und geändert wurde, sollte die Prospekthaftung aus einem Verschulden bei der Vertragsanbahnung den Anlegerschutz beim prospektvermittelten Vertrieb von Kapitalanlagen gewährleisten.

Ausdehnung der Prospekthaftung auf Verkaufsprospekte, die bei dem Vertrieb von Investmentanteilen anzufertigen und dem Publikum zugänglich zu machen sind, durch das InVG, in Kraft getreten am 1.1.2004 (BGBl. 2003 I 2676); Ausdehnung der Prospektpflicht und Prospekthaftung durch das Anlegerschutzverbesserungsgesetz (AnSVG) auch auf den größten Teil des sog. grauen Kapitalmarkts, in Kraft getreten am 29.10.2004/1.7.2005 (BGBl. 2004 I 2630).

16 BGH NJW 1989, 293.
17 BGH NJW 1981, 922.
18 Einführend s. *Buck-Heeb* KapitalmarktR § 5.
19 S. nur BGH NJW 1990, 2461.

Insoweit stand die allgemein zivilrechtliche Prospekthaftung neben der spezialgesetzlichen. Der vom Management einer Kapitalanlagegesellschaft herausgegebene Prospekt ist regelmäßig Grundlage der Investitionsentscheidung des Anlegers. Für fehlerhafte Informationen des Prospekts sollen die Verantwortlichen des Prospekts – auch ohne persönlichen Verhandlungskontakt – haften. Hierzu zählen die das Management einer Kapitalanlagegesellschaft bildenden Initiatoren, Gründer und Gestalter sowie alle weiteren Personen, die mit ihrem Wissen und Wollen einen zusätzlichen Vertrauenstatbestand begründen.[20] Rechtsanwälte und Wirtschaftsprüfer schaffen beispielsweise dann mit ihrem Wissen und Wollen einen Vertrauenstatbestand, wenn mit ihrer Zustimmung im Prospekt auf sie als Sachverständige Bezug genommen wird. Bei dieser Prospekthaftung im engeren Sinne ist es unerheblich, ob Vertrauen vom Anleger tatsächlich in Anspruch genommen und vom Vermittler gewährt wird.

Die heute ganz hM räumt der spezialgesetzlichen Prospekthaftung jedoch Vorrang vor der allgemein bürgerlich-rechtlichen Prospekthaftung ein.[21] Dies ergibt sich insbesondere aus § 25 II WpPG. Dadurch wird die allgemein bürgerlich-rechtliche Prospekthaftung aus ihrem Kernbereich verdrängt und beschränkt sich auf nicht unter §§ 20, 21 VermAnlG bzw. §§ 21 ff. WpPG fallende Anlagen und Altfälle.[22] Ein weiterer Anwendungsbereich der bürgerlich-rechtlichen Prospekthaftung könnte für Beteiligte, die nicht nach § 21 I WpPG haften, eröffnet sein. Dies ist allerdings umstritten, da es zur Folge hätte, dass berufliche Sachkenner[23] nach bürgerlichem Recht wesentlich strenger als die unmittelbar verantwortlichen Emittenten haften würden.[24]

Nach § 25 II WpPG bleiben weitergehende Ansprüche, die nach den Vorschriften des bürgerlichen Rechts aufgrund von Verträgen oder unerlaubten Handlungen erhoben werden können, unberührt. Alle anderen Ansprüche sind neben der Prospekthaftung ausgeschlossen. Auf diese Weise soll gewährleistet werden, dass die Privilegierungen der börsengesetzlichen Prospekthaftung (wie etwa die Beschränkung der Haftung auf grobe Fahrlässigkeit) nicht durch andere gesetzliche Ansprüche, die an das Prospekt anknüpfen, konterkariert werden. Das Haftungsrisiko für emissionsbegleitende Banken, dh den Banken, die die Wertpapierplatzierung auf den Wertpapiermärkten für den Emittenten übernehmen, soll kalkulierbar bleiben. Andernfalls wäre zu befürchten, dass sich seriöse Banken aus den Emissionsgeschäften zurückziehen.

Neben der Prospekthaftung im engeren Sinne hat der BGH in Fällen, in denen ein persönlicher Kontakt zwischen dem Anleger und einem Anlagenvermittler oder anderen für die Kapitalanlage Werbenden besteht, eine konkurrierende Haftung aus cic für die Inanspruchnahme persönlichen Vertrauens bejaht.[25] Diese Haftung wird vom Gesetz über Vermögensanlagen oder dem Wertpapierprospektgesetz nicht berührt. Von Bedeutung ist diese Differenzierung für die Verjährungsfrage.[26]

20 S. unter anderem BGH NJW 1979, 718; 1984, 860 (865); vgl. auch BGH NJW 2001, 360.

21 Palandt/*Grüneberg* § 311 Rn. 68; aA MüKoBGB/*Emmerich* § 311 Rn. 136, der die Vorschriften der allgemeinen bürgerlich-rechtlichen Prospekthaftung zumindest auf dem sog. grauen Kapitalmarkt weiterhin anwendet.

22 Palandt/*Grüneberg* § 311 Rn. 68.

23 Vor allem Rechtsanwälte, Notare, Steuerberater und Wirtschaftsprüfer, s. *Emmerich* LeistungsstörungsR § 7 Rn. 64.

24 Für eine solche Haftung *Kiethe* MDR 2006, 843 (845); krit. dazu MüKoBGB/*Emmerich* § 311 Rn. 146 ff.; gänzlich ablehnend Palandt/*Grüneberg* § 311 Rn. 68.

25 BGH NJW 1982, 1514; NJW-RR 2012, 937 f.

26 S. dazu den Exkurs unten.

IV. Berufshaftung

Ähnlich der Prospekthaftung bei einzelnen Berufsgruppen, wie Rechtsanwälten, Wirtschaftsprüfern, Steuerberatern und Notaren, aufgrund deren Ausbildung, Fachwissen und Tradition von einem typisierten Vertrauen des Verkehrs auszugehen und eine *allgemeine Berufshaftung* anzunehmen, erschien zunächst konsequent.[27] Eine solche weitreichende Berufshaftung bestünde unabhängig vom Bestehen vertraglicher Beziehungen für die Richtigkeit von Auskünften, Gutachten und Testaten zumindest innerhalb einer rechtlichen Sachverbindung wie der Vertragsanbahnung. Der BGH hat eine solche allgemeine Berufshaftung ausdrücklich *abgelehnt* und die Haftung der beratenden Berufe auf die Fallgestaltung einer Sachwalterhaftung beschränkt.[28]

27 Vgl. BGH NJW 1980, 1840 und BGH JZ 1986, 1011.
28 Vgl. auch BGH NJW 2001, 360.

11. Fall Sachverhalt

K besichtigt bei dem Antiquitätenhändler A vier antike Stühle. K, der noch nicht zum Kauf entschlossen ist, möchte sich das Ganze nochmals überlegen und vereinbart mit A, ihn abends in seiner Wohnung anzurufen. Am Abend ruft K den A vereinbarungsgemäß an und kauft die vier Stühle.

Zwischenzeitlich nach Geschäftsschluss, aber noch vor dem Telefonat am Abend, brechen Diebe in das Geschäft des A ein. Trotz umfänglicher Sicherungseinrichtungen werden mehrere Gegenstände, darunter auch zwei der Stühle, gestohlen. In der Nacht kehren die Diebe erneut zurück und entwenden neben anderen Stücken auch noch die beiden anderen Stühle. Die Diebe können nicht ermittelt werden, die vier Stühle sind nicht mehr auffindbar.

K, der die Stühle mit Gewinn hätte weiterverkaufen können, verlangt von A Ersatz seines entgangenen Gewinns.

11. Fall Lösung

Schwerpunkt

- Anfängliche und nachträgliche Unmöglichkeit

Gliederung

Anspruch auf Ersatz des entgangenen Gewinns

Ein Schadensersatzanspruch des K gegen A auf Ersatz des entgangenen Gewinns könnte im Rahmen des Erfüllungsinteresses nach §§ 280 I, III, 283 BGB oder nach § 311a II BGB herzuleiten sein.

Es ist zwischen dem Diebstahl von zwei Stühlen vor Abschluss des Kaufvertrags und dem zweiten Diebstahl der beiden anderen Stühle nach Abschluss des Kaufvertrags zu unterscheiden.

A. Anspruch auf Schadensersatz statt der Leistung nach § 311a II BGB wegen der vor Vertragsschluss gestohlenen Stühle

K könnte gegen A bezüglich der zwei vor Vertragsschluss gestohlenen Stühle einen Schadensersatzanspruch gem. § 311a II BGB haben.

I. Schuldverhältnis

Zunächst müsste zwischen A und K ein wirksames Schuldverhältnis entstanden sein. In Betracht kommt hier ein Kaufvertrag iSd § 433 BGB. Bei der Besichtigung des Ladens von A ist noch kein Kaufvertrag zustande gekommen, da K noch nicht zum Kauf entschlossen war. Am Abend jedoch fand ein Telefonat zwischen K und A statt, wobei dann ein Kaufvertrag geschlossen wurde. Es liegt ein wirksames Schuldverhältnis vor.

II. Anfängliche Unmöglichkeit

Da die zwei Stühle bereits vor dem Zeitpunkt des Kaufvertragsabschlusses gestohlen wurden, liegt ein Fall der *anfänglichen Unmöglichkeit* vor. Da die Übereignung der

Stühle mangels Besitzes des A nur diesem unmöglich ist, handelt es sich um subjektive anfängliche Unmöglichkeit (*anfängliches Unvermögen*).

Objektive Unmöglichkeit liegt vor, wenn die Leistung überhaupt nicht, von niemandem, erbracht werden kann (Die geschuldete Sache ist nicht oder nicht mehr existent.). Objektive Unmöglichkeit liegt auch dann vor, wenn der Leistung nicht behebbare, rechtliche Hindernisse im Wege stehen (Die verkaufte Sache gehört bereits dem Käufer; eine erforderliche behördliche Genehmigung wird endgültig versagt.); objektive Unmöglichkeit wird auch angenommen, wenn der vereinbarte Zweck fortgefallen ist (Der zu behandelnde Patient ist gestorben; das zu bergende Schiff ist untergegangen.) oder auf andere Weise erreicht worden ist (Der Patient ist inzwischen gesund, das Schiff bereits wieder flott.).

Subjektive Unmöglichkeit oder Unvermögen ist gegeben, wenn irgendjemand die Leistung erbringen kann, nur gerade der Schuldner nicht (Die zu übereignende Sache steht nicht im Eigentum des Schuldners; er kann nicht erfüllen, wohl könnte es aber der Dritte.).

Die *primäre Leistungspflicht* ist nach § 275 I BGB unabhängig von der Einordnung der Unmöglichkeit als anfänglich, nachträglich, subjektiv oder objektiv ausgeschlossen;[1] die *Sekundäransprüche* ergeben sich sowohl für die objektive als auch für die subjektive anfängliche Unmöglichkeit vorbehaltlich von Sonderregelungen (vgl. § 536a I 1. Fall BGB) nach § 311a II BGB.

§ 311a II BGB stellt eine gegenüber § 280 I BGB eigenständige Anspruchsgrundlage dar und ist nicht etwa ein Unterfall des allgemeinen Pflichtverletzungstatbestands.[2] Der Grund für den gegenüber den §§ 280 ff. BGB besonderen Standort des § 311a II BGB liegt darin, dass der Gesetzgeber in der anfänglichen Unmöglichkeit keine Verletzung einer primären Leistungspflicht, sondern die *Nichterfüllung des Leistungsversprechens* sieht.[3] Die Annahme einer Leistungspflichtverletzung scheidet bei der anfänglichen Unmöglichkeit dogmatisch wegen der von Anfang an fehlenden Primärleistungspflicht aus; das nach § 311a I BGB wirksame Leistungsversprechen erzeugt von Anfang an keine Leistungspflicht und ist ausschließlich Grundlage für Sekundäransprüche des Gläubigers.[4] Es geht bei § 311a II BGB um eine *bei Begründung des Vertragsverhältnisses begangene Pflichtverletzung* (Unkenntnis des Leistungshindernisses, Verletzung einer vorvertraglichen Informationspflicht des Schuldners[5]), während § 280 I BGB die Verletzung von Pflichten aus einem bereits bestehenden Schuldverhältnis erfasst.[6] Insoweit steht die von § 311a BGB erfasste Leistungsstörung der *culpa in contrahendo* (§ 311 II BGB) nahe.

Im Gegensatz zur Rechtslage vor der Schuldrechtsreform ist der Gesetzgeber bei der *anfänglichen subjektiven* Unmöglichkeit dem *Verschuldensprinzip* gefolgt.[7]

1 HMRSW/*Medicus* SchuldR III Rn. 34.
2 *Jacoby/v. Hinden* § 311a Rn. 3.
3 Begr. BT-Drs. 14/6040, 165; *Canaris* JZ 2001, 499 (506).
4 *Emmerich* LeistungsstörungsR § 3 Rn. 15 f.; HMRSW/*Medicus* SchuldR III Rn. 66; krit. *Ehmann/Sutschet* ModSchuldR § 4 V 7a.
5 Jauernig/*Stadler* § 311a Rn. 5.
6 Palandt/*Grüneberg* § 311a Rn. 6.
7 Palandt/*Grüneberg* § 311a Rn. 2.

III. Vertretenmüssen

Der Schadensersatzanspruch nach § 311a II BGB setzt voraus, dass der Schuldner das Vorliegen des Leistungshindernisses im Zeitpunkt des Vertragsschlusses kennt oder fahrlässig nicht kennt (§ 311a II 2 BGB iVm § 276 I 1 BGB).

Das schließt nicht aus, dass der Schuldner im Einzelfall eine Garantie gegeben oder ein Beschaffungsrisiko übernommen hat, was zu einer verschuldensunabhängigen Haftung führt (§ 276 I 1 BGB). Die stillschweigende Übernahme einer Garantie für das Leistungsvermögen durch den Schuldner im Wege des Leistungsversprechens scheidet aber seit der Schuldrechtsreform aus.[8]

Im vorliegenden Fall ist der Diebstahl der beiden Stühle zur Zeit des Vertragsschlusses für A nicht erkennbar gewesen. Den A traf angesichts der umfangreichen Sicherungsmaßnahmen in seinem Geschäft insbesondere nicht die Pflicht, sich nach Geschäftsschluss am Abend vor dem Telefonat erneut eigens zu versichern, dass in das Geschäft nicht eingebrochen wurde und die Ware noch vorhanden war. A hat daher das Leistungshindernis im Zeitpunkt des Vertragsschlusses nicht zu vertreten.

Da es im Rahmen des § 311a II BGB nicht um die Rechtsfolge der Verletzung einer Primärleistungspflicht auf Lieferung geht, nachdem eine solche von Anfang an nicht bestand, spielt es anders als in § 280 I BGB keine Rolle, ob der Schuldner die Unmöglichkeit als solche zu vertreten hat. Umstände, die in § 280 I BGB ein Vertretenmüssen der Unmöglichkeit begründen, können aber insoweit im Rahmen der Verschuldensprüfung bei § 311a II 2 BGB von Bedeutung sein, als etwa aus dem Fehlen adäquater Sicherungsmaßnahmen eine erhöhte Erkundigungspflicht des Schuldners begründet werden mag.[9]
Umstritten ist, ob der Schuldner dem Gläubiger, wenn er seine Unkenntnis vom Leistungshindernis nicht zu vertreten hat, zumindest auf das *negative Interesse* haftet. Im Schrifttum wird dies über eine *Analogie zu § 122 BGB* bejaht.[10] Dies wird vom überwiegenden Schrifttum zutreffend abgelehnt.[11] Einerseits ist nach der Formulierung des § 311a II BGB eine Haftung des Schuldners bei Gelingen des Entlastungsbeweises ausgeschlossen; eine analoge Anwendung des § 122 BGB würde zu einer verfehlten Gefährdungshaftung auf das negative Interesse führen.[12] Wesentlich ist, dass keine hinreichende Vergleichbarkeit mit den Irrtumsfällen besteht, weil es bei der anfänglichen Unmöglichkeit um eine Befreiung von der Primärleistungspflicht nicht aufgrund des Irrtums, sondern, trotz der Besonderheiten gegenüber der nachträglichen Unmöglichkeit, aufgrund des Leistungshindernisses Unmöglichkeit geht (§ 275 BGB).[13] Wenn sich der Schuldner – schuldhaft oder unverschuldet – im Irrtum über seine Leistungsfähigkeit befindet, ist er schon wegen des Leistungshindernisses befreit. Er hat nicht, wie bei den Irrtumsfällen die Wahl, ob er sich von der Verpflichtung lösen oder an ihr festhalten will.
Zudem würde der Irrtum des Schuldners über seine eigene Leistungsfähigkeit einen Motivirrtum darstellen, der im Rahmen des Irrtumsrechts als Anfechtungsgrund grundsätzlich unbeachtlich ist. Die Analogie zu § 122 BGB im Fall der anfänglichen Unmöglichkeit

8 *Wieser* MDR 2002, 858.
9 Vgl. auch Palandt/*Grüneberg* § 311a Rn. 9; *Lorenz/Riehm* Neues SchuldR Rn. 333.
10 *Canaris* JZ 2001, 499 (507 f.); vgl. auch Begr. BT-Drs. 14/6040, 166; *Lorenz/Riehm* Neues SchuldR Rn. 337.
11 NK-BGB/*Dauner-Lieb* § 311a Rn. 29; MüKoBGB/*Ernst* § 311a Rn. 41; Jauernig/*Stadler* § 311a Rn. 12; *Emmerich* LeistungsstörungsR § 5 Rn. 19.
12 *Ehmann/Sutschet* ModSchuldR § 4 V 7c.
13 *Huber/Faust* SchuldRMod VII Rn. 38.

liefe also auf eine auch mit den Gedanken des Irrtumsrechts nicht zu vereinbarende Haftung hinaus. Denn dort ist eine Haftung auf das negative Interesse mangels Beachtlichkeit eines Motivirrtums ausgeschlossen.[14]

IV. Ergebnis

K hat gegen A keinen Schadensersatzanspruch gem. § 311a II BGB.

B. Anspruch auf Schadensersatz statt der Leistung nach §§ 280 I, III, 283 BGB wegen der nach Vertragsschluss gestohlenen Stühle

K könnte jedoch gegen A bezüglich der zwei nach Vertragsschluss gestohlenen Stühle ein Schadensersatzanspruch gem. §§ 280 I, III, 283 BGB zustehen.

Hinsichtlich dieser gestohlenen Stühle liegt *nachträgliche Unmöglichkeit* iSd § 275 I BGB (nachträgliches Unvermögen) vor, die eine Pflichtverletzung nach §§ 280 I, III, 283 BGB darstellt. Des Weiteren müsste A diese Pflichtverletzung auch zu vertreten haben, § 280 I 2 BGB. Die Exkulpation wird A jedoch gelingen, nachdem er sein Geschäft und damit die verkauften Sachen hinreichend gesichert hat. A hat auch sein Unvermögen zur Wiederbeschaffung nicht zu vertreten, da es nicht auf wirtschaftlichen Gründen beruht. Daher scheidet auch ein Schadensersatzanspruch des K gegen A gem. §§ 280 I, III, 283 BGB aus.

C. Ergebnis

Schadensersatzansprüche des K sind nicht begründet.

A ist nach § 275 I BGB von seiner Verpflichtung nach § 433 I 1 BGB, die vier Stühle an K zu übereignen und zu übergeben, frei geworden. Die Verpflichtung des K nach § 433 II BGB, den Kaufpreis zu zahlen, entfällt nach § 326 I 1 BGB.

Nach Ansicht des BGH[15] ist es den Parteien im Rahmen ihrer Vertragsfreiheit möglich, § 326 I S. 1 BGB abzubedingen und wirksam zu vereinbaren, dass sich eine Partei entgeltlich dazu verpflichtet, Leistungen zu erbringen, deren Grundlagen und Wirkungen nach Erkenntnissen der Wissenschaft und Technik nicht erweislich sind, sondern nur einer inneren Überzeugung, einem dahingehenden Glauben und oder einer irrationalen, für Dritte nicht nachvollziehbaren Haltung entsprechen. So hat der BGH den Honoraranspruch einer selbstständigen Lebensberaterin iHv rund 42.000 EUR bejaht, deren Leistung »Life-Coaching« (insbesondere durch Kartenlegen) beinhaltete, obwohl diese Leistung objektiv unmöglich war, da es sich beim Versprechen des Einsatzes übernatürlicher, magischer oder parapsychologischer Fähigkeiten um Leistungen handele, die nach den Naturgesetzen oder nach dem Stand der Erkenntnis von Wissenschaft und Technik schlechthin nicht erbracht werden können.

14 Ähnlich Palandt/*Grüneberg* § 311a Rn. 15.
15 BGH NJW 2011, 756 ff.

12. Fall Sachverhalt

E hat dem K für 250.000 EUR ein Grundstück verkauft, das mit einem Wohnhaus bebaut ist. Der Wert des Hausgrundstücks entspricht dem Kaufpreis. K will das Haus mit seiner Familie bewohnen. Das Grundstück wird dem K übergeben. Kurz darauf brennt das Haus völlig ab, ohne dass E oder K ein Verschulden daran träfe.

E verlangt von K den Kaufpreis Zug um Zug gegen Auflassung und Eintragungsbewilligung. K meint, der Vertrag sei infolge des Brandes gegenstandslos, da er nach dem erkennbaren Vertragszweck ein Wohnhaus habe erwerben wollen. Hilfsweise verlangt er die Abtretung der Ansprüche des E gegen die Brandkasse.

12. Fall Lösung

Schwerpunkte

- Nachträgliche, nicht zu vertretende Unmöglichkeit
- Übergang der Preisgefahr
- Herausgabe des stellvertretenden commodums
- Schadensberechnung

Gliederung

A. Anspruch des E gegen K auf den Kaufpreis iHv 250.000 EUR nach § 433 II BGB

E könnte gegen K einen Kaufpreiszahlungsanspruch iHv 250.000 EUR gem. § 433 II BGB haben.

I. Entstehung des Kaufpreisanspruchs

Der Anspruch auf die Kaufpreiszahlung ist mit dem Vertragsschluss entstanden.

II. Untergang des Kaufpreisanspruchs

Fraglich ist jedoch, ob der Kaufpreisanspruch untergegangen ist.

1. Erlöschen des Anspruchs nach § 326 I 1 BGB

Der Zahlungsanspruch des E gegen K könnte jedoch infolge des Brandes wegen Unmöglichkeit nach § 326 I 1 BGB erloschen sein.

a) Unmöglichkeit iSd § 275 I BGB

Voraussetzung ist, dass E nach § 275 I BGB von seiner Verpflichtung frei geworden ist, das bebaute Grundstück an K zu übereignen.

E schuldet dem K neben der Übergabe, die bereits erfolgt ist, noch die Übereignung des bebauten Grundstücks. Das Gebäude war wesentlicher Bestandteil des Grundstücks (§ 94 I 1 BGB). Infolge der Zerstörung des Wohnhauses ist die Übereignung des Wohnhauses unmöglich geworden, sodass eine nachträgliche *Teilunmöglichkeit* vorliegt. Grundsätzlich ist der Schuldner bei Teilunmöglichkeit auch nur teilweise von seiner Leistungspflicht befreit (§ 275 I BGB »soweit«). Im Übrigen bleibt er zur Leistung verpflichtet, bei entsprechender Minderung des Anspruchs auf die Gegenleistung (§ 326 I 1 Hs. 1 BGB). Die Teilunmöglichkeit steht aber der *vollständigen Unmöglichkeit* gleich, wenn der Leistungsgegenstand nicht teilbar ist.[1]

Vorliegend wurde das Wohnhaus auf dem Grundstück errichtet, sodass der Leistungsgegenstand nicht teilbar war. Die Teilunmöglichkeit steht daher der vollständigen Unmöglichkeit gleich. Somit liegt Unmöglichkeit iSd § 275 I BGB vor. Grundsätzlich würde daher gem. § 326 I 1 BGB der Kaufpreisanspruch entfallen.

Die vor der Schuldrechtsreform ebenfalls als Fall einer vollständigen Unmöglichkeit behandelte Konstellation, dass mit der Teilleistung die konkreten Zwecke des Gläubigers nicht erreichbar sind, ist teilweise durch die §§ 281 I 2, 323 V BGB geregelt worden. Insbesondere kann der Gläubiger beim gegenseitigen Vertrag im Falle des Interessenfortfalls nach § 323 V BGB von dem Vertrag zurücktreten. Aus dieser gesetzlichen Wertung ist zu entnehmen, dass bei Interessenfortfall in den vom Gesetz geregelten Konstellationen keine Gesamtunmöglichkeit anzunehmen ist.[2] In den Fällen, die von den §§ 281 I 2, 325 V BGB nicht erfasst werden, steht einer auf das Leistungsinteresse des Gläubigers zugeschnittenen Annahme einer vollständigen Unmöglichkeit dagegen nichts entgegen. Der Gläubiger kann sich nach seiner Wahl auch in den Fällen einer so angenommenen vollständigen Unmöglichkeit mit einer Teilleistung abfinden.[3] Zwar könnte sich aus dem Wortlaut des § 275 I BGB insoweit anderes entnehmen lassen, als an sich aus der angenommenen *vollständigen Unmöglichkeit* bei *Unteilbarkeit* oder *Interessenfortfall* eine *Leistungsbefreiung* des Schuldners folgen würde, die sich grundsätzlich auf einen noch irgendwie möglichen Teil einer Leistung erstrecken könnte. Das entspräche aber nicht der Wertung des Leistungsstörungsrechts, wonach die Durchführung des Schuldverhältnisses nach Möglichkeit realisiert werden soll. Es ist, jenseits des Rechtsmissbrauchs durch den Gläubiger, kein Grund ersichtlich, warum der Gläubiger, der sich mit einer Teilerfüllung zufriedengeben will, den Rest seines Leistungsanspruchs verlieren sollte.[4]

b) Kein Eingreifen einer Ausnahme

aa) § 326 II 1 BGB

Da K den Brand und die Zerstörung des Gebäudes weder zu vertreten hat (Alt. 1) noch ein Fall der Alt. 2 vorliegt, bleibt der Kaufpreisanspruch nicht gem. § 326 II 1 BGB erhalten.

1 S. zum Begriff der Teilbarkeit *Huber/Faust* SchuldRMod II Rn. 93.

2 Vgl. MüKoBGB/*Ernst* § 275 Rn. 124.

3 Vgl. zum alten Recht MüKoBGB/*Emmerich*, 4. Aufl. 2001, § 275 Rn. 51; Staudinger/*Löwisch*, 2001, § 275 Rn. 42 f. mwN; für das neue Recht ebenso MüKoBGB/*Ernst* § 275 Rn. 128.

4 MüKoBGB/*Ernst* § 275 Rn. 128.

bb) Übergang der Preisgefahr gem. § 446 S. 1 BGB

Falls die Preisgefahr zur Zeit des Brandes bereits auf K übergegangen war (§ 446 S. 1 BGB), müsste K den Kaufpreis entrichten, obwohl die Voraussetzungen des § 326 I 1 BGB vorliegen.

Nach § 326 I 1 BGB trägt der Schuldner der unmöglich gewordenen Leistung die Preisgefahr. Mit anderen Worten: Der Gläubiger der Gegenleistung, der zugleich der Schuldner der unmöglich gewordenen Leistung ist, trägt die Preisgefahr, weil er die Gegenleistung nicht erhält, wenn er von seiner Leistungspflicht nach § 275 BGB befreit ist. Er trägt diese Gefahr grundsätzlich bis zum Zeitpunkt der Erfüllung.

> Besondere Regelungen der *Preisgefahr beim Kauf* enthalten die §§ 446, 447 BGB. Danach geht die Gefahr bereits vor der vollständigen Erfüllung auf den Käufer über. Ab dem Zeitpunkt dieses Gefahrübergangs trägt der Käufer das Risiko, den Kaufpreis selbst dann bezahlen zu müssen, wenn der Kaufgegenstand durch Zufall nachträglich untergeht oder beschädigt wird.

Das Grundstück ist dem K übergeben worden. Die Unmöglichkeit ist weder von E noch von K zu vertreten. Damit ist die Preisgefahr nach § 446 S. 1 BGB auf K übergegangen. Das Gebäude auf dem verkauften Grundstück verbrannte nach dem Zeitpunkt des Gefahrübergangs. Die Preisgefahr lag zu dieser Zeit bereits bei K.

> K wird mit seinem Einwand, der Vertrag sei »gegenstandslos«, nicht gehört. Zwar liegt eine nachträgliche »Zweckstörung« vor, aber deren Rechtsfolgen ergeben sich aus dem Gesetz. Für eine Anwendung der Grundsätze über den Wegfall der Geschäftsgrundlage (§ 313 BGB) ist deshalb kein Raum. Die Parteien hätten freilich eine anderweitige Regelung der Gefahrtragung vereinbaren können.

cc) Zwischenergebnis

Da die Preisgefahr gem. § 446 S. 1 BGB auf K übergegangen ist, ist der Kaufpreisanspruch des E gegen K nicht gem. § 326 I 1 BGB untergangen.

2. Erlöschen durch Rücktritt

K kann sich auch nachträglich nicht durch Rücktritt vom Vertrag lösen und dadurch von seiner Zahlungspflicht befreien. Eine Sachmängelhaftung des E gem. §§ 434 ff. BGB greift nicht ein, weil das Grundstück zur Zeit des Gefahrübergangs fehlerfrei war.

> Der Übergang der Preisgefahr nach § 446 S. 1 BGB kann in bestimmten Konstellationen im Ergebnis nicht beständig sein. Das ist namentlich der Fall, wenn der Kaufgegenstand zur Zeit der Übergabe (Gefahrübergang iSd § 434 I 1 BGB) mängelbehaftet war. Hier ist zwar die Gefahr nach § 446 S. 1 BGB zunächst auf den Käufer übergegangen. Doch stehen dem Käufer die Rechte nach § 437 BGB zu. Insbesondere kann der Käufer nach §§ 437 Nr. 2, 323 I BGB zurücktreten, gegebenenfalls ohne Wertersatz für die nicht mehr existierende Sache leisten zu müssen (§ 346 III 1 Nr. 3 BGB). Das läuft auf einen *Rückübergang der Preisgefahr* auf den Verkäufer hinaus.[5]
> Ebenso verhält es sich, wenn das Eigentum aus einem anderen Grunde als aus dem des nachträglichen Untergangs oder der nachträglichen Verschlechterung nicht verschafft werden kann.

5 S. auch Palandt/*Grüneberg* § 326 Rn. 3.

Beispiel: V hatte die Sache bereits an K 1 übereignet (§ 930 BGB), bevor er einen weiteren Kauf mit K 2 abschloss. Geht die dem K 2 übergebene Sache zufällig unter, trägt K 2 zwar die Preisgefahr nach § 446 S. 1 BGB, kann sie aber wegen der anfänglichen (subjektiven) Unmöglichkeit (§ 275 I BGB) auf V nach §§ 326 V, 323 I BGB zurückwälzen, indem er zurücktritt, ohne Wertersatz leisten zu müssen.

3. Ergebnis zum Untergang des Kaufpreiszahlungsanspruchs

Der Anspruch auf Kaufpreiszahlung ist nicht untergegangen.

III. Durchsetzbarkeit des Kaufpreiszahlungsanspruchs

Da rechtshemmende Einreden nicht ersichtlich sind, ist der Anspruch auch durchsetzbar.

IV. Ergebnis

E hat gegen K einen Anspruch auf Zahlung des Kaufpreises aus Kaufvertrag gem. § 433 II BGB iHv 250.000 EUR.

B. Anspruch des K gegen E auf Abtretung der Versicherungsansprüche nach § 285 I BGB

K könnte gegen E einen Anspruch auf Abtretung der Versicherungsansprüche nach § 285 I BGB haben.

I. Befreiung des E von der Leistungspflicht (§ 275 BGB)

Wie bereits vorangehend ausgeführt, ist E von seiner Leistungspflicht gem. § 275 I BGB befreit.

II. Stellvertretendes commodum

Weitere Voraussetzung des § 285 I BGB ist, dass der Schuldner infolge des Umstandes, der die Leistung unmöglich macht, einen Ersatz oder Ersatzanspruch erlangt.

1. Ersatzanspruch gegen die Versicherung

Als Ersatzanspruch kommt hier der Anspruch des E gegen den Feuerversicherer (Brandkasse) in Betracht. Die Feuerversicherung ist Schadensversicherung nach Maßgabe der §§ 49 ff., 81 ff. VVG. Der Anspruch gegen den Versicherer setzt einen Schaden des Versicherten voraus. Da E zur Zeit des Brandes noch Eigentümer des Grundstücks war, kommt es darauf an, ob er geschädigt ist.

Wäre bereits K Eigentümer gewesen, stünde ihm der Versicherungsanspruch zu; nach § 95 I VVG erfolgt im Falle der Veräußerung der versicherten Sache ein Vertragsübergang kraft Gesetzes, vorbehaltlich der Kündigung nach § 96 I und II VVG.

2. Schaden

Nach der *Differenzhypothese*[6] wird der Schaden als Differenz zweier Vermögenslagen verstanden. Zu vergleichen ist der gegenwärtige (reale) Vermögensstand des Verletzten mit der (hypothetischen) Vermögenslage, in der er sich befände, wäre das haftbar machende Ereignis nicht eingetreten.

Ohne den Brand hätte E noch ein – freilich mit dem Übereignungsanspruch des K belastetes – bebautes Grundstück im Wert von 250.000 EUR und einen Kaufpreisanspruch iHv 250.000 EUR. Nach dem Brand ist er nur noch Eigentümer des Brandgrundstücks, dessen Übereignung er dem K weiterhin schuldet, hat aber wegen § 446 S. 1 BGB ebenfalls den Anspruch auf den Kaufpreis. Der einzige Unterschied, der sich bei dem Vergleich der Vermögenslagen ergibt, ist der, dass E das (Eigentum am) Gebäude eingebüßt hat. Insoweit ist er jedoch nach § 275 I BGB dem K gegenüber von seiner Leistungspflicht frei geworden (sog. obligatorische Entlastung). Er hätte vermögensrechtlich danach keine Einbuße erlitten; der Versicherer wäre nicht zur Leistung verpflichtet.

Es liegt auf der Hand, dass die Befreiung des Versicherers von der Zahlungspflicht sachlich nicht zu halten ist. Das versicherte Risiko hat sich verwirklicht, der Schaden ist eingetreten. Er hat sich lediglich auf K verlagert. Eine solche für den Ersatzpflichtigen *zufällige Schadensverlagerung* aufgrund obligatorischer Beziehungen des Verletzten zu Dritten »geht den Ersatzpflichtigen nichts an«. Darüber ist man sich völlig einig. Die dogmatische Lösung ist jedoch umstritten.

Nach der hM finden in den Fällen der *obligatorischen Entlastung* des Verletzten die Grundsätze der *Drittschadensliquidation* Anwendung.[7]

Der Verletzte (E) ist berechtigt, den kraft Gefahrübergang bei dem Dritten (K) eingetretenen Schaden zu liquidieren. Der Drittschaden wird gewissermaßen zum Verletzten gezogen, ihm zugerechnet, sodass er jetzt als Ersatzberechtigter erscheint. Diesen Ersatzanspruch muss er entsprechend § 285 I BGB auf den Dritten überleiten.

Ein Teil des Schrifttums geht demgegenüber davon aus, dass den Ersatzpflichtigen (Schädiger, Versicherer) die Schadensverlagerung nichts angehe. Die Gefahrtragungsregeln bezweckten allein einen angemessenen Interessenausgleich zwischen den Parteien des Schuldverhältnisses (E und K). Im Verhältnis zum Ersatzpflichtigen sei dagegen diese interne Schadensverlagerung außer Betracht zu lassen.[8] Nach dieser Auffassung ist E selbst geschädigt. Er hat daher einen Anspruch auf die Versicherungssumme gegen die Brandkasse.

III. Kausaler Zusammenhang

Der Anspruch auf die Versicherungssumme ist auch infolge des die Unmöglichkeit begründenden Umstandes entstanden (kausaler Zusammenhang). Dass der Anspruch in erster Linie auf dem Versicherungsvertrag zwischen E und der Brandkasse beruht und durch den Brand als Versicherungsfall nur ausgelöst worden ist, fällt nicht ins Gewicht.

6 S. dazu *Musielak/Hau* GK BGB Rn. 1099 f.
7 S. zur Drittschadensliquidation Fall 17.
8 Grundlegend *Hagen* Drittschadensliquidation 185 ff.; BGH NJW 1968, 1567.

E kann insbesondere nicht einwenden, er habe, wenn er den Anspruch an K abtreten müsse, im Ergebnis die Versicherung zu dessen Gunsten abgeschlossen, praktisch für diesen die Versicherungsprämien bezahlt. Die für die Vergangenheit entrichteten Prämien sind dem E selbst zugute gekommen. Die Brandkasse hat als Gegenleistung das *Brandrisiko* getragen. Allenfalls ist zu erwägen, ob E von K die auf die Zeit seit Gefahrübergang (Übergabe) entfallenen Prämien verlangen kann. Aus § 446 I 2 BGB lässt sich das freilich nicht begründen, da Lasten der Sache nur solche Pflichten sind, die den *Eigentümer als solchen* treffen; dazu zählt nicht die Verpflichtung zur Zahlung von Versicherungsprämien bei *privaten* Feuer- oder anderen Schadensversicherungen – anders etwa im Falle einer *gesetzlichen* Gebäudeversicherung.[9] Auch aus § 95 II VVG ergibt sich diese Folgerung nicht, da hier auf den Eigentumswechsel abgestellt wird.

IV. Ergebnis

K kann von E nach § 285 I BGB die Abtretung des Anspruchs auf die Versicherungssumme gegen die Brandkasse in vollem Umfang verlangen.

C. Gesamtergebnis zu Fall 12

E hat gegen K einen Kaufpreiszahlungsanspruch iHv 250.000 EUR nach § 433 II BGB und K kann von E nach § 285 I BGB Abtretung des Anspruchs auf die Versicherungssumme gegen die Brandkasse in vollem Umfang verlangen.

9 Soergel/*Huber*, 12. Aufl. 1991, § 446 Rn. 73 (74).

13. Fall Sachverhalt

V handelt mit Kunstgegenständen. K, der Gemälde des Renaissancemalers Van der Winkel sammelt, entdeckt bei V ein kleines Portrait einer Hofdame, das diesem Maler zugeschrieben wird. Nach einiger Überlegung entschließt sich K, das Bild zu erwerben und ruft V an. Bei diesem Telefonat wird er sich mit V handelseinig und erwirbt das Portrait für 8.500 EUR. V und K vereinbaren, dass das Bild erst nach einer Woche abgeholt werden solle, weil K am nächsten Tag eine Geschäftsreise antreten müsse. Drei Tage später entdeckt der namhafte Kunstsammler S das Portrait in den Ausstellungsräumen des V. V, der davon ausgeht, er werde mit K schon fertig werden, sodass dieser auf den Kauf verzichten werde, verkauft S das Bild für 9.000 EUR. S nimmt das Bild sofort mit.

Als K von seiner Geschäftsreise zurückkehrt, ist er sehr verärgert, zu erfahren, dass V das Bild nicht mehr hat. K verlangt von V, S anzurufen und ihn zu fragen, ob dieser von dem Vertrag zurücktreten würde, im Hinblick darauf, dass das Bild bereits anderweitig verkauft gewesen sei. Tatsächlich zeigt sich S kooperativ, verlangt aber für seine Kooperation, dass V das Bild zu einem Preis von 13.000 EUR von ihm zurückkaufen solle, sonst behalte er es selbst. V meint, das könne K von ihm nicht verlangen.

K verlangt von V Übereignung des Bildes. Zu Recht?

13. Fall Lösung

Schwerpunkte
- Subjektive Unmöglichkeit
- Faktische Unmöglichkeit
- Wirtschaftliche Unmöglichkeit

Gliederung

A. Anspruch des K auf Übereignung des Bildes nach § 433 I 1 BGB

K könnte gegen V gem. § 433 I 1 BGB einen Anspruch auf Übereignung des Bildes haben.

I. Anspruch entstanden

Ein Kaufvertrag nach § 433 BGB ist zwischen K und V zustande gekommen, sodass der Anspruch aus § 433 I 1 BGB entstanden ist.

II. Anspruch untergegangen

V könnte von seiner Leistungspflicht gegenüber K frei geworden sein. Dies wäre unter anderem der Fall, wenn die Leistung iSd § 275 I BGB unmöglich wäre.

Da V nach der Übereignung des Bildes an S nicht mehr Eigentümer des Bildes ist, kann er dem K das Eigentum nicht verschaffen. Es liegt, da jedenfalls der Eigentümer S das Bild an K übereignen könnte, ein Fall der *subjektiven Unmöglichkeit* iSd § 275 I Alt. 1 BGB vor.

V ist von seiner Leistungspflicht ohne Weiteres aber nur frei geworden, wenn § 275 I BGB auf den Fall Anwendung findet. Dann müsste in der subjektiven Unmöglichkeit eine *echte* Unmöglichkeit zu sehen sein. Diese setzt voraus, dass V nicht imstande ist, seine Fähigkeit, das Bild an K zu übereignen, wiederherzustellen.[1]

> Der Schuldner einer Gattungsschuld muss gegebenenfalls eine *Ersatzbeschaffung* vornehmen; er trägt das *Beschaffungsrisiko*. Der Schuldner einer Stückschuld muss versuchen, seine subjektive Leistungsfähigkeit dadurch wiederherzustellen, dass er sich etwa mit einem Dritten, auf dessen Mitwirkung es ankommt, einigt. Ist der Schuldner einer zu übereignenden Sache also nicht (mehr) Eigentümer der Sache, sondern ein Dritter,

1 BGH NJW 1988, 699 (700).

muss er versuchen, die Sache von dem Dritten zu erwerben oder die Einwilligung des Dritten zur Übereignung der Sache an den Gläubiger zu erlangen.[2]

Da S bereit ist, dem V das Bild zu verkaufen, wenn auch zu einem höheren Preis als V mit K vereinbart hat, ist eine echte subjektive Unmöglichkeit iSd § 275 I Alt. 1 BGB nicht gegeben. V könnte das Bild theoretisch beschaffen und so seine Leistungsfähigkeit herstellen.

Daher ist der Anspruch aus § 433 I 1 BGB nicht untergegangen.

III. Anspruch durchsetzbar

Schließlich müsste der Anspruch auch durchsetzbar sein. V könnte dabei die Einrede der *faktischen (praktischen) Unmöglichkeit*[3] nach § 275 II 1 BGB haben.

Im Gegensatz zu § 275 I BGB sind die § 275 II und III BGB als *Leistungsverweigerungsrecht* ausgestaltet. Der Schuldner soll selbst entscheiden können, ob er die – theoretisch mögliche – Leistung erbringen will oder nicht.
Die faktische Unmöglichkeit nach § 275 II BGB ist von der *wirtschaftlichen Unmöglichkeit* abzugrenzen.[4] Letztere ist ein Fall des *Wegfalls der Geschäftsgrundlage* nach § 313 BGB. Die *Abgrenzung* ist deshalb bedeutsam, weil die Anwendung des § 313 BGB vorrangig zur Vertragsanpassung führt und erst bei Unmöglichkeit oder Unzumutbarkeit der Anpassung ein Rücktrittsrecht des benachteiligten Vertragspartners besteht (§ 313 III 1 BGB). Es ist immer zuerst zu prüfen, ob ein Sachverhalt unter § 275 BGB fällt; ist dies zu bejahen, kommt eine Heranziehung der Grundsätze über die Geschäftsgrundlage nicht mehr in Betracht, weil diese eine bestehende Leistungspflicht des Schuldners voraussetzen.
Nach hM[5] geht es bei der *faktischen* Unmöglichkeit nach § 275 II BGB allein um eine Betrachtung aus *Gläubigersicht*: § 275 II BGB und nicht § 313 BGB ist einschlägig, wenn ein Leistungshindernis besteht, dessen Überwindung Aufwendungen erfordert, die in grobem *Missverhältnis zum Leistungsinteresse des Gläubigers* stehen (*Beispiel*: Das geliehene Fernglas ist im Bodensee versunken; der Aufwand, es zu bergen, ist wirtschaftlich sinnlos.). Demgegenüber liegt eine *wirtschaftliche* Unmöglichkeit vor, wenn die Leistungserbringung solche Aufwendungen erfordert, dass sie dem *Schuldner* wirtschaftlich *unzumutbar* sind, mithin *überobligationsmäßige Schwierigkeiten* anzuerkennen sind und eine Überschreitung der Opfergrenze gegeben ist (*Beispiel*: Bei einem zum Festpreis zu errichtenden Bauwerk zeigt sich, dass der Untergrund wider Erwarten höchst aufwendige Fundamente verlangt.). Es liegt insoweit eine Störung des Äquivalenzverhältnisses von Leistung und Gegenleistung vor.[6] Demgegenüber kommt es bei der faktischen Unmöglichkeit nach § 275 II BGB nur auf das Verhältnis zwischen dem erforderlichen Aufwand und dem Interesse des Gläubigers an der Leistung an.

2 BGH NJW 1997, 938.
3 Vertiefend hierzu *Zwierlein* JA 2016, 252.
4 Vgl. Begr. BT-Drs. 14/6040, 130.
5 S. nur *Canaris* JZ 2001, 499 (502); Jauernig/*Stadler* § 275 Rn. 25, § 313 Rn. 17; *Jacoby/v. Hinden* § 275 Rn. 8, § 313 Rn. 3; *Huber/Faust* SchuldRMod II Rn. 25 ff., 40; *Brox/Walker* SchuldR AT § 22 Rn. 21.
6 *Brox/Walker* SchuldR AT § 22 Rn. 21.

> **Beispiel:**[7] V verkauft an K bestimmte elektronische Bauteile. Bevor er liefern kann, hat sein Mitarbeiter sämtliche auf Lager befindlichen Teile an einen Dritten veräußert, der die Teile sofort in Geräten verbaut hat. Wenn infolge eines Erdbebens, das die asiatische Herstellerfabrik dieser Bauteile zerstört, der Weltmarktpreis für solche Teile zwischenzeitlich signifikant steigt und V zu dem ursprünglich vereinbarten Kaufpreis die Teile nicht mehr ohne Verlust beschaffen kann, ist *nicht § 275 II BGB* anwendbar. Der erforderliche Aufwand zur Erfüllung der Beschaffungspflicht des V steht angesichts des gewöhnlichen kaufmännischen Preisschwankungsrisikos nicht in grobem Missverhältnis zum *Leistungsinteresse des Gläubigers*. Vielmehr ist das Gläubigerinteresse gleich geblieben oder angesichts der neuen Knappheit solcher Teile auf dem Markt sogar gestiegen. Es kann aber eine *Vertragsanpassungspflicht* nach § 313 I BGB zugunsten des V bestehen, wenn die Preissteigerungen auf dem Markt so erheblich sind, dass es dem V nicht mehr zuzumuten ist, gegen die vereinbarte Gegenleistung seine Leistung zu erbringen.

S ist bereit, dem V das Bild zurück zu verkaufen. Der Kaufpreis liegt dabei um 4.500 EUR über dem mit K vereinbarten Kaufpreis. Für die Frage, ob hierin bereits ein grobes Missverhältnis zu den Interessen des K besteht, ist letztlich maßgeblich, dass V seine *Leistungsunfähigkeit zu vertreten* hat. Nach § 275 II 2 BGB ist bei der Bestimmung der vom Schuldner zu verlangenden Anstrengungen zur Überwindung des Leistungshindernisses insbesondere ein Vertretenmüssen des Leistungshindernisses durch den Schuldner zu berücksichtigen. Der Schuldner hat kein Leistungsverweigerungsrecht, wenn er diese zumutbaren Anstrengungen zur Beseitigung des Leistungshindernisses nicht unternimmt.

Angesichts der *vorsätzlichen Veräußerung* des Bildes durch V sind von ihm *erheblich erhöhte Anstrengungen zur Wiederbeschaffung* zu erwarten. Der Mehrpreis von 4.500 EUR ist insoweit nicht unangemessen.

V kann sich nicht nach § 275 II BGB von seiner Leistungspflicht befreien. Der Anspruch des K gegen V aus § 433 I 1 BGB ist daher auch durchsetzbar.

IV. Ergebnis

K steht gegen V ein Anspruch auf Übereignung des Bildes gem. § 433 I 1 BGB zu.

B. Anspruch auf Vertragsanpassung nach § 313 I BGB

Ein Anspruch des V auf Anpassung des Kaufvertrags mit K nach § 313 I BGB scheidet schon deshalb aus, weil V das Leistungshindernis, dessen Überwindung letztlich das Äquivalenzverhältnis stört, selbst verschuldet hat.[8]

> Ein Anspruch auf Vertragsanpassung wegen Störung der Geschäftsgrundlage verpflichte die andere Partei an der Anpassung mitzuwirken. Wird die Mitwirkung verweigert, kann die benachteiligte Partei Zustimmung zu der als angemessen erachteten Anpassung oder unmittelbar auf die Leistung klagen. Die Verletzung der Mitwirkungspflicht an der Vertragsanpassung kann Schadensersatzansprüche nach § 280 I BGB begründen. Ein Rücktritt vom Vertrag ist für die benachteiligte Partei nur unter den Voraussetzungen des § 313 III BGB möglich.[9]

7 S. *Fritzsche* Fälle SchuldR I Fall 18.
8 BGH NJW-RR 1993, 881; NJW 1995, 2031.
9 So BGH NJW 2012, 373.

C. Ergebnis zu Fall 13

K hat gegen V gem. § 433 I 1 BGB einen Anspruch auf Übereignung des Bildes. V muss das Bild S abkaufen und an K übereignen.

> Im Prozess muss der Schuldner, der sich auf rechtliche subjektive Unmöglichkeit nach § 275 BGB beruft, darlegen und beweisen, dass der Dritte nicht zur Mitwirkung bereit ist (§ 275 I BGB) oder nur unter grob unverhältnismäßigen Voraussetzungen zur Mitwirkung bereit ist (§ 275 II BGB).[10]

10 Palandt/*Grüneberg* § 275 Rn. 34.

14. Fall Sachverhalt

Am 10. April 2018 verkauft V an K ein Grundstück im Wert von 100.000 EUR rechtswirksam für 115.000 EUR und übergibt das Grundstück an K. Es wird dabei vereinbart, dass K bis zum 11. Mai 2018 das Geld in voller Höhe beim Notar N bezahlen soll. Auflassung und Eintragungsbewilligung sollen erst im Anschluss daran erklärt werden.

Am 1. Juni 2018 mahnt V die Zahlung des Kaufpreises an, setzt dem K eine Zahlungsfrist bis zum 20. Juni 2018 und erklärt, nach fruchtlosem Fristablauf werde dies »Folgen für den Bestand des Vertrages« haben. Am 26. Juni 2018 wird der Kaufpreis aufgrund eines Überweisungsauftrags des K vom 25. Juni 2018 dem Konto des N gutgeschrieben.

V, der inzwischen einen anderen Interessenten gefunden hat, welcher ihm 120.000 EUR für das Grundstück bietet, weigert sich, dem K das Eigentum zu verschaffen. Er verlangt vielmehr mit einem dem K am 23. Juni 2018 zugehenden Schreiben Herausgabe des Grundstücks und 15.000 EUR Schadensersatz.

Mit Recht?

14. Fall Lösung

Schwerpunkte

- Schuldnerverzug
- Rücktritt und Schadensersatz statt der Leistung (Berechnung)

Gliederung

A. Herausgabeanspruch des V gegen K

I. Anspruch gem. §§ 346 I, 323 I BGB

V könnte gegen K einen Anspruch auf Herausgabe des Grundstücks gem. §§ 346 I, 323 I BGB haben. Ein solcher Anspruch besteht, sofern ein Rücktrittsgrund sowie eine Rücktrittserklärung vorliegen und der Rücktritt nicht ausgeschlossen ist.

1. Rücktrittsgrund, § 323 I BGB

Zunächst müsste ein Rücktrittsgrund vorliegen. In Betracht kommt hierbei § 323 I BGB.

a) Gegenseitiger Vertrag

Da zwischen V und K ein Kaufvertrag über ein Grundstück gem. §§ 433, 311b I BGB wirksam abgeschlossen wurde, liegt ein gegenseitiger Vertrag vor.

b) Fälliger und einredefreier Leistungsanspruch

Zudem war der Anspruch des V fällig und einredefrei.

c) Nicht-/Schlechtleistung

Des Weiteren hat K nicht wie vereinbart zum 11. Mai 2018 den Kaufpreis an N entrichtet, sodass ein Fall der Nichtleistung vorliegt.

d) Erfolglose Fristsetzung/Entbehrlichkeit der Frist

Schließlich müsste erfolglos eine Frist zur Leistung abgelaufen sein bzw. ein Fall der Entbehrlichkeit der Frist nach § 323 II BGB vorliegen. Zwar war vorliegend wegen des vertraglich vereinbarten Zahlungszeitraums die Fristsetzung gem. § 323 II Nr. 2 BGB entbehrlich. Jedoch hat V dem K eine (erneute) Zahlungsfrist bis zum 20. Juni 2018 gesetzt.

Diese Frist ist fruchtlos abgelaufen.

> Wenn K nun innerhalb dieser Frist (beispielsweise am 15. Juni 2018) geleistet hätte, dann könnte man in der Klausur auf den Gedanken kommen, dies sei egal, da die Frist nach § 323 II Nr. 2 BGB entbehrlich sei und daher ein Rücktritt dennoch möglich wäre. Dies ist jedoch falsch und sollte daher vermieden werden: *Wenn eine Frist trotz Entbehrlichkeit gesetzt wurde, dann ist diese auch maßgeblich*.[1]
> Zur Fristwahrung genügt es, wenn der Schuldner die erforderliche Leistungshandlung rechtzeitig vornimmt. Der Leistungserfolg braucht nicht innerhalb der Frist eingetreten zu sein.[2] Bei Sachen genügt daher zum Beispiel die Absendung. Bei Überweisung von Geld wird die Einreichung des Überweisungsauftrags bei der Bank des Schuldners ausreichen.

e) Kein Ausschluss des Rücktrittsrechts

Ein Ausschluss des Rücktrittsrechts nach § 323 V, VI BGB ist vorliegend nicht einschlägig.

f) Zwischenergebnis

V steht gem. § 323 I BGB ein Rücktrittsgrund zu.

2. Rücktrittserklärung, § 349 BGB

Zudem müsste eine Rücktrittserklärung iSd § 349 BGB vorliegen. V hat den Rücktritt nicht ausdrücklich erklärt. Er hat lediglich erklärt, dass der Bestand des Vertrages infrage steht, wenn K nicht bis zum 20. Juni 2018 den Kaufpreis bezahlt habe. Darin liegt zunächst eine Fristsetzung nach § 323 I BGB.

> Im Gegensatz zum alten Schuldrecht (§ 326 I 1 BGB aF) ist eine Androhung, dass die Annahme der Leistung für den Fall des fruchtlosen Fristablaufs abgelehnt werde (*Ablehnungsandrohung*) ebenso wenig erforderlich wie die Ankündigung anderer Rechtsfolgen, namentlich des Rücktritts. Der Gläubiger muss bei der Fristsetzung nicht einmal die Absicht haben, nach Fristablauf zurückzutreten.[3]

Der Gläubiger kann grundsätzlich schon mit der Fristsetzung die Rücktrittserklärung verbinden. Die Erklärung erfolgt in diesem Fall unter der zulässigen Potestativ-

---

1 Vgl. hierzu BGH NJW 2010, 1805.

2 BGH NJW 1954, 794; MüKoBGB/*Ernst* § 323 Rn. 86 mwN; aA *Kornblum/Stürner* Fälle SchuldR AT Fall 8 I 2, 81.

3 MüKoBGB/*Ernst* § 323 Rn. 6769.

bedingung des fruchtlosen Ablaufs der Nachfrist.[4] Da Rücktritt und Schadensersatz nunmehr kumulativ nebeneinanderstehen (§ 325 BGB), schließt die Wahl des Rücktritts durch den Gläubiger die Geltendmachung von Schadensersatz nicht aus. Es genügt daher, wenn der Gläubiger zu verstehen gibt, dass er den Vertrag nach fruchtlosem Ablauf der Frist jedenfalls nicht aufrechterhalten will. V hat sich jedoch die Rücktrittsmöglichkeit lediglich vorbehalten, aber den Rücktritt noch nicht unmissverständlich erklärt.

Demgegenüber kann das *Herausgabeverlangen* des V hier als Rücktrittserklärung iSd § 349 BGB zu deuten sein.[5] Insoweit kommt es jeweils auf die Umstände des einzelnen Falles an. Im vorliegenden Fall ist im Zusammenhang mit der vorherigen Ankündigung von Folgen für den Bestand des Vertrages davon auszugehen, dass V zurücktreten wollte, zumal der Rücktritt nach § 325 BGB die Geltendmachung von Schadensersatz statt der Leistung nicht ausschließt. Somit ist auch eine Rücktrittserklärung iSd § 349 BGB gegeben.

3. Keine Unwirksamkeit des Rücktritts

Schließlich scheidet auch eine Unwirksamkeit des Rücktritts nach § 218 BGB aus.

4. Ergebnis

Die Voraussetzungen des Rücktrittsrechts nach § 323 I BGB liegen vor. Daher sind nun gem. § 346 I BGB die empfangenen Leistungen zurückzugewähren und die gezogenen Nutzungen herauszugeben. Somit steht V gegen K gem. §§ 346 I, 323 I BGB ein Anspruch auf Herausgabe des Grundstücks zu.

II. Anspruch gem. § 985 BGB

V könnte gegen K auch einen Herausgabeanspruch gem. § 985 BGB haben.

1. Eigentum des V

Da V dem K das Grundstück nur übergeben, es ihm aber noch nicht aufgelassen hat und auch die Eintragung des K nicht erfolgt ist (§§ 873, 925 BGB), ist V noch Eigentümer.

2. Besitz des K

K ist Besitzer des Grundstücks.

3. Recht zum Besitz (§ 986 BGB)

Die Herausgabe nach § 985 BGB kann nicht verlangt werden, wenn der Besitzer K ein Recht zum Besitz hat (§ 986 I 1 BGB). Der Käufer, dem die *Kaufsache bereits übergeben* worden ist, hat ein (relatives) *Recht zum Besitz aus dem Kaufvertrag*, solange dieser wirksam besteht. Der Kaufvertrag zwischen V und K ist rechtswirksam zustande gekommen.

4 Vgl. MüKoBGB/*Ernst* § 323 Rn. 150.
5 S. etwa RGZ 144, 62; vgl. BGH NJW 1988, 2877.

a) Rücktritt (§§ 323 I, 346 ff. BGB)

Das Besitzrecht des K ist erloschen, da V wirksam vom Kaufvertrag zurückgetreten ist.

> Ein wirksamer Rücktritt begründet nach § 346 BGB Ansprüche auf Rückgewähr der empfangenen Leistungen. Das Schuldverhältnis wird nicht rückwirkend aufgelöst, sondern lediglich inhaltlich umgewandelt in ein Abwicklungsschuldverhältnis.[6] Die noch ausstehenden Leistungen brauchen nicht mehr erbracht zu werden.

b) Ausschluss der Leistungspflicht des Schuldners

aa) Ausschluss der Leistungspflicht des K (§ 281 IV BGB)

K könnte auch infolge eines Ausschlusses seiner Leistungspflicht nach § 281 IV BGB sein Recht zum Besitz verloren haben.

> Mit Ablauf der Frist nach § 281 I 1 BGB stehen der *Anspruch des Gläubigers auf die Leistung* und sein mit dem Fristablauf entstandener *Anspruch auf Schadensersatz statt der Leistung* zunächst *nebeneinander*; der Gläubiger hat insoweit ein *Wahlrecht*. Sobald er jedoch sein *eindeutiges* Verlangen des Schadensersatzes statt der Leistung unter Ablehnung der Erfüllung kundtut, *geht* sein *Erfüllungsanspruch endgültig unter*.[7]

Zwar betrifft § 281 IV BGB unmittelbar den Leistungsanspruch des Gläubigers. Wegen des *Synallagmas* im gegenseitigen Vertrag geht aber mit dem Leistungsanspruch zugleich der *Gegenleistungsanspruch* des Schuldners unter.[8] Das führt notwendig zum Wegfall eines Besitzrechts des Schuldners an der im Rahmen des Leistungsaustausches erhaltenen Sache.[9] Der K, der den Kaufpreis nach § 281 IV BGB nicht mehr zu leisten braucht, verliert damit sein Besitzrecht an dem ihm bereits übergebenen Grundstück.

Voraussetzung für den *Untergang des Leistungsanspruchs* des V nach § 281 IV BGB ist, dass ein *Schadensersatzanspruch* des V gegen K nach §§ 280 I, III, 281 I 1 BGB *entstanden* ist, weil die Erklärung, sich unter Ablehnung einer Erfüllung auf den Schadensersatz statt der Leistung zu beschränken, erst nach Entstehen des Schadensersatzanspruchs wirksam werden kann. Der Gläubiger kann jedoch schon vor Ablauf der Nachfrist – auch verbunden mit der Nachfristsetzung – sein Schadensersatzverlangen äußern. Dieses ist aufschiebend bedingt (Potestativbedingung) und wird mit fruchtlosem Ablauf der Nachfrist wirksam.[10]

bb) Anspruch des V gegen K auf Schadensersatz statt der Leistung nach §§ 280 I, III, 281 I 1 BGB

Es ist anzunehmen, dass der Kaufpreis sofort fällig war, da nichts anderes vereinbart worden ist (§ 271 I BGB). K hat verspätet, nämlich erst am 25.6. geleistet; damit liegt

---

6 So die hM seit *Wolf* AcP 153 (1954), 97 (107).

7 S. BGH NJW 1999, 3115; NJW 2000, 71 (72) zum gleichzeitigen Untergang des Anspruchs auf Fälligkeitszinsen; Palandt/*Grüneberg* § 281 Rn. 50; *Huber/Faust* SchuldRMod III Rn. 154; vgl. zu den Unterschieden der neuen Regelung zu § 326 I 2 Hs. 2 BGB aF *Emmerich* LeistungsstörungsR § 18 Rn. 52.

8 Palandt/*Grüneberg* § 281 Rn. 52; Jauernig/*Stadler* § 281 Rn. 14 (§ 326 I BGB analog); *Westermann/Bydlinski/Weber* SchuldR AT Rn. 8/63.

9 MüKoBGB/*Ernst* § 281 Rn. 109; Palandt/*Grüneberg* § 281 Rn. 52.

10 S. MüKoBGB/*Ernst* § 281 Rn. 100; Palandt/*Grüneberg* § 281 Rn. 50; differenzierend hierzu *Derleder/Zänker* NJW 2003, 2777 und Jauernig/*Stadler* § 281 Rn. 15; vgl. auch *Wieser* NJW 2003, 2432.

eine *Pflichtverletzung* iSd § 280 I 1 BGB in Form der *Leistungsverzögerung* vor. Von Verschulden aufseiten des K ist vorbehaltlich einer dem K obliegenden Exkulpation (§ 280 I 2 BGB) auszugehen. V hat dem K auch eine angemessene Frist zur Zahlung des Kaufpreises gesetzt, die der K verstreichen lassen hat.

Als mögliche Schadensersatzansprüche des Gläubigers aufgrund der Leistungsverzögerung sind einerseits der Anspruch auf *Schadensersatz statt der Leistung* nach §§ 280 I, III, 281 BGB, andererseits der Anspruch auf den eigentlichen *Verzögerungsschadensersatz* nach §§ 280 I, II, 286 BGB zu unterscheiden. Nur für letzteren Anspruch, der neben der Erfüllung geltend gemacht werden kann, ist das Vorliegen der Voraussetzungen über den Schuldnerverzug (§ 286 BGB) erforderlich. Dagegen setzt § 281 I 1 BGB das Vorliegen von Verzug nicht voraus.[11] Durch die Fristsetzung nach § 281 I 1 BGB wird allerdings immer auch der Verzug begründet, weil die Fristsetzung als Mahnung iSd § 286 I 1 BGB anzusehen ist.[12]

Damit ist ein Anspruch des V gegen K auf Schadensersatz statt der Leistung entstanden.

cc) Schadensersatzverlangen

V hat durch das dem K am 23.6. zugehende Schreiben unmissverständlich[13] seinen entstandenen Anspruch auf Schadensersatz statt der Leistung geltend gemacht und im Zusammenhang mit der Rückforderung des Grundstücks zu verstehen gegeben, dass er die Vertragsdurchführung nunmehr ablehne. Damit ist sein Anspruch gegen K auf Zahlung des Kaufpreises endgültig untergegangen.

Das Schadensersatzverlangen nach § 281 IV BGB stellt eine der Mahnung entsprechende *einseitige empfangsbedürftige Erklärung* dar, auf die als *geschäftsähnliche Handlung* die Regeln über Rechtsgeschäfte entsprechende Anwendung finden.[14]
Solange der Gläubiger die Erklärung, Schadensersatz statt der Leistung zu verlangen, nicht wirksam abgegeben hat, bleibt der Anspruch auf die Leistung neben dem nach Ablauf der Frist nach § 281 I 1 BGB entstandenen Anspruch auf Schadensersatz statt der Leistung bestehen. Damit ist die *Erfüllung* weiterhin *möglich* und der Schuldner kann folglich seine Leistung noch anbieten, den Gläubiger dadurch in Annahmeverzug setzen und damit den sich aus dem Wahlrecht des Gläubigers ergebenden *Schwebezustand beenden*.[15] Im *Fall* spielt das jedoch keine Rolle, weil das Schadensersatzverlangen zeitlich vor der Überweisung des Kaufpreises durch K liegt. K konnte also jedenfalls nicht mehr erfüllen.

Infolge des Untergangs des Anspruchs auf Kaufpreiszahlung ist auch das Recht des K zum Besitz untergegangen.

c) Zwischenergebnis

Ein Recht zum Besitz besaß K daher nicht mehr.

11 S. auch Begr. BT-Drs. 14/6040, 138; s. zum Verhältnis von § 281 BGB zu § 286 BGB MüKoBGB/*Ernst* § 281 Rn. 114 ff.

12 *Jacoby/v. Hinden* § 281 Rn. 9.

13 S. zu den strengen Anforderungen an das Schadensersatzverlangen *Jacoby/v. Hinden* § 281 Rn. 7; MüKoBGB/*Ernst* § 281 Rn. 107 f.; *Lorenz/Riehm* Neues SchuldR Rn. 236.

14 MüKoBGB/*Ernst* § 281 Rn. 97; Jauernig/*Stadler* § 281 Rn. 14.

15 Jauernig/*Stadler* § 281 Rn. 15; *Huber/Faust* SchuldRMod III Rn. 155; nach hM kann der Gläubiger die angebotene Leistung des Schuldners jedoch zurückweisen und Schadensersatz verlangen, Palandt/*Grüneberg* § 281 Rn. 49; MüKoBGB/*Ernst* § 281 Rn. 83; Erman/*Westermann* § 281 Rn. 20; *Looschelders* SchuldR AT § 27 Rn. 25; aA Jauernig/*Stadler* § 281 Rn. 15.

4. Ergebnis

V kann von K nach § 985 BGB die Herausgabe des Grundstücks verlangen.

III. Ergebnis

V hat gegen K sowohl gem. §§ 346 I, 323 I BGB als auch gem. § 985 einen Anspruch auf Herausgabe des Grundstücks.

B. Anspruch des V gegen K auf Schadensersatz statt der Leistung nach §§ 280 I, III, 281 I 1 BGB

V könnte gegen K einen Schadensersatzanspruch gem. §§ 280 I, III, 281 I 1 BGB haben. Wie bereits vorangehend festgestellt ist der Anspruch entstanden.[16] Nach der von V gewählten *Differenzmethode* wird sein Schaden wie folgt berechnet: Die Kaufpreisschuld beträgt 115.000 EUR, der Wert des Grundstücks liegt bei 100.000 EUR. Der Nichterfüllungsschaden besteht iHv 15.000 EUR.

> V ist nicht verpflichtet, dem K das Grundstück zu belassen und Zug um Zug gegen die Übereignung Schadensersatz nach der Surrogationsmethode zu verlangen (115.000 EUR).

Im Ergebnis ist der Anspruch auf Schadensersatz iHv 15.000 EUR nach §§ 280 I, III, 281 I 1 BGB begründet.

Berechnung des Schadensersatzes statt der Leistung

Es bestehen unterschiedliche Auffassungen vom *Inhalt* des Anspruchs auf Schadensersatz statt der Leistung.

I. Austausch- oder Surrogationsmethode

Nach der Austausch- oder Surrogationsmethode wird das *Synallagma des Vertragsverhältnisses bewahrt* und daran festgehalten, dass Leistung und Gegenleistung auszutauschen sind. An die Stelle der unmöglichen Leistung (§ 283 BGB) sowie an die Stelle der wegen § 281 IV BGB nicht mehr zu erbringenden Leistung tritt jeweils ein Anspruch auf Schadensersatz in Geld.

II. Differenzmethode

Nach der *Differenzmethode*[17] ist die gegenwärtige, wirkliche Lage des Vermögens des Verletzten (im Prozess ist das die Lage zur Zeit der letzten mündlichen Verhandlung) mit der hypothetischen Vermögenslage ohne das haftungsbegründende Ereignis zu vergleichen. Die Differenzmethode versteht den gegenseitigen Vertrag also als eine Einheit. Es ist Schadensersatz zu leisten statt der ganzen Leistung und der Gläubiger

---

16 S. oben A. II. 3. b) bb).

17 Die Differenzmethode geht zurück auf *Mommsen* Zur Lehre vom Interesse. S. dazu oben die Übersicht zum Schadensersatzrecht vor Fall 27 C. III.

ist nicht mehr zur Gegenleistung verpflichtet. Die Gegenleistung ist nur mehr Rechnungsposten bei der Schadensberechnung. Der Anspruch des Gläubigers beschränkt sich auf die *Wertdifferenz* zwischen der von ihm ursprünglich geschuldeten Gegenleistung und der nicht mehr erbringbaren Leistung zuzüglich eines etwa entgangenen Gewinns oder Folgeschäden.

III. Wahlrecht zwischen Surrogations- und Differenzmethode

Allgemein ging die hM *vor der Schuldrechtsreform* zur Berechnung des Schadensersatzes wegen Nichterfüllung nach § 325 BGB aF von der sog. *eingeschränkten Differenzmethode* aus.[18] Danach war zwar *grundsätzlich die Differenzmethode anzuwenden*; der Gläubiger konnte stets die Wertdifferenz verlangen. Bestand aber ein *berechtigtes Interesse* des Gläubigers, seine eigene, nicht in Geld bestehende, Leistung zu erbringen (Der Gläubiger will sein Lager für neue Ware räumen oder unnötige Kosten der Vorratshaltung senken.), dann konnte er nach der Surrogationsmethode vorgehen und auf den Austausch der Leistungen bestehen.

Das Wahlrecht des Gläubigers, seinen Schaden grundsätzlich nach der Differenzmethode zu berechnen, erfuhr allerdings eine wesentliche Einschränkung. Hatte der *Gläubiger seine Leistung bereits erbracht*, dann musste er es dabei bewenden lassen. Er konnte dann nur nach der Austauschmethode vorgehen. Der Gläubiger durfte nicht den Differenzschaden geltend machen. Wollte er den von ihm geleisteten Gegenstand zurückhaben, dann musste er von dem Vertrag zurücktreten. (Grundsatz der Alternativität von Rücktritt und Schadensersatz)[19]

Nach *neuem Schuldrecht* ist demgegenüber grundsätzlich von einem *Wahlrecht* des Gläubigers zwischen der Differenzmethode und der Surrogationsmethode auszugehen. Denn aus § 325 BGB ergibt sich nunmehr in Abweichung von der früheren Rechtslage, dass Rücktritt und Schadensersatz kombiniert werden können. Das Vorgehen des Gläubigers nach der Differenzmethode entspricht einem Rücktritt, weil hier kein Leistungsaustausch stattfindet.[20] Wird der Gläubiger im Einzelfall auf die Surrogationsmethode beschränkt, wäre damit letztlich der Rücktrittsmöglichkeit neben dem Schadensersatz ihre eigenständige Bedeutung entzogen.[21]

Das gilt insbesondere auch dann, wenn der *Gläubiger seine Gegenleistung bereits erbracht hat*. Nach hM kann der Gläubiger zurücktreten, seine eigene Leistung zurückverlangen und seinen weitergehenden Schaden nach der Differenzmethode berechnen.[22] Das Prinzip der strengen Alternativität von Rücktritt und Schadensersatz, mit dem die hiervon abweichende Lösung nach altem Schuldrecht begründet wurde, gilt nicht mehr.

---

18 Überblick zur alten Rechtslage mwN *Lorenz/Riehm* Neues SchuldR Rn. 209.

19 Vgl. RGZ 96, 20 (22 ff.); BGH NJW 1956, 1233 f. und öfter; *Larenz* SchuldR I § 22 II b) und § 23 II b).

20 *Lorenz/Riehm* Neues SchuldR Rn. 211.

21 *Lorenz/Riehm* Neues SchuldR Rn. 211; Jauernig/*Stadler* § 281 Rn. 18.

22 *Looschelders* SchuldR AT § 29 Rn. 5; *Emmerich* LeistungsstörungsR § 13 Rn. 28; vgl. zu abweichenden Auffassungen *Ehmann/Sutschet* ModSchuldR § 4 Vd; *Huber/Faust* SchuldRMod III Rn. 189.

15. Fall Sachverhalt

V hat dem K seine Yacht zum Preis von 7.500 EUR verkauft. Übergabe und Zahlung sollten am 15.6. erfolgen. Da K am 15.6. nicht kommt, fordert V ihn auf, bis spätestens zum 1.7. die Yacht zu übernehmen und den Kaufpreis zu zahlen, da er selbst sonst Gefahr laufe, seinerseits einem Gläubiger gegenüber in Verzug zu geraten. Am 2.7. erscheint K. V verlangt von K Zahlung weiterer 1.500 EUR, die er selbst als Verzugsschaden zahlen müsse, da er ein von ihm gekauftes Boot am 1.7. nicht habe bezahlen können.

K lehnt die Mehrzahlung ab. Er habe vor dem 2.7. nicht zahlen können, da sein Schuldner, dem er sein Boot verkauft habe, mit der Zahlung in Verzug geraten sei. Er fordert V auf, das Boot zum vereinbarten Kaufpreis bis zum 15.7. zu übergeben, sonst werde er vom Vertrag zurücktreten. Da V bei seiner Forderung bleibt, tritt K am 16.7. vom Vertrag zurück. Am 18.7. erleidet das Boot bei einem Sturm einen Totalschaden. V hatte es leicht fahrlässig nicht hinreichend befestigt.

V verlangt von K Zahlung von 9.000 EUR nebst Verzugszinsen seit dem 15.6.

15. Fall Lösung

Schwerpunkte

- Rücktritt nach § 323 BGB
- Vorübergehende Unmöglichkeit und Rücktritt
- Leistungsverzögerung und § 320 BGB
- Verlust des Einrederechts durch Angebot der Gegenleistung

Gliederung

A. Zahlungsanspruch des V gegen K iHv 7.500 EUR nach § 433 II BGB

V könnte gegen K einen Kaufpreiszahlungsanspruch iHv 7.500 EUR nach § 433 II BGB haben.

I. Entstehung des Anspruchs

V und K haben einen *rechtswirksamen* Kaufvertrag abgeschlossen. Der Anspruch auf Zahlung des Kaufpreises ist entstanden.

> Die Entstehung des Anspruchs ist nicht etwa davon abhängig, dass V dem K die Yacht liefert. Das *Synallagma* der beiderseitigen Verpflichtungen wird nur auf *Einrede* berücksichtigt (§ 320 I BGB).
> Die *Fälligkeit* des Anspruchs hat nichts mit seiner Entstehung zu tun, sondern nur mit der Frage, von welchem Zeitpunkt an der Gläubiger die Leistung verlangen kann (vgl. § 271 I BGB). Im Prozess ist die mangelnde Fälligkeit als Einwendung zu behandeln und daher von Amts wegen zu beachten.

Von der Fälligkeit zu unterscheiden ist die *Erfüllbarkeit* (dazu § 271 II BGB). Fälligkeit und Erfüllbarkeit sind auch für die Aufrechnung von Bedeutung (§ 387 BGB). So kann ein Schuldner nur aufrechnen, wenn seine Schuld (die Forderung, gegen die er aufrechnen will) erfüllbar ist und seine eigene Forderung (mit der er aufrechnen will) fällig ist.

II. Erlöschen des Anspruchs

Der Anspruch des V könnte jedoch untergegangen sein.

1. Rücktritt nach §§ 346 I, 323 I BGB

In Betracht kommt vorliegend ein Rücktritt des K nach §§ 346 I, 323 I BGB, der den Untergang des Kaufpreisanspruchs begründen könnte.

a) Rücktrittserklärung, § 349 BGB

Am 16.7. hat K seinen Rücktritt iSd § 349 BGB erklärt.

Der Rücktritt vom Vertrag löst das Schuldverhältnis nicht auf »als wäre es nie begründet worden«, sondern wandelt es nach heute hM inhaltlich in ein *Rückgewährschuldverhältnis* oder *Abwicklungsverhältnis* um.[1]
Mit der Entstehung des Abwicklungsverhältnisses entstehen die Rückgewährpflichten nach § 346 BGB. Soweit Leistungen noch nicht erbracht sind, entfallen sie. Der Rücktritt wirkt *ex nunc*; bis zur Rücktrittserklärung entstandene *Schadensersatzansprüche* wegen Schutzpflichtverletzungen oder Verletzungen von primären Leistungspflichten und leistungsbezogenen Nebenpflichten bleiben nach dem Rücktritt bestehen (etwa der Anspruch auf Ersatz des Verzögerungsschadens nach §§ 280 I, II, 286 BGB).

b) Rücktrittsgrund, § 323 I BGB

Als Rücktrittsgrund kommt § 323 I BGB in Betracht. Dazu müsste V trotz fälligem und durchsetzbarem Anspruch entweder nicht oder nicht vertragsgemäß geleistet haben. Vorliegend sind zwei Umstände gegeben, an die ein Rücktritt anknüpfen könnte.

aa) 15.6.

Da V am 15.6. nicht die Yacht an K übergeben hat, könnte dieser Umstand ein Rücktrittsrecht begründen.

(1) Gegenseitiger Vertrag

In Form eines Kaufvertrages iSd § 433 BGB liegt ein gegenseitiger Vertrag zwischen K und V vor.

(2) Fälliger und einredefreier Leistungsanspruch

Zudem müsste der Anspruch des K (auf Übergabe und Übereignung nach § 433 I 1 BGB) fällig und einredefrei sein.

Der Anspruch des K gegen V auf Lieferung der Yacht war laut Vereinbarung der Vertragsparteien am 15.6. fällig. Die Aufforderung des V, die Yacht bis zum 1.7. abzunehmen und zu bezahlen, hat nicht die Bedeutung einer Änderung des Fälligkeits-

1 BGH NJW 1984, 42; 1990, 2068; vgl. *Larenz* SchuldR I § 26a.

termins, etwa im Sinne eines Stundungsangebots. V war darüber hinaus am 15.6. nicht zur Leistung verpflichtet, wenn ihm zu diesem Zeitpunkt ein *Leistungsverweigerungsrecht nach § 320 I BGB* zustand.

> Zwar gewährt § 320 I BGB dem Schuldner nur ein Recht, die Leistung zu verweigern (Einrede). Gleichwohl nimmt die hM an, schon das bloße *Bestehen dieser Einrede schließe den Rücktritt nach § 323 I BGB wie auch den Verzugseintritt nach § 286 I BGB aus.*[2] In diesem Fall liege der erforderliche durchsetzbare Anspruch nicht vor. Der Sachgrund wird in der engen Verknüpfung von Leistung und Gegenleistung gesehen. Die Einzelheiten sind umstritten.
> Es wird die Auffassung vertreten, dass sich der *Schuldner zumindest im Prozess auf sein Leistungsverweigerungsrecht berufen müsse*, da der Richter es anderenfalls nicht berücksichtigen dürfe.[3] Andere meinen, die Geltendmachung sei auch im Prozess *nicht erforderlich*, um den Verzug auszuschließen. Es sei vielmehr Sache des Gläubigers, die Verzugsvoraussetzungen darzutun, und zu diesen gehöre auch, dass er seine Gegenleistung angeboten habe oder doch bereit und imstande gewesen sei, sie zu erbringen.[4] Gegen letztere Auffassung spricht neben dem Wortlaut auch die Entstehungsgeschichte des Gesetzes. Die Einredekonstruktion wurde gewählt, um dem Kläger zu ersparen, im Prozess die eigene Erfüllung behaupten zu müssen.[5]

V war am 15.6. seinerseits zur Leistung bereit. Er war auch nicht vorleistungspflichtig. K dagegen hat seine Gegenleistung weder *tatsächlich angeboten*,[6] noch war er zur Leistung *bereit und imstande*.[7] Dem V stand deshalb das Leistungsverweigerungsrecht nach § 320 I BGB zu, sodass auch aus diesem Grund keine Leistungsverzögerung vorlag. Mithin liegt zwar ein fälliger, aber kein einredefreier Anspruch des K vor.

bb) 2.7.

Eine Nichtleistung iSd § 323 I BGB könnte aber eingetreten sein, als K dem V am 2.7. die Abnahme der Yacht und die Zahlung von 7.500 EUR anbot und V die Annahme der Zahlung gegen Lieferung des Bootes ablehnte. Problematisch ist vorliegend, ob K ein fälliger und vor allem einredefreier Leistungsanspruch zustand.

(1) § 320 BGB

Fraglich ist zunächst, ob § 320 BGB auch in dieser Konstellation vorliegt. Das Einrederecht des nichterfüllten Vertrags (§ 320 BGB), das das Vorliegen eines durchsetzbaren Anspruchs als Voraussetzung für den Verzug und das Rücktrittsrecht wegen Leistungsverzögerung hindert, endet, wenn der Gläubiger seine Gegenleistung anbietet und die andere Vertragspartei in *Annahmeverzug* setzt. Es ist jedoch fraglich, ob K die von ihm geschuldete Leistung in vollem Umfang angeboten hat. Denn K könnte seinerseits in Schuldnerverzug geraten sein und dem V nicht nur den verein-

2 Vgl. Staudinger/*Löwisch/Feldmann*, 2014, § 286 Rn. 25 ff.; MüKoBGB/*Ernst* § 286 Rn. 23 mwN; § 323 Rn. 47.
3 So etwa MüKoBGB/*Ernst* § 286 Rn. 28; Palandt/*Grüneberg* § 286 Rn. 10.
4 S. etwa *Larenz* SchuldR I § 23 Ic; *Medicus/Petersen* BürgerlR Rn. 220.
5 Motive zu dem Entwurf des BGB, Bd. II, 204; Protokolle des Entwurfs des BGB, Bd. III, 632 f.
6 Das ist nach heute hM erforderlich; vgl. etwa MüKoBGB/*Ernst* § 286 Rn. 24; BGH NJW 1992, 556 (558).
7 Das ist nach der älteren Auffassung ausreichend; s. RGZ 151, 305 (310).

barten Kaufpreis iHv 7.500 EUR, sondern nach §§ 280 I, II, 286 I BGB zusätzlich 1.500 EUR als Verzögerungsschaden schulden. Angeboten hat K nur 7.500 EUR.

Das die Einrede nach § 320 BGB vernichtende Angebot (ebenso wie das einen bereits eingetretenen Verzug beendende Angebot) muss *alle vertragsmäßigen Leistungen* umfassen. Der Schuldner ist zu Teilleistungen nicht berechtigt (§ 266 BGB), der Gläubiger braucht sie nicht anzunehmen.

Ob zu den geschuldeten Leistungen auch der Ersatz eines zwischenzeitlich entstandenen *Verzögerungsschadens* gehört, ist umstritten. Sieht man die Verpflichtungen zur Primärleistung (7.500 EUR) und zum Ersatz des Verzögerungsschadens (1.500 EUR) als einheitliche Schuld iSd § 266 BGB an,[8] dann muss V die angebotene Leistung nur annehmen, wenn ihm die Annahme des primär Geschuldeten zumutbar war (§ 242 BGB).[9] Dies ist bei einem Verhältnis von 7.500 EUR zu 1.500 EUR zweifelhaft.

Nach heute überwiegender Ansicht[10] werden *Primärleistung* und *Verzögerungsschaden* als zwei *eigenständige Forderungen* angesehen. Begründet wird die Trennung der zwei Ansprüche zum einen mit der systematischen Stellung der gesetzlichen Einzelansprüche. Schon nach §§ 289 S. 2, 367 I BGB ergebe sich, dass das Gesetz selbst von der Trennung einzelner Leistungen des Säumigen ausgehe.[11] Die Trennung beider Ansprüche ist auch deshalb sachgerecht, weil der Schuldner den Verzugsschaden regelmäßig nicht anbieten kann, da der Umfang des Verzugsschadens bis zur Erfüllung der Primärleistung offen und die Höhe des Verzugsschadens zwischen den Parteien in der Regel strittig ist.[12] Es ist eher dem Gläubiger zuzumuten, den Verzugsschaden einzuklagen, als von dem Schuldner zu verlangen, einen in seiner Höhe und unter Umständen auch dem Grunde nach umstrittenen Verzugsschaden zu ersetzen. Der Verzug endet mit dem Wegfall einer seiner Voraussetzungen, in der Regel mit dem Erbringen der Primärleistung beziehungsweise mit einem den Gläubigerverzug auslösenden Angebot.

Mit dem Zahlungsangebot des K in Höhe des Kaufpreises des Boots (7.500 EUR) wurde dem V nicht eine Teilleistung iSd § 266 BGB angeboten, sondern die Erfüllung der Primärleistung. K hat dem V die fällige Leistung tatsächlich, den Gläubigerverzug nach § 294 BGB auslösend, angeboten. Daher lagen die Voraussetzungen des Leistungsverweigerungsrechts des V nach § 320 BGB seit dem 2.7. nicht mehr vor. Da V die Übergabe des Bootes an K bis zur Bezahlung auch des Verzugsschadens verweigerte, lag eine (schuldhafte) Leistungsverzögerung vor.

Infolge der Fristsetzung war K nach fruchtlosem Fristablauf zum Rücktritt vom Vertrag berechtigt (§ 323 I BGB).

(2) § 273 I BGB

Jedoch könnte das Zurückbehaltungsrecht nach § 273 I BGB der Einredefreiheit entgegenstehen. Hiernach besteht ein Zurückbehaltungsrecht dann, wenn der Schuldner aus demselben rechtlichen Verhältnis, auf dem seine Verpflichtung beruht, einen fälligen Anspruch gegen den Gläubiger hat.

---

8 Wie Staudinger/*Löwisch/Feldmann*, 2014, § 286 Rn. 130.

9 S. dazu BAG BB 1975, 1578; vgl. auch Palandt/*Grüneberg* § 266 Rn. 8.

10 MüKoBGB/*Ernst* § 286 Rn. 96; Palandt/*Grüneberg* § 266 Rn. 4, § 286 Rn. 37 mwN.

11 *Scherner* JR 1971, 441 (443).

12 Dazu *Eisenhart* JuS 1970, 489 (491 f.).

(a) Gegenseitigkeit der Forderungen

Zunächst müssten gegenseitige Ansprüche vorliegen. Dies ist der Fall, wenn der zurückhaltende Schuldner zugleich Gläubiger des Gegenanspruchs ist.[13] Als solcher Anspruch kommt vorliegend ein Schadensersatzanspruch des V gegen K wegen Verzögerung der Leistung nach §§ 280 I, II, 286 I 1 BGB in Betracht.

Die Kaufpreisschuld des K bestand und war am 15.6. fällig. V war zu dieser Zeit bereit und in der Lage, die Yacht zu liefern. K hat am 15.6. nicht gezahlt. Einer Mahnung durch V bedurfte es nicht, da ein Termin nach dem Kalender bestimmt war (§ 286 II Nr. 1 BGB). K hat seine Nichtleistung zu vertreten (§ 286 IV BGB). Seine mangelnde Zahlungsfähigkeit befreit ihn nicht (Gedanke des *Beschaffungsrisikos* bei Geldschulden, § 276 I 1 BGB).[14]

K ist am 15.6. in Schuldnerverzug geraten. Nach §§ 280 I, II, 286 I 1 BGB hat K dem V den Verzögerungsschaden iHv 1.500 EUR zu ersetzen. Somit bestehen gegenseitige Forderungen.

(b) Fälligkeit und Durchsetzbarkeit des Gegenanspruchs

Der Schadensersatzanspruch des V gegen K ist zudem fällig und durchsetzbar.

(c) Konnexität

Die beiden sich gegenüberstehenden Forderungen müssten zudem auf demselben rechtlichen Verhältnis beruhen (sog. Konnexität). Dies ist der Fall, wenn ihnen ein innerlich zusammengehöriges, einheitliches Lebensverhältnis zugrunde liegt.[15] Dafür genügt ein natürlicher und wirtschaftlicher Zusammenhang, nach dem es gegen Treu und Glauben verstoßen würde, wenn der eine Anspruch ohne Rücksicht auf den anderen geltend gemacht werden könnte.[16]

Vorliegend geht es um einen Schadensersatzanspruch des V gegen K, der darauf beruht, dass K seiner Verpflichtung nach § 433 II BGB nicht nachgekommen ist. Es liegt daher ein natürliches und wirtschaftliches Verhältnis im Sinne der Konnexität vor.

(d) Kein Ausschluss

Ein Ausschluss des Zurückbehaltungsrechts, beispielsweise nach § 273 III BGB, ist nicht ersichtlich.

(e) Geltendmachung

Schließlich hat V die Übergabe der Yacht unter Verweis auf den zu zahlenden Verzögerungsschaden nicht durchgeführt, sodass er auch sein Zurückbehaltungsrecht geltend gemacht hat.

(f) Zwischenergebnis zu § 273 I BGB

Es liegen alle Voraussetzungen des Zurückbehaltungsrechts nach § 273 I BGB vor. Dem Übergabe- und Übereignungsanspruch des K nach § 433 I 1 BGB steht somit der Schadensersatzanspruch des V nach §§ 280 I, II, 286 I 1 BGB entgegen.

---

13 *Looschelders* SchuldR AT § 15 Rn. 3.
14 S. dazu Übersicht vor Fall 3 B. I. 3. d).
15 *Looschelders* SchuldR AT § 15 Rn. 4.
16 Jauernig/*Schulze* § 273 Rn. 9.

cc) Ergebnis zum Rücktrittsgrund
Ein Rücktrittsgrund iSd § 323 I BGB scheitert an der Einredefreiheit des Anspruchs.

c) Ergebnis zum Rücktritt
K stand kein Rücktrittsrecht zu, sodass der Zahlungsanspruch des V nicht gem. §§ 346 I, 323 I BGB untergegangen ist.

2. Erlöschen des Anspruchs nach § 326 I 1 BGB

Der Anspruch des V auf Zahlung des Kaufpreises könnte aber infolge der Zerstörung des Bootes nach § 326 I 1 BGB erloschen sein.

a) Unmöglichkeit iSd § 275 I BGB
Da die Yacht am 18.7. bei einem Sturm einen Totalschaden erlitten hat, ist V seine Leistung (Übergabe und Übereignung der Yacht) gem. § 275 I BGB unmöglich geworden.

b) Ausnahme von der Befreiung der Gegenleistung nach § 326 II 1 Alt. 2 BGB
Möglicherweise bleibt der Anspruch auf die Gegenleistung nach § 326 II 1 Alt. 2 BGB bestehen. Hiernach behält der Schuldner den Anspruch auf die Gegenleistung, wenn der Schuldner den Umstand, aufgrund dessen er nach § 275 Abs. 1–3 BGB nicht zu leisten braucht, nicht zu vertreten hat während des Gläubigerverzugs eingetreten ist.

aa) Annahmeverzug des K
Somit müsste sich K am 18.7. im Annahmeverzug nach §§ 293 ff. BGB befunden haben.

K könnte bereits am 15.6. in Verzug gekommen sein. Gemäß § 293 BGB tritt Annahmeverzug ein, wenn der Gläubiger die ihm angebotene Leistung nicht annimmt. Ein tatsächliches Angebot iSd § 294 BGB lag an diesem Tag nicht vor. Da jedoch zwischen V und K vereinbart wurde, dass die Übergabe und Zahlung am 15.6. erfolgen sollte, war ein Angebot nach § 296 S. 1 BGB entbehrlich.

Zwar führt K an, dass er vor dem 2.7. nicht leisten konnte, weil sein Schuldner, dem er sein Schiff verkauft habe, mit der Zahlung in Verzug geraten sei. Dies ist aber für das Vorliegen des Annahmeverzugs unerheblich.

K befand sich daher ab dem 15.6. im Annahmeverzug.

Wortlaut § 326 II 1 BGB

bb) Vertretenmüssen des V
Zudem dürfte V nun den zur Unmöglichkeit nach § 275 I BGB führenden Umstand nicht zu vertreten haben. Grundsätzlich ist iSd § 276 I 1 BGB Vorsatz und Fahrlässigkeit zu vertreten, sofern eine strengere/mildere Haftung weder bestimmt ist noch sich aus dem sonstigen Inhalt des Schuldverhältnisses ergibt.

Vorliegend ist eine leichte Fahrlässigkeit des V bei der Befestigung Ursache für den Totalschaden der Yacht gewesen. Daher könnte ein Vertretenmüssen nach § 276 I 1 BGB angenommen werden.

Jedoch ergibt sich vorliegend die Besonderheit, dass sich K zu der Zeit des Totalschadens im Annahmeverzug befand. Gemäß § 300 I BGB hat der Schuldner während des Verzugs des Gläubigers nur Vorsatz und grobe Fahrlässigkeit zu vertreten. Die dem V anzulastende leichte Fahrlässigkeit hat er daher nicht zu vertreten.

cc) Zwischenergebnis

Gemäß § 326 II 1 Alt. 2 BGB bleibt der Anspruch des V auf die Gegenleistung daher bestehen.

3. Ergebnis zum Untergang des Anspruchs

Der Anspruch des V gegen K gem. § 433 II BGB ist folglich nicht untergegangen.

III. Durchsetzbarkeit des Anspruchs

Da rechtshemmende Einreden nicht ersichtlich sind, ist der Anspruch auch durchsetzbar.

IV. Ergebnis

V hat gegen K einen Anspruch auf Zahlung der 7.500 EUR gem. § 433 II BGB.

B. Zahlungsanspruch des V gegen K iHv 1.500 EUR nach §§ 280 I, II, 286 I 1 BGB

Nach §§ 280 I, II, 286 I 1 BGB hat K dem V den Verzögerungsschaden iHv 1.500 EUR zu ersetzen.

C. Anspruch des V gegen K auf Zahlung von Zinsen nach § 288 I 1 BGB

Letztlich ist noch der Anspruch des V gegen K auf Zahlung von Zinsen nach § 288 I 1 BGB zu prüfen.

K war ab 15.6. mit der Zahlung des Kaufpreises iHv 7.500 EUR in Verzug. Seit dem 2.7. war K auch mit der Zahlung des Verzögerungsschadens in Verzug. Die hierfür nach § 286 I 1 BGB erforderliche Mahnung ist in der Zahlungsaufforderung vom 2.7. zu erblicken.

Der *Zinssatz* beträgt 5 Prozentpunkte über dem Basiszinssatz (§§ 288 I 2, 247 BGB). Höhere Zinsen könnte V nur als *weiteren Verzugsschaden* (verzugsbedingte Kreditaufnahme, entgangene Anlagezinsen, § 288 IV BGB) geltend machen.

V hat gegen K einen Anspruch nach § 288 I 1 BGB auf die Verzinsung von 7.500 EUR ab dem 15.6. sowie die Verzinsung von 1.500 EUR ab dem 2.7. bis zur Zahlung der Schuld.

D. Gesamtergebnis zu Fall 15

V hat gegen K einen Kaufpreiszahlungsanspruch iHv 7.500 EUR nach § 433 II BGB. Zudem kann er dem V gegenüber seinen Verzögerungsschaden iHv 1.500 EUR gem. §§ 280 I, II, 286 I 1 BGB geltend machen. Gemäß § 288 I 1 BGB hat er schließlich einen Anspruch auf Verzinsung der 7.500 EUR ab dem 15.6 sowie die Verzinsung der 1.500 EUR ab dem 2.7 bis zur Zahlung der Schuld.

Übersicht
Konkurrenz von Ansprüchen bei Leistungsstörung

Gliederung

A. Gesetzes- und Anspruchskonkurrenz

Im Recht der Leistungsstörungen werfen Fragen der Gesetzes- und Anspruchskonkurrenz eine Reihe von Abgrenzungsproblemen auf. Fragen der *Gesetzeskonkurrenz* ergeben sich bei der Abgrenzung der Anwendungsbereiche von Verzug, Unmöglichkeit und Mängelhaftung einerseits sowie der Schlechterfüllung und der *culpa in contrahendo* andererseits. Probleme der *Anspruchskonkurrenz* bestehen, wenn Ansprüche sowohl aus Vertrag oder vertragsähnlicher Haftung – wie der Schutzpflichtverletzung – als auch aus Delikt begründet sind.[1]

B. Die Mängelhaftung im System des Leistungsstörungsrechts

I. Die Regeln über die Mängelhaftung als Sonderregeln gegenüber den allgemeinen Leistungsstörungsregeln

Anders als nach altem Recht vor der Schuldrechtsreform gibt es *kein eigenständiges Gewährleistungsrecht* mehr.[2] Vielmehr ist die Mängelhaftung in das System der Leistungsstörungen integriert worden. Die Mängelfreiheit der Kaufsache oder des Werks beim Werkvertrag ist in die *Hauptleistungspflicht* des Verkäufers einbezogen (§ 433 I 2 BGB, § 633 I BGB). Die Verletzung dieser Pflicht durch Lieferung einer mängelbehafteten Sache oder die Herstellung eines mängelbehafteten Werks stellt eine Pflichtverletzung iSd § 280 I 1 BGB dar.

1 Zur Terminologie der Gesetzes- und Anspruchskonkurrenz s. Jauernig/*Mansel* § 241 Rn. 14.
2 Zum Leistungsstörungsrecht vor der Reform zusammenfassend s. *Looschelders* SchuldR AT § 20 Rn. 8 ff.

Gegenüber den allgemeinen Regeln des Leistungsstörungsrechts sind die §§ 434 ff., 633 ff. BGB jedoch *Sonderregeln*. Für *Schadensersatzansprüche* aufgrund der Sachmängelhaftung wird in §§ 437 Nr. 3 und 634 Nr. 4 BGB über *Rechtsgrundverweisungen* auf die Schadensersatznormen des allgemeinen Leistungsstörungsrechts (§§ 280, 281, 283, 311a II BGB) *zurückverwiesen*. Es bestehen aber weiterhin *Unterschiede* zwischen dem allgemeinen Leistungsstörungsrecht und dem Sachmängelhaftungsrecht. Insbesondere gelten unterschiedliche *Verjährungsregeln*, je nachdem, ob ein Schadensersatzanspruch nach § 437 Nr. 3 BGB in Verbindung mit der jeweiligen Norm des allgemeinen Leistungsstörungsrechts besteht oder unmittelbar nach allgemeinem Leistungsstörungsrecht. Sind die allgemeinen Schadensersatzregeln im Wege der sachmängelhaftungsrechtlichen Verweisung anwendbar, so bestimmt sich die Verjährung nicht nach §§ 195, 199 BGB, sondern nach § 438 I, II BGB. Außerdem gilt im Rahmen der Sachmängelhaftung hinsichtlich Rücktritt, Minderung und Schadensersatz *statt der Leistung* (§§ 280 I, III, 281, 283, 311a II BGB) der *Vorrang der Nacherfüllung*.[3]

Besondere *Vorschriften zur Mängelhaftung* gibt es etwa bei den folgenden Vertragstypen: Kauf (§§ 434 ff. BGB), Schenkung (§§ 523 f. BGB), Miete (§§ 536 ff. BGB),[4] Pacht (§ 581 II BGB), Landpacht (§ 586 II BGB), Leihe (§ 600 BGB), Werkvertrag (§§ 633 ff. BGB), Lieferungskaufvertrag (§ 650 S. 1, 2 BGB), Werklieferungsvertrag (§ 650 S. 3 BGB) und Pauschalreisevertrag (§§ 651i ff. BGB).[5] *Keine* Vorschriften über die Gewährleistung kennen das Recht des Dienst- und Arbeitsvertrags (§§ 611 ff. BGB), der Gesellschaft (§§ 705 ff. BGB, 105 ff., 161 ff. HGB), des Auftrags (§§ 662 ff. BGB) und der Verwahrung (§§ 688 ff. BGB).

II. Sachmängelhaftung und Erfüllungsanspruch

Ist die gelieferte Sache mangelhaft, so kann der Käufer sie als nicht vertragsgemäße Leistung *zurückweisen*, da die Mängelfreiheit zur Hauptleistungspflicht des Verkäufers gehört. Zur Teilleistung ist der Verkäufer nicht berechtigt, also namentlich nicht zur Leistung einer mängelbehafteten Sache als Teilerfüllung (vgl. § 266 BGB). Mit der Nichtannahme der Sache kommt der Käufer nicht in Gläubigerverzug.

C. Sachmängelhaftung und Unmöglichkeit

Für die Anwendbarkeit der Sonderregeln über die Sachmängelhaftung beim *Kaufvertrag* ist der Zeitpunkt des *Gefahrübergangs*, beim Rechtskauf der *Rechtsübertragung* maßgeblich.[6] Ist also die Sache *noch nicht* an den Käufer *übergeben* oder kommt es nicht zur Übergabe, weil der Käufer die Annahme der Sache wegen eines ihm bekannten Sachmangels ablehnt, sind die §§ 434 ff. BGB noch nicht anwendbar. Die Rechte des Käufers ergeben sich allein aus allgemeinem Leistungsstörungsrecht. Ist der Mangel der Kaufsache nicht behebbar, liegt also eine Unmöglichkeit der Leistung, die nach § 433 I 2 BGB die Mängelfreiheit umfasst, vor. Lag der Mangel *von Anfang*

3 BGH NJW 2006, 1195 (1196).
4 S. dazu *Fezer* SchuldR BT Fall 11.
5 S. dazu *Fezer* SchuldR BT Übersicht vor Fall 17 und Fall 17.
6 Palandt/*Weidenkaff* § 437 Rn. 49; Jauernig/*Berger* § 437 Rn. 28 ff.

an vor, sind allein §§ 275, 311a BGB einschlägig. Tritt der *unbehebbare* Mangel erst *nach Vertragsschluss* und vor Gefahrübergang ein, wird der Verkäufer nach § 275 I BGB von seiner Leistungspflicht frei und haftet allein nach §§ 280 I, III, 283 BGB. Für den Gegenleistungsanspruch gilt § 326 BGB.

Nach Gefahrübergang ist dagegen § 437 BGB anwendbar; der Käufer hat wegen der Unmöglichkeit der Nacherfüllung die Möglichkeit des Rücktritts oder der Minderung und der Geltendmachung eines Schadensersatzanspruchs nach §§ 280, 281, 283, 311a BGB, jeweils über § 437 Nr. 3 BGB.

Beim *Werkvertrag* kommt es für die Abgrenzung zwischen den über das Werkmängelhaftungsrecht gegebenen Rechten des Bestellers und den Rechten allein nach allgemeinem Leistungsstörungsrecht ebenfalls regelmäßig auf den Zeitpunkt des *Gefahrübergangs*, also der *Abnahme* (§ 640 BGB) an.[7]

D. Sachmängelhaftung und *culpa in contrahendo* (§§ 280 I, 311 II, 241 II BGB)

Die Mängelhaftung hat *Vorrang* vor dem Anspruch aus *culpa in contrahendo* (§§ 280 I, 311 II, 241 II BGB).[8] Voraussetzung ist, dass die Mängelhaftungsregeln Anwendung finden. Hierfür ist auf den Zeitpunkt des Gefahrübergangs abzustellen.

Das ist vor allem deshalb von Bedeutung, weil Ansprüche aus *culpa in contrahendo* abweichend von § 439 BGB nach den allgemeinen Verjährungsregeln behandelt werden und weil nach Sachmängelhaftungsrecht der Anspruch des Käufers bei grob fahrlässiger Unkenntnis des Mangels stark eingeschränkt ist (vgl. § 442 I 2 BGB). Außerdem darf das Mängelhaftungsrecht mit dem Vorrang der Nacherfüllung nicht dadurch umgangen werden, dass über einen Anspruch aus *culpa in contrahendo* der Vertrag trotz Behebbarkeit des Mangels aufgehoben wird.[9]

Für die Abgrenzung ist darauf abzustellen, ob sich eine schuldhafte Verletzung vorvertraglicher Nebenpflichten, namentlich von Aufklärungspflichten, auf einen Umstand bezieht, der *Gegenstand einer Beschaffenheitsvereinbarung* nach § 434 I 1 BGB sein kann.[10]

> **Beispiel**: Kann beim Unternehmenskauf die Schuldenfreiheit des Unternehmens Gegenstand einer Vereinbarung über die Beschaffenheit des Unternehmens sein, so kommt eine Haftung des Verkäufers wegen fahrlässig fehlerhafter Darstellung in der Bilanz nach §§ 280 I, 311 II BGB nicht in Betracht.[11]

Umstritten ist auch das Verhältnis von cic zur Anfechtung wegen *arglistiger Täuschung* (§ 123 BGB).[12] Wenn Arglist nicht vorliegt, stellt sich das Problem, ob der durch bloß fahrlässig falsche Angaben zum Vertragsschluss veranlasste Käufer nach

7 Vgl. zu den Einzelheiten Palandt/*Sprau* Vorbem. v. § 634 Rn. 4 ff.
8 Zur Konkurrenz von Sachmängelhaftung und *culpa in contrahendo* vgl. Fall 16 A. IV. 1.
9 *Looschelders* SchuldR BT Rn. 178 f.; *Lorenz/Riehm* Neues SchuldR Rn. 576.
10 *Lorenz/Riehm* Neues SchuldR Rn. 577; Palandt/*Weidenkaff* § 437 Rn. 51a; vgl. auch *Huber/Faust* SchuldRMod XIV Rn 26; Staudinger/*Matusche-Beckmann*, 2014, § 437 Rn. 73 ff.
11 Vgl. zur Sachmängelhaftung beim Unternehmenskauf HMRSW/*Haas* SchuldR V Rn. 547 ff.
12 S. zum Streitstand Staudinger/*Matusche-Beckmann*, 2014, § 437 Rn. 45 ff.

§§ 280 I, 311 II BGB über § 249 BGB die Aufhebung des Vertrags verlangen kann. Die Rechtsprechung[13] gewährt die Vertragsaufhebung über den Schadensersatzanspruch aus cic; im Schrifttum werden teils Bedenken erhoben;[14] weithin wird diese Rechtsansicht abgelehnt.[15]

E. Sachmängelhaftung und zu vertretene Pflichtverletzung

Liegt die zu vertretene Verletzung einer vertraglichen Nebenpflicht vor, *ohne* dass die gelieferte Sache *mängelbehaftet* ist, dann ist allein § 280 I BGB anwendbar; eine Konkurrenz zur Mängelhaftung besteht nicht.

Anders ist dies, wenn der Schaden *aus dem Mangel der Kaufsache herrührt* und über das Interesse des Käufers an der Lieferung einer mangelfreien Sache hinausgeht. Hier ist das Mängelhaftungsrecht vorrangig.

Dieser *Mangelfolgeschaden*, also der Schaden, der infolge der Mangelhaftigkeit der Kaufsache an *anderen Rechtsgütern* des Käufers, wie Leben, Körper, Gesundheit oder Vermögen eintritt, ist in die Sachmängelgewährleistung einbezogen. § 437 Nr. 3 BGB verweist insoweit auf § 280 I BGB. Der Mangelfolgeschaden ist damit neben dem Mangelschaden im Wege des *Schadensersatzes wegen Pflichtverletzung* zu ersetzen. Da sich der Vorrang der Nacherfüllung nur auf den Schadensersatz *statt der Leistung* bezieht, es bei dem Mangelfolgeschaden aber nur um Schadensersatz *neben der Leistung* geht, muss der Käufer keine Frist zur Nacherfüllung setzen.[16]

F. Vertrag und Delikt

Schwierig und umstritten sind die Konkurrenzprobleme, die beim Zusammentreffen der Haftung aus einer Sonderverbindung – *pars pro toto* – mit der Schadenshaftung aus unerlaubter Handlung (§§ 823 ff. BGB) auftreten können.[17]

I. Grundsatz

Die Verletzung von Schuldnerpflichten aus Vertrag oder einer sonstigen Sonderverbindung kann zugleich einen Verstoß gegen die allgemeinen Rechtspflichten darstellen, die sich aus den Vorschriften über die unerlaubten Handlungen nach §§ 823 ff. BGB ergeben.[18]

---

13 BGH NJW 1998, 302.

14 Etwa von *Larenz* SchuldR I § 9 I 2.

15 *Medicus/Petersen* BürgerlR Rn. 150; *Esser/Schmidt* SchuldR AT II § 29 II 5a; zur cic bei arglistiger Täuschung oder Drohung nach Ablauf der Anfechtungsfrist s. BGH NJW 1979, 1983.

16 S. ausführlich zum Mangelfolgeschaden *Looschelders* SchuldR BT Rn. 133 f.; *Fezer* SchuldR BT Fall 16.

17 S. dazu *Medicus/Petersen* BürgerlR Rn. 639 f.; Staudinger/*Matusche-Beckmann*, 2014, § 437 Rn. 62 ff.

18 BGH NJW 1977, 379 – Schwimmschalterfall; NJW 1983, 810 – Gaszugfall.

Wird eine *von Anfang an mängelbehaftete* Sache geliefert, so liegt darin für sich gesehen noch *keine Eigentumsverletzung* hinsichtlich der Kaufsache (§ 823 I BGB). Denn der Käufer hat von Anfang an nur Eigentum an der mit dem Mangel behafteten Sache erworben. Die Rechtsprechung nimmt aber eine Eigentumsverletzung und damit eine deliktische Haftung an, wenn der ursprüngliche Mangel zunächst auf ein funktionell abgrenzbares Teil der Kaufsache beschränkt war, später jedoch zur Zerstörung der gesamten Sache geführt hat (»*weiterfressender Mangel*«).[19] Dieser – weitere – Mangelfolgeschaden wird als nicht »stoffgleich« mit dem ursprünglichen Mangelunwert angesehen.[20] *Beispiel*: Eine fehlerhaft gefertigte Schraube, die im Motor eines PKW eingebaut ist, führt nach einiger Zeit der Nutzung zu einem Motorschaden.

Der Schädiger haftet sowohl aus dem *Haftungsgrund des Vertrags* als auch aus dem *Haftungsgrund des Delikts*. Die jeweiligen Haftungsvoraussetzungen sind gesondert zu prüfen. So darf etwa § 278 BGB auch beim Zusammentreffen vertraglicher und deliktischer Haftung nicht auf die Deliktshaftung angewendet werden. Sind die Voraussetzungen einer Haftung aus Vertrag und aus Delikt erfüllt, dann liegt nach eingebürgerter Terminologie *Anspruchskonkurrenz* vor.[21]

Das wechselseitig unbeeinflusste Nebeneinander der Ansprüche (Anspruchsnormen) aus dem Bereich der Sonderverbindungen und des Delikts wirft eine Reihe von *Problemen* auf. Zum einen kann das Vertragsrecht die Sorgfaltspflichten gegenüber dem allgemeinen *Sorgfaltsmaßstab* im Deliktsrecht ermäßigen. Zum anderen kann der *Umfang der Schadenshaftung* zwischen Vertrag und Delikt verschieden sein. Ferner bestehen *abweichende Verjährungsfristen*.

II. Haftungsmaßstab

1. Grundsatz

Den Haftungsmaßstab bestimmt § 276 BGB allgemein für die Vertrags- und Deliktshaftung. Der Schuldner haftet regelmäßig für Vorsatz und Fahrlässigkeit (§ 276 I 1 BGB). Fahrlässig handelt der Schuldner, wenn er die im Verkehr erforderliche Sorgfalt außer Acht lässt (§ 276 II BGB). Im Handelsrechtsverkehr gilt die Sorgfalt eines ordentlichen Kaufmanns (§ 347 HGB).

2. Vertragstypische Haftungsmilderungen

Bei verschiedenen Vertragstypen und sonstigen Sonderverbindungen werden hinsichtlich der Sorgfaltspflicht des Schuldners unterschiedliche Arten einer *Haftungsmilderung* als Abweichungen vom allgemeinen Haftungsmaßstab iSd § 276 I 1 Hs. 2 BGB *normiert*.

---

19 Vgl. BGH NJW 1977, 379 – Schwimmschalterfall; *Brox/Walker* SchuldR BT § 4 Rn. 142; *Medicus/Petersen* BürgerlR Rn. 650b; krit. unter der Geltung des neuen Rechts *Foerste* ZRP 2001, 342; Jauernig/*Berger* § 437 Rn. 35.

20 BGH NJW 1977, 379 – Schwimmschalterfall; NJW 1983, 810 – Gaszugfall; NJW 1992, 1225 – Kondensatorfall; NJW 1998, 1942 – Transistoren.

21 Dazu *Larenz/Canaris* SchuldR II/2 § 83 VI 1, der treffend von Anspruchsnormenkonkurrenz oder Konkurrenz von Anspruchsgrundlagen spricht.

a) Vorsatz und grobe Fahrlässigkeit

Nur für Vorsatz und grobe Fahrlässigkeit wird etwa nach § 521 (Schenker), § 599 (Verleiher), § 680 (Gefahrenabwehr bei der Geschäftsführung ohne Auftrag), § 300 I (Schuldner im Annahmeverzug des Gläubigers) und § 968 (Finder) BGB gehaftet.

b) Diligentia quam in suis (§ 277 BGB)[22]

Nur für Vorsatz, grobe Fahrlässigkeit und eigenübliche Sorgfalt (*diligentia quam in suis rebus adhibere solet*, § 277 BGB) wird nach § 690 (unentgeltlicher Verwahrer), § 708 (Gesellschafter untereinander), § 1359 (Ehegatten untereinander), § 1664 I (Eltern gegenüber dem Kind) und § 2131 (Vorerbe) BGB gehaftet.

c) Vorsatz und Teilnahme am allgemeinen Straßenverkehr

Nur für Vorsatz und für die Herbeiführung eines Versicherungsfalls im Rahmen der gesetzlichen Unfallversicherung auf einem nach § 8 II Nr. 1–4 SGB VII versicherten Weg haftet der Unternehmer seinen Arbeitnehmern für Personenschäden (§ 104 I 1 SGB VII). Entsprechendes gilt für andere Personen, die durch eine betriebliche Tätigkeit einen Versicherungsfall von Versicherten desselben Betriebs verursachen (§ 105 I 1 SGB VII, vgl. auch § 106 SGB VII).

Daneben besteht nach § 276 I 1 Hs. 2 BGB die Möglichkeit, dass sich eine entsprechende Abweichung des Regelhaftungsmaßstabs aus dem sonstigen Inhalt des Schuldverhältnisses ergibt.

Hierunter fällt namentlich die richterrechtlich anerkannte Beschränkung der Haftung des Arbeitnehmers gegenüber dem Arbeitgeber bei *betrieblicher Tätigkeit*.[23]

Die gesetzlichen Haftungsmilderungen des Vertragsrechts und der sonstigen Sonderverbindungen gelten auch im Deliktsrecht, wenn die Pflichtverletzung des Schuldners zugleich eine unerlaubte Handlung darstellt. Denn das sonderrechtliche Privileg, nur ermäßigte Anforderungen an die Sorgfaltspflicht erfüllen zu müssen, liefe weithin leer, wenn der Schuldner die Gefährdung von deliktisch geschützten Rechten und Rechtsgütern haftungsverschärfend in Betracht ziehen müsste. Die Notwendigkeit einer Erstreckung des sonderrechtlichen Haftungsmaßstabs auf die Deliktshaftung folgt in den beiden ersten Fallgruppen aus der Natur der Gefälligkeitsbeziehung oder des personenrechtlichen Einschlags der Sonderverbindung (»Man muss den Partner nehmen wie er ist.«[24]), weshalb eine *Beschränkung auf die vertragstypischen Risiken* gerechtfertigt ist;[25] in der dritten Fallgruppe folgt die Erstreckung der Haftungsbeschränkung auf das Deliktsrecht aus dem Gesetzeszweck.

Die in den Vorschriften der §§ 708, 1359 BGB und § 1664 BGB normierten Haftungsmilderungen wendet die Rechtsprechung im *Straßenverkehr* nicht an, weil dieser für individuelle Sorglosigkeit keinen Raum lasse.[26] Richtig ist, dass die Ermäßi-

22 Vertiefend hierzu *Iden* JURA 2013, 460.

23 Vgl. BAGE 78, 56 (60) = NJW 1995, 210; BGH NJW 1994, 856; dazu *Brox/Walker* SchuldR AT § 20 Rn. 21 f.; *Walker* JuS 2002, 736 ff.

24 RGZ 143, 212 (215); BGH NJW 1974, 1189 (1190).

25 S. nur *Medicus/Petersen* BürgerlR Rn. 640; dazu BGH NJW 1967, 558 (§ 708 BGB); NJW 1972, 475 (§ 680 BGB).

26 BGH NJW 1973, 1652; 1974, 2124 s. dazu *Dieckmann* FS Reinhardt, 1972, 51 ff.; MüKoBGB/*Schäfer* § 708 Rn. 12–15; *Larenz* FS Westermann, 1974, 299 ff.; *Medicus/Petersen* BürgerlR Rn. 930.

gung der Sorgfaltspflicht im Verhältnis zum Mitgesellschafter oder Ehegatten der Dritten gegenüber bestehenden, allgemeinen Sorgfaltspflicht (§ 276 BGB, § 1 StVO) weichen muss. Die Sorgfalt kann *in concreto* nur einen Maßstab haben. Das schließt aber nicht aus, dass der durch die Haftungsmilderung Begünstigte trotz der Sorgfaltspflichtverletzung dem Vertragspartner, Mitgesellschafter oder Ehegatten für die leichtere Schuld nicht haftet, weil er diese leichtere Sorgfaltspflichtverletzung ihm gegenüber nicht zu vertreten hat.[27]

Eine andere Frage ist die nach der Reichweite der haftungsmildernden Vorschriften. Sie ist im Wege der Auslegung zu ermitteln. Die privilegierten Handlungen müssen sich jeweils auf die *typischen Risiken des Rechtsverhältnisses* beziehen.[28]

III. Haftungsumfang

Wenn der Umfang der Vertragshaftung gesetzlich begrenzt wird (etwa §§ 431, 660 HGB), dann wird diese *Haftungsbegrenzung nicht auf das Deliktsrecht* erstreckt.[29]

IV. Verjährungsfristen

Gegenüber dem Rechtszustand vor der Schuldrechtsreform haben sich die mängelhaftungsrechtlichen Verjährungsfristen und die allgemeinen sowie deliktischen Verjährungsfristen erheblich angenähert. Dennoch bleiben Unterschiede.

Die *kürzeren Verjährungsfristen* für vertragliche Haftungsansprüche werden von der Rechtsprechung grundsätzlich auf zugleich vorliegende *Deliktsansprüche erstreckt*.[30] Dagegen hat die Rechtsprechung[31] beim *Werkvertrag* den Deliktsanspruch von § 638 BGB aF (§ 634a BGB nF) unberührt gelassen und insoweit die deliktische Verjährung (§ 852 BGB aF; §§ 195, 199 I, III Nr. 1 BGB nF) angewendet; denn anders als in den Fällen, in denen neben den vertraglichen Ersatzansprüchen regelmäßig auch Deliktsansprüche bestünden (§§ 548, 606 BGB), sei das bei Werkmängeln nicht der Fall.[32] Aus ähnlichen Gründen ist beim *Kauf* die Verjährung deliktischer Ansprüche nach überwiegender Meinung von der § 438 BGB unterstellten Verjährung eines parallelen Anspruchs nach §§ 437 Nr. 3, 280 I BGB wegen eines Mangelfolgeschadens nicht berührt.[33]

V. Vereinbarter Haftungsmaßstab

Vertraglich vereinbarte Haftungsmilderungen jeder Art sind in der Regel auf konkurrierende Deliktsansprüche zu erstrecken. Maßgebend ist jedoch stets die *Auslegung* der Vereinbarung.

27 S. richtig *Medicus/Petersen* BürgerlR Rn. 930.
28 Zu den Abgrenzungsmöglichkeiten und -kriterien vgl. etwa *Gerhardt* JuS 1970, 597 (599 ff.).
29 BGH NJW 1955, 1314; 1960, 1201 (1203 f.); krit. dazu *Helm* Schäden an Frachtgütern 286 (288).
30 Zu §§ 558 aF (§ 548 nF), 606, 1057 BGB; vgl. die Nachw. bei Soergel/*Spickhoff* Vorbem. § 823 Rn. 78; ferner BGH NJW 1970, 1736; *Medicus/Petersen* BürgerlR Rn. 640, hält die Erstreckung der kurzen Verjährungsfristen der §§ 548, 606 BGB auf den Deliktsanspruch für unbillig, da dem Deliktstäter nicht der Umstand zugutekommen solle, dass er auch noch aus Vertrag hafte.
31 BGH NJW 1971, 1131 (1132 f.); 1976, 1505 vor der Schuldrechtsreform.
32 S. auch BGH NJW 1953, 1180 (1181 f.).
33 BGH NJW 1976, 1505 zu § 477 BGB aF; vgl. auch Palandt/*Weidenkaff* § 438 Rn. 3.

16. Fall Sachverhalt

Galerist G organisiert und betreut in seiner Galerie eine Ausstellung von Werken mehrerer Künstler, darunter Grafiken und Plastiken des Malers M. Die Künstler stellen dem G die Kunstwerke für den Zeitraum der Ausstellung, deren Durchführung Sache des G ist, unentgeltlich zur Verfügung. Dem G ist gestattet, die ausgestellten Werke im Namen des jeweiligen Künstlers zu veräußern. G erhält für jedes verkaufte Werk von dem entsprechenden Künstler eine Provision. Die Ausstellung ist öffentlich und kostet keinen Eintritt. B ist Besucher der Ausstellung und zeigt sich am Erwerb verschiedener Werke interessiert.

Auf der Ausstellung erwirbt B die Grafik »Roter Stern« des M für 300 EUR. Die Grafik ist handsigniert und nummeriert. Aus der Nummerierung ergibt sich, dass die Grafik in einer begrenzten Auflage von 100 Exemplaren erschienen ist. Der Angestellte A des G, der den B berät, verschweigt dem B, dass neben der 100er Auflage eine weitere, für das Ausland bestimmte Auflage von 150 Exemplaren von M hergestellt und vertrieben wurde. Die Zweitauflage mindert den Marktwert der Grafik um ein Drittel. B hätte die Grafik nicht erworben, wenn er von der Existenz der Auslandsedition gewusst hätte. Er hätte sich dann für die Grafik »Weißer Stern« des M für 300 EUR entschieden, die nur in einer Auflage von 100 Stück erschienen ist. Als B einige Zeit später den wahren Sachverhalt erfährt, ist der Marktwert der Grafiken des M wegen einer Preisverleihung an den Künstler sprunghaft um die Hälfte gestiegen.

Wie ist die Rechtslage?

Bearbeitervermerk: § 263 I StGB ist nicht zu prüfen.

16. Fall Lösung

Schwerpunkte

- *Culpa in contrahendo*
- Sachmängelhaftung beim Kauf
- Vorteilsausgleich

Gliederung

A. Ansprüche des B gegen M
I. Ansprüche des B gegen M auf Rückzahlung des Kaufpreises
1. Anspruch nach §§ 437 Nr. 2, 346 I, 326 V, 323 I BGB
a) Kaufvertrag
b) Sachmangel
c) Bei Gefahrübergang
d) Kein Ausschluss der §§ 437 ff. BGB
e) Ergebnis
2. Anspruch aus ungerechtfertigter Bereicherung gem. § 812 I 1 Alt. 1 BGB
a) Konkurrenzen
b) Etwas erlangt
c) Leistung
d) Ohne Rechtsgrund
aa) Anfechtungsgrund
bb) Anfechtungsausschluss
cc) Anfechtungsfrist und Anfechtungserklärung
e) Ergebnis
II. Anspruch auf Erstattung von 100 EUR aus Minderung des Kaufpreises nach §§ 437 Nr. 2, 441 I, IV 1, 346 I BGB
III. Anspruch Schadensersatz statt der Leistung nach §§ 437 Nr. 3, 311a II BGB
1. Anfängliches Leistungshindernis
2. Vertretenmüssen des M
3. Großer und kleiner Schadensersatz
4. Vorteilsausgleich
5. Ergebnis
IV. Schadensersatzanspruch nach §§ 280 I, 311 II, 241 II BGB (*culpa in contrahendo*)
1. *Culpa in contrahendo* und Gewährleistungsrecht
2. Ergebnis
V. Ansprüche auf Schadensersatz aus Delikt
1. Rechtsgutsverletzung (§ 823 I BGB)
2. Schutzgesetzverstoß (§ 823 II BGB iVm § 263 I StGB)
3. Haftung für Verrichtungsgehilfen (§ 831 I 1 BGB)
4. Sittenwidrige vorsätzliche Schädigung (§ 826 BGB)
B. Ansprüche des B gegen G
I. Anspruch auf Schadensersatz nach §§ 280 I, 311 II, III, 241 II BGB
1. Eigenhaftung des Vertreters
2. Schadensumfang
3. Ergebnis
II. Anspruch des B gegen G auf Schadensersatz nach § 823 II BGB iVm § 263 I StGB
C. Ansprüche des B gegen A
D. Ansprüche des M gegen G

A. Ansprüche des B gegen M

I. Ansprüche des B gegen M auf Rückzahlung des Kaufpreises

1. Anspruch nach §§ 437 Nr. 2, 346 I, 326 V, 323 I BGB

B könnte gegen M einen Anspruch auf Rückzahlung des Kaufpreises gegen Rückgabe der Grafik »Roter Stern« nach §§ 437 Nr. 2, 346 I, 326 V, 323 I BGB haben.

a) Kaufvertrag

Zwischen B und M müsste ein Kaufvertrag zustande gekommen sein. G war es gestattet, die ausgestellten Werke im Namen des jeweiligen Künstlers zu veräußern. Er war daher Vertragsabschlussvertreter für M und konnte mit Wirkung für ihn Erklärungen gem. § 164 I 1 BGB abgeben. Ob der den B beratende A eine Vollmacht des M hatte, ist zweifelhaft; jedenfalls hatte er als Verhandlungsgehilfe eine Untervollmacht von G. Im Ergebnis macht es keinen Unterschied, ob man eine Vollmacht oder Untervollmacht des A annimmt,[1] da die Rechtsfolgen des Vertreterhandelns in beiden Fällen M treffen. Zwischen B und M kam es daher zu einem wirksamen Kaufvertragsabschluss.

b) Sachmangel

Die heimliche Zweitauflage könnte einen *Sachmangel* iSd § 434 I BGB darstellen.[2] Ein Sachmangel liegt vor, wenn die Istbeschaffenheit der Sache bei Gefahrübergang von der Sollbeschaffenheit der Sache abweicht.

> Wann eine solche Abweichung der Ist- von der Sollbeschaffenheit vorliegt, hängt nach der Systematik des § 434 I BGB von drei Faktoren ab, die sich zunächst am *subjektiven* und subsidiär am *objektiven Fehlerbegriff* orientieren.
> Vorrangig ist die *Vereinbarung einer Beschaffenheit* nach § 434 I 1 BGB. Eine solche Vereinbarung kann ausdrücklich oder konkludent erfolgen und muss Vertragsinhalt geworden sein.
> Nur wenn eine Beschaffenheitsvereinbarung nicht vorliegt, kommt es auf die *Eignung* der Kaufsache zur *nach dem Vertrag vorausgesetzten Verwendung* an (§ 434 I 2 Nr. 1 BGB). Auch dies ist Ausprägung eines *subjektiven Fehlerbegriffs*. Dabei kommt es nicht auf die der Kaufsache anhaftenden Merkmale an, sondern darauf, welcher Funktion sie dient.[3] Wesentlich ist, unter welcher Bezeichnung, aber auch zu welchem besonderen Zweck die Sache verkauft worden ist. Entscheidend ist somit der Vertragsinhalt. Allerdings muss der Verwendungszweck selbst nicht zum Vertragsinhalt geworden sein. Es genügt bereits, wenn der Verkäufer den vom Käufer verfolgten Zweck des Kaufs zur Kenntnis nimmt und ihm ausdrücklich oder konkludent, etwa durch Nichtwidersprechen, zustimmt.[4]
> Ist auch keine Vereinbarung der Parteien über die Verwendung der Kaufsache festzustellen, kommt es schließlich *subsidiär* auf die *gewöhnliche Verwendung und die für Sachen der gleichen Art übliche und vom Käufer zu erwartende Beschaffenheit* nach § 434 I 2 Nr. 2 BGB an. Dies ist Ausprägung des *objektiven Fehlerbegriffs*.

Durch die Angabe der Auflagenhöhe könnte eine *Beschaffenheitsvereinbarung* nach § 434 I 1 BGB gegeben sein. An das Vorliegen einer Beschaffenheitsvereinbarung sind strenge Anforderungen zu stellen. Es ist dafür erforderlich, »*dass der Verkäufer in vertragsgemäß bindender Weise die Gewähr für das Vorhandensein einer Eigenschaft der Kaufsache übernimmt und damit seine Bereitschaft zu erkennen gibt, für alle Folgen des Fehlens dieser Eigenschaft einzustehen.*«[5] Nur in einem *eindeutigen Fall* – niemals »im Zweifel« – kann diese angenommen werden.[6]

Der *Begriff der Beschaffenheit* umfasst einerseits Eigenschaften der Kaufsache, die auf ihrer physischen Beschaffenheit beruhen etwa Material, Qualität, Leistung oder Zustand (*Qualitätsmängel*); andererseits umfasst er Faktoren, die auf den eigen-

1 *Wolf/Neuner* BGB AT § 50 Rn. 35.
2 Zu den verschiedenen Sachmängelarten sowie zur Sachmängelhaftung s. *Grigoleit/Herresthal* JZ 2003, 118 ff.
3 Jauernig/*Berger* § 434 Rn. 13.
4 Palandt/*Weidenkaff* § 434 Rn. 22.
5 BGH NJW 2017, 2817 (2818).
6 BGH NJW 2016, 3015 (3018).

schaftsbedingten Beziehungen der Kaufsache zu ihrer Umwelt beruhen und nach der Verkehrsauffassung den Wert oder die Tauglichkeit der Sache beeinflussen (*Umstandsmängel*).[7]

Die Zweitauflage, die zu einer höheren Gesamtauflage führt, haftet der Grafik als Eigenschaft dauerhaft wertmindernd an. Sinn einer Nummerierung ist gerade die Zusicherung einer Auflagenbegrenzung des Kunstwerks. Die Auflagenhöhe ist ein wesentlicher wertbildender Faktor für ein Kunstwerk. Daneben ist sie auch tauglichkeitsbeeinflussend, wenn man von der Verwendung einer Grafik als Sammlerobjekt ausgeht. Damit liegt zumindest eine *konkludente Beschaffenheitsvereinbarung* nach § 434 I 1 BGB vor. Von dieser weicht die Beschaffenheit der Kaufsache ab, sodass ein Sachmangel nach § 434 I 1 BGB gegeben ist.

c) Bei Gefahrübergang

Zudem lag der Sachmangel bereits bei Übergabe und somit bei Gefahrübergang iSd § 446 S. 1 vor.

d) Kein Ausschluss der §§ 437 ff. BGB

Schließlich dürften die Mängelrechte gem. §§ 437 ff. BGB nicht ausgeschlossen sein. Ein Ausschluss kommt unter anderem nach § 442 I 1 BGB in Betracht, wenn der Käufer bei Vertragsschluss den Mangel kannte. B kannte die Zweitauflage des Bildes nicht. Zudem ist nach § 442 S. 2 BGB ein Ausschluss gegeben, wenn der Mangel infolge grober Fahrlässigkeit unbekannt blieb, sofern keine Arglist des Verkäufers oder eine Garantie für die Beschaffenheit vorliegt. Dafür, dass B die im Verkehr erforderliche Sorgfalt in besonders hohem Maße außer Acht gelassen und somit grob fahrlässig gehandelt hätte, fehlen Anhaltspunkte im Sachverhalt. Somit sind die Rechte des B auch nicht gem. § 442 I BGB ausgeschlossen.

e) Ergebnis

Dem B stehen die Rechte nach § 437 BGB zu. Vorrangig ist die Nacherfüllung nach § 437 Nr. 1 BGB. Hier ist eine *Nacherfüllung* iSd § 439 BGB aber *weder in Gestalt der Nachlieferung noch der Nachbesserung möglich*. B kann deshalb nach §§ 326 V, 323 I BGB ohne Fristsetzung vom Kaufvertrag zurücktreten. Es entsteht ein Rückabwicklungsschuldverhältnis nach § 346 I BGB, wobei die Rückzahlung des Kaufpreises nur Zug-um-Zug gegen Rückgabe der Grafik verlangt werden kann (§§ 348, 320 I 1 BGB).

2. Anspruch aus ungerechtfertigter Bereicherung gem. § 812 I 1 Alt. 1 BGB

B könnte gegen M einen Anspruch auf Rückzahlung des Kaufpreises gegen Rückgabe der Grafik nach § 812 I 1 Alt. 1 BGB (Leistungskondiktion) für den Fall haben, dass er den Kaufvertrag wirksam anficht (§ 142 I BGB) und dieser als Rechtsgrund entfällt.

a) Konkurrenzen

Fraglich ist aber, ob ein Bereicherungsanspruch aufgrund einer Anfechtung überhaupt neben der Sachmängelhaftung gegeben sein kann. Da Sachmängelansprüche in

7 Vgl. *Jacoby/v. Hinden* § 434 Rn. 3; Jauernig/*Berger* § 434 Rn. 6 f.; BeckOK BGB/*Faust*, 48. Ed. 1.11.2018, § 434 Rn. 22 f.

kürzerer Zeit verjähren (§ 438 BGB) als Ansprüche, die der regelmäßigen dreijährigen Verjährung unterliegen (§§ 195, 199 BGB), ist die Versuchung groß, das Gewährleistungsrecht durch andere Rechtsbehelfe zu ersetzen. Doch ist das wegen der Spezialität der §§ 434 ff. BGB nur in sehr engen Grenzen zulässig. So gehen jedenfalls *nach dem Gefahrübergang* die §§ 434 ff. BGB der Anfechtung wegen Irrtums über eine wesentliche Sacheigenschaft (§ 119 II BGB) vor.[8] Alles andere würde auch den Vorrang der Nacherfüllung im Kaufrecht unterlaufen.

Richtigerweise muss der Ausschluss der Anfechtungsmöglichkeit wegen Irrtums über eine verkehrswesentliche Eigenschaft nach § 119 II BGB auch schon vor Gefahrübergang ausgeschlossen sein, weil dem Verkäufer durch die Anfechtung nicht das Recht zur Nacherfüllung genommen werden darf.[9]

Die anderen Anfechtungsmöglichkeiten nach § 119 I BGB oder nach §§ 120 und 123 BGB bleiben vom Gewährleistungsrecht unberührt.

b) Etwas erlangt

Zunächst müsste M etwas erlangt haben. Als erlangtes Etwas wird dabei jeder vermögenswerte Vorteil erfasst.[10] Vorliegend hat M entweder jedenfalls Besitz an den Geldscheinen oder aber einen Auszahlungsanspruch gegen die Bank (BGH: unregelmäßige Verwahrung gem. §§ 700 I 1, 2, 488 I 2, 697, 695 BGB; aA § 675f II BGB; dies kann dahinstehen, da die Gutschrift jedenfalls ein abstraktes Schuldversprechen gem. §§ 780, 781 BGB ist) erlangt.

Im Sachverhalt fehlen Informationen dazu, an wen der Kaufpreis des Bildes gezahlt wurde. Da jedoch G »im Namen des jeweiligen Künstlers« veräußert hat, liegt es nahe, dass auch an M der Kaufpreis bezahlt wurde.
Wichtig: Bei einem bereicherungsrechtlichen Anspruch, bei dem ein Geldbetrag erlangt wurde, sollte bei den Ausführungen zum erlangten Etwas darauf geachtet werden, nicht einfach nur »Geld« zu schreiben. Dadurch werden wertvolle Punkte verschenkt.

c) Leistung

Zudem müsste eine Leistung des B vorliegen. Darunter wird jede bewusste und zweckgerichtete Mehrung fremden Vermögens verstanden. Zwischen B und M war ein Kaufvertrag nach § 433 BGB (vertreten durch M und G gem. § 164 I BGB) wirksam zustande gekommen. Zur Erfüllung seiner Vertragspflicht hat B bewusst und zweckgerichtet geleistet. Somit liegt eine Leistung iSd § 812 I 1 Alt. 1 BGB vor.

d) Ohne Rechtsgrund

Schließlich müsste diese Leistung auch ohne Rechtsgrund erfolgt sein. An einem solchen mangelt es, wenn die Verbindlichkeit, die der Leistende durch seine Leistung erfüllen wollte, nicht bestand. Vorliegend hat B 300 EUR geleistet, um seiner Verpflichtung aus dem Kaufvertrag nachzukommen. Grundsätzlich läge daher ein Rechtsgrund vor.

---

8 S. dazu ausführlich *Fezer* SchuldR BT Fall 6; *Brox/Walker* SchuldR BT § 4 Rn. 135 ff.; vgl. auch BGH NJW 1988, 2597. Zur Beratungs- und Aufklärungspflicht über Eigenschaften des Kaufgegenstands aus dem Gesichtspunkt der cic im Verhältnis zum grundsätzlich vorrangigen Gewährleistungsrecht (§§ 459 ff. BGB aF) s. BGH NJW 1992, 2564.

9 *Lorenz/Riehm* Neues SchuldR Rn. 573; Jauernig/*Berger* § 437 Rn. 32; vgl. auch *Jacoby/v. Hinden* § 119 Rn. 18.

10 Jauernig/*Stadler* § 812 Rn. 8.

B könnte aber wegen Nichtigkeit des Vertrags nach § 142 I BGB die Zahlung rechtsgrundlos geleistet haben. Dazu müssten die Voraussetzungen der Anfechtung vorliegen.

aa) Anfechtungsgrund

Als Anfechtungsgrund kommt § 123 I Alt. 1 BGB (*arglistige Täuschung*) in Betracht. Bewusstes Verschweigen von Tatsachen ist eine arglistige Täuschung, wenn eine *Aufklärungspflicht* besteht.[11] Voraussetzung und Umfang einer solchen Aufklärungspflicht ergeben sich aus § 242 BGB und der Verkehrssitte, aus der Art des Geschäfts[12] und der wirtschaftlichen Bedeutung der Tatsache. Entscheidend ist, ob der Vertragspartner nach Treu und Glauben unter Berücksichtigung der Verkehrssitte redlicherweise eine Aufklärung erwarten durfte.[13] Es besteht keine allgemeine Pflicht, alle Umstände zu offenbaren, die für die Entscheidung des anderen Teils von Bedeutung sein können.[14] Charakteristisch für die Privatautonomie ist selbstverantwortliches rechtsgeschäftliches Handeln. Selbst ungünstige Eigenschaften der Person oder des Vertragsgegenstandes brauchen grundsätzlich nicht offen gelegt zu werden. Wenn allerdings der Vertragspartner erkennbar Wert auf bestimmte Eigenschaften legt, so besteht die Pflicht, auf das Fehlen der Eigenschaft hinzuweisen. So müssen zum Beispiel Fragen richtig und vollständig beantwortet werden. Hier weist die Nummerierung ausdrücklich auf eine Auflagenbegrenzung hin. Aus dieser positiven Erklärung ergibt sich eine Hinweispflicht auf die wertmindernde Zweitauflage.

bb) Anfechtungsausschluss

Die Anfechtung könnte ausgeschlossen sein, wenn G oder A *Dritte iSd § 123 II BGB* sind. Zwar kannte M die Zweitauflage, nicht aber die Täuschung beim Verkauf der Grafik. Dritter ist nicht, wer aufseiten des Erklärungsgegners (M) steht und maßgeblich am Zustandekommen des Geschäfts mitwirkt. Als *Vertreter* genießt G das besondere Vertrauen des Erklärungsempfängers M, er ist also nicht Dritter im Sinne der Norm.[15] Auch der *Verhandlungsgehilfe*, der ohne Abschlussvollmacht für eine Partei an den Verhandlungen mitwirkt, ist nicht Dritter.[16] Hier gelten ähnliche Grundsätze wie bei der Verantwortlichkeit für Gehilfen bei § 278 BGB. Selbst wenn der beratende A bei den Verhandlungen getäuscht hat, ist kein Ausschluss der Anfechtung nach § 123 II BGB anzunehmen.

cc) Anfechtungsfrist und Anfechtungserklärung

Sofern B innerhalb eines Jahres (§ 124 I BGB) die Anfechtung gegenüber M erklärt (§ 143 I, II BGB), ist der Kaufvertrag von Anfang an als nichtig anzusehen. Dann hat B an M rechtsgrundlos geleistet.

e) Ergebnis

Nach erfolgter Anfechtung hat B gegen M einen Anspruch auf Rückzahlung des Kaufpreises gegen Rückgabe der Grafik nach § 812 I 1 Alt. 1 BGB.

---

11 Vgl. Palandt/*Ellenberger* § 123 Rn. 5; Staudinger/*Singer/v. Finckenstein*, 2017, § 123 Rn. 10 ff.
12 Vgl. BGH NJW 1992, 300 (302).
13 BGH NJW 2001, 64; OLG Hamm NJW-RR 2007, 1255 (1256).
14 BGH NJW-RR 1998, 1406; MüKoBGB/*Armbrüster* § 123 Rn. 36.
15 Ausführlich *Fezer/Obergfell* BGB AT Fall 2.
16 BGH NJW 1978, 2144.

II. Anspruch auf Erstattung von 100 EUR wegen Minderung des Kaufpreises nach §§ 437 Nr. 2, 441 I, IV 1, 346 I BGB

Wegen des Mangels der Grafik kann B, anstatt zurückzutreten, Minderung verlangen (§ 441 I BGB).

> Der Käufer hat ein *Wahlrecht zwischen Rücktritt und Minderung* (§ 437 Nr. 2 BGB). Der Käufer kann das Wahlrecht wegen des *Vorrangs der Nacherfüllung* aber erst nach fruchtlosem Ablauf einer Nacherfüllungsfrist oder wenn eine Fristsetzung nicht erforderlich ist, ausüben.[17] Der Verlust des Wahlrechts vollzieht sich mit wirksamer Ausübung des Rücktritts durch den Käufer.[18]
> Mit Ausübung der Minderung erlischt der Anspruch auf den Kaufpreis in Höhe des Minderungsbetrages, sodass dem Käufer gegenüber einer entsprechenden Kaufpreisforderung des Verkäufers eine *Einwendung* und hinsichtlich eines zu viel bezahlten Betrages ein Rückforderungsanspruch nach § 441 IV 1 BGB zusteht.

Durch die Zweitauflage verlor die Grafik ⅓ ihres Wertes, also 100 EUR. Allerdings erfuhr sie durch die zwischenzeitliche Preisverleihung eine Wertsteigerung um die Hälfte ihres Wertes (auf nunmehr 300 EUR), die möglicherweise auf die Minderung angerechnet werden muss, weil von einem Minderwert der Grafik eigentlich nicht mehr gesprochen werden kann. Für die *Wertberechnung* kommt es jedoch auf den *Zeitpunkt des Verkaufs* (§ 441 III 1 BGB) und den *Ort der Erfüllung* an. Die nachträgliche Wertsteigerung der mangelhaften Sache ist für die Minderung unerheblich, sodass hier kein Problem des Vorteilsausgleichs gegeben ist.[19]

B hat daher nach Ausübung des Minderungsrechts gegen M einen Anspruch nach §§ 437 Nr. 2, 441 I, IV 1, 346 I BGB auf Erstattung des aufgrund der Minderung zu viel bezahlten Betrages von 100 EUR.

III. Anspruch Schadensersatz statt der Leistung nach §§ 437 Nr. 3, 311a II BGB

B könnte gegen M auch einen Schadensersatzanspruch gem. §§ 437 Nr. 3, 311a II BGB haben. Wie bereits vorangehend geprüft, sind die Voraussetzungen des § 437 BGB gegeben.

1. Anfängliches Leistungshindernis

Die erhöhte Auflage stellt, wie bereits festgestellt, einen *Sachmangel* der Grafik dar. Eine *Nacherfüllung* ist nicht möglich. M ist daher nach § 275 I BGB von seiner Leistungspflicht frei. Das Leistungshindernis bestand bereits zum Zeitpunkt des Abschlusses des Kaufvertrags zwischen B und M. Damit ist das Leistungshindernis anfänglich iSd § 311a I BGB.

2. Vertretenmüssen des M

M selbst hat die Zweitauflage gefertigt und auch die Signierungen auf den Exemplaren der Erstauflage vorgenommen und wusste daher positiv um das Leistungshindernis.

---

17 *Jacoby/v. Hinden* § 441 Rn. 2; MüKoBGB/*H. P. Westermann* § 441 Rn. 1.

18 MüKoBGB/*H. P. Westermann* § 441 Rn. 4.

19 RG Recht 1917, 371.

3. Großer und kleiner Schadensersatz

Der Anspruch auf Schadensersatz statt der Leistung geht auf das *positive Interesse* (Erfüllungsinteresse). Der B ist wirtschaftlich so zu stellen, wie er stehen würde, wenn die Grafik mangelfrei geliefert worden wäre. Der Anspruchsinhaber hat *grundsätzlich* ein *Wahlrecht* zwischen dem großen und dem kleinen Schadensersatz.

Der *große Schadensersatzanspruch* besteht darin, dass der Käufer die Kaufsache zur Verfügung stellt, den Kaufpreis zurückfordert und wegen des darüber hinausgehenden Schadens Ersatz verlangt. Der große Schadensersatz verbindet gleichsam eine Abwicklung nach Rücktrittsgrundsätzen mit dem Schadensersatz statt der Leistung. Nach der Gesetzesterminologie ist das der *Schadensersatz statt der ganzen Leistung* nach § 281 I 2, 3, V BGB.

> Für *Teilleistungen* ist die Geltendmachung des großen Schadensersatzes auf Fälle beschränkt, in denen der Gläubiger an der erbrachten Teilleistung kein Interesse mehr hat (§ 281 I 2 BGB). Bei *Schlechtleistung* kann der Gläubiger den großen Schadensersatz nicht geltend machen, wenn die Pflichtverletzung unerheblich ist (§ 281 I 3 BGB).

Macht B den großen Schadensersatzanspruch geltend, so muss er das Bild zurückgeben und erhält den damals gezahlten Kaufpreis iHv 300 EUR zurück sowie 150 EUR für die Mehraufwendungen des Neukaufs der Grafik »weißer Stern«, die er stattdessen erworben hätte und die nach der gewachsenen Popularität des Künstlers nunmehr nur mit diesen Mehraufwendungen erhältlich ist. Er erhält also insgesamt 450 EUR.

Beim *kleinen Schadensersatzanspruch* behält der Käufer die Sache und verlangt den Differenzbetrag. Da der Gläubiger nicht durch ein schädigendes Ereignis bereichert werden soll, stellt sich bei Geltendmachung des kleinen Schadensersatzes durch B erneut die Frage, ob er sich die zwischenzeitliche Wertsteigerung der Grafik anrechnen lassen muss.

4. Vorteilsausgleich

Eine *Schadensberechnung mit einem Vorteilsausgleich*[20] kommt nur dann in Betracht, wenn B den kleinen Schadensersatz wählt. Da er bei dem großen Schadensersatz das Bild zurückgibt, kann der Gläubiger den Vorteil durch den Wertzuwachs ohnehin nicht behalten.

Ausgangspunkt der Erörterungen um die Vorteilsausgleichung ist das Verständnis des Schadens als eine Differenz. So wird nach der *Differenzhypothese* der tatsächliche Vermögensstand mit dem Vermögensstand verglichen, der ohne das schädigende Ereignis vorhanden wäre (Gesamtvermögensvergleich).[21] Problematisch ist die Schadensberechnung, weil weder der Schädiger unbillig bevorteilt wird noch der Gläubiger einen Nutzen aus dem schädigenden Ereignis ziehen soll. Daher handelt es sich bei der *Schadensberechnung mittels Vorteilsausgleichs* um eine *Wertungsfrage*.[22] Entscheidend ist die normrelevante Verbindung zwischen dem schadensstiftenden Er-

20 S. zum Vorteilsausgleich Fall 31.

21 BGH NJW 2015, 1373 (1374); MüKoBGB/*Oetker* § 249 Rn. 18.

22 BGH NJW 1953, 618; s. zum Vorteilsausgleich auch *Larenz* SchuldR I § 30 II; *Fikentscher/Heinemann* SchuldR Rn. 703.

eignis und dem eingetretenen Vorteil. Eine Vorteilsausgleichung kommt nur dann in Betracht, wenn dem Gläubiger durch das schädigende Ereignis ein Vorteil zugeflossen ist (conditio sine qua non).[23] Über diese *äußere* Verknüpfung durch den bloßen Ursachenzusammenhang hinaus wird teils ein *innerer* Zusammenhang zwischen dem schädigenden Ereignis und dem entstandenen Vorteil verlangt.[24]

> Auf diese Weise ist etwa auch der merkantile Minderwert eines Unfallwagens nach dem Zeitpunkt des Unfalls zu bemessen, auch wenn die Vermögensdifferenz zum Zeitpunkt des Prozesses geringer ist als zuvor,[25] da die zwischenzeitliche allgemeine Preissteigerung nichts mehr mit dem Unfall zu tun hat.

Zwischen dem Schadensereignis »Zweitauflage« und dem Vorteilsereignis »Preisverleihung« besteht weder eine normrelevante Verbindung noch ein innerer Zusammenhang. Es handelt sich um *zwei voneinander völlig unabhängige Vorgänge*, die in keiner Weise sachlich miteinander verknüpft sind. Bei Berechnung der Schadenshöhe ist demnach kein Vorteilsausgleich vorzunehmen. B kann die Grafik behalten und den Minderwert von 100 EUR als Differenzschaden geltend machen.

5. Ergebnis

Im Ergebnis hat B gegen M einen Anspruch nach §§ 437 Nr. 3, 311a II BGB auf Schadensersatz statt der Leistung; berechnet er den Schaden nach dem großen Schadensersatzanspruch, muss er das Bild zurückgeben und kann 450 EUR verlangen; berechnet er den Schaden nach dem kleinen Schadensersatzanspruch, kann er die Grafik behalten und erhält 100 EUR.

IV. Schadensersatzanspruch nach §§ 280 I, 311 II, 241 II BGB (*culpa in contrahendo*)

1. *Culpa in contrahendo* und Gewährleistungsrecht

Auch wenn ein Vertrag wirksam zustande kommt, begründet die Verletzung einer vorvertraglichen Aufklärungspflicht einen Anspruch nach §§ 280 I, 311 II, 241 II BGB (cic). Das Verhältnis der cic zur Sachmängelhaftung ist umstritten.

Das Gewährleistungsrecht der §§ 434 ff. BGB, einschließlich im Hinblick auf Rechtsmängel, ist gegenüber der cic als Teil des allgemeinen Leistungsstörungsrechts *lex specialis*. So ist ein Anspruch wegen cic grundsätzlich ausgeschlossen, wenn der Verkäufer bei den Vertragsverhandlungen fahrlässig falsche Angaben über die Beschaffenheit der Kaufsache macht oder Sachmängel schuldhaft verschweigt. Das gilt nach hL sogar dann, wenn der Verkäufer *vorsätzlich* unrichtige Beschaffenheitsangaben macht.[26]

Eine Haftung aus cic für Verschweigen ist aber bei Verletzung einer *selbstständigen Beratungspflicht*, etwa über die richtige Bedienung oder über Gefahren, die von der

---

23 MüKoBGB/*Oetker* § 249 Rn. 228; *Mohr* JURA 2010, 645 (646).
24 *Thiele* AcP 167 (1967), 193 (205).
25 BGH NJW 1961, 2219.
26 Jauernig/*Stadler* § 311 Rn. 38; Palandt/*Grüneberg* § 311 Rn. 15; aA *Looschelders* SchuldR BT Rn. 179; *Huber/Faust* SchuldRMod XIV Rn. 29 – Parallelwertung zur arglistigen Täuschung.

Kaufsache ausgehen, als Nebenpflicht (§ 241 II BGB) möglich.[27] Dieser Anspruch unterliegt der regelmäßigen *Verjährungsfrist* (§§ 195, 199 BGB).[28]

Maßgeblich ist, ob sich die Verletzung der Aufklärungspflicht des Verkäufers auf einen Umstand der Kaufsache bezieht, der *Gegenstand einer Beschaffenheitsvereinbarung* nach § 434 BGB sein kann.[29] Ist das der Fall, dann tritt die Haftung wegen cic zurück und die Verletzung der Aufklärungspflicht des Verkäufers wird im Rahmen der Sachmängelhaftung nur als Aspekt für ein Vertretenmüssen des Verkäufers berücksichtigt.[30] Auch wenn sich die Aufklärungspflichtverletzung auf die Montage einer zur Montage bestimmten Kaufsache bezieht (§ 434 II 2 BGB), geht die Sachmängelhaftung vor. Dagegen führt die Verletzung einer vorvertraglichen Aufklärungspflicht, die sich *nicht auf die einer Beschaffenheitsvereinbarung zugänglichen Umstände der Kaufsache bezieht*, zu einer Haftung des Verkäufers nach §§ 280 I, 311 II BGB. Die Sachmängelhaftung ist für diesen Fall gar nicht einschlägig. Führt das Verschulden bei den Vertragsverhandlungen zum Zustandekommen des Vertrags, dann kann nach §§ 280 I, 311 II BGB ein Anspruch auf *Befreiung vom Vertrag ohne Anfechtung* abgeleitet werden.[31]

2. Ergebnis

Es bestand zwar eine vertragliche Aufklärungspflicht des M über den Druck einer Zweitauflage. Ein Verschulden seines Vertreters G hätte sich M dabei als eigenes Verschulden zurechnen lassen müssen. Der fragliche Umstand war aber Gegenstand einer Beschaffenheitsvereinbarung und führt zur Sachmängelhaftung des M. Für einen selbstständigen Schadensersatzanspruch aus §§ 280 I, 311 II BGB ist daneben kein Raum.

V. Ansprüche auf Schadensersatz aus Delikt

Das Deliktsrecht ist neben dem Sachmängelhaftungsrecht grundsätzlich anwendbar.[32]

1. Rechtsgutsverletzung (§ 823 I BGB)

Die Grafik war schon bei Gefahrübergang und damit bei der Eigentumsverschaffung mängelbehaftet. B hat von vornherein bereits *Eigentum minderen Wertes* erworben. Ein Anspruch nach § 823 I BGB scheidet daher schon mangels Rechtsgutsverletzung aus.

> Der Tatbestand der Eigentumsverletzung ist erfüllt, wenn an dem mit einem ursprünglichen Mangel behafteten Kaufgegenstand weitere, über diesen Mangel hinausgehende, Schäden entstehen (»weiterfressender Mangel«). Die Abgrenzung zwischen dem Anwendungsbereich der Deliktshaftung und dem Recht der Sachmängelhaftung erfolgt nach dem Kriterium der *Stoffgleichheit des Schadens*; der nach der Eigentumsübertragung entstandene Schaden darf nicht mit dem ursprünglichen Mangelschaden identisch sein.[33]

27 *Looschelders* SchuldR BT § 8 Rn. 178; *Brox/Walker* SchuldR BT § 4 Rn. 140.
28 Palandt/*Weidenkaff* § 438 Rn. 3.
29 Palandt/*Grüneberg* § 311 Rn. 14; Jauernig/*Stadler* § 311 Rn. 38.
30 Jauernig/*Stadler* § 311 Rn. 38.
31 BGH NJW 1973, 1234; NJW-RR 1990, 97, s. dazu ausführlich *Knöpfle* NJW 1990, 2497 ff. sowie die obige Übersicht.
32 S. oben die Übersicht vor Fall 16, F.
33 S. nur *Brox/Walker* SchuldR BT § 4 Rn. 142 und hier oben Übersicht vor Fall 16, F I.

2. Schutzgesetzverstoß (§ 823 II BGB iVm § 263 I StGB)

Ein Schadensersatzanspruch nach § 823 II BGB wegen Verletzung eines Schutzgesetzes (§ 263 I StGB) ist laut dem Bearbeitervermerk nicht zu prüfen.

3. Haftung für Verrichtungsgehilfen (§ 831 I 1 BGB)

Eine Haftung des M nach § 831 I 1 BGB setzt voraus, dass ein Verrichtungsgehilfe gehandelt hat. Dazu müsste der selbstständige Galerist G also als Verrichtungsgehilfe angesehen werden. Verrichtungsgehilfe ist jedoch nur, wer im Blick auf eine Tätigkeit höherer oder niederer, entgeltlicher oder unentgeltlicher Art Weisungen unterliegt. Als selbstständiger, von den einzelnen Künstlern unabhängiger Unternehmer ist G kein Verrichtungsgehilfe des M. Ein Anspruch aus § 831 I 1 BGB scheidet daher aus.[34]

4. Sittenwidrige vorsätzliche Schädigung (§ 826 BGB)

Herstellung und Vertrieb einer Zweitauflage als solche stellen keine sittenwidrige vorsätzliche Schädigung dar.

B. Ansprüche des B gegen G

I. Anspruch auf Schadensersatz nach §§ 280 I, 311 II, III, 241 II BGB

B könnte gegen G einen Schadensersatzanspruch gem. §§ 280 I, 311 II, III, 241 II BGB haben.

1. Eigenhaftung des Vertreters

G war nicht Vertragspartner, sondern lediglich Vertreter des Künstlers. Die Haftung aus cic trifft grundsätzlich den künftigen Vertragspartner, das ist hier der vertretene Künstler. Doch hat die Rechtsprechung für Fälle, in denen unter besonderen Umständen eine Haftung des Vertreters geboten erscheint, bereits früh eine *Eigenhaftung des Vertreters aus cic* angenommen.[35] Die Haftung aus cic beruht auf der Inanspruchnahme von Vertrauen. Dieses Vertrauen bezieht sich in der Regel auf den Vertretenen. Nimmt aber der Vertreter bei den Vertragsverhandlungen ein ihm in besonderem Maße persönlich entgegengebrachtes Vertrauen in Anspruch oder hat der Vertreter ein eigenes wirtschaftliches Interesse am Abschluss des Geschäfts, so muss er selbst für vorvertragliches Verschulden einstehen. Das ergibt sich nach neuem Schuldrecht nunmehr ausdrücklich aus § 311 III 2 BGB.[36] G, der ein eigenes wirtschaftliches Interesse am Verkauf der Grafik hatte (*Provision*), nahm auch als Galerist besonderes Vertrauen in Anspruch.

G hat auch eine Aufklärungspflicht verletzt, für die B gerade Vertrauen in Anspruch nahm.

34 BGH VersR 1953, 358 (359).

35 BGH NJW 1981, 922; 1990, 506 f.; *Larenz* SchuldR I § 9 I 4, sowie *Medicus/Lorenz* SchuldR AT Rn. 541; s. dazu auch Fall 9.

36 Zum Verhältnis der Eigenhaftung Dritter zu anderen infrage kommenden Anspruchsgrundlagen *Medicus/Lorenz* SchuldR AT Rn. 541.

G müsste dies zudem auch zu vertreten haben (§ 280 I 2 BGB). G selbst hat den Vertrag geschlossen und nicht aufgeklärt. Im Übrigen muss er sich das Verhalten seines Angestellten über § 278 BGB zurechnen lassen. Somit hat G dies auch zu vertreten, § 280 I 2 BGB.

2. Schadensumfang

Kommt beim Verschulden bei Vertragsverhandlungen *kein Vertrag zustande*, dann geht die cic-Haftung nicht auf das positive, sondern nur auf das negative Interesse. Der Geschädigte ist so zu stellen, wie er stünde, wenn er sich nicht auf die Vertragsverhandlungen eingelassen hätte (*Vertrauensschaden*). Kommt trotz Verschuldens bei Vertragsverhandlungen *ein Vertrag zustande*, dann hat der Geschädigte einen Anspruch auf Ersatz des *Erfüllungsinteresses*. Liegt eine Aufklärungspflichtverletzung vor, so besteht auch ein Anspruch auf Ersatz des *entgangenen Gewinns*. B hat demnach gegen G einen Anspruch auch auf Ersatz des Verlustes der Wertsteigerung[37] der ohne die Fehlinformation erstandenen Grafik »Weißer Stern« iHv 150 EUR.

3. Ergebnis

B hat gegen G einen Schadensersatzanspruch gem. §§ 280 I, 311 II, III, 241 II BGB.

II. Anspruch auf Schadensersatz nach § 823 II BGB iVm § 263 I StGB

Ein Schadensersatzanspruch nach § 823 II BGB besteht, wenn der Verkauf der Grafik minderen Werts, für die G eine erhöhte Provision erhält, einen Betrug (§ 263 I StGB) darstellt. Dies kann dahinstehen, da laut Bearbeitervermerk § 263 I StGB nicht zu prüfen ist.

C. Anspruch des B gegen A

Ein Anspruch des B nach §§ 280 I, 311 II, III, 241 II BGB hängt davon ab, ob man in dem Verkauf der Grafik minderen Werts einen Betrug annimmt und dass A diesen Betrug in der Absicht begangen hat, dem G einen Vermögensvorteil zu verschaffen.

D. Anspruch des M gegen G

M hat gegen G einen Anspruch auf Schadensersatz nach § 280 I BGB (positive Forderungsverletzung) wegen Verletzung des Galerievertrags als Geschäftsbesorgungsvertrag (§ 675 BGB), da G den B schuldhaft pflichtwidrig über die Grafik beraten hat.

37 Vgl. MüKoBGB/*Oetker* § 252 Rn. 4 ff.

17. Fall Sachverhalt

§ 578

V hat dem M im Januar 2017 Geschäftsräume vermietet. Im Juni 2017 veräußerte V das Geschäftshaus an K. 2018 geriet der als Lagerraum benutzte Keller über 2m hoch unter Wasser. Grund dafür war ein bereits beim Bau des Hauses (2016) defektes Rückschlagventil in der Abwasserleitung, das dem infolge starken Regens und Hochwassers im nahe gelegenen Fluss hohen Druck im Leitungssystem nicht standhielt. Beschädigt wurden Waren des M im Wert von 12.000 EUR und Waren des Bruders B des M im Wert von 5.000 EUR, die dieser in Verwahrung genommen hatte. M verlangt von K 17.000 EUR Schadensersatz.

17. Fall Lösung

Schwerpunkte

- Sachmängelhaftung bei der Miete
- Drittschadensliquidation

Gliederung

Bei der Beurteilung der Rechtmäßigkeit des Schadensersatzverlangens des M ist zwischen den beschädigten Waren des M im Wert von 12.000 EUR und den Waren des Bruders im Wert von 5.000 EUR zu unterscheiden.

A. Der Schaden des M iHv 12.000 EUR

I. Schadensersatzanspruch des M gegen K nach § 536a I Var. 1 BGB

M könnte gegen K einen Schadensersatzanspruch iHv 12.000 EUR gem. § 536a I Var. 1 BGB haben.

1. Wirksamer Mietvertrag

Zunächst müsste zwischen M und K ein wirksamer Mietvertrag vorliegen. Zwischen M und K wurde jedoch kein Mietvertrag abgeschlossen.[1] Stattdessen hat V im Januar

1 Vgl. BGH NJW 1968, 694; mAnm *Söllner* JuS 1970, 159 ff.

2017 die Geschäftsräume an M vermietet, sodass ein Mietvertrag iSd § 535 I BGB zwischen V und M vorliegt.

K könnte jedoch als Erwerber der vermieteten Räume im Juni 2017 nach § 566 I BGB in die Rechte und Pflichten des Vermieters V eingetreten sein. Dazu müssten die *Voraussetzungen des § 566 I BGB* erfüllt sein. Zwar handelt es sich vorliegend nicht um eine Wohnraum-Miete, wie sie die Vorschrift voraussetzt, jedoch findet diese Vorschrift gem. § 578 II 1, I BGB auf Mietverhältnisse über Räume, die keine Wohnräume sind, entsprechende Anwendung.

Wird der vermietete Wohnraum nun nach der Überlassung an den Mieter von dem Vermieter an einen Dritten veräußert, so tritt der Erwerber anstelle des Vermieters in die sich während der Dauer seines Eigentums aus dem Mietverhältnis ergebenden Rechte und Pflichten, § 566 I BGB.

Zwischen V und M bestand ein *Mietverhältnis* über Geschäftsräume (§ 535 BGB). Die Räume waren dem M bereits *überlassen* (sonst wäre § 567a BGB heranzuziehen). V hat das Grundstück und damit die vermieteten Räume an K *veräußert*; die Rechtsfolgen des § 566 I BGB knüpfen an das *dingliche Verfügungsgeschäft* an und treten mit der Eintragung des Erwerbers im Grundbuch ein. Mit dem Erwerb des Eigentums an dem vermieteten Grundstück ist das Mietverhältnis somit *kraft Gesetzes* gem. § 566 I BGB auf K übergegangen.

> Der ursprüngliche Vermieter V ist als Mietpartei ausgeschieden. Er haftet nur noch wie ein selbstschuldnerischer Bürge für Ersatzansprüche des Mieters wegen Pflichtverletzungen (§§ 566 I, 765, 767, 773 I Nr. 1 BGB). Der Vermieter wird jedoch von dieser Haftung nach § 566 II 2 BGB befreit, falls der Mieter nicht zum erstzulässigen Termin dem Erwerber gegenüber kündigt. Der Übergang des Mietverhältnisses wirkt *ex nunc*. Bereits vorher entstandene Ansprüche des Mieters auf Schadensersatz richten sich ausschließlich gegen den Vermieter (V), Ansprüche auf bereits rückständige Mietzahlung verbleiben dem V.[2]

Nach Eintritt des neuen Eigentümers in das Mietverhältnis ist dieser zur (weiteren) Gebrauchsüberlassung verpflichtet (vgl. § 535 I 1 BGB). Auf ihn geht auch die Haftung für anfängliche Mängel der Mietsache (§ 536 I 1 Alt. 1 BGB) über, soweit sie sich auf die Zeit nach dem Eigentumserwerb erstreckt. Auch die Garantiehaftung nach § 536a I Alt. 1 BGB für anfängliche Mängel geht auf den Erwerber über, soweit sie sich auf die nach dem Eigentumserwerb entstehenden Schäden bezieht.[3]

2. Überlassung der Mietsache an den Mieter

Wie schon erwähnt wurden die Geschäftsräume auch bereits an M überlassen.

3. Anfänglicher Mangel, § 536a I Var. 1 BGB

Zudem müsste die Mietsache mangelhaft sein. In Betracht kommt vorliegend ein Mangel iSd § 536 BGB, der bereits bei Vertragsschluss vorhanden war, § 536a I Var. 1 BGB.

Die Gebrauchstauglichkeit der Geschäftsräume müsste schon bei *Abschluss des Mietvertrags* (Januar 2017) aufgehoben oder gemindert gewesen sein (§ 536 I BGB).

---

2 BGH NJW 1989, 451.

3 BGH NJW 1968, 694; *Söllner* JuS 1970, 159 (162).

Die Räume sind von Januar 2017 bis 2018 von M zwar ohne jede Einschränkung genutzt worden. Dennoch könnte eine Mangelhaftigkeit aufgrund des defekten Rückschlagventils in der Abwasserleitung gegeben sein. Die objektive Mangelhaftigkeit des Rückschlagventils bedeutete nämlich eine erhebliche Gefahr (§ 536 I 3 BGB), wegen der die Kellerräume nicht in einem zum vertragsmäßigen Gebrauch geeigneten Zustand waren. M hätte daher die Beseitigung der Gefahr verlangen (§ 535 I 2 BGB) und bis dahin den Mietzins mindern können (§ 536 I 2 BGB). Dann bestehen aber auch keine Bedenken, einen *bei Vertragsschluss objektiv gefahrdrohenden Zustand als anfänglichen Mangel* iSd § 536a I BGB anzusehen, wenn die Gefahr sich erst viel später verwirklicht.[4] Die Gefahr war auch gegenwärtig, da sie sich nicht nur unter ganz außergewöhnlichen Umständen – starker Regen und Hochwasser sind nicht ungewöhnlich – verwirklichen konnte.[5]

Somit ist das Vorliegen eines anfänglichen Mangels iSd §§ 536a I Var. 1, 536 I BGB gegeben.

4. Garantiehaftung

Für den Mangel der Mietsache haftet K als (neuer) Vermieter ohne Rücksicht auf sein Verschulden oder das des V. Nach hM kommt es nicht darauf an, ob der Mangel für den Vermieter erkennbar war. Das Gesetz legt dem *Vermieter* eine Garantiepflicht auf und damit die *Gefahr geheimer Mängel*.[6]

5. Haftungsumfang

Der Vermieter hat nach § 536a I BGB Schadensersatz zu leisten. Dieser richtet sich nach §§ 249 ff. BGB. Vorliegend wurden Waren des M im Wert von 12.000 EUR beschädigt. Da davon auszugehen ist, dass eine Herstellung des beschädigungsfreien Zustands der Waren nicht möglich sein wird, ist ihm nach § 251 I BGB dieser Betrag zu erstatten.

> Wie nach der Schuldrechtsreform beim Kauf und beim Werkvertrag wird auch bei der Miete *nicht zwischen Mangelschäden und unmittelbaren oder mittelbaren Mangelfolgeschäden unterschieden*.[7] Die abweichende Auffassung[8] für Mangelfolgeschäden werde nicht gehaftet, wenn der Vermieter den Mangel, der den Schaden ausgelöst hat, auch bei äußerster (überdurchschnittlicher) Sorgfalt nicht habe erkennen können, hat sich nicht durchgesetzt.

6. Ergebnis

K hat dem M nach § 536a I Var. 1 BGB Schadensersatz iHv 12.000 EUR zu leisten.

II. Schadensersatzanspruch des M gegen K nach § 280 I BGB

Da § 536a I 1 BGB die allgemeine Schadensersatznorm des § 280 I BGB sperrt, scheidet ein dahingehender Schadensersatzanspruch des M gegen K aus.

---

4 BGH NJW 1968, 694; 1972, 944.
5 Vgl. BGH NJW 1971, 424.
6 BGH NJW 1968, 694.
7 S. dazu Übersicht vor Fall 16, E.
8 *Fikentscher/Heinemann* SchuldR Rn. 1003 und *Larenz* SchuldR II 1 § 48 IIIb 3.

III. Schadensersatzanspruch des M gegen K nach § 823 I BGB

Schließlich könnte M gegen K jedoch einen Schadensersatzanspruch iHv 12.000 EUR gem. § 823 I BGB haben. Hierzu müsste K zunächst ein Recht(-sgut) des M iSd § 823 I BGB schuldhaft und rechtswidrig verletzt haben. Zwar wurden vorliegend Waren, mithin das Eigentum des M beschädigt. Jedoch erscheinen die weiteren Voraussetzungen problematisch. Selbst wenn man eine Verletzungshandlung in Form eines rechtlich erheblichen Unterlassens bejahen würde, so scheitert der Anspruch an einem Verschulden des K. Ein Schadensersatzanspruch des M gegen K iHv 12.000 EUR gem. § 823 I BGB scheidet daher aus.

IV. Ergebnis zu A

M kann von K gem. § 536a I Var. 1 BGB Schadensersatz iHv 12.000 EUR verlangen.

B. Der Schaden des B iHv 5.000 EUR

I. Schadensersatzanspruch des M gegen K nach § 536a I Var. 1 BGB

Der Schadensersatzanspruch des M gegen K iHv 5.000 EUR gem. § 536a I Var. 1 BGB liegt zwar den Voraussetzungen nach vor. Jedoch sind die beschädigten Waren Eigentum des B, die der M lediglich in Verwahrung genommen hatte. Daher fehlt es an einem Schaden des K. Ein Schadensersatzanspruch des M gegen K iHv 5.000 EUR gem. § 536a I Var. 1 BGB scheidet daher aus.

II. Schadensersatzanspruch des M gegen K nach § 280 I BGB

Auch ein Schadensersatzanspruch des M gegen K gem. § 280 I BGB scheitert an einem Schaden des M.

III. Schadensersatzanspruch des M gegen K nach § 280 I BGB in Verbindung mit den Grundsätzen der Drittschadensliquidation

Fraglich ist aber, ob M gegen K einen Schadensersatzanspruch iHv 5.000 EUR gem. § 280 I BGB in Verbindung mit den Grundsätzen der Drittschadensliquidation geltend machen kann.

1. Schuldverhältnis

In Form des Mietvertrages nach §§ 535, 566 I BGB liegt ein Schuldverhältnis zwischen M und K vor.

2. Pflichtverletzung

Da K als Vermieter die Mietsache in einem zum vertragsgemäßen Gebrauch geeigneten Zustand überlassen muss, vgl. § 535 I 2 BGB, ist ihm die unterlassene Reparatur des Rückschlagventils als Pflichtverletzung iSd § 280 I 1 BGB anzulasten.

3. Vertretenmüssen

Mangels Exkulpation des K hat er diese Pflichtverletzung auch nach § 280 I 2 BGB zu vertreten.

4. Schaden

Problematisch ist nun der Schaden des M. Bei den fraglichen Waren im Wert von 5.000 EUR handelt es sich um solche seines Bruders B, die M in Verwahrung (§§ 688 ff. BGB, wenn man einen Rechtsbindungswillen unter Brüdern im Hinblick auf den hohen Wert der Waren annimmt) genommen hatte.

Bezogen auf den Mietvertrag zwischen M und K ist der dem B entstandene Schaden ein sog. Drittschaden. *Drittschaden* ist ein Schaden, der nicht an den Rechten und Rechtsgütern der geschädigten Vertragspartei (tatbestandlich Verletzter), sondern eines Dritten entsteht. Im Zivilrecht ist grundsätzlich nur der *Schaden des Verletzten* zu ersetzen. Die Ersatzfähigkeit von Drittschäden kommt nur in Ausnahmefällen und unter besonderen tatbestandlichen Voraussetzungen in Betracht. Vorliegend könnte die Geltendmachung dieses Schadens unter den Voraussetzungen der *Drittschadensliquidation* einschlägig sein.[9] Hiernach könnte M den Schaden des B gegenüber K geltend machen, sofern M einen Anspruch, aber keinen Schaden, B hingegen einen Schaden, aber keinen Anspruch hätte und dann müsste eine zufällige Schadensverlagerung vorliegen.

a) M: Anspruch, aber keinen Schaden

Wie bereits dargelegt hat M zwar einen Anspruch nach § 280 I BGB gegen K, jedoch keinen Schaden.

b) B: Schaden, aber keinen Anspruch

B hat an seinen Waren einen Schaden im Wert von 5.000 EUR. Vertragliche Schadensersatzansprüche gegen K scheiden aus. Ein Anspruch nach § 823 I BGB gegen K scheitert an einem Verschulden. Auch gegen M stehen B wegen der Haftungsprivilegierung des § 690 BGB keine Ansprüche zu. Somit hat B einen Schaden iHv 5.000 EUR, jedoch keinen Anspruch.

c) Zufällige Schadensverlagerung

Schließlich müsste es sich vorliegend auch um eine zufällige Schadensverlagerung handeln. Der Schaden dürfte daher nur aus zufälligen Gründen beim Geschädigten und nicht bei demjenigen sein, der Anspruchsinhaber ist. Die Drittschadensliquidation kennzeichnet diese zufällige Schadensverlagerung, aufgrund derer sich das Schadensrisiko des Schädigers nicht erhöht.

Im vorliegenden Fall verwahrt M Sachen des Eigentümers B. Das Schadensereignis betrifft fremde Sachen in der Obhut des M. Wären auch diese Waren im Eigentum des M, dann bestünden keinerlei Probleme bei der Geltendmachung des Schadens. Allein wegen des Umstands, dass sich diese Waren im Eigentum seines Bruders be-

9 Einführend zur Drittschadensliquidation *Looschelders* SchuldR AT § 46 Rn. 8 ff.; *Gomille* JURA 2017, 619; *Weiss* JuS 2015, 8.

finden, ist die Geltendmachung durch M nicht möglich. Es ist daher sachgerecht, die Zufälligkeit der Schadensverlagerung im vorliegenden Fall zu bejahen.

d) Zwischenergebnis

Da vorliegend eine der Fallgruppen der Drittschadensliquidation vorliegt (Obhutsverhältnis), sind die Grundsätze der Drittschadensliquidation anzuwenden. Aus diesem Grund ist es daher M ausnahmsweise möglich, den Schaden des B geltend zu machen. Sofern dies erfolgt, besteht zugleich die Verpflichtung des M, diesen Anspruch analog § 285 I BGB an B abzutreten.

5. Ergebnis

M hat gegen K einen Schadensersatzanspruch iHv 5.000 EUR gem. § 280 I BGB in Verbindung mit den Grundsätzen der Drittschadensliquidation.

IV. Ergebnis zu B

M kann von K gem. § 280 I BGB in Verbindung mit den Grundsätzen der Drittschadensliquidation 5.000 EUR verlangen.

C. Endergebnis zu Fall 17

M kann daher von K 17.000 EUR Schadensersatz verlangen (12.000 EUR gem. § 536a I Var. 1 BGB und 5.000 EUR gem. § 280 I BGB in Verbindung mit den Grundsätzen der Drittschadensliquidation).

Allgemeines zur Drittschadensliquidation[10]

Drittschaden ist ein Schaden, der nicht an den Rechten und Rechtsgütern der geschädigten Vertragspartei (tatbestandlich Verletzter), sondern eines Dritten entsteht. Im Zivilrecht ist grundsätzlich nur der *Schaden des Verletzten* zu ersetzen. Die Ersatzfähigkeit von Drittschäden kommt nur in Ausnahmefällen und unter besonderen tatbestandlichen Voraussetzungen in Betracht. Die *Drittschadensliquidation* und der *Vertrag mit Schutzwirkung für Dritte* sind Rechtsinstitute des Drittschadensersatzes.

Der Verletzte kann den *Schaden eines Dritten* ausnahmsweise dann geltend machen, wenn sich der Schaden zufällig von dem Verletzten auf den Dritten verlagert hat (*zufällige Schadensverlagerung*). Der Schaden, der an sich bei dem Verletzten eingetreten wäre, verlagert sich und tritt stattdessen bei dem Dritten ein. Das Vorliegen einer Schadensverlagerung ist unbedingte Voraussetzung einer Drittschadensliquidation. Die Liquidierung eines verlagerten Drittschadens *erhöht nicht das Haftungsrisiko des Schädigers*, dem die zufällige Schadensverlagerung nicht zugutekommen soll. Bildlich gesprochen »wird der Schaden zum Anspruch gezogen«, um den Schadensersatzanspruch des Verletzten zu begründen. Der Verletzte macht den Anspruch gegen den Schädiger im eigenen Namen geltend. Er muss den Ersatzanspruch oder den erlangten Schadensersatz an den Dritten weiterleiten (analog § 285 BGB). In der Praxis sind vor allem vier *Fallgruppen* der Drittschadensliquidation anerkannt.[11]

I. Mittelbare Stellvertretung

Ein wichtiger Anwendungsfall der Schadensliquidation im Drittinteresse bei mittelbarer Stellvertretung ist das *Kommissionsgeschäft* (§§ 383 ff. HGB). Der Kommissionär kauft im *eigenen Namen* und für *fremde Rechnung* (des Kommittenten) Waren ein (Einkaufskommission). Wird der Schuldner (Verkäufer) mit seiner Leistungspflicht (Übereignung und Übergabe des Kommissionsguts) infolge einer Leistungsstörung ersatzpflichtig, dann ist zwar der *Kommissionär* im Rechtssinne der *tatbestandlich Verletzte*, den *Schaden trägt aber der Kommittent*, weil der Kommissionär auf dessen Rechnung handelt und dem Kommittenten nur das herausgeben muss, was er selbst erlangt hat (die mangelhafte Sache, die verspätete Leistung oder nichts im Falle der Unmöglichkeit). Der *Kommissionär* hat das *Recht*, den Schaden des Kommittenten geltend zu machen. Den Schädiger soll die zufällige Interessen- oder Schadensverlagerung vom Kommissionär auf den Kommittenten nicht begünstigen.

II. Treuhandverhältnisse

Eine der mittelbaren Stellvertretung vergleichbare Fallgestaltung ist die Treuhand. Der *Treuhänder* kann als der Verletzte den *Drittschaden des Treugebers* aus einer *Verletzung des Treuguts* geltend machen. Doch können bei der Treuhand eigene Ersatzansprüche des Treugebers mit dem Drittschadensersatzanspruch des Treuhänders

10 Zur Entwicklung der Drittschadensliquidation in Rechtsprechung und Literatur s. *Hagen* Drittschadensliquidation passim; *Weiss* JuS 2015, 8; *Lange/Schiemann* HdB SchuldR § 8 III.

11 S. zur Drittschadensliquidation MüKoBGB/*Oetker* § 249 Rn. 289 ff.; *Larenz* SchuldR I § 27 IVb; *Medicus/Lorenz* SchuldR AT Rn. 692 ff.; *Brox/Walker* SchuldR AT I § 29 Rn. 17 ff.; *Weiss* JuS 2015, 8.

konkurrieren. Deshalb erscheint es sachgerecht, die Drittschadensliquidation bei Treuhandverhältnissen auf die Fallgestaltungen zu beschränken, in denen der Treuhänder das sein Eigeninteresse übersteigende Interesse des Treugebers geltend macht, weil dem Treugeber insoweit ein eigener Anspruch fehlt.[12]

III. Obhutsverhältnisse

Obhutsverhältnisse sind mit Treuhandverhältnissen vergleichbar. Wenn ein *Besitzer fremde Sachen in seiner Obhut* hat, dann ist er berechtigt, den *Drittschaden des Eigentümers* gegen den Schädiger, der ein Vertragspartner (etwa Frachtführer, Lagerhalter, Werkunternehmer) oder ein Deliktstäter sein kann, geltend zu machen. Die Zubilligung der Drittschadensliquidation ist zumindest dann sachgerecht, wenn der *Obhutspflichtige dem Eigentümer nicht selbst haftet* und dem Eigentümer selbst kein eigener Anspruch zusteht (etwa wegen möglicher Exkulpation nach § 831 I 2 BGB).

Die *Gastwirtshaftung* nach § 701 BGB, nach der ein Gastwirt für Schäden an den *von einem Gast eingebrachten Sachen* haftet, enthält einen gesetzlichen Fall der Drittschadensliquidation. Der Schadensersatzanspruch steht nur dem Gast, nicht dem von ihm unter Umständen verschiedenen *Eigentümer der Sache* zu (Drittschaden).

IV. Obligatorische Gefahrentlastung aufgrund gesetzlicher Gefahrtragungsregeln (§§ 446, 447, 644 BGB)

Wenn der Verkäufer wegen Unmöglichkeit nach § 275 I BGB von seiner Leistungspflicht frei wird und der Käufer dies nicht mindestens weit überwiegend zu vertreten hat, dann verliert der Verkäufer nach § 326 I BGB den Anspruch auf die Gegenleistung; der *Käufer* trägt die *Leistungs- oder Sachgefahr* (er erhält die Sache nicht), der *Verkäufer* trägt die *Gegenleistungs- oder Preisgefahr* (er erhält den Kaufpreis nicht). Wenn aber die (Gegenleistungs-)Gefahr des *zufälligen Untergangs* oder einer *zufälligen Verschlechterung* der verkauften Sache nach besonderen Gefahrtragungsvorschriften bereits vom Verkäufer auf den Käufer übergegangen ist – etwa mit der *Übergabe der verkauften Sache nach § 446 BGB* oder beim Versendungskauf mit der *Auslieferung der verkauften Sache an die Transportperson nach § 447 BGB* –, dann erhält der Verkäufer den Kaufpreis. Der Verkäufer ist der infolge eines von einem Dritten verursachten Untergangs oder einer Verschlechterung der Kaufsache tatbestandlich Verletzte (etwa Anspruch aus Schlechterfüllung des Transportvertrags oder Anspruch aus Eigentumsverletzung nach § 823 I BGB), er ist aber nicht geschädigt. Den Schaden trägt der Käufer, der aufgrund der besonderen Gefahrtragungsregel zwar den Kaufpreis zu zahlen hat, die Kaufsache aber nicht oder nur verschlechtert erhält; der geschädigte Käufer ist aber nicht der tatbestandlich Verletzte, da er regelmäßig weder *Vertragspartner des Transportvertrags* noch bereits *Eigentümer der Kaufsache* ist. Es liegt eine *Schadensverlagerung aufgrund einer gesetzlichen Gefahrtragungsregel* vom Verkäufer auf den Käufer vor, die den Schädiger nicht bevorteilen

12 Richtig MüKoBGB/*Oetker* § 249 Rn. 306 mit Nachw. zum Streitstand; vgl. Staudinger/*Schiemann*, 2017, Vorbem. §§ 249 ff. Rn. 71; auch RGZ 107, 132 (135) – Inkassozession; BGH NJW 1967, 930 – Sparkassentreuhand.

soll. Nach überwiegender Auffassung ist der Verkäufer berechtigt, den Schaden des Käufers (Drittschaden) geltend zu machen (Drittschadensliquidation).[13]

Die Grundsätze der Drittschadensliquidation sind in allen Fallgestaltungen einer obligatorischen Gefahrentlastung aufgrund einer gesetzlichen Gefahrtragungsregel anzuwenden. Beispiele: beim Kaufvertrag die Übergabe der Kaufsache an den Käufer nach § 446 BGB; beim Versendungskauf die Auslieferung der Kaufsache an die Transportperson nach § 447 BGB; beim Werkvertrag die Abnahme des Werkes durch den Besteller nach § 644 BGB,[14] beim Vermächtnis ein Schaden am Vermächtnisgegenstand vor Erfüllung des Vermächtnisses, da der Beschwerte dem Vermächtnisnehmer gegenüber von seiner Leistungspflicht nach § 275 BGB frei wird; entsprechendes gilt beim unerfüllten Schenkungsversprechen.

Ein *anderer Lösungsvorschlag* beschränkt die Drittschadensliquidation auf den Fall der *mittelbaren Stellvertretung* und löst die anderen Fallgruppen der Drittschadensliquidation mit anderen Rechtsinstituten.[15] Die Begründung geht dahin, es liege ein Eigenschaden des verletzten Verkäufers vor, da der Gefahrübergang nur *relativ* das Verhältnis der Kaufvertragsparteien berühre, den Schädiger aber nichts angehe. Dabei handelt es sich um eine *wertende Korrektur der schadensrechtlichen Differenzhypothese* aufgrund des Zwecks der gesetzlichen Gefahrtragungsregeln; die Kaufpreiszahlung des Käufers bleibt bei der Berechnung des Schadens des Verkäufers unberücksichtigt. Diese schadensrechtliche Normzweckanalyse wird aber der dogmatischen Einheit im Gefahrtragungsrecht (§§ 446, 447, 644 BGB als Ausnahmetatbestände von § 326 I BGB) weniger gerecht.

V. Abgrenzung zum Vertrag mit Schutzwirkung zugunsten Dritter

Beim gewohnheitsrechtlich anerkannten Vertrag mit Schutzwirkung für Dritte,[16] werden die vertraglichen Sorgfaltspflichten auf Dritte, am Vertrag nicht als Partei Beteiligte, erstreckt. Im Unterschied zur Drittschadensliquidation wird, bildhaft gesprochen, der Anspruch des Vertragspartners und tatbestandlich Verletzten zum geschädigten Dritten gezogen. Der Dritte erhält anders als bei der Drittschadensliquidation einen *eigenen Schadensersatzanspruch*, den er im eigenen Namen geltend machen kann. Ein *Vertrag mit Drittschutzwirkung* liegt dann vor, wenn der Dritte mit der Leistung des Schuldners in Berührung kommt (Leistungsnähe), der Gläubiger ein berechtigtes Interesse am Schutz des Dritten hat und dem Schuldner die Leistungsnähe und die Drittwirkung erkennbar sind.[17]

---

13 S. nur MüKoBGB/*Oetker* § 249 Rn. 299 ff.; *Medicus/Petersen* BürgerlR Rn. 838; BGH NJW 1963, 2071 (2074) – Ledergürtelfall; NJW 1969, 269 (272) – Hühnerpestfall.

14 BGH NJW 1970, 38 (41).

15 *Esser/Schmidt* SchuldR AT II § 34 IV; *Büdenbender* NJW 2000, 986; vgl. auch *Larenz* SchuldR I § 27 IVb; dagegen *Berg* JuS 1977, 363 (366).

16 Zur Rechtsnatur und Rechtsgrundlage des Vertrags mit Schutzwirkung zugunsten Dritter s. Fall 1 unter A. II.; *Larenz* SchuldR I § 17 II; *Brox/Walker* SchuldR AT § 33 Rn. 1 ff.; *Jacoby/v. Hinden* Vorbem. §§ 249–253 Rn. 22.

17 S. dazu ausführlich Fall 1; vgl. zur Abgrenzungsfrage auch *Looschelders* SchuldR AT § 46 Rn. 10.

18. Fall Sachverhalt

K hat bei V Forellen gekauft, die im eigenen Betrieb des V geräuchert und luftdicht in Folien verpackt worden waren. Nach dem Verzehr erkrankt K an einer schweren Lebensmittelvergiftung. Es stellt sich heraus, dass die sonst besonders aufmerksame und sorgfältige Arbeiterin A entgegen den allgemeinen Weisungen des V deren Einhaltung in regelmäßigen Abständen kontrolliert wurde, nicht mehr ganz einwandfreie Fische verarbeitet hat. Bei der Auslieferungskontrolle konnte der Mangel nicht mehr festgestellt werden.

K verlangt von V Schadensersatz wegen der Krankenhauskosten und seines Verdienstausfalls (Versicherungsleistungen und Lohnfortzahlung sind außer Betracht zu lassen).

18. Fall Lösung

Schwerpunkte
- Haftung für Erfüllungsgehilfen
- Verschulden vor Vertragsschluss

Gliederung

A. **Schadensersatzanspruch des K gegen V nach §§ 437 Nr. 3, 280 I BGB**
I. Voraussetzungen des § 437 BGB
1. Kaufvertrag
2. Sachmangel bei Gefahrübergang
3. Kein Ausschluss
4. Zwischenergebnis
II. Weitere Voraussetzungen des § 280 I BGB
1. Pflichtverletzung
2. Vertretenmüssen
3. Schaden
4. Ergebnis
III. Ergebnis
B. **Schadensersatzanspruch des K gegen V nach § 1 I 1 ProdHaftG**
C. **Schadensersatzanspruch des K gegen V aus unerlaubter Handlung**
I. § 823 I BGB
II. § 831 BGB
Allgemeines zu § 278 BGB
I. Bestehendes Schuldverhältnis
II. Verschulden der Hilfsperson
III. Gesetzlicher Vertreter oder Erfüllungsgehilfe
IV. Handeln in Erfüllung der Schuldnerpflicht

A. Schadensersatzanspruch des K gegen V nach §§ 437 Nr. 3, 280 I BGB

K könnte gegen V einen Schadensersatzanspruch bezüglich der Krankenhauskosten und des Verdienstausfalls gem. §§ 437 Nr. 3, 280 I BGB haben.

I. Voraussetzungen des § 437 BGB

1. Kaufvertrag

Zwischen K und V liegt ein Kaufvertrag gem. § 433 BGB bezüglich der Forellen vor.

2. Sachmangel bei Gefahrübergang

Zudem sind die Forellen bei Gefahrübergang (Übergabe, § 446 S. 1 BGB) als »nicht mehr ganz einwandfreie Fische« jedenfalls nach § 434 I 2 Nr. 2 BGB mangelhaft.

3. Kein Ausschluss

Schließlich sind die Mängelrechte nach § 437 BGB auch nicht nach § 442 BGB ausgeschlossen.

4. Zwischenergebnis

Die Voraussetzungen des § 437 BGB liegen vor, sodass K unter den jeweiligen Anforderungen die dort genannten Rechte geltend machen kann.

II. Weitere Voraussetzungen des § 280 I BGB

Zusätzlich müssten nun die weiteren Voraussetzungen des § 280 I BGB vorliegen.

1. Pflichtverletzung

Zunächst müsste eine dem V zurechenbare Pflichtverletzung vorliegen. Der Grund für die mangelhaften Forellen lag darin, dass nicht mehr ganz einwandfreie Fische verarbeitet wurden. Diese Verarbeitung hat V jedoch nicht selbst vorgenommen, sondern seine Arbeiterin A. Auch bei der Auslieferungskontrolle konnte der Mangel nicht festgestellt werden, sodass V selbst keine Pflichtverletzung begangen hat. Jedoch wird ihm das pflichtwidrige Verhalten seiner Arbeiterin A nach § 278 S. 1 BGB (analog) zugerechnet. Eine zurechenbare Pflichtverletzung iSd § 280 I BGB liegt daher vor.

> Der Schaden betrifft das *Integritätsinteresse* der K und stellt einen *Mangelfolgeschaden* dar, der nach Sachmängelrecht zu behandeln ist.[1] § 437 Nr. 3 BGB verweist insoweit auf § 280 I BGB. Da es nicht um das Äquivalenzinteresse geht, ist eine Fristsetzung zur Nacherfüllung nicht erforderlich. Die nach § 280 I 1 BGB erforderliche *Pflichtverletzung* liegt in der Lieferung der mängelbehafteten Fische.

2. Vertretenmüssen

V müsste diese Pflichtverletzung auch zu vertreten haben. Er selbst hat die Fische nicht verarbeitet, sondern die Arbeiterin A. V hat auch bei der Organisation seines Betriebes und der Überwachung der Produktionsvorgänge die im Verkehr erforderliche Sorgfalt beachtet. V könnte sich aber ein Verschulden der Arbeiterin A nach § 278 BGB zurechnen lassen müssen.

Im vorliegenden Fall ist zweifelhaft, ob die A als Erfüllungsgehilfin des V in Erfüllung einer Verbindlichkeit des V gehandelt hat, weil ihr schadensstiftendes Verhalten *zeitlich vor dem Vertragsschluss* liegt. Sie ist gar nicht erst in die Erfüllung der Lieferungsschuld eingeschaltet worden. Auch im Fall eines solchen Gehilfenhandelns vor der Entstehung der Schuldnerpflicht bleibt § 278 BGB anwendbar.[2] Selbst wenn kein Werklieferungsvertrag (§ 650 BGB) vorliegt, wird häufig aus eigener Produktion des Verkäufers geliefert. In diesen Fällen ist es oft nur von Zufälligkeiten abhängig, ob die Herstellung vor oder nach Vertragsschluss erfolgt. Im zweiten Fall hätte aber der Verkäufer für Herstellungsmängel und deren Folgen nach § 278 BGB einzustehen. Aber auch im ersten Fall macht sich der Verkäufer die vorherige Herstellung zunutze. Er aktualisiert den Herstellungsfehler gewissermaßen im Verhältnis zum Käufer, wenn er diesem »vom Lager« liefert. So wie er sich auf die ordnungsgemäße Arbeit seines Gehilfen verlässt, ist auch der Käufer darauf angewiesen. Es kommt hinzu, dass auch zum Werklieferungsvertrag (über vertretbare Sachen, vgl. § 650 S. 1 BGB) nur geringe Unterschiede bestehen: hier die Herstellungspflicht,[3] dort ein reiner Kauf, also keine eigene Herstellungspflicht, aber doch faktisch Lieferung aus eigener Produktion. Der Verkäufer iSd § 650 S. 1 BGB darf aber auch bereits vor Vertragsschluss hergestellte Sachen liefern.

---

1 S. Übersicht vor Fall 16, E.
2 Anders *Westermann* JuS 1961, 333 (341).
3 S. dazu auch *Medicus/Petersen* BürgerlR Rn. 805.

Hier ist die Anwendung des § 278 BGB auf Herstellungsmängel naheliegend. Entsprechendes sollte dann aber auch beim reinen Kaufvertrag gelten,[4] zumal die Lieferung einer mängelfreien Sache nach § 433 I 2 BGB Hauptleistungspflicht des Verkäufers ist.[5] § 278 BGB ist zumindest entsprechend anzuwenden. Dies muss umso mehr gelten, als häufig nur die sorgsame Herstellung schadensträchtige Mängel verhindern kann, nicht aber eine noch so gründliche Überprüfung der Kaufsache vor oder bei Lieferung. Wie der vorliegende Fall zeigt, ist eine solche Prüfung, jedenfalls des Einzelstücks, tatsächlich überhaupt nicht möglich.

Die Arbeiterin A, die bei der Warenherstellung mit Wissen und Wollen des V eingeschaltet war, hat schuldhaft gehandelt. Infolge des dem V über § 278 BGB zurechenbaren Verschuldens der A ist K an seiner Gesundheit geschädigt worden.

3. Schaden

Somit ist dem K sein Schaden gem. § 249 ff. BGB zu ersetzen. Als unfreiwillige Vermögensopfer sind vorliegend bei K Krankenhauskosten und Verdienstausfall gegeben. Die Krankenhauskosten sind ihm nach § 251 I BGB und der Verdienstausfall nach § 252 S. 1 BGB zu ersetzen.

4. Ergebnis

Folglich liegen die weiteren Voraussetzungen des § 280 I BGB vor.

III. Ergebnis

V haftet dem K nach §§ 437 Nr. 3, 280 I BGB auf Schadensersatz bezüglich der Krankenhauskosten und des Verdienstausfalls.

B. Schadensersatzanspruch des K gegen V nach § 1 I 1 ProdHaftG

K könnte auch gem. § 1 I 1 ProdHaftG einen Schadensersatzanspruch gegen V haben. Die gelieferten Fische waren *fehlerhaft* iSd § 3 I ProdHaftG, da sie bereits zum Zeitpunkt der Verarbeitung verdorben waren. V ist auch *Hersteller* der Fischprodukte (§ 4 I ProdHaftG). Durch den Verzehr der Fischprodukte ist K in seiner Gesundheit beschädigt worden (§ 1 I 1 ProdHaftG).

K hat gegen V einen Anspruch auf Ersatz der Krankenhauskosten und des Verdienstausfalls (§ 8 S. 1 ProdHaftG).

4 So auch *Müller* AcP 165 (1965/66), 285 (315); *Medicus/Petersen* BürgerlR Rn. 806; MüKoBGB/*Grundmann* § 278 Rn. 31; aA *Jacoby/v. Hinden* § 433 Rn. 5, unter Verweis auf Begr. BT-Drs. 14/6040, 210.

5 Vgl. aber *Jacoby/v. Hinden* § 433 Rn. 5, unter Verweis auf Begr. BT-Drs. 14/6040, 210.

C. Schadensersatzanspruch des K gegen V aus unerlaubter Handlung

I. § 823 I BGB

V hat die Gesundheit des K schon nicht durch *eigenes* Handeln verletzt. Ein Anspruch nach § 823 I BGB entfällt.

Produzentenhaftung als Form des Organisationsverschuldens?

II. § 831 BGB

V könnte jedoch nach § 831 I BGB zum Ersatz des Schadens verpflichtet sein. A hat als Arbeitnehmerin des V weisungsgebundene (sozial abhängige) Arbeit verrichtet. Sie ist Verrichtungsgehilfin. Sie hat die Tatbestandsvoraussetzungen des § 823 I BGB erfüllt (Gesundheitsverletzung). Das Handeln der A war objektiv pflichtwidrig und daher rechtswidrig. Die Haftungsvoraussetzungen des § 831 BGB sind erfüllt.

Auf ein Verschulden der A kommt es nicht an. § 831 BGB normiert eine Haftung für *vermutetes, eigenes Verschulden des Geschäftsherrn* bei der Auswahl des Gehilfen oder bei der Leitung und Überwachung seiner Verrichtungen.

V wird aber die Verschuldensvermutung widerlegen können (*Entlastungsbeweis*). Er hat A sorgsam ausgewählt und die Produktion in gehörigem Umfang überwacht. Im Ergebnis haftet V der K nicht nach § 831 I BGB.

D. Endergebnis zu Fall 18

K kann von V Schadensersatz wegen der Krankenhauskosten und des Verdienstausfalls nach §§ 437 Nr. 3, 280 I BGB verlangen.

Allgemeines zu § 278 BGB

Der *Tatbestand des § 278 BGB*[6] hat allgemein die folgenden Voraussetzungen:

I. Bestehendes Schuldverhältnis

§ 278 BGB ist nur im Rahmen bestehender Schuldverhältnisse (»zur Erfüllung einer Verbindlichkeit«) anwendbar. Gleichgültig ist, ob es sich um *rechtsgeschäftliche* oder *gesetzliche* Schuldverhältnisse handelt. Ausreichend sind auch Schuldverhältnisse aus geschäftlichem Kontakt (*culpa in contrahendo*, § 311 II BGB). § 278 BGB ist auch auf die Schadensminderungsobliegenheit nach § 254 II BGB anzuwenden. Ferner ist unerheblich, ob die verletzte Pflicht eine leistungsbezogene Haupt- oder Nebenpflicht oder ob sie eine Schutz- oder Erhaltungspflicht ist. Nicht ausreichend ist, wenn erst durch die Handlung ein gesetzliches Schuldverhältnis entsteht.

II. Verschulden der Hilfsperson

Nach § 278 BGB hat der Schuldner ein *Verschulden* seines *gesetzlichen Vertreters* oder eines *Erfüllungsgehilfen* wie *eigenes* Verschulden zu vertreten. Auch im Rahmen der Pflichtverletzung aus dem Schuldverhältnis setzt die Zurechnung von Verschulden zunächst die *Rechtswidrigkeit* des Verhaltens voraus; die Verletzung von Schuldnerpflichten ist, wenn auch nur relativ zum Gläubiger, rechtswidrig. Dem Schuldner wird ein rechtswidriges und schuldhaftes Verhalten seines gesetzlichen Vertreters oder Erfüllungsgehilfen zugerechnet. Die *Garantiehaftung des Schuldners für Erfüllungsgehilfen*, die das Verschuldensprinzip durchbricht, ist gerechtfertigt, weil der Schuldner durch den Einsatz von Gehilfen im eigenen Interesse seinen Geschäftskreis erweitert.

III. Gesetzlicher Vertreter oder Erfüllungsgehilfe

Der rechtswidrig und schuldhaft Handelnde muss gesetzlicher Vertreter oder Erfüllungsgehilfe des Schuldners sein. Die *Hilfsperson* muss mit *Willen des Schuldners* bei einer diesem obliegenden Verbindlichkeit tätig werden. Eine nachträgliche Zustimmung ist ausreichend.

1. Die Einstandspflicht für gesetzliche Vertreter ist ein Fall der Repräsentantenhaftung. *Gesetzliche Vertreter* sind Personen, die aufgrund gesetzlicher Vorschriften mit Wirkung für andere handeln können (weiter Begriff).

Dies sind etwa: Eltern (§§ 1626 ff. BGB), Vormund (§§ 1773 ff., 1793 ff. BGB), Betreuer (§§ 1896 ff. BGB), Pfleger (§§ 1909 ff., 1915 BGB), Beistand (§ 1712 ff. BGB), der Ehegatte bei § 1357 BGB, der verwaltungsberechtigte Ehegatte bei Gütergemeinschaft (§§ 1422 ff. BGB); auch die Parteien kraft Amtes wie Testamentsvollstrecker[7], Nachlass, Insolvenz- und Zwangsverwalter.[8] § 278 BGB ist nicht auf die Organe

6 Zu § 278 BGB s. auch *Looschelders* SchuldR AT § 23 Rn. 34 ff.; *Westermann* JuS 1961, 333 (381).
7 RGZ 144, 402.
8 BGH NJW 1987, 3133.

juristischer Personen und rechtsfähiger Personengesellschaften[9] anzuwenden, da die Haftung für Eigenverschulden nach § 31 BGB vorgeht.[10]

2. *Erfüllungsgehilfe* ist, wer mit dem Willen des Schuldners bei der Erfüllung einer diesem obliegenden Verbindlichkeit als seine Hilfsperson tätig wird.[11] Eines bestimmten Rechtsverhältnisses zwischen Schuldner und Erfüllungsgehilfen bedarf es nicht. Ausreichend ist ein Handeln aus Gefälligkeit.

Es kommt nicht darauf an, ob der Gehilfe sich seiner Funktion bewusst ist. Es genügt, wenn sich der Schuldner des Gehilfen bei der Erfüllung seiner Pflichten bedient. Auch ist nicht erheblich, ob der Gehilfe weisungsgebunden oder selbstständiger Unternehmer ist. So ist der selbstständige Spediteur oder Frachtführer bei der Bringschuld Erfüllungsgehilfe (anders bei der Schickschuld, da hier der Schuldner nur Übergabe an die Transportperson schuldet).[12] Auch der Verkäufer, der auf Verlangen des Käufers direkt an dessen Abkäufer liefert, ist Erfüllungsgehilfe des Käufers. Selbst auf Monopolunternehmen ist § 278 BGB anzuwenden,[13] wobei Zurechnungsgrund die Arbeitsteilung in der Sphäre des Schuldners, nicht die Auswahl und Einwirkungsmöglichkeit auf den Gehilfen ist.[14] Der Notar[15] kann ebenso Erfüllungsgehilfe sein wie auch der Architekt[16] Erfüllungsgehilfe des Bauherrn im Verhältnis zum Bauunternehmer sein kann.

Bei der Beobachtung von allgemeinen Schutzpflichten im Rahmen von Sonderverbindungen braucht der Gehilfe vom Schuldner *nicht planmäßig* eingesetzt zu sein. Der Mieter, der Familienangehörigen den Mitgebrauch der Mietsache überlässt, haftet für deren schuldhafte Beschädigung der Sache. Sie sind *funktionsbedingte Erfüllungsgehilfen oder Bewahrungsgehilfen*.

IV. Handeln in Erfüllung der Schuldnerpflicht

Die schädigende Handlung muss *in Erfüllung* der wahrgenommenen Schuldnerpflicht begangen werden; sie darf nicht nur *bei Gelegenheit* der Tätigkeit erfolgen.[17]

Schickt der Maler M seinen Gesellen G zur Ausführung der geschuldeten Arbeiten, haftet er nach § 278 BGB für die von G verschuldeten Mängel der Arbeit wie für Schäden, die G sonst durch unsorgfältiges Verhalten dem Gläubiger zufügt (G lässt einen Farbtopf fallen und verschmutzt den Teppich des Bestellers.). Dagegen soll M nicht haften, wenn G in den Räumen des Gläubigers einen Diebstahl begeht. Der Diebstahl liege außerhalb der von G wahrzunehmenden Schuldnerpflichten und sei nur bei Gelegenheit der Erfüllungshandlungen begangen worden.

Es ist nicht Sinn und Zweck des § 278 BGB, dem Geschäftsherrn jegliches Risiko aus dem Verhalten des Gehilfen aufzubürden. Es ist vielmehr eine sachgerechte Risikoab-

9 S. zur Rechtsfähigkeit der GbR Palandt/*Sprau* § 705 Rn. 24 mwN.
10 MüKoBGB/*Grundmann* § 278 Rn. 10.
11 BGH NJW 1954, 1193; 1988, 1907 (1908).
12 BGH NJW 1968, 1569.
13 *Medicus/Petersen* BürgerlR Rn. 803.
14 S. auch BGH NJW 1974, 692.
15 BGH NJW 1961, 1468.
16 BGH NJW 2014, 3645 (3646).
17 BGH NJW 1957, 709 (710); 1985, 914 (915).

grenzung nötig. Der kausale Zusammenhang des Gehilfenverhaltens mit der Ausführung der ihm übertragenen Aufgaben reicht für eine Risikozurechnung allerdings nicht aus. Erforderlich ist vielmehr, dass das Verhalten auch in einem inneren sachlichen (nicht nur äußeren zufälligen) Zusammenhang mit dem Aufgabenbereich des Gehilfen steht. Nicht entscheidend ist, ob der Gehilfe seinen Auftrag überschreitet,[18] seine Befugnisse missbraucht[19] oder dem Interesse des Schuldners zuwiderhandelt.[20]

In einem sachlichen Zusammenhang können im Einzelfall auch ungewöhnliche, selbst vorsätzliche, deliktische Verhaltensweisen des Gehilfen stehen. Ein Diebstahl oder sonstige vorsätzliche Delikte des Gehilfen können dem Schuldner insbesondere dann zugerechnet werden, wenn der Gehilfe eine Obhutspflicht des Schuldners wahrzunehmen hat, etwa bei Beförderungs-, Verwahrungs- und Bewachungsverträgen (Diebstahl des angestellten Wachpersonals), auch bei Obhutspflichten der Mieter, Pächter und der entsprechenden Pflichten ihrer Haushalts- oder Betriebsangehörigen als deren Bewahrungsgehilfen. Die noch über § 278 BGB hinausreichende, strenge Haftung bestimmter Kaufleute für »ihre Leute« nach §§ 428, 462, 485 HGB ist nur besonderer gesetzlicher Ausdruck dieses Rechtsgedankens.

Der Schuldner haftet auch für ein *Unterlassen* seines Gehilfen, wenn dieser die ihm übertragene Arbeit schuldhaft unterlässt.[21]

Die Unterlassungshaftung wird vornehmlich bei Leistungsstörungen infolge eines rechtswidrigen Streiks von Erfüllungsgehilfen erheblich.[22]

18 BGH NJW 1960, 669 (670 f.).
19 BGH NJW 1977, 2259 ff.
20 BGH NJW-RR 1989, 1183 (1184).
21 Zutreffend MüKoBGB/*Grundmann* § 278 Rn. 22; vgl. auch BGH NJW 1987, 3253.
22 BGH NJW 1977, 1875 ff.

19. Fall Sachverhalt

M hat seine über 80-jährige Mutter in die von V gemietete Wohnung aufgenommen. Frau M ist trotz ihres Alters geistig und körperlich noch recht rüstig. Als sie einmal allein in der Wohnung ist, benutzt sie, wie schon häufiger, die Waschmaschine. Sie vergisst aber, den Abflussschlauch in das Waschbecken zu hängen. Das Wasser läuft aus, dringt durch die Decke und richtet in der darunter liegenden Wohnung Schaden an. Der Vermieter V lässt den Schaden beseitigen und verlangt von M Ersatz der Kosten iHv 600 EUR. M meint, er brauche für die Kosten nicht aufzukommen. Weder ihn noch seine Mutter treffe ein Verschulden. Er legt ein inhaltlich unbestrittenes ärztliches Attest vor, aus dem sich ergibt, dass Frau M wegen periodischer, arteriosklerotischer Veränderungen für ihr Verhalten an dem fraglichen Tag nicht verantwortlich zu machen sei.

Steht V ein solcher Schadensersatz zu?

19. Fall Lösung

Schwerpunkte

- Bewahrungsgehilfe
- Schuldfähigkeit des Gehilfen

Gliederung

A. Schadensersatzanspruch des V gegen M nach § 280 I BGB

V könnte gegen M einen Schadensersatzanspruch iHv 600 EUR gem. § 280 I BGB haben.

I. Schuldverhältnis

Zwischen V und M liegt in Form eines Mietvertrages gem. § 535 I BGB ein Schuldverhältnis iSd § 280 I BGB vor.

II. Pflichtverletzung

M müsste eine Pflichtverletzung vorzuwerfen sein.

1. Eigene Pflichtverletzung

Aus dem Mietvertrag zwischen V und M ist M verpflichtet, die Mietsache mit der im Verkehr erforderlichen Sorgfalt zu behandeln (*Obhutspflicht als Nebenpflicht*). Da M die Waschmaschine nicht benutzt hat, hat er selbst nicht pflichtwidrig gehandelt.

> Hätte M selbst versäumt, für den ordnungsgemäßen Abfluss des Wassers aus der Waschmaschine zu sorgen, wäre er, sein Verschulden unterstellt, für den daraus entstandenen Schaden auch insoweit verantwortlich, als er an den ihm nicht mitvermieteten Teilen des Gebäudes eingetreten ist.

2. Gebrauchsüberlassung nach § 540 BGB

M könnte jedoch seine Pflichten als Mieter dadurch schuldhaft verletzt haben, dass er seiner Mutter den Gebrauch der Wohnung unbefugt überlassen hat.

> Bei schuldhaft unbefugter Gebrauchsüberlassung haftet der Mieter für alle (auch für zufällige) Schadensfolgen; in der unbefugten Gebrauchsüberlassung liegt die Vertrags-

pflichtverletzung.[1] Selbst bei befugter Überlassung des Gebrauchs haftet der Mieter nach § 540 II BGB für jedes Verschulden des Dritten.

§ 540 I BGB verbietet dem Mieter die weitere *Gebrauchsüberlassung ohne Erlaubnis* des Vermieters. Die Vorschrift betrifft jedoch nach allgemeiner Meinung nur die Überlassung *an Dritte zu selbstständigem Gebrauch* (Hauptfall ist die *Untermiete*). Dagegen ist die – auch länger dauernde – Aufnahme naher Familienangehöriger (Ehegatten, Kinder, auch Pflegekinder, Eltern) und von Arbeitnehmern sowie die vorübergehende Aufnahme von Gästen nicht als Gebrauchsüberlassung iSd § 540 BGB anzusehen.[2] M hat seine Mutter danach berechtigt in seine Wohnung aufgenommen. Eine Pflichtverletzung liegt nicht vor.

3. Zurechnung des Verschuldens von Frau M nach § 278 BGB

M könnte nach § 278 BGB für das Verhalten seiner Mutter einzustehen haben. Dann müsste Frau M in Erfüllung einer Verbindlichkeit des M gehandelt haben. Zu den Verbindlichkeiten des Mieters, bei deren Erfüllung ein Dritter eingeschaltet werden kann, zählen auch seine vertraglichen Nebenpflichten, wie Obhuts- und Schutzpflichten.[3] Frau M ist weder allgemein zur Erfüllung der Vertragspflichten eingesetzt noch im Einzelnen damit beauftragt worden. Doch ist sie mit *Wissen und Wollen* des M in dessen Rechts- und Pflichtbereich eingegliedert. Wenn der Schuldner und Schutzpflichtige (M) einen Dritten (Frau M) in seine Sphäre aufnimmt und dem Dritten insbesondere das Schutzobjekt überlässt, dann nimmt der Dritte die Sorgfaltspflichten tatsächlich wahr. Er ist als *funktionsbedingter Erfüllungsgehilfe* und als *Bewahrungsgehilfe*[4] anzusehen, für dessen Verhalten der Schuldner einzustehen hat (§ 278 BGB).

Der Schuldner haftet für das *Verschulden des Gehilfen*. Maßgebend sind die Verschuldenskriterien nach § 276 I 1 BGB. Der Maßstab der im Verkehr erforderlichen Sorgfalt wird allgemein nach *Berufs- und Verkehrskreisen* abgestuft (Sorgfalt eines ordentlichen Facharztes, Kaufmanns oder Handwerkers).[5] Dieser *Sorgfaltsmaßstab* ist im Rahmen des § 278 BGB nicht an die Person des Erfüllungsgehilfen, sondern an die des *Schuldners* anzulegen. Der Gehilfe hat also nicht nur die Sorgfalt eines ordentlichen Gehilfen, Arbeitnehmers oder gar Lehrlings anzuwenden, sondern diejenige Sorgfalt, die sein Geschäftsherr, der Schuldner, schuldet. Der Schuldner haftet also schon und nur dann, wenn er selbst, hätte er persönlich das Verhalten des Gehilfen gezeigt, verantwortlich gewesen wäre.[6] Mangelnde Fähigkeiten oder Eignung des Gehilfen entlasten den Schuldner nicht, eigene Eignungsmängel hätte der Schuldner hingegen selbst als Übernahmeverschulden zu vertreten.

Umstritten ist, ob aus diesen allgemein anerkannten Grundsätzen zur Anwendung des § 278 BGB folgt, dass es auf ein konkretes Verschulden sowie auf die Schuldfähigkeit (§§ 276 I 2, 827, 828 BGB) des Gehilfen nicht ankommt. Manche halten die Verschuldensfähigkeit des Gehilfen für entbehrlich.[7] Nach überwiegender Auffassung

---

1 Jauernig/*Teichmann* § 540 Rn. 1.
2 S. nur Palandt/*Weidenkaff* § 540 Rn. 5.
3 S. Fall 18.
4 Vgl. zum Begriff MüKoBGB/*Oetker* § 254 Rn. 138.
5 Jauernig/*Stadler* § 276 Rn. 29; Staudinger/*Caspers*, 2014, § 276 Rn. 29.
6 Vgl. etwa *Larenz* SchuldR I § 20 VIII aE; BGH NJW 1960, 1101.
7 *Esser/Schmidt* SchuldR AT I, 4. Aufl. 1970, § 39 II 3b; *Esser/Schmidt* SchuldR AT II § 27 I 3c; *Larenz* SchuldR I § 20 VIII.

kommt es für die *Schuldfähigkeit* auf die *Person des Gehilfen* an.[8] Eine Haftung des Schuldners ist nur dann begründet, wenn er selbst schuldhaft einen nicht voll verantwortlichen Gehilfen hinzugezogen hat.

Bei Verzicht auf die Verschuldensfähigkeit des Gehilfen würde der Schuldner, der einen Gehilfen beizieht, im Ergebnis für Zufall haften. Die Zurechnung des Verhaltens des Gehilfen, als ob es eigenes wäre, liefe auf die Fiktion eines Verschuldens hinaus. Zudem vermag die Mindermeinung den Fall der gesetzlichen Vertretung eines schuldunfähigen Schuldners nicht sachgerecht zu erfassen. Es ist deshalb ein schuldhaftes Verhalten des Gehilfen zu verlangen.

Frau M war infolge der arteriosklerotischen Veränderungen nach dem Sachverhalt nicht in der Lage, die Pflichtwidrigkeit ihres Tuns zu erkennen oder nach einer solchen Erkenntnis zu handeln. Sie war zumindest *vorübergehend verschuldensunfähig* (§§ 276 I 2, 827 S. 1 BGB). § 827 S. 1 BGB setzt nicht etwa eine Geisteskrankheit im psychiatrischen Sinne voraus. Es fehlt an einem Verschulden der Bewahrungsgehilfin, das M zu vertreten hätte. M haftet für den Wasserschaden nicht.

Obwohl § 829 BGB in § 276 I 2 BGB nicht aufgeführt ist, muss das Prinzip der *Billigkeitshaftung* wohl auch im Schuldverhältnis gelten.[9] Doch bietet der vorliegende Sachverhalt keinen ausreichenden Anhalt für die Bejahung der Haftung des M aus Pflichtverletzung iVm §§ 278, 276 I 2, 827, 829 BGB.

Dem M ist auch kein Schuldvorwurf daraus zu machen, dass er seine 80-jährige Mutter allein in der Wohnung ließ und ihr die Benutzung der Waschmaschine gestattete. Wasserschäden der hier vorliegenden Art sind zwar nicht selten, also voraussehbar. Es fehlte aber für M an einem konkreten Anlass, selbst besondere Vorsorge zur Vermeidung des Schadens zu treffen.

Es liegt daher keine dem M zurechenbare Pflichtverletzung iSd § 280 I BGB vor.

III. Ergebnis

Im Ergebnis hat V gegen M wegen mangelnder Schuldfähigkeit von dessen Mutter keinen Schadensersatzanspruch nach § 280 I BGB.

B. Schadensersatzanspruch des V gegen M nach § 832 I BGB

M ist als Sohn nicht kraft Gesetzes aufsichtspflichtig (§ 832 I BGB). Eine Aufsichtspflicht über Volljährige besteht grundsätzlich nur für den Betreuer und Pfleger (§§ 1896, 1909 BGB).

---

8 S. *Westermann* JuS 1961, 333 (335); Staudinger/*Caspers*, 2014, § 278 Rn. 68; Jauernig/*Stadler* § 278 Rn. 13.

9 Palandt/*Grüneberg* § 276 Rn. 6; s. auch MüKoBGB/*Grundmann* § 276 Rn. 166.

C. Schadensersatzanspruch des V gegen M nach § 832 II BGB

M könnte nach § 832 II BGB dem V zum Ersatz des Schadens verpflichtet sein. Dazu müsste M die Aufsicht über seine Mutter durch Vertrag übernommen haben. Ausdrücklich ist ein solcher Vertrag nicht geschlossen worden. Es kommt aber ein Vertragsschluss durch schlüssiges Handeln in Betracht. Das setzt jedoch voraus, dass M die Aufsichtsbedürftigkeit seiner Mutter wegen ihres geistigen und körperlichen Zustandes gekannt hat. Von einer Aufsichtsbedürftigkeit kann auch bei einer über 80-jährigen Frau nicht generell ausgegangen werden. Im konkreten Fall hatte M auch keinen Anlass, seine Mutter für aufsichtsbedürftig zu halten. Daher kommt eine schlüssige vertragliche Übernahme der Aufsicht durch regelmäßige und länger andauernde, tatsächliche Beaufsichtigung nicht in Betracht.[10] Auf die Exkulpationsmöglichkeit nach § 832 I 2 BGB braucht nicht eingegangen zu werden. Folglich besteht auch kein Schadensersatzanspruch des V gegen M nach § 832 II BGB.

D. Endergebnis zu Fall 19

V hat gegen M keinen Schadensersatzanspruch.

10 S. dazu BGH NJW 1968, 1874.

5. Kapitel. Erlöschen der Schuldverhältnisse

Übersicht
Erlöschen des Schuldverhältnisses

Gliederung

A. Erlöschensgründe einzelner Schuldnerpflichten
B. Erlöschen des Schuldverhältnisses als Ganzes

Beim Erlöschen der Schuldverhältnisse sind das Erlöschen einer einzelnen Schuldnerpflicht (*Schuldverhältnis im engeren Sinne*), etwa des Anspruchs auf Zahlung des Kaufpreises, durch Erfüllung und das Erlöschen des Schuldverhältnisses als Ganzes (*Schuldverhältnis im weiteren Sinne*), etwa durch Aufhebungsvertrag oder Kündigung eines Dauerschuldverhältnisses, zu unterscheiden.

A.	**Erlöschensgründe einzelner Schuldnerpflichten**
I.	Erfüllung (§ 362 BGB) oder Erfüllungssurrogate (§ 364 BGB)
II.	Aufrechnung (§§ 387 ff. BGB)
III.	Hinterlegung (§§ 372 ff. BGB)
IV.	Erlassvertrag (§ 397 I BGB)
V.	Negatives Schuldanerkenntnis (§ 397 II BGB)
VI.	Unmöglichkeit (§§ 275, 326 BGB)
VII.	Zweckerreichung
VIII.	Zweckfortfall
IX.	Novation (Schuldersetzung, Schuldumwandlung, § 311 I BGB)
X.	Konfusion
XI.	Wegfall der Geschäftsgrundlage (§ 313 BGB)
XII.	Abänderungsvertrag (§ 311 I BGB)
XIII.	Verwirkung (§ 242 BGB)

B.	**Erlöschen des Schuldverhältnisses als Ganzes**
I.	Aufhebungsvertrag (§ 311 BGB)
II.	Zeitablauf
III.	Kündigung
IV.	Rücktritt
V.	Tod eines Beteiligten, etwa bei höchstpersönlichen Leistungen (Tod des Arbeitnehmers oder Dienstverpflichteten, § 613 BGB; des Beauftragten, § 673 S. 1 BGB; eines Gesellschafters, § 727 BGB)

20. Fall Sachverhalt

F schuldete dem verstorbenen G noch 1.000 EUR aus einem Darlehen. Er zahlt den Betrag in bar an den 17-jährigen Sohn und Alleinerben S des G. S verbraucht das Geld für sich. Dessen Mutter M erfährt von alledem nichts. M bittet den F, das Darlehen an sie als Vertreterin des S zurückzuzahlen. Muss F an M (nochmals) zahlen?

20. Fall Lösung

Schwerpunkte

- Erfüllung
- Erfüllungstheorien
- Leistung an beschränkt Geschäftsfähigen

Gliederung

Anspruch des S gegen F auf Rückzahlung des Darlehens nach §§ 488 I 2, 1922 I BGB

Als Anspruchsgrundlage des S für die begehrte Rückzahlung des Darlehens, vertreten durch M, gegen F kommt §§ 488 I 2, 1922 I BGB in Betracht.

A. Vertretungsmacht der M für S

M hat nach dem Tod ihres Manns allein das Recht und die Pflicht der elterlichen Sorge (Personen- und Vermögenssorge) für den minderjährigen S (§§ 1626 I, 1629 I 1, 1681 I, 1680 I BGB). Als gesetzliche Vertreterin kann sie namens des S dessen Ansprüche geltend machen.

B. Entstehung des Darlehensrückzahlungsanspruchs nach § 488 I 2 BGB

F schuldete dem G 1.000 EUR nach § 488 I 2 BGB. S ist Alleinerbe des G. Nach § 1922 I BGB stand ihm die Darlehensforderung zu.

C. Erlöschen durch Erfüllung, § 362 BGB

Die Forderung könnte durch Erfüllung erloschen sein. Das Schuldverhältnis (im engeren Sinne) erlischt, wenn der Schuldner die geschuldete Leistung an den Gläubiger bewirkt (§ 362 I BGB). Es muss durch eine Leistungshandlung (zweckgerichtete, erfüllungsbezogene Handlung)[1] des Schuldners der Leistungserfolg eingetreten sein.

I. Die Übereignung als Leistungserfolg

F schuldete dem S als dem Alleinerben des G die Zahlung von 1.000 EUR. Er hat dem S diesen Betrag zwecks Erfüllung übergeben. Er müsste ihm auch das Eigentum verschafft haben. S ist minderjährig und daher nur beschränkt geschäftsfähig (§ 106 BGB). Der *Erwerb von Eigentum* (§ 929 S. 1 BGB) war für ihn aber grundsätzlich ein *lediglich rechtlich vorteilhaftes Geschäft*, zu dem er nicht der Zustimmung seiner Mutter bedurfte (§ 107 BGB).

Die Zustimmung könnte hier jedoch deshalb erforderlich sein, weil die Übereignung zum Zwecke der Erfüllung der Darlehensschuld erfolgte. Träte nämlich die *Erfüllungswirkung* infolge der Übereignung ein, verlöre S dadurch seine Forderung und erlitte einen *rechtlichen Nachteil*.[2]

Gegen diese Verknüpfung des zur Herbeiführung des Leistungserfolgs erforderlichen Rechtsgeschäfts mit der Erfüllungswirkung ist jedoch einzuwenden, dass die Erfüllungswirkung nicht unmittelbare rechtsgeschäftliche Folge der Übereignung, also nicht Inhalt des Übereignungsgeschäfts ist, sondern deren (gesetzliche) weitere Folge. Ob diese weitere Folge eines neben der Übereignung stehenden, besonderen Erfüllungsgeschäfts (*Erfüllungsvertrags*) bedarf, wird sogleich zu untersuchen sein. Selbst wenn das der Fall sein sollte, wäre die Übereignungswirkung von der Wirksamkeit des Erfüllungsgeschäfts nach dem *Abstraktionsgrundsatz* unabhängig. Der Zweck der Übereignung gehört nicht zum Inhalt des Übereignungsgeschäfts, wenn er nicht durch Vereinbarung (etwa einen Bedingungszusammenhang) einbezogen wird.

Eine andere Auffassung vertreten *Ehmann*[3] und *Flume*[4]. Nach ihrer Ansicht liegt wegen fehlender Einigung über den Zweck der Übereignung keine wirksame Eigentumsverschaffung vor, wenn etwa A zur Erfüllung einer Lieferschuld aus Kauf übereignen wollte, während B meinte, die Sache als Geschenk zu erhalten. Einschränkend schreibt *Ehmann*,[5] dass maßgeblich sei, was die Parteien bezüglich der Abhängigkeit von Übereignung und Zweck im Zweifel gewollt hätten. Da der Verkehr aber an die Abstrahierung von der Zweckerreichung gewöhnt sei, müsse im Zweifel von ihr ausgegangen werden. Dasselbe muss aber wohl auch für das angeführte Beispiel gelten.

Danach ist S Eigentümer der an ihn gezahlten Geldscheine im Wert von 1.000 EUR geworden. Der tatsächliche Leistungserfolg ist eingetreten.

II. Leistung an einen beschränkt Geschäftsfähigen

Wenn eine rechtsgeschäftliche Leistung an einen beschränkt Geschäftsfähigen bewirkt wird, dann kann nach hM der beschränkt Geschäftsfähige zwar etwa das

1 S. Fall 4.
2 Insoweit anders *Harder* JuS 1977, 149; dagegen zustimmend Palandt/*Ellenberger* § 107 Rn. 2; *Boecken* BGB AT Rn. 349.
3 *Ehmann* Gesamtschuld 164 ff.
4 *Flume* BGB AT II § 12 III 5c.
5 *Ehmann* Gesamtschuld 164 f.

Eigentum an den ihm durch Übereignung geleisteten Sachen erwerben. Die *Erfüllungswirkung* tritt jedoch nur ein, wenn der gesetzliche Vertreter an der Erfüllung mitwirkt. Das folgt daraus, dass dem beschränkt Geschäftsfähigen die Verwaltung seines Vermögens nicht zusteht (§ 1626 BGB). Die Einziehung von Forderungen bzw. die Annahme einer geschuldeten Leistung ist ein Akt der Vermögensverwaltung. Als Gläubiger iSd § 362 I BGB ist in diesen Fällen der gesetzliche Vertreter anzusehen. Er und nicht sein Mündel ist empfangszuständig.[6]

Die *Empfangszuständigkeit des gesetzlichen Vertreters* kann in verschiedener Weise ausgeübt werden: Er kann die geschuldete Leistung selbst entgegennehmen, er kann aber auch den Mündel zur Annahme ermächtigen oder dessen Annahme genehmigen (analog §§ 107, 108 BGB; wohl nicht §§ 362 II, 185 BGB, da der Mündel nicht Dritter ist). Schließlich kann der gesetzliche Vertreter dem Mündel die Forderung auch zur freien Verfügung überlassen (Umkehrschluss aus §§ 1664, 1924 BGB). Ob es dagegen ausreichend ist, dass der vom Mündel entgegengenommene Schuldgegenstand später nur tatsächlich in die Hand des gesetzlichen Vertreters gelangt ist, mag zweifelhaft sein, ist aber wohl anzunehmen.

> Ob die Annahme einer geschuldeten Leistung Verfügung über die Forderung ist, sodass die Vorschriften über Rechtsgeschäfte unmittelbar anzuwenden sind, ist umstritten. Die Frage ist zu verneinen, da die Erfüllungswirkung gesetzliche Folge der ordnungsgemäßen Leistungsbewirkung und nicht Inhalt eines auf dieses Ziel gerichteten, verfügenden Rechtsgeschäfts[7] ist.

Im vorliegenden Fall ist durch die Auszahlung der 1.000 EUR an S die Erfüllungswirkung nicht eingetreten. Die M hat der Annahme der geschuldeten Leistung nicht zugestimmt und diese auch nicht nachträglich genehmigt nach § 185 BGB.

> S war zwar zunächst um die 1.000 EUR ungerechtfertigt bereichert, da der Erfüllungszweck nicht erreicht wurde. Er hat das Geld aber nicht mehr, da er es verbraucht hat. S schuldet dem F daher Wertersatz nach § 818 II BGB. Soweit er durch die Ausgabe des Geldes keine eigenen Aufwendungen erspart, etwa solche Ausgaben gemacht hat, die er sonst nicht gemacht hätte, und soweit er auch Gegenwerte nicht mehr in Händen hat, ist S nicht mehr bereichert und nach § 818 III BGB von seiner Rückzahlungspflicht frei. § 819 I BGB (verschärfte Haftung bei Kenntnis vom Fehlen des Rechtsgrunds) ist zulasten des minderjährigen S nicht anwendbar.[8]

D. Ergebnis

Da die Forderung des S gegen F nach §§ 488 I 2, 1922 I BGB noch besteht, ist der Darlehensrückzahlungsanspruch des durch M vertretenen S begründet. F muss daher noch einmal zahlen.

6 S. zur Empfangszuständigkeit etwa *Looschelders* SchuldR AT § 17 Rn. 4 ff.; *Jacoby/v. Hinden* § 107 Rn. 6; *Medicus/Petersen* BürgerlR Rn. 171.

7 Richtig *Esser/Schmidt* SchuldR AT I § 17 II 2; MüKoBGB/*Fetzer* § 362 Rn. 8.

8 Vgl. Palandt/*Sprau* § 819 Rn. 4; MüKoBGB/*Schwab* § 819 Rn. 84; *Medicus/Petersen* BürgerlR Rn. 176; differenzierend MüKoBGB/*Schwab* § 819 Rn. 9.

Allgemeines zum Eintritt der Erfüllungswirkung

Im Ergebnis besteht Übereinstimmung darin, dass die *tatsächliche Bewirkung des Leistungserfolgs noch nicht Erfüllung* ist. Erforderlich ist in jedem Falle, dass auch der *Erfüllungszweck* erkennbar geworden ist.[9] Der tatsächlich eingetretene Erfolg muss gerade im Hinblick auf die infrage stehende Schuld herbeigeführt worden sein.

Dieses Erfordernis lässt sich leicht einsichtig machen, wenn man bedenkt, dass mit einer Zuwendung *unterschiedliche Zwecke* verfolgt werden können. Deutlichstes Beispiel sind die Fälle des § 366 BGB (Anrechnung der Leistung auf mehrere Forderungen): S schuldet G 1.000 EUR aus Kauf, 1.000 EUR aus Darlehen und 1.500 EUR als Schadensersatz, außerdem hat G gerade Geburtstag. S zahlt (überweist) 1.000 EUR ohne nähere Angaben. Auf welche Schuld ist dieser Betrag gezahlt? Ist er vielleicht ein Geburtstagsgeschenk, wie G meint? Lässt sich ein Geschenk mit den Mitteln der Auslegung nicht ausschließen, ist § 366 BGB unanwendbar, da die Vorschrift voraussetzt, dass *causa solvendi* (erfüllungszweckdienlich) geleistet wurde. In diesem Fall lässt sich nicht bestimmen, welchen Zweck S mit der Zahlung verfolgte. Es lässt sich keine Beziehung zu einem der möglichen Rechtsgrundverhältnisse herstellen. Die Zahlung ist rechtlich »zwecklos«. S kann entweder den Zweck nachträglich (aber wohl nur mit *ex nunc*-Wirkung) bestimmen oder den Betrag mit der Nichtleistungskondiktion (Leistung ist zweckgerichtete Vermögensmehrung) nach § 812 I 1 Alt. 2 BGB zurückfordern, sofern G nicht aufrechnet. Lässt sich die Schenkung allerdings ausschließen, bleibt nur eine Erfüllungsleistung. Dann ist zur Bestimmung der getilgten Schuld § 366 II BGB anzuwenden.

Unabdingbare Voraussetzung des Eintritts der Erfüllungswirkung nach § 362 I BGB ist eine *Zweckbestimmung des Schuldners* in Bezug auf die Erbringung der geschuldeten Leistung.[10] Die *Rechtsnatur der Leistungszweckbestimmung*, die seit den Anfängen des BGB umstritten ist, wird mit den verschiedenen *Erfüllungstheorien* umschrieben. *Rechtsgeschäftliche Erfüllungstheorien*, nach denen das Erlöschen der Schuld entweder auf einer vertraglichen Vereinbarung zwischen Schuldner und Gläubiger oder auf einem einseitigen Rechtsgeschäft des Schuldners beruht (*rechtsgeschäftlicher Tilgungsakt*), stehen *nichtrechtsgeschäftlichen Erfüllungstheorien* gegenüber, nach denen die Rechtsfolge der Erfüllung ausschließlich aufgrund des tatsächlichen Bewirkens der geschuldeten Leistung eintritt (*realer Tilgungsakt*).[11]

Zwischen der Lehre von der Erfüllung eines Schuldverhältnisses nach § 362 I BGB und der Lehre von der Leistungskondiktion nach § 812 I 1 Alt. 1 BGB besteht aus der Sicht der Rechtsdogmatik ein Kongruenzverhältnis. Die Rechtsnatur der Zweckbestimmung einer Leistung verhält sich hinsichtlich des kondiktionsrechtlichen Leistungsbegriffs spiegelbildlich zur Erfüllungstheorie.

---

9 Palandt/*Grüneberg* § 362 Rn. 1.

10 S. allgemein zum Erfordernis eines vertragsmäßigen und schuldbezogenen Verhaltens des Schuldners bei der Schuldtilgung oben Fall 4 1. Fallvariante B. I.

11 S. die grundlegende Darstellung der Erfüllungstheorien bei *Gernhuber* Erfüllung § 5 II, der zwischen den Vertragstheorien, den Theorien des einseitigen Erfüllungsgeschäfts, der Theorie der realen Leistungsbewirkung, den Zweckvereinbarungstheorien und der Theorie der finalen Leistungsbewirkung unterscheidet; *Looschelders/Erm* JA 2014, 161 (162 f.).

I. Vertragstheorie

Nach der Vertragstheorie ist stets eine *Einigung über den Erfüllungszweck* erforderlich.[12] Diese Lehre geht davon aus, dass der Erfüllungszweck (die causa solvendi) der rechtsgeschäftlichen Vereinbarung durch die Parteien bedarf, auf die die Vorschriften des BGB über Willenserklärungen und Rechtsgeschäfte anwendbar sind.

II. Beschränkte Vertragstheorie

Die beschränkte Vertragstheorie hält einen Erfüllungsvertrag nur dann für erforderlich, wenn die geschuldete *Erfüllungshandlung in einem Rechtsgeschäft* besteht (etwa Übereignung, Abtretung). Im Übrigen genüge jedoch die reale Bewirkung der Leistung (etwa Leistung des geschuldeten Dienstes, Herstellung des Werks).[13]

III. Theorie der realen Leistungsbewirkung

Nach der wohl auch heute noch vorherrschenden und namentlich die höchstrichterliche Rechtsprechung bestimmenden Theorie der realen Leistungsbewirkung kommt es nur darauf an, dass durch die *Leistungshandlung* der geschuldete Leistungserfolg tatsächlich herbeigeführt wird. Auch dort, wo zur Erfüllung ein Rechtsgeschäft abzuschließen ist, kommt es nur darauf an, ob es den geschuldeten Erfolg (etwa die Übereignung, Übergang der Forderung) herbeiführt. Einer besonderen Einigung über die Erfüllung bedarf es daneben nicht.[14]

IV. Theorie der finalen Leistungsbewirkung

Nach dem Lösungsansatz der *Theorie der finalen Leistungsbewirkung*[15] ist zwar eine rechtsgeschäftliche Erfüllungsvereinbarung nicht erforderlich, notwendig ist aber eine *einseitige Zweckbestimmung* durch den Leistenden, die als geschäftsähnliche Handlung oder als ein einseitiges Rechtsgeschäft zu verstehen ist.[16] Das Erfordernis einer Zweckbestimmung folgt aus dem für die Erfüllung maßgeblichen Leistungsbegriff, der im Bereicherungsrecht vergleichbar gilt und auf diese Weise zu sachgerechten Lösungen sowohl innerhalb der Erfüllungslehre als auch im Bereicherungsrecht führt. Auch wenn ein Schuldner nur eine und nicht mehrere Leistungen schuldet, besteht ein schutzwürdiges Interesse an der Rechtserheblichkeit seiner Tilgungsbestimmung; hingewiesen wird dazu auf eine möglicherweise beabsichtige Aufrechnung oder auf die Geltendmachung möglicher Einwendungen gegen die Forderung.[17]

---

12 *Ehmann* Gesamtschuld 82 ff., 164 ff.

13 So etwa *Blomeyer* SchuldR AT § 38 II 1; *Enneccerus/Lehmann* SchuldR § 60 I, II; *Fikentscher/Heinemann* SchuldR Rn. 314; *Westermann/Bydlinski/Weber* SchuldR AT Rn. 19/6 f.

14 So etwa BGH NJW 2010, 3510 (3513); *Larenz* SchuldR I § 18 I 5; MüKoBGB/*Fetzer* § 362 Rn. 7; *Looschelders* SchuldR AT § 17 Rn. 20.

15 *Gernhuber* Erfüllung § 5 II 8; Staudinger/*Olzen*, 2016, Vorbem. zu §§ 362 ff. Rn. 13.

16 *Beuthien* Zweckerreichung 282 ff.; *Gernhuber* Erfüllung § 5 II 8; *Bülow* JuS 1991, 529 (531); Staudinger/*Olzen*, 2016, Vorbem. zu §§ 362 ff. Rn. 13 mwN.

17 *Bülow* JuS 1991, 529 (531).

V. Objektive Finalität der Leistungsbewirkung

Nicht zu überzeugen vermag der vertragsrechtliche Lösungsansatz (Vertragstheorie, beschränkte Vertragstheorie), der der Wirklichkeit des Erfüllungsvorgangs als solchem nicht gerecht wird. Die rechtliche Struktur des Eintritts der Erfüllung nach § 362 I BGB verlangt keine Verfügung des Gläubigers über die Forderung.[18] Auch aus § 816 BGB folgt nichts anderes. Wenn ein Realakt oder ein Unterlassen als Leistungsgegenstand geschuldet ist, kommt eine rechtsgeschäftliche Erfüllungsvereinbarung einer Fiktion gleich.[19] Auch die Regelung des § 366 BGB spricht gegen eine vertragsrechtliche Theorie.[20]

Die Theorie der realen Leistungsbewirkung vermag in ihrer rigiden Form, in der auf ein finales Element im Sinne eines zweckgerichteten Handelns verzichtet wird, auch nicht zu überzeugen. Sie sollte freilich trotz mancher Formulierungen im Schrifttum[21] (es sei entscheidend, ob der gewünschte »Erfolg« eingetreten, etwa der Käufer »wie auch immer« Eigentümer geworden sei) nicht so verstanden werden, als komme es allein auf den realen Eintritt des geschuldeten Erfolgs an. In dieser strengen Form wird die Theorie heute kaum noch vertreten.[22] Erforderlich ist daher stets ein *schuldbezogenes* (zweckgerichtetes) Handeln des Schuldners (oder des Dritten, der die Leistung nach § 267 BGB bewirkt). Für ein anderes Verständnis spricht auch nicht das oft angeführte Beispiel der Erfüllung einer Unterlassungspflicht, die eintreten soll, wenn der Schuldner einfach die Handlung unterlässt, ohne dabei an die Schuld zu denken. Auch hier macht eine »ständige Phase finaler Passivität«[23] die Erfüllung aus. Dabei genügt ein »Mitbewusstsein« ohne ständiges und aktuelles »Darandenken«.

Auch das Beispiel des Malers, der ein Haus im Zustand der Zurechnungsunfähigkeit anstreicht, während der Gläubiger schläft, ist kein Beleg für jene strenge Fassung der Erfüllungstheorie. Solange der Maler überhaupt noch einen (natürlichen) Willen bilden kann, genügt das, um seinem Handeln einen erkennbaren und auch rechtlich relevanten Erfüllungszweck beizulegen.

Im Übrigen ist die erforderliche Zweckbestimmung entsprechend den Prinzipien der Auslegung von Willenserklärungen vorzunehmen. Sie muss dem Schuldner zurechenbar sein und wird inhaltlich fixiert nach der Verstehbarkeit für den Gläubiger (Empfängerhorizont). Die Zwecksetzung ist jedoch keine (empfangsbedürftige) Willenserklärung, sodass es jedenfalls für den Zeitpunkt der Erfüllung nicht auf die Möglichkeit der Kenntnisnahme ankommt.

Auch wenn der Maler das Haus in der Nacht oder während der Abwesenheit des Schuldners anstreicht, erfüllt er.

Die Theorie der finalen Leistungsbewirkung beschreibt die objektive Finalität des Schuldnerhandelns zutreffend.[24] Anders als nach der Theorie der realen Leistungs-

18 Jauernig/*Stürner* § 362 Rn. 2.
19 *Fikentscher/Heinemann* SchuldR Rn. 315; Staudinger/*Olzen*, 2016, Vorbem. zu §§ 362 ff. Rn. 14.
20 Palandt/*Grüneberg* § 362 Rn. 1.
21 S. etwa *Esser/Schmidt* SchuldR AT I § 17 II.
22 Zu früheren Auffassungen s. *Beuthien* Zweckerreichung 11 f.
23 *Esser/Schmidt* SchuldR AT I § 6 I 4.
24 AA BGH NJW 1991, 1294 (1295); BAG NJW 1993, 2397; Palandt/*Grüneberg* § 362 Rn. 1 mwN.

bewirkung wird nach der Theorie der finalen Leistungsbewirkung der Leistungsbegriff nach § 362 I BGB inhaltlich im Gleichklang mit dem bereicherungsrechtlichen Leistungsbegriff hinsichtlich der Zweckbestimmung definiert.[25] Die Leistungskondiktion stellt nichts anderes als die Umkehrung des Erfüllungsvorgangs dar.[26] Die Leistungszweckbestimmung des Schuldners im Sinne einer objektiv-finalen Leistungsbewirkung ist weder Willenserklärung noch Realakt, sondern ist als eine geschäftsähnliche Handlung[27] zu qualifizieren.

25 Nach hM ist unter einer Leistung im Bereicherungsrecht die bewusste zweckgerichtete Mehrung fremden Vermögens zu verstehen, s. *Larenz/Canaris* SchuldR II/2 § 67 II 1d mwN.

26 *Larenz/Canaris* SchuldR II/2 § 67 II 1d mwN.

27 *Gernhuber* Erfüllung § 5 II 8.

21. Fall Sachverhalt

S schuldete dem G 10.000 EUR aus einem Kaufvertrag. Da S bei Fälligkeit nicht zahlen kann, bietet er dem G die Abtretung einer Forderung über 10.000 EUR an, die er gegen A hat. Obwohl die Forderung gegen A erst in vier Wochen fällig ist, geht G auf das Angebot ein.

1. Fallvariante:

Nach Ablauf von vier Wochen verlangt G von A unter Vorlage einer Abtretungsurkunde Zahlung. A reagiert weder auf diese noch auf eine weitere Zahlungsaufforderung. G fordert jetzt den S zur Zahlung gegen Rückabtretung der Forderung gegen A auf.

Zu Recht?

2. Fallvariante:

G macht die Forderung gegen A nicht alsbald nach Fälligkeit geltend. Erst vier Monate später tritt er an A heran, muss aber feststellen, dass dieser kurz zuvor seine Zahlungen eingestellt hat. G verlangt jetzt von S Begleichung der Schuld. S wendet ein, die Insolvenz des A sei unabwendbar, daher werde die Forderung gegen A nicht bezahlt werden. Hätte G jedoch den A auch nur innerhalb von drei oder vier Wochen nach Fälligkeit in Anspruch genommen, hätte dieser die Schuld bezahlen können und unbestreitbar bezahlt. Infolge der Säumnis des G sei er (S) geschädigt und brauche deshalb nicht zu bezahlen.

Zu Recht?

21. Fall Lösung

Schwerpunkte

- Leistung erfüllungshalber
- Pflichten des Gläubigers

Gliederung

1. Fallvariante

Anspruch des G gegen S nach § 433 II BGB

G könnte gegen S einen Anspruch auf Zahlung des Kaufpreises iHv 10.000 EUR gem. § 433 II BGB haben.

A. Entstehung des Kaufvertrags

Ein Zahlungsanspruch des G gegen S aus Kaufvertrag iHv 10.000 EUR hat zunächst bestanden (§ 433 II BGB).

B. Erlöschen des Anspruchs nach § 364 BGB

Der Anspruch könnte dadurch erloschen sein, dass G anstelle der 10.000 EUR die Abtretung der Forderung des G gegen A in gleicher Höhe angenommen hat.

I. Leistung an Erfüllungs statt, § 364 I BGB

Zu erwägen ist, ob G die Abtretung der Forderung gegen A an Erfüllungs statt angenommen hat.

1. Begriff, Rechtsnatur und Rechtsfolgen

Schon aus der Fassung des Gesetzes (§ 364 I BGB) ergibt sich, dass die Erfüllungswirkung der Hingabe und Annahme eines anderen Gegenstands als des ursprünglich geschuldeten eine Einigung der Parteien voraussetzt. Nach der Konstruktion des Gesetzes liegt ein Realvertrag vor, dh ein einverständliches Geben und Nehmen als Erfüllung anstelle des ursprünglich Geschuldeten.

Die Vereinbarung über die Leistung an Erfüllungs statt kann schon im ursprünglichen Vertrag oder später irgendwann vor der Leistung des anderen Gegenstands geschlossen werden. Wird die Vereinbarung schon im ursprünglichen Vertrag geschlossen, dann liegt in der Regel eine *Ersetzungsbefugnis* (*facultas alternativa*) vor; der Schuldner soll primär die ursprüngliche Schuld erfüllen, kann aber auch durch Leistung eines bestimmten anderen Gegenstands erfüllen. Der Gläubiger muss dann den anderen Gegenstand annehmen. Die Ersetzungsbefugnis des Schuldners ist das Recht, an Erfüllungs statt zu leisten.

> Beim Kauf eines Neuwagens unter *Inzahlungnahme des Gebrauchtwagens* (Anrechnung des Gebrauchtwagenpreises auf den Neuwagenpreis) kann eine vertraglich vereinbarte *Ersetzungsbefugnis* vorliegen. Der Käufer ist berechtigt, den Gebrauchtwagen als Teil des Kaufpreises für den Neuwagen zu leisten.[1] Der Autohändler vermied früher oftmals aus steuerrechtlichen Gründen den Erwerb des Gebrauchtwagens, den er statt dessen entweder als Vertreter im Namen des Neuwagenkäufers oder im eigenen Namen für Rechnung des Neuwagenkäufers (Kommission) verkaufte; in einem solchen Fall übernimmt der Händler die Verpflichtung zur Veräußerung des Gebrauchtwagens (sog. *Agenturvertrag*).[2]

Wird die Vereinbarung erst nach Vertragsschluss geschlossen, liegt entweder gleichfalls die Einräumung einer *Ersetzungsbefugnis* vor oder eine *Novation* (Schuldumwandlung); im Fall der Schuldumwandlung ist nur noch der andere Gegenstand geschuldet.

Wenn Leistung an Erfüllungs statt vereinbart ist und Erfüllungswirkung eintritt, dann hat der Schuldner *wie ein Verkäufer Gewähr zu leisten* (§ 365 BGB). Bei Rechts- und Sachmängeln gelten die §§ 434 ff. BGB für die Vereinbarung nach § 364 I BGB, nicht für das gesamte ursprüngliche Schuldverhältnis. Tritt der Gläubiger nach § 437 Nr. 2 BGB zurück, so erhält der Schuldner das an Erfüllungs statt Geleistete zurück.[3] Dem Gläubiger ist die ursprüngliche Forderung wiederzubeschaffen.[4] Das gilt nach dem Grundsatz der Naturalrestitution (§ 249 I BGB) auch, wenn der Gläubiger Schadensersatz nach § 437 Nr. 3 BGB verlangt. Die Forderung entsteht nicht von selbst, sondern muss neu bestellt werden, wenn der Gläubiger Minderung nach § 437 Nr. 2 BGB wählt, jedoch nur in Höhe des Minderwertes.[5] Die Recht-

1 BGH NJW 1967, 553; 1984, 429; in BGH NJW 1982, 1700 wurde über den Gebrauchtwagen des Käufers ein besonderer Kaufvertrag abgeschlossen und der Kaufpreis mit dem Neuwagenpreis verrechnet.

2 Dazu BGH NJW 1980, 2191; KG NJW 1983, 2326. Seit Inkrafttreten des § 25a UStG sind die steuerlichen Gründe für einen Agenturvertrag jedoch hinfällig.

3 S. dazu ausführlich Jauernig/*Stürner* §§ 364, 365 Rn. 3.

4 Jauernig/*Stürner* §§ 364, 365 Rn. 3; *Jacoby/v. Hinden* § 364 Rn. 4; Palandt/*Grüneberg* § 365 Rn. 2; *Medicus/Lorenz* SchuldR AT Rn. 280; *Brox/Walker* SchuldR AT § 14 Rn. 6.

5 *Medicus/Lorenz* SchuldR AT Rn. 280; aA *Fikentscher/Heinemann* SchuldR Rn. 322.

sprechung[6] gibt jedoch unmittelbar einen Anspruch auf Erfüllung der ursprünglichen Forderung.

> Infolge der Erfüllungswirkung nach § 364 I BGB erlöschen nach hM mit der ursprünglichen Forderung auch die für diese bestellten Sicherheiten (etwa Pfandrechte, Bürgschaften).[7]

2. Auslegungsregel des § 364 II BGB

Die Leistung an Erfüllungs statt muss wegen der weitreichenden Rechtsfolgen eindeutig (nicht notwendig ausdrücklich) vereinbart werden. Maßgebend ist die Auslegung der Vereinbarung. Für einen besonderen Fall gibt § 364 II BGB eine Auslegungsregel. Im Zweifel liegt keine Leistung an Erfüllungs statt vor, wenn der Schuldner zum Zwecke der Befriedigung des Gläubigers eine neue Verbindlichkeit übernimmt, etwa eine *Wechselschuld* eingeht oder einen *Scheck* gibt. Diese gesetzliche Auslegungsregel ist auch dann anzuwenden, wenn nicht der Schuldner selbst eine neue Verbindlichkeit eingeht, sondern dem Gläubiger eine Forderung gegen einen Dritten abtritt oder wenn eine Forderung gegen einen Dritten neu begründet wird. In allen Fällen dieser Art liegt, wenn nicht eindeutig etwas anderes vereinbart ist, nur eine sog. Leistung *erfüllungshalber* vor. Durch sie wird die ursprüngliche Schuld nicht getilgt.

Im vorliegenden Fall hat S dem G die Forderung gegen A zum Zweck der Erfüllung abgetreten. Da nicht hinreichend deutlich eine Leistung an Erfüllungs statt vereinbart wurde, muss davon ausgegangen werden, dass G die Forderung nur erfüllungshalber angenommen hat. Durch die Abtretung ist die Kaufpreisschuld nicht getilgt worden.

> Auch die Leistung erfüllungshalber bedarf jeweils einer Vereinbarung. Der Gläubiger braucht sich nicht auf ein vom ursprünglichen Schuldinhalt abweichendes Leistungsangebot einzulassen.

II. Leistung erfüllungshalber, § 364 II BGB

Aufgrund der erfüllungshalber erfolgten Abtretung der Forderung des S gegen A an G könnte dem S gegen G ein Leistungsverweigerungsrecht (§§ 273, 274 BGB) zustehen.

Dem G ist die Forderung des S gegen A wirksam erfüllungshalber abgetreten worden. Nach ihrer typischen Zwecksetzung (und daher keiner ausdrücklichen Vereinbarung bedürfend) bedeutet die Annahme einer Leistung erfüllungshalber, dass *die ursprüngliche Schuld weiter besteht*.[8] Sie erlischt erst dann, wenn die dem Gläubiger erfüllungshalber verschaffte Forderung ihrerseits erfüllt worden ist (oder sich der Gläubiger aus dem erfüllungshalber hingegebenen sonstigen Gegenstand befriedigt hat).

> Der Gläubiger ist verpflichtet, zunächst aus dem erfüllungshalber Angenommenen seine Befriedigung zu suchen. Er hat sich damit einverstanden erklärt, dass die Verschaffung der anderweitigen Forderung ein Erfüllungsversuch sein soll. Daraus ergibt sich zugleich, dass der Gläubiger die ursprüngliche Forderung solange nicht geltend machen darf, bis er das zu seiner Befriedigung nach Treu und Glauben Erforderliche getan hat. Es tritt eine der Stundung vergleichbare Hemmung der Durchsetzbarkeit der ursprünglichen Forde-

---

6 BGH NJW 1967, 553 (554).
7 *Fikentscher/Heinemann* SchuldR Rn. 322; anders *Esser/Schmidt* SchuldR AT I § 18 I 2.
8 *Looschelders* SchuldR AT § 17 Rn. 24.

rung ein (§§ 157, 242 BGB), die als *Leistungsverweigerungsrecht* (Einrede) zu werten ist.[9] Ferner ist der Gläubiger verpflichtet, seine Befriedigung aus dem erfüllungshalber Angenommenen mit der im Verkehr erforderlichen Sorgfalt zu suchen.[10] Zwischen ihm und dem Schuldner entsteht durch die Leistung erfüllungshalber ein *auftragsähnliches Rechtsverhältnis* sui generis,[11] das ihn zur Erhaltung und sorgfältigen Verwertung der Leistung verpflichtet, wobei er die Interessen des Schuldners zu wahren hat. Der Gläubiger muss aus dem erfüllungshalber angenommenen Gegenstand mit verkehrsüblicher Sorgfalt Befriedigung suchen.

Wie weit die vorrangige Pflicht des G zur Befriedigung aus der erfüllungshalber angenommenen Forderung gegen A reicht und wie lange daher die Einrede der Stundung erhoben werden kann, wird unterschiedlich beurteilt. Nach einer alten Entscheidung des Reichsgerichts soll der Gläubiger die abgetretene Forderung einklagen und einen Vollstreckungsversuch unternehmen müssen,[12] es sei denn, es handelt sich um eine Klage mit zweifelhafter Erfolgsaussicht.[13] Doch ist darauf zu achten, dass sich der Pflichtenkreis des Gläubigers nicht ohne entsprechende Abreden übermäßig erweitert,[14] zumal der Gläubiger meist im Interesse des Schuldners eine andere als die geschuldete Leistung erfüllungshalber annimmt. Der Gläubiger soll dem Schuldner das *Prozesskosten-* und das *Zeitrisiko* nicht abnehmen. Hat der Gläubiger aber ohne Zustimmung des Schuldners einen Vergleich über die abgetretene Forderung geschlossen, dann muss er darlegen, dass ihm die volle Durchsetzung der Forderung nicht möglich war.[15] Die mit der Verwertung verbundenen Kosten trägt der Schuldner (§ 670 BGB).[16]

Geht man davon aus, hat G seinen Pflichten dadurch genügt, dass er den A alsbald zur Zahlung aufgefordert hat. Indem A nicht zahlte, ist die Stundung hinfällig geworden. G kann nunmehr auf seine ursprüngliche Kaufpreisforderung zurückgreifen. Mit seinem Angebot, die ihm abgetretene Forderung Zug um Zug an S rückabzutreten, kommt er lediglich dessen Einrede nach §§ 273, 274 BGB zuvor.

III. Zwischenergebnis

Der Anspruch ist daher nicht untergegangen.

C. Ergebnis

Der Anspruch des G gegen S auf Zahlung der 10.000 EUR gem. § 433 II BGB gegen Rückabtretung der Forderung ist begründet.

---

9 BGH NJW 1986, 424 (426); MüKoBGB/*Fetzer* § 364 Rn. 13; aA Palandt/*Grüneberg* § 364 Rn. 8, demzufolge keine Stundung, sondern ein vorübergehender Ausschluss der Klag- oder Vollstreckbarkeit gewollt ist; differenzierend Staudinger/*Olzen*, 2016, § 364 Rn. 28, der bei Vorliegen des Schuldnerverzugs von einem vorübergehenden Ausschluss der Klagbarkeit ausgeht, ansonsten ebenfalls eine Stundungsvereinbarung annimmt.

10 BGH NJW 1986, 424 (426); MüKoBGB/*Fetzer* § 364 Rn. 12.

11 RGZ 160, 1; Staudinger/*Olzen*, 2016, § 364 Rn. 25.

12 RGZ 59, 190 (192).

13 So OLG Nürnberg WM 1976, 967.

14 Ebenso Staub/*Würdinger/Röhricht*, Handelsgesetzbuch, 3. Aufl. 1970, HGB Vorbem. § 373 Rn. 208.

15 RGZ 160, 1.

16 BGH NJW 1984, 2573; MüKoBGB/*Fetzer* § 364 Rn. 12.

2. Fallvariante

Fraglich ist, ob nun G gegen S einen Zahlungsanspruch iHv 10.000 EUR gem. § 433 II BGB hat.

A. Einredefreiheit des Anspruchs nach § 433 II BGB

Es steht fest, dass sich G aus der Forderung gegen A nicht mehr befriedigen kann. Die Forderung besteht einredefrei.

B. Erlöschen des Anspruchs durch Aufrechnung nach § 389 BGB

S macht geltend, G hätte Befriedigung erlangt, wenn er die Forderung rechtzeitig gegen A geltend gemacht hätte. Die Äußerung des G ist dahin zu verstehen, dass G mit einem Gegenanspruch aus *Pflichtverletzung (§ 280 I BGB) des auftragsähnlichen Rechtsverhältnisses* der Leistung erfüllungshalber die Aufrechnung (§ 387 BGB) mit der Wirkung der Erfüllung (§ 389 BGB) erklärt (§ 388 BGB).

I. Aufrechnungserklärung

Die Aufrechnungserklärung ist ein einseitiges Rechtsgeschäft (empfangsbedürftige Willenserklärung), durch das der Aufrechnende über seine Forderung verfügt und das zugleich eine Verfügung über die Gegenforderung enthält. Die Aufrechnungserklärung nach § 388 BGB erfolgte konkludent durch die Geltendmachung des Gegenanspruchs. Die Rechtslage wird gestaltet, die beiderseitigen Forderungen erlöschen.

II. Aufrechnungslage

Als Aufrechnungslage bezeichnet man die Voraussetzungen der Aufrechnung.

1. Gegenseitigkeit der Forderungen

Die Hauptforderung (Passivforderung) – das ist die Forderung des Aufrechnungsgegners (G), gegen die der Aufrechnende (S) die Aufrechnung erklärt – ist vorliegend die Kaufpreisschuld aus dem Kaufvertrag zwischen G und S. Die Gegenforderung (Aktivforderung) – das ist die Forderung des Aufrechnenden (S), mit der dieser gegen die Forderung des Aufrechnungsgegners (G) aufrechnet – ist vorliegend die Forderung nach § 280 I BGB in Verbindung mit dem auftragsähnlichen Rechtsverhältnis der Leistung erfüllungshalber. Das Vorliegen dieser Gegenforderung ist nunmehr zu prüfen.

G hat die erfüllungshalber angenommene Forderung gegen A nicht nur zeitlich vor der ursprünglichen Forderung, sondern auch mit verkehrsüblicher Sorgfalt geltend zu machen. Die Vereinbarung einer Leistungsannahme erfüllungshalber begründet ein auftragsähnliches Rechtsverhältnis.[17] G war verpflichtet, für die Erhaltung und sorgfältige Verwertung der abgetretenen Forderung zu sorgen.[18] G musste mit verkehrsüblicher Sorgfalt aus der erfüllungshalber übernommenen Forderung Befriedigung suchen.

Diese Verpflichtung hat G dadurch verletzt, dass er nach Eintritt der Fälligkeit gegen A nichts unternahm; weder mahnte er den A, noch hat er die Forderung alsbald nach ihrer Fälligkeit an S zurück übertragen. Die Pflichtverletzung (§ 280 I 1 BGB) ist fahrlässig und damit von G zu vertreten (§ 280 I 2 BGB). Die Pflichtverletzung ist auch kausal für die Nichtbezahlung durch A. A hätte laut Sachverhalt alsbald nach Fälligkeit noch zahlen können und wollen. Jetzt ist die Forderung wertlos, da A zahlungsunfähig ist.

Hätte sich G aus der abgetretenen Forderung gegen A ordnungsgemäß (zeitnah) nach Fälligkeit befriedigt, wäre er auch wegen seiner Forderung gegen S befriedigt worden. Daher ist S um die Befreiung von seiner Schuld gebracht worden. G hat S so zu stellen, als sei S von seiner Verpflichtung gegenüber G dadurch befreit worden, dass A an G auf die abgetretene Forderung geleistet hat (§ 249 I BGB). Naturalrestitution ist infolge der Zahlungsunfähigkeit des A unmöglich. Deshalb hat G dem S Ersatz iHv 10.000 EUR zu leisten (§ 251 I BGB). S hat einen Anspruch gegen G nach § 280 I BGB. Die Gegenseitigkeit der Forderungen liegt vor.

2. Gleichartigkeit der Forderungen

Geldschulden sind gleichartig.

3. Wirksamkeit der Forderungen

Beide Forderungen bestehen. Die Gegenforderung ist erzwingbar und einredefrei (§ 390 BGB).

4. Fälligkeit der Gegenforderung

Die Gegenforderung des aufrechnenden S nach § 280 I BGB ist fällig (§ 271 BGB).

Im Ergebnis stehen sich beide Forderungen aufrechenbar gegenüber. Infolge der Aufrechnung ist die Schuld des S in Höhe der Gegenforderung nach § 389 BGB erloschen. G hat keinen Zahlungsanspruch mehr gegen S.

C. Ergebnis

G hat gegen S keinen Anspruch auf Zahlung des Kaufpreises iHv 10.000 EUR gem. § 433 II BGB.

17 S. nur MüKoBGB/*Fetzer* § 364 Rn. 12 (Rechtsverhältnis *sui generis*).
18 Schon RGZ 160, 1.

22. Fall Sachverhalt

S schuldet der Bank B-AG 70.000 EUR aus einem Darlehen. Die Schuld soll mit 10% jährlich verzinst und spätestens am 1.6.2018 zurückgezahlt werden. Ende 2017 deponiert S von seiner Mutter geerbten Schmuck im Wert von 80.000 EUR in einem Tresor der B-AG. Der mit der Aufsicht im Tresorraum betraute Bankangestellte A entwendet den Schmuck am 1.3.2018, verkauft ihn und verwendet den Erlös für sich.

Als S am 15.5.2018 von dem Diebstahl seines Schmuckes erfährt, erklärt er die Aufrechnung seiner Ersatzforderung gegen die B-AG mit deren Darlehensforderung, die sich einschließlich der Zinsen und Kosten per 1.3.2018 auf 79.500 EUR und per 16.5.2018 auf 81.000 EUR beläuft. Die B-AG verlangt Rückzahlung des Darlehens. Zu Recht?

22. Fall Lösung

Schwerpunkt
- Aufrechnung

Gliederung

Darlehensrückzahlungsanspruch der B gegen S nach § 488 I 2 BGB

Die B-AG könnte einen Anspruch gegen S auf Rückzahlung des ihm gewährten Darlehens iHv 70.000 EUR nebst 10% Jahreszinsen nach § 488 I 2 BGB haben.

A. Entstehung des Anspruchs

Da die B-AG dem S einen Barkredit iHv 70.000 EUR gegeben hat, der mit 10% Zinsen jährlich verzinst und bis zum 1.6.2018 zurückgezahlt werden soll, ist ein Rückzahlungsanspruch nach § 488 I 2 BGB entstanden.

B. Erlöschen des Anspruchs durch Aufrechnung, § 389 BGB

Der Darlehensrückzahlungsanspruch könnte infolge der Aufrechnung[1] durch S gegenüber B erloschen sein (§§ 387, 389 BGB).

I. Aufrechnungserklärung, § 388 BGB

Die erforderliche Aufrechnungserklärung des S gegenüber B liegt vor.

Zwei Forderungen, die sich aufrechenbar gegenüberstehen, erlöschen nicht von selbst (so im gemeinen Recht, *ipso iure compensator*), sondern erst durch eine *rechtsgestal-*

1 Zur Aufrechnung s. *Lorenz* JuS 2008, 951; *Looschelders* SchuldR AT § 18 Rn. 1 ff.; *Musielak/Hau* GK BGB Rn. 259 ff.; *Westermann/Bydlinski/Weber* SchuldR AT Rn. 19, 22 ff.

tende Aufrechnungserklärung, die als empfangsbedürftige Willenserklärung des einen Teils gegenüber dem anderen abzugeben ist (§ 388 S. 1 BGB). Eine bedingte oder zeitbestimmte Aufrechnungserklärung ist unwirksam (§ 388 S. 2 BGB).

> Von der *Aufrechnung* als *einseitigem Rechtsgeschäft*, durch das der Aufrechnende über seine Forderung verfügt, ist der nicht im BGB geregelte *Aufrechnungsvertrag* (§ 311 I BGB) zu unterscheiden, in dem die Vertragsparteien die Verrechnung der beiderseitigen Forderungen vereinbaren.

II. Aufrechnungslage, § 387 BGB

Das Bestehen einer Aufrechnungslage iSd § 387 BGB ist Voraussetzung der Aufrechnung. Zwei Forderungen sind aufrechenbar, wenn folgende Bedingungen erfüllt sind:

1. Gegenseitigkeit (Wechselseitigkeit) der Forderungen

Die beiden Forderungen müssen zwischen dem Aufrechnenden und dem Aufrechnungsgegner bestehen. Beide Beteiligten müssen sowohl Gläubiger als auch Schuldner des anderen sein.[2] Die Forderung des Aufrechnenden nennt man *Gegenforderung* oder *Aktivforderung*, die Forderung gegen den Aufrechnenden nennt man *Hauptforderung* oder *Passivforderung*.[3]

> Vom Erfordernis der Gegenseitigkeit der Forderungen wird abgesehen in § 406 BGB (Aufrechnung gegenüber dem neuen Gläubiger bei der Forderungsabtretung), § 268 II BGB (Ablösungsrecht des Dritten, wenn der Gläubiger die Zwangsvollstreckung in einen dem Schuldner gehörenden Gegenstand betreibt), § 1142 II BGB (Befriedigungsrecht des Eigentümers des mit einer Hypothek belasteten Grundstücks gegenüber dem Gläubiger), § 1224 BGB (Befriedigung des Pfandgläubigers durch den Verpfänder).

Der Darlehensrückzahlungsanspruch der B-AG gegen S ist die Hauptforderung gegen den Aufrechnenden S im Sinne der Gegenseitigkeit der Forderungen nach § 387 BGB. Die Gegenforderung des Aufrechnenden S besteht, wenn S gegen die B-AG einen Anspruch auf Schadensersatz aus Pflichtverletzung des Mietvertrags über das Schließfach im Tresor der B-Bank (§§ 280 I, 535 ff. BGB) hat.

> Die *Miete des Schließfachs* ist kein Verwahrungs- oder Depotvertrag. Dieser setzt voraus, dass nicht nur der Raum zur Aufbewahrung überlassen, sondern auch die Obhut übernommen wurde.[4]

Aus dem Sicherungszweck der Schließfachmiete ergeben sich Nebenpflichten dahin, den Tresor in besonderer Weise zu sichern, insbesondere die Zutrittsmöglichkeiten sorgsam zu überwachen und die im Besitz der Bank verbliebenen Schlüssel sorgfältig aufzubewahren. Der entsprechende Vertrag begründet obhutsähnliche Pflichten der Bank gegenüber dem Kunden, dem Mieter des Schließfachs.

Die B-AG hat ihre Sicherungspflicht aus dem Mietvertrag nicht selbst verletzt. Die Wahrnehmung dieser Pflicht oblag dem Bankangestellten A, der mit Wissen und Wollen der B-AG bei einer dieser obliegenden Verbindlichkeit tätig wurde und inso-

2 *Westermann/Bydlinski/Weber* SchuldR AT Rn. 19/25.
3 *Brox/Walker* SchuldR AT § 16 Rn. 4; *Looschelders* SchuldR AT § 18 Rn. 4.
4 Palandt/*Weidenkaff* Einf. v. § 535 Rn. 19.

weit Erfüllungsgehilfe der B-AG ist (§ 278 BGB).[5] Bei dem Diebstahl durch A handelt es sich um ein Fehlverhalten nicht nur bei Gelegenheit, sondern in Erfüllung der Sicherungspflicht. A ist zwar nicht »zum Diebstahl angestellt«, aber die Verhinderung von Zugriffen Unbefugter auf die Tresorinhalte gehört gerade zu seinen dienstlichen Pflichten. Die Gefahr, für deren Verhinderung A zuständig war, hat sich durch sein vorsätzliches Tun gerade realisiert. Insoweit unterscheidet sich der Fall von der Gestaltung, in der etwa ein Anstreichergehilfe während einer Arbeitspause in anderen Räumen des Auftraggebers Schmuck entwendet.[6] A hat die Überwachungspflicht schuldhaft verletzt. Nach § 278 BGB hat die B-AG die schuldhafte Pflichtverletzung des A wie eigenes Verschulden zu vertreten. Sie haftet dem S nach § 280 I BGB auf Schadensersatz in Höhe des Wertes des entwendeten und nicht wiederzubeschaffenden Schmucks (§ 251 I BGB). Die B-AG schuldet dem S 80.000 EUR.

Der Anspruch des S gegen R ist möglicherweise auch nach § 831 BGB begründet. A ist als Arbeitnehmer weisungsgebunden und daher Verrichtungsgehilfe der B-AG. Er hat rechtswidrig sowohl das Eigentum des S verletzt (§ 823 I BGB), als auch den Tatbestand des § 823 II BGB iVm § 242 StGB erfüllt. Es ist Sache der B-AG, den Entlastungsbeweis nach § 831 I 2 BGB zu führen.

2. Gleichartigkeit der Forderungen

Die wechselseitigen Forderungen müssen ihrem Gegenstande nach gleichartig sein (§ 387 BGB); sie müssen denselben Inhalt haben. Deshalb sind nur Geld- und Gattungsschulden aufrechenbar; in der Praxis wird nur Geld gegen Geld aufgerechnet, kaum andere Gegenstände (Getreide gegen Getreide). Die einander gegenüberstehenden Forderungen sind beide auf Zahlung von Geld gerichtet und daher gleichartig.

> Unterschiedliche Höhe oder fehlende Konnexität (rechtlicher Zusammenhang) der Forderungen sowie Verschiedenheit der Leistungsorte (§ 391 BGB) hindern die Gleichartigkeit der Forderungen nicht. *Ungleichartig* sind etwa Zahlungs- und Schuldbefreiungsanspruch[7] oder eine Geldschuld und ein Herausgabeanspruch (§ 667 oder §§ 812, 816 BGB).[8] Bei Ungleichartigkeit besteht für gegenseitige (§ 320 BGB) oder konnexe (§ 273 BGB) Forderungen ein Zurückbehaltungsrecht.

3. Durchsetzbarkeit der Gegenforderung

Der Durchsetzung der Forderung des Aufrechnenden dürfen keine rechtlichen Hindernisse entgegenstehen. Die Gegenforderung muss grundsätzlich im Zeitpunkt der Aufrechnungserklärung *wirksam, einredefrei* (§ 390 BGB), *fällig* (§ 387 BGB) und *klagbar* sein.

> Ausnahmsweise bleibt die einmal entstandene Aufrechnungslage erhalten, auch wenn die Gegenforderung im Zeitpunkt der Aufrechnungserklärung nicht mehr durchsetzbar ist. So schließt die *Verjährung* der Gegenforderung die Aufrechnung dann nicht aus, wenn die Forderung bei Eintritt der Aufrechnungslage noch nicht verjährt war (§ 215

5 Zum Begriff des Erfüllungsgehilfen s. Fall 18.
6 S. dazu ausführlich Fall 18.
7 BGH NJW 1967, 1275 (1276 f.).
8 BGH NJW 1978, 1625; aA aber Soergel/*Schreiber* § 387 Rn. 6 mit der Begründung, es handele sich bei dem Herausgabeanspruch auf das Erlangte um einen reinen Geldanspruch, gegen den aufgerechnet werden könne.

BGB). Weitere Ausnahmen bilden § 392 BGB (Aufrechnung gegen beschlagnahmte Forderung) und § 406 BGB (Aufrechnung gegenüber dem neuen Gläubiger bei Abtretung der Forderung).

Die Voraussetzungen der Durchsetzbarkeit der Gegenforderung (Wirksamkeit, Einredefreiheit, Fälligkeit und Klagbarkeit) liegen hier vor. Die Schadensersatzforderung des S ist am 1.3.2018 entstanden und sogleich fällig geworden (§ 271 I BGB). Sie war es auch noch am 15.5.2018 im Zeitpunkt der Aufrechnungserklärung. Gründe, aus denen sich Einreden oder die Unklagbarkeit ergeben, sind nicht ersichtlich.

4. Erfüllbarkeit der Hauptforderung

Die Forderung gegen den Aufrechnenden muss erfüllbar (§ 271 BGB), braucht aber nicht durchsetzbar sein. Denn dem aufrechnenden Schuldner steht es frei, eine einredebehaftete oder nicht fällige Forderung zu erfüllen.[9] Entscheidend ist der *Zeitpunkt der Aufrechnungserklärung*. Zu dieser Zeit war die Forderung der B-AG zwar noch nicht fällig, dh, die B-AG konnte die Zahlung von S noch nicht verlangen (erst ab 1.6.2018). Doch durfte S den Kredit auch vor diesem Zeitpunkt zurückzahlen (rückzahlbar spätestens am 1.6.2018). Die Forderung der B-AG war daher zur Zeit der Aufrechnungserklärung erfüllbar.

Zur Erfüllbarkeit einer Forderung vor Eintritt der Fälligkeit s. die *Auslegungsregel* des § 271 II BGB. Diese Vorschrift gilt dann nicht, wenn sich aus Gesetz, Vertrag oder aus den Umständen etwas anderes ergibt. So folgt aus § 488 III 3 BGB, dass ein verzinsbares Darlehen ohne eine entsprechende Vereinbarung nicht vorzeitig zurückbezahlt werden kann,[10] denn die Darlehensgewährung gegen Zinsen dient auch Kapitalanlagezwecken. Es ist eine Auslegung im Einzelfall erforderlich.

Die Hauptforderung ist dann nicht erfüllbar, wenn sie beschlagnahmt ist (§ 392 BGB; vergleiche § 829 ZPO). Sie ist aber erfüllbar, selbst wenn sie nicht klagbar ist.

5. Ausschluss der Aufrechnung durch ein Aufrechnungsverbot

Auch wenn eine Aufrechnungslage, wie vorliegend, gegeben ist, ist die Aufrechnung dann ausgeschlossen, wenn ein Aufrechnungsverbot eingreift. Ein Aufrechnungsverbot kann *kraft Gesetzes* bestehen (§§ 392–395 BGB) oder *rechtsgeschäftlich* vereinbart sein.

a) Ausschluss der Aufrechnung kraft Gesetzes

§ 393 BGB lässt die Aufrechnung gegen eine Forderung aus einer vorsätzlich begangenen, unerlaubten Handlung (Hauptforderung) nicht zu.[11] Wer aus vorsätzlicher unerlaubter Handlung schuldet, soll als *Deliktsschuldner* tatsächlich Schadensersatz leisten. Doch kann der Gläubiger dieser Deliktsschuld mit einer Gegenforderung des Deliktsschuldners gegen ihn aufrechnen und so auf eine tatsächliche Bezahlung der Deliktsschuld »verzichten«. Im vorliegenden Fall kann nur die B-AG nicht aufrechnen, wenn sie aus vorsätzlicher unerlaubter Handlung schuldet. § 393 BGB steht einer Aufrechnung des S nicht entgegen.

---

9 *Looschelders* SchuldR AT § 18 Rn. 7.
10 BGH NJW 1975, 1507 (1509).
11 S. etwa BGH NJW 2009, 3508.

Es kommt vorliegend nicht darauf an, ob die B-AG aus einer vorsätzlich begangenen, unerlaubten Handlung schuldet. Das ist zudem nicht der Fall, da die B-AG zwar über § 278 BGB wegen vorsätzlicher Pflichtverletzung schuldet, nicht aber wegen vorsätzlicher unerlaubter Handlung. Sie haftet deliktisch nur nach § 831 BGB wegen vermuteten eigenen (Auswahl- und Überwachungs-)Verschuldens, das nicht als vorsätzliches Verschulden vermutet wird.

Nach § 394 BGB besteht ein Aufrechnungsverbot gegen eine *unpfändbare* Forderung. Der mit der Unpfändbarkeit (§§ 850 ff. ZPO) bezweckte Schutz des Existenzminimums soll nicht durch eine Aufrechnung ausgehöhlt werden.[12] Entgegen § 394 BGB lässt die Rechtsprechung[13] die Aufrechnung mit einer Forderung aus vorsätzlich begangener, unerlaubter Handlung auch gegen eine unpfändbare Forderung zu, wenn beide Forderungen aus demselben Lebensverhältnis (etwa Arbeitsverhältnis) stammen (§ 242 BGB).

Nach § 395 BGB ist aus bürokratischen Gründen die Aufrechnung gegen eine Forderung des Bundes, eines Landes, einer Gemeinde oder eines Kommunalverbandes dann ausgeschlossen, wenn der Aufrechnende *nicht an dieselbe Kasse* zu zahlen hat (keine Aufrechnung einer Gebührenpflicht mit einem Steuererstattungsanspruch).

Auch gegen eine *beschlagnahmte* Hauptforderung kann der Schuldner nicht aufrechnen, es sei denn, dass sich die Forderungen schon vor der Beschlagnahme aufrechenbar gegenüberstanden (§ 392 BGB – bezweckt den Erhalt der Haftungssumme). Einer Bank ist nicht gestattet, gegen eine Guthabenforderung des Bankkunden aufzurechnen, wenn sie ihre Gegenforderung in nicht banküblicher Weise allein zu diesem Zweck erworben hat.[14]

b) Ausschluss der Aufrechnung kraft vertraglicher Vereinbarung

Die Aufrechnung könnte vorliegend auch durch vertragliche Vereinbarung ausgeschlossen sein. Nach Ziffer 4 AGB-Banken kann der Kunde eine Forderung gegen die Bank nur insoweit aufrechnen, als seine Forderung *unbestritten* oder *rechtskräftig* festgestellt ist.

Dieser *Aufrechnungsausschluss*, der einem schutzwürdigen Interesse der Bank dient und dessen Rechtswirksamkeit anerkannt ist, soll verhindern, dass der Kunde unter Berufung auf eine Aufrechnung mit einer bestrittenen oder jedenfalls nicht anerkannten Forderung die Begleichung seiner Bankschulden verweigert. Dieses Verbot steht jedoch unter dem *Vorbehalt des § 242 BGB*. Die Bank kann sich nicht darauf berufen, wenn sie kein berechtigtes Schutzinteresse hat. Das ist jedenfalls dann der Fall, wenn der Anspruch des Kunden nach Grund und Höhe feststeht und auf einer schuldhaften Verletzung desselben Rechtsverhältnisses beruht, aus dem sich der Anspruch der Bank ergibt.[15]

Der Berufung der B-AG auf den Aufrechnungsausschluss in ihren AGB steht vorliegend § 242 BGB entgegen. Es widerspricht dem Grundsatz von Treu und Glauben, wenn die Bank die tatsächliche Rückzahlung des Kredits auch dann verlangt, wenn eine vorsätzliche Vertragsverletzung der Bank feststeht. Die Aufrechnung ist daher nicht ausgeschlossen.

---

12 *Westermann/Bydlinski/Weber* SchuldR AT Rn. 19, 34.
13 Seit RGZ 85, 108 (117); BGH NJW 1959, 1275.
14 BGH NJW 1987, 2997.
15 BGH NJW 2002, 2779.

III. Rückwirkung der Aufrechnung (§ 389 BGB)

Die Aufrechnung bewirkt das *Erlöschen der wechselseitigen Forderungen*, soweit sie sich decken, und zwar mit *Rückwirkung* auf den Zeitpunkt des Entstehens der Aufrechnungslage (§ 389 BGB).

> Zweck der Vorschrift ist es, dass Parteien, die sich mit aufrechenbaren Forderungen gegenüberstehen, sich wirtschaftlich nicht mehr als Schuldner zu betrachten brauchen. Deshalb ordnet das Gesetz die Rückwirkung der Aufrechnung auf den Zeitpunkt an, in dem sich die Forderungen erstmals aufrechenbar gegenüberstanden. Der Normzweck verlangt eine *einschränkende Auslegung* der Vorschrift dahin, dass die Rückwirkung nur dann gelten kann, wenn jedenfalls der Schuldner der Hauptschuld zur Zeit des Beginns der Aufrechnungslage aufrechnen konnte. Konnte zu dieser Zeit nur der Gläubiger aufrechnen, gilt die Rückwirkung nicht.

Da S vom Zeitpunkt der Entstehung seiner Gegenforderung an zur Aufrechnung berechtigt war, wirkte die am 15.5.2018 erklärte Aufrechnung auf den 1.3.2018 zurück. Von diesem Zeitpunkt an schuldete S nicht mehr. Die inzwischen aufgelaufenen Zinsen fallen, soweit sich die Forderungen am 1.3.2018 deckten, weg. Am 1.3.2018 standen sich die Ersatzforderung des S iHv 80.000 EUR und die Kreditforderung der B-AG iHv 79.500 EUR aufrechenbar gegenüber. Da die Hauptforderung der B-AG durch die Gegenforderung des S voll gedeckt war, erlosch die gesamte Forderung der B-AG am 1.3.2018.

Auf die Verteilungsgrundsätze der §§ 396 II, 367 BGB (Verrechnung erst auf die Kosten, dann auf die Zinsen und erst dann auf die Hauptschuld) kommt es vorliegend nicht an.

IV. Ergebnis zur Aufrechnung

Da die Gegenforderung des S nur zum Teil durch die Aufrechnung verbraucht ist, bleibt ihm noch ein restlicher Zahlungsanspruch gegen die B-AG iHv 500 EUR.

C. Durchsetzbarkeit des Anspruchs

Mangels rechtshindernder Einreden ist der Anspruch auch durchsetzbar.

D. Gesamtergebnis

Die B-AG hat gegen S nur noch einen Rückzahlungsanspruch iHv 500 EUR gem. § 488 I 2 BGB. → Ne hier wurde was verdreht! S hat gegen die Bank einen Anspruch iHv. 500 €. Die Bank hat keinen Anspruch mehr.

6. Kapitel. Die Abtretung

Übersicht
Der Abtretungsvertrag (§§ 398 ff. BGB)

Gliederung

A. Begriff und Rechtsnatur der Abtretung

Die Abtretung (*Zession*) ist ein Vertrag (§ 398 BGB) zwischen dem alten Gläubiger (*Zedent*) und dem neuen Gläubiger (*Zessionar*). Gegenstand der Zession ist die Übertragung der Forderung des Zedenten gegen den Schuldner auf den Zessionar. Die Abtretung führt zum Übergang der Forderung auf den neuen Gläubiger; mit Abschluss des wirksamen Abtretungsvertrags verliert der alte Gläubiger seine Forderung. Die Abtretung einer Forderung ist eine rechtsgeschäftliche Übertragung eines Gläubigerrechts auf einen Dritten, der damit neuer Gläubiger wird.

Die *Abtretung* ist kein Verpflichtungsgeschäft, sondern ein im Schuldrecht geregeltes *Verfügungsgeschäft* über eine Forderung.

> Andere im Schuldrecht geregelte Verfügungsgeschäfte sind der Erlassvertrag (§ 397 BGB) und die Aufrechnung (§§ 387 ff. BGB).

Doch liegt der Abtretung regelmäßig ein Verpflichtungsgeschäft als Rechtsgrund der Verfügung zugrunde. Der Zessionar erwirbt die Forderung, doch verleiht ihm die Abtretung nicht die Stellung einer Vertragspartei; die Rechte und Pflichten aus dem Vertrag gehen nicht ohne Weiteres in ihrer Gesamtheit (Schuldverhältnis im weiteren Sinne) durch die Abtretung auf den Erwerber der Forderung über.

Im Zessionsrecht gilt das *Abstraktionsprinzip*. Nicht anders als die Verfügungen des Sachenrechts (etwa die Übertragung des Eigentums an einer beweglichen Sache nach § 929 BGB oder an einem Grundstück nach §§ 873, 925 BGB) ist die Abtretung ein *abstraktes Verfügungsgeschäft*.[1] Die Wirksamkeit des Abtretungsvertrags ist rechtlich

1 *Petersen* JURA 2014, 278.

unabhängig von der Wirksamkeit des zugrunde liegenden Verpflichtungsgeschäfts (Kausalgeschäft). Doch bedarf die Abtretung eines Rechtsgrunds (*causa*), um nach Bereicherungsrecht (§§ 812 ff. BGB) kondiktionsfest zu sein. So berührt die *Nichtigkeit des Kausalgeschäfts* grundsätzlich nicht die *Wirksamkeit der Abtretung*, doch steht dem Zedenten gegen den Zessionar ein *Bereicherungsanspruch* auf Rückabtretung der Forderung zu.

Nach § 413 BGB ist das Zessionsrecht auf die *Übertragung anderer Rechte* als schuldrechtlicher Forderungen (etwa Immaterialgüterrechte, Miterbenanteil am Nachlass) grundsätzlich anwendbar. § 413 BGB ist subsidiär und Zessionsrecht dann nicht anzuwenden, wenn besondere Vorschriften die Übertragung der anderen Rechte (etwa die Übertragung von Sachenrechten) regeln.

B. Rechtsgrundabreden im Kausalgeschäft

Das Verpflichtungsgeschäft, das den Rechtsgrund (causa) der Abtretung als abstraktes Verfügungsgeschäft enthält, kann hinsichtlich des Forderungserwerbs durch den Zessionar schuldrechtliche Beziehungen zum Zedenten begründen und auf unterschiedliche Weise regeln.

I. Vollrechtsübertragung

Die Abrede über den Rechtsgrund der Forderungsabtretung im Verpflichtungsgeschäft kann auf die *volle Übertragung des Gläubigerrechts* gerichtet sein. Beispiele sind das Diskontgeschäft, das Factoring, die Schenkung und die Leistung an Erfüllungs statt oder erfüllungshalber.

1. Diskontgeschäft

Unter Diskontgeschäft versteht man allgemein den entgeltlichen Erwerb einer nicht fälligen Forderung unter Abzug von Zwischenzinsen (Zins für die Zeit zwischen Vertragsschluss und Fälligkeitstag), Kosten und Provision. Die *Diskontierung* ist eine Art *Forderungskauf*. Der Diskonteur (Zessionar) erwirbt die Forderung, die er bei Fälligkeit im eigenen Namen und auf eigene Rechnung geltend macht, ohne weitere schuldrechtliche Beschränkung; der Diskontant (Zedent) behält auch keinen schuldrechtlichen Einfluss auf die übertragene Forderung.

In § 1 I Nr. 3 KWG wird der Ankauf von *Wechseln* und *Schecks* als Diskontgeschäft bezeichnet. *Diskonteur* ist regelmäßig eine Bank (Diskontbank). Bei Drei-Monats-Wechseln (Fälligkeit drei Monate nach Ausstellung) ermöglicht die Diskontierung dem Diskontanten, sich vor Fälligkeit Bargeld zu verschaffen (Wechselkredit).[2]

2. Factoring

Grundgedanke des Factoring-Geschäfts[3] ist der Aufkauf von erst später fällig werdenden Forderungen bei sofortiger Zahlung. Der Klient verkauft und zediert seine

2 Ausführlich zum Diskontgeschäft: *Baumbach/Hefermehl/Casper*, Wechselgesetz, Scheckgesetz, Recht der kartengeschützten Zahlungen, 23. Aufl. 2008, WG Art. 11 Rn. 11 ff.

3 S. zum Factoring unten Fall 24; zur Einführung *Fischinger* JA 2005, 651.

Kundenforderung an eine Bank (den Factor); die Bank zahlt dem Klienten sofort den Wert der Forderung unter Abzug eines Diskonts, der das Entgelt für die Leistungen des Factors (Zwischenzinsen, Risikoübernahme und sonstige Geschäftsbesorgungen) darstellt.

Beim *echten Factoring* trägt der Factor, der die Forderung im eigenen Namen und auf eigene Rechnung geltend macht, das *wirtschaftliche Risiko* für die Bonität der Forderung.

Das Factoring-Geschäft erfüllt mehrere Funktionen.

(1) *Finanzierungsfunktion* (Kreditierungsfunktion): Durch die sofortige Zahlung der erst später fällig werdenden Forderung gegen den Drittschuldner erhält der Factoring-Kunde eine Art Kredit von dem Factor.

(2) *Dienstleistungsfunktion* (Geschäftsbesorgungsfunktion): Ein wesentlicher Unterschied des Factoring-Vertrags zur Aufnahme eines Kredits liegt in der Übernahme verschiedener Geschäftsbesorgungsfunktionen durch die Bank (etwa Überwachung der Zahlungseingänge, Erstellung von Umsatzstatistiken, Leitung des Mahnwesens).

(3) *Kreditversicherungsfunktion* (Delkrederefunktion): Die Risikoübernahme für die Zahlungsfähigkeit des Schuldners (*Bonität der Forderung*) ist Merkmal des echten Factorings. Der Verkäufer der Forderung haftet nur für den Bestand (*Verität*) der Forderung.

Beim *unechten Factoring* fehlt die Kreditversicherungsfunktion; die Factoring-Bank versichert den Kredit nicht. Der Factor übernimmt nicht das Delkredere-Risiko; er behält sich den *Rückgriff* auf den ursprünglichen Gläubiger, den Klienten des Factoring-Geschäfts und Verkäufer der Forderung, vor. Im Vordergrund des unechten Factorings steht die Finanzierungsfunktion. Es handelt sich eher um ein *Kreditgeschäft*, bei dem die Bank eine Sicherheit für das von ihr gewährte Darlehen erhält. Im Unterschied dazu handelt es sich beim echten Factoring eher um einen *Kaufvertrag* über Forderungen.

3. Schenkung

Rechtsgrund einer vollen Übertragung der Forderung kann auch ein Schenkungsvertrag sein. Wird die Schenkung sofort vollzogen, weil zugleich die Abtretung der Forderung erfolgt, liegt eine *Hand-* oder *Realschenkung* (§ 516 I BGB) vor.

> Auch bei der *Handschenkung* sollte zwischen schuldrechtlichem Kausalgeschäft (Schenkungsvertrag) und dinglichem Verfügungsgeschäft (hier: Forderungsabtretung) unterschieden werden.[4]

4. Leistung an Erfüllungs statt oder erfüllungshalber

Die Rechtsgrundabrede ergibt, ob die Forderungsabtretung an Erfüllungs statt (§ 364 I BGB) oder nur erfüllungshalber erfolgt. Bei der Abtretung von Forderungen ist im Zweifel eine Leistung erfüllungshalber gewollt (etwa beim Diskontgeschäft), da der Zessionar dann auf seine ursprüngliche Forderung gegen den Zedenten zurückgreifen will, wenn die abgetretene Forderung mangels Bonität nicht realisierbar ist.

4 Vgl. MüKoBGB/*Koch* § 516 Rn. 14.

II. Treuhand

Anstelle einer vollen Rechtsübertragung kann Inhalt der Rechtsgrundabrede auch die *Vereinbarung einer Treuhand* die *causa* der Zession sein.

1. Sicherungsabtretung

Bei der Sicherungsabtretung tritt der Zedent eine Forderung an den Zessionar *zur Sicherung einer Forderung* des Zessionars gegen den Zedenten ab. Vorteil der Sicherungsabtretung gegenüber einer Verpfändung der Forderung ist, dass es keiner Anzeige an den Schuldner (vgl. § 1280 BGB) bedarf. Der Sicherungsnehmer erlangt im *Außenverhältnis* die volle Gläubigerstellung, ist aber aufgrund der Sicherungsabrede des schuldrechtlichen Sicherungsvertrags im *Innenverhältnis* verpflichtet, von der Zession nur Gebrauch zu machen, wenn der Zedent seinen Verpflichtungen nicht nachkommt. Die dingliche Sicherungsabtretung ist entweder durch Tilgung der Schuld des Zedenten beim Sicherungsnehmer *auflösend bedingt*, oder es besteht eine Verpflichtung zur *Rückübertragung* der Forderung auf den Zedenten.

2. Inkassozession

Nicht anders als bei der Sicherungsabtretung geht bei der Inkassozession die Forderung auf den Zessionär über. Auch der Inkassozession liegt eine *Treuhandcausa* zugrunde. Bei der Inkassozession ist Zweck der Forderungsabtretung, dass der Zessionar die Forderung zwar *im eigenen Namen*, aber *für Rechnung des Zedenten* beim Schuldner einzieht (etwa ärztliche Verrechnungsstellen für Arzthonorare). Der Zedent als Treugeber wird nicht nur in der Zwangsvollstreckung und in der Insolvenz *wirtschaftlich als der Inhaber* der Forderung behandelt,[5] sondern auch bei der Aufrechnung.[6] Die Inkassozession wird zunehmend von dem unechten Factoring-Geschäft verdrängt, bei dem die Bank die Forderung unter geringem Eigenrisiko unter Abzug prozentualen Entgelts für die Einziehung und Vorfinanzierung abkauft.

III. Einziehungsermächtigung

Bei der Einziehungsermächtigung (*Inkassomandat*) liegt keine Zession und damit kein Forderungsübergang vor. Der Ermächtigende, der nicht nur *wirtschaftlich*, sondern auch *rechtlich* Gläubiger der Forderung bleibt, ermächtigt einen Dritten, den Ermächtigten, die fremde Forderung des Gläubigers *im eigenen Namen* (nicht als Stellvertreter des Gläubigers) geltend zu machen. Der Gläubiger kann auch selbst neben dem Ermächtigten gegen seinen Schuldner vorgehen; auch kann er die Ermächtigung einseitig widerrufen.

Die rechtliche Zulässigkeit der Einziehungsermächtigung ist heute als richterliche Rechtsfortbildung *gewohnheitsrechtlich* anerkannt.[7] Nach der Rechtsprechung[8] handelt es sich um eine *Verfügungsermächtigung* nach § 185 BGB (Einwilligung in die Einziehung der Forderung als Verfügung über ein Recht des Einwilligenden).

---

5 *Larenz* SchuldR I § 34 Vb; *Medicus/Lorenz* SchuldR AT Rn. 806; MüKoBGB/*Roth/Kieninger* § 398 Rn. 42 ff.

6 BGH NJW 1958, 18 (19).

7 *Larenz* SchuldR I § 34 Vc; Palandt/*Grüneberg* § 398 Rn. 29 ff.; MüKoBGB/*Bayreuther* § 185 Rn. 35; *Esser/Schmidt* SchuldR AT II § 37 I 5c; *Rüssmann* JuS 1972, 169.

8 BGH NJW 1952, 337 (340); AG München NZI 2009, 483 (484).

C. Abtretung künftiger Forderungen (Vorausabtretung)

I. Bestimmtheitsgrundsatz

Die Abtretung künftiger Forderungen (Vorausabtretung) ist rechtlich zulässig. Das folgt zum einen daraus, dass der Forderungsübergang vom alten auf den neuen Gläubiger nicht Abschlusstatbestand, sondern Rechtsfolge des Abtretungsvertrags ist. Zudem lässt § 185 II 1 Fall 2 BGB Verfügungen über fremde Rechte bei nachträglichem Erwerb wirksam werden; das muss erst recht für Verfügungen über eigene Rechte gelten. Voraussetzung einer wirksamen Vorausabtretung ist allerdings, dass die Entstehung der Forderung im Zeitpunkt der Abtretung *möglich* ist und dass die Forderung spätestens im Zeitpunkt des Entstehens der Forderung *bestimmbar* (individualisierbar) ist.[9]

Der Bestimmtheitsgrundsatz, der aus den Prinzipien der Rechtssicherheit und Rechtsklarheit folgt, gilt für die Zession als Verfügung wie im Sachenrecht. Die Forderung ist bestimmbar, wenn sie *gegenständlich individualisiert* ist und bei ihrer Entstehung aus dem Abtretungsvertrag festgestellt werden kann, wer alter und neuer Gläubiger sowie wer Schuldner der Forderung ist.

II. Globalzession und Sicherungskollisionen

Rechtlich zulässig ist auch die *Abtretung aller künftigen Forderungen* (Globalzession), wenn dem Bestimmtheitsgrundsatz Genüge getan ist.[10] In der Praxis erscheint die Vorausabtretung vor allem als Sicherungsinstrument in Form der Sicherungsglobalzession (meist zugunsten von Geldkreditgebern) und beim verlängerten Eigentumsvorbehalt (zugunsten von Warenlieferanten) sowie als Factoringglobalzession (zugunsten einer Factoring-Bank).

Zwischen den verschiedenen Globalzessionen besteht ein Konkurrenzverhältnis. Grundsätzlich gilt im Zessionsrecht der *Prioritätsgrundsatz*, da eine einmal abgetretene Forderung nicht erneut abgetreten werden kann. Die ausnahmslose Anwendung des Prioritätsgrundsatzes hätte in der Praxis zur Folge, dass Warenlieferanten zur Verlängerung ihres Eigentumsvorbehalts (Warenkredit) Kundenforderungen aus Umsatzgeschäften ihrer Käufer tatsächlich nicht mehr erwerben könnten, da die Sicherungsglobalzession der Geldkreditgeber sowie die Factoringglobalzessionen der Factoring-Banken zeitlich in der Regel vorgehen. Die Rechtsprechung hat mit Zustimmung des überwiegenden Schrifttums das Problem der *Sicherungskollision* im Verhältnis des verlängerten Eigentumsvorbehalts

(1) zum einen zur Sicherungsglobalzession sowie zur Globalzession eines unechten Factorings *zugunsten des Warenkredits des Lieferanten* (*Vertragsbruchtheorie*),

(2) zum anderen zur Globalzession eines echten Factorings *zugunsten der Factoring-Bank* (*Bargeschäftstheorie*) gelöst.[11]

9 StRspr seit RGZ 67, 167; BGH NJW 1971, 372; NJW-RR 2003, 1690.
10 S. zum Bestimmtheitsgrundsatz und zur Globalzession näher Fall 24.
11 Ausführlich zur Durchbrechung des Prioritätsgrundsatzes bei einer Sicherungskollision s. Fall 24.

III. Rechtslage nach der Vorausabtretung

Bei der Vorausabtretung fallen der Abschluss des Abtretungsvertrags und der Forderungsübergang zeitlich auseinander. Es stellt sich die Frage, mit welchem Inhalt der Zessionar die Forderung erwirbt. Zu überlegen ist, ob die Regeln der §§ 404, 406–411 BGB gelten und ob die zukünftigen Forderungen pfändbar sein sollen. Auch die Auswirkungen von Verfügungsbeschränkungen beim Zedenten, insbesondere in der Insolvenz, sind zu untersuchen. Herkömmlich wird die Lösung dieser Probleme davon abhängig gemacht, ob die Forderung im Wege des *Direkterwerbs*[12] oder des Durchgangserwerbs[13] (Der Zedent wird für eine »logische Sekunde« Forderungsinhaber.) vom Zessionar erworben wird. Doch keine der Theorien vermag die angesprochenen Probleme einheitlich zu lösen.

1. Schuldnerschutz

Die *Schuldnerschutzvorschriften* (§§ 404, 406–411 BGB) sind selbstverständlich auch im Falle der Abtretung künftiger Forderungen zulasten des Zessionars *anzuwenden*. Die Tatsache der Vorausabtretung wirkt sich nicht auf den Inhalt der zedierten Forderung aus.

2. Pfändung

Für eine Pfändung, die *nach einer Vorausabtretung* erfolgt, gilt der Prioritätsgrundsatz (§ 185 II 2 BGB analog). Die Pfändungen sind unwirksam.[14]

3. Insolvenz

Die Vorausabtretung ist der Masse gegenüber nach § 91 I InsO dann unwirksam, wenn für die Forderung im Zeitpunkt der Abtretung noch kein Grund gelegt ist (Abtretung von Forderungen aus erst noch abzuschließenden Verträgen) und die zum Entstehen der Forderung erforderlichen Handlungen vom Insolvenzverwalter nach Insolvenzeröffnung vorgenommen werden (*Durchgangserwerb*).[15] Die hL[16] nimmt dann einen (insolvenzfesten) *Direkterwerb* an, wenn für die Forderung im Zeitpunkt der Abtretung schon *»ein Grund gelegt«* ist. Das ist insbesondere dann der Fall, wenn eine bereits bestehende Rechtsposition des Zedenten (etwa zukünftige Ansprüche aus bereits bestehenden Vertragsverhältnissen) abgetreten worden ist (Ausnahme § 110 InsO). Der BGH hat darüber noch nicht ausdrücklich entschieden, zwar eine ähnliche Rechtsansicht angedeutet,[17] aber seine Ausführungen auf den Fall beschränkt,[18] dass für den Forderungserwerb noch Rechtshandlungen des Gemeinschuldners beziehungsweise des Insolvenzverwalters erforderlich sind.

Im Regelfall dient die Vorausabtretung von Forderungen Sicherungszwecken und nicht Erfüllungszwecken. Bei der Sicherungsabtretung von Forderungen ist die Frage

12 *Esser/Schmidt* SchuldR AT II § 37 I 3a; Soergel/*Schreiber* § 398 Rn. 11.

13 RG JW 1913, 132; RGRK/*Weber* § 398 Rn. 72.

14 *Esser/Schmidt* SchuldR AT II § 37 I 3a; MüKoBGB/*Roth/Kieninger* § 398 Rn. 86.

15 BGH NJW 1959, 1539; *Larenz* SchuldR I § 34 III; Palandt/*Grüneberg* § 398 Rn. 11.

16 Vermittelnde Ansicht *Larenz* SchuldR I § 34 III; Erman/*Westermann* § 398 Rn. 13; Palandt/*Grüneberg* § 398 Rn. 12; MüKoBGB/*Roth/Kieninger* § 398 Rn. 82.

17 BGH NJW 1955, 544 f.

18 BGH NJW 1959, 1539.

nach der Wirksamkeit der Vorausabtretung von der Frage zu trennen, ob der Sicherungsnehmer die wirksam erworbene Forderung voll für sich einziehen darf. Nach einhelliger Ansicht ist diese Frage zu verneinen, da dem Sicherungsnehmer bei der Sicherungsabtretung (ebenso wie bei der Sicherungsübereignung) nur ein *Recht auf abgesonderte Befriedigung* zusteht (§ 51 Nr. 1 InsO). Die Verwertung der zur Sicherheit abgetretenen Forderung erfolgt an sich nach § 166 II InsO. Der Sicherungsnehmer wird gleichwohl als einziehungsberechtigt angesehen,[19] muss aber den Teil der Forderung, der die (gesicherte) Verbindlichkeit des Gemeinschuldners und Sicherungsgebers übersteigt, an die Masse abführen.

Entsprechendes muss für die *Insolvenzanfechtung* nach §§ 129 ff. InsO gelten. Der Insolvenzverwalter kann grundsätzlich eine Vorausabtretung durch den Gemeinschuldner anfechten, wenn die Forderung zwischen Zahlungseinstellung und Konkurseröffnung durch eine Rechtshandlung des Zedenten entstanden ist (etwa Verkauf von Waren) und dem Zessionar im Zeitpunkt der Entstehung der Forderung die Zahlungseinstellung bekannt war (vgl. §§ 132, 133 InsO).[20] Das folgt daraus, dass die Verfügungsmacht noch bei Wirksamwerden der Abtretung (Entstehung der Forderung) vorhanden sein muss. Die Vorausabtretung durch den späteren Gemeinschuldner ist also nicht insolvenzfest. Überträgt man die Grundsätze der hL zu § 91 I InsO auf die Insolvenzanfechtung, so bedeutet das, dass eine Anfechtung ausscheidet, wenn für die Forderung bereits *bei Abtretung ein Grund gelegt* war. Dieses Ergebnis lässt sich zudem auf den Wortlaut der Anfechtungsvorschriften (Rechtshandlungen) stützen.

Die Anfechtung scheidet außerdem dann aus, wenn die *Vorausabtretung im Rahmen eines verlängerten Eigentumsvorbehalts* erfolgt ist und die Abtretung sich auf die durch Veräußerung der Vorbehaltsware erlangte Forderung beschränkt.[21] Denn es wird lediglich die nicht zum Vermögen des Gemeinschuldners gehörende Ware (Eigentumsvorbehalt des Verkäufers) gegen die Forderung ausgewechselt, die mit der Ware erlangt worden ist. Eine Vermögensminderung liegt nicht vor, daher auch keine Gläubigerbenachteiligung.

Die dem Gemeinschuldner nach § 185 I BGB gegebene Ermächtigung zur Weiterveräußerung der ihm unter Eigentumsvorbehalt gelieferten Ware wirkt nicht zugunsten des Insolvenzverwalters.[22] Der Vorbehaltslieferant kann nach § 47 InsO Aussonderung der noch nicht weiterveräußerten Sache aus der Insolvenzmasse verlangen (falls nicht der Insolvenzverwalter nach § 103 I InsO den Kaufpreis für die Sache zahlt). Bei Veräußerungen durch den Insolvenzverwalter kann der Vorbehaltslieferant entweder nach § 48 S. 1 InsO Abtretung der Forderung verlangen oder nach § 48 S. 2 InsO die Gegenleistung aus der Masse beanspruchen.

19 Vgl. MüKoBGB/*Roth/Kieninger* § 398 Rn. 114 mwN.
20 BGH NJW 1959, 1539.
21 BGH NJW 1975, 1226 (1227).
22 BGH NJW 1953, 217.

23. Fall Sachverhalt

A tritt am 28.4.2018 eine am 30.4.2018 fällige Kaufpreisforderung von 1.000 EUR gegen C an seinen Gläubiger B an Erfüllungs statt ab.

1. Welche Ansprüche hat B gegen C und A, wenn C in Unkenntnis der Abtretung am 30.4. mit einer gleich hohen und fälligen, bereits vor dem Kaufvertragsabschluss entstandenen Werklohnforderung gegenüber A aufrechnet?

2. Welche Ansprüche hat B wenn C mit A am 30.4. die Stundung der Forderung bis zum 30.6. vereinbart?

3. Welche Ansprüche hat A, wenn er dem C angezeigt hat, er habe die Forderung an B abgetreten, C daraufhin an B zahlt, die Abtretung an B aber nicht erfolgt ist?

23. Fall Lösung

Schwerpunkte

- Abtretung
- Schuldnerschutz

Gliederung

1. Fallvariante
Aufrechnung gegenüber dem Zedenten

A. Anspruch des B gegen C nach §§ 433 II, 398 BGB
I. Abtretung des Kaufpreisanspruchs A gegen C an B
II. Erlöschen des Anspruchs durch Aufrechnung von C, § 389 BGB
1. Gegenseitigkeit der Forderungen, § 387 BGB
2. Tilgungswirkung nach § 404 BGB
3. Tilgungswirkung nach § 406 BGB
4. Tilgungswirkung nach § 407 BGB
5. Zwischenergebnis
III. Ergebnis
B. Ansprüche des B gegen A
I. Sachmängelhaftung bei Hingabe an Erfüllungs statt, § 365 BGB
1. Rückverschaffung der ursprünglichen Forderung gegen A nach Rücktritt von der Erfüllungsvereinbarung
2. Anspruch auf Schadensersatz statt der Leistung nach §§ 437 Nr. 3, 440, 280 I, III, 283 S. 1, 453 I, 365 BGB
II. Wirksame Leistung an einen Nichtberechtigten, § 816 II BGB
III. Ergebnis

2. Fallvariante
Stundungsvereinbarung mit dem Zedenten

A. Ansprüche des B gegen C
I. Anspruch aus der abgetretenen Forderung
II. Anspruch aus unerlaubter Handlung, § 823 I BGB
III. Ergebnis
B. Ansprüche des B gegen A
I. Schadensersatzanspruch nach § 280 I BGB
II. Anspruch aus Geschäftsanmaßung nach § 687 II BGB
III. Anspruch aus unerlaubter Handlung nach § 823 I BGB
IV. Ergebnis

3. Fallvariante
Abtretungsanzeige

A. Anspruch des A gegen C nach § 433 II BGB
B. Anspruch des A gegen B nach § 816 II BGB

1. Fallvariante

Aufrechnung gegenüber dem Zedenten

A. Anspruch des B gegen C nach §§ 433 II, 398 BGB

B könnte gegen C einen Kaufpreiszahlungsanspruch gem. §§ 433 II, 398 BGB haben.

I. Abtretung des Kaufpreisanspruchs A gegen C an B

Der Anspruch auf Zahlung des Kaufpreises iHv 1.000 EUR ist mit dem zwischen A und C geschlossenen Kaufvertrag *entstanden* (§ 433 II BGB); er ist durch Abtretungsvertrag zwischen A und B auf B übergegangen (§ 398 BGB). Neuer Gläubiger des Kaufpreisanspruchs gegen C ist nunmehr B.

II. Erlöschen des Anspruchs durch Aufrechnung seitens C, § 389 BGB

Der Kaufpreisanspruch des neuen Gläubigers B gegen C könnte infolge der Aufrechnung durch C *erloschen* sein. C hat die Aufrechnung erklärt, § 388 BGB.

1. Gegenseitigkeit der Forderungen, § 387 BGB

Voraussetzung einer wirksamen Aufrechnung mit Tilgungswirkung (§ 389 BGB) ist die Gegenseitigkeit der Forderungen (§ 387 BGB). Der Aufrechnende C und der Aufrechnungsgegner A müssen zugleich Gläubiger und Schuldner des anderen sein. Die Hauptforderung des A, gegen die C am 30.4. aufrechnet, ist infolge der Abtretung schon am 28.4. auf B übergegangen. C ist zwar nach wie vor Inhaber einer aufrechenbaren Gegenforderung gegen A (Werklohnforderung); doch hat A seinerseits keine Forderung mehr gegen C. Der Zessionar B ist neuer Gläubiger des C, doch ist B nicht Schuldner des C. Es fehlt an der Gegenseitigkeit der Forderungen; die Tilgungswirkung nach § 389 BGB ist nicht eingetreten.

2. Tilgungswirkung nach § 404 BGB

Die Tilgungswirkung könnte nach § 404 BGB iVm § 389 BGB eingetreten sein.

> Die Abtretung einer Forderung ist *ohne jede Mitwirkung des Schuldners* möglich. Der Schuldner kann den Gläubigerwechsel grundsätzlich nicht verhindern, es sei denn, die Abtretung ist wegen Inhaltsänderung der Forderung oder durch Vereinbarung mit dem Schuldner ausgeschlossen (§ 399 BGB). Der Gläubigerwechsel kann erhebliche Nachteile für den Schuldner mit sich bringen (Verlust von Einwendungen und Aufrechnungslagen). Die gesetzliche Konstruktion des Abtretungsvertrags zwischen *Zedent* und *Zessionar* ohne Beteiligung des Schuldners ist für den Schuldner nur annehmbar, weil das Gesetz in §§ 404, 406–411 BGB die Rechtsposition des Schuldners vor solchen Nachteilen ausreichend schützt. Das *Synallagma* des Vertrags zwischen altem Gläubiger und Schuldner wirkt durch die *Schuldnerschutzvorschriften* auch nach der Abtretung fort.
> § 404 BGB gestattet dem Schuldner, dem neuen Gläubiger (*Zessionar*) alle Einwendungen und Einreden entgegenzuhalten, die zur Zeit der Abtretung gegen den bisherigen Gläubiger (*Zedent*) begründet waren. Die Verjährungsfrist läuft daher auch nach der Abtretung weiter.[1] Alle *Einwendungen* und *Einreden* aus dem gegenseitigen Vertrag, etwa die Einrede des nichterfüllten Vertrags nach § 320 BGB bleiben erhalten. Gestaltungsrechte (etwa Anfechtung oder Rücktritt) können mit Wirkung gegen den *Zessionar* auch noch nach der Abtretung ausgeübt werden, sofern der das Gestaltungsrecht begründende Sachverhalt (in der Regel der Vertrag) bereits zur Zeit der Abtretung vorlag. Die Einwendung ist nach § 404 BGB schon dann begründet, wenn sie zur Zeit der Abtretung in dem Schuldverhältnis ihre *Grundlage* hat. Insoweit ist § 404 BGB weit auszulegen, um die Verteidigungsmöglichkeiten des Schuldners nicht durch die *Zession* zu verschlechtern.

§ 404 BGB setzt voraus, dass die *Aufrechnung* bereits *vor der Abtretung* erklärt worden ist. Für eine Aufrechnung, die erst *nach der Abtretung* erklärt wird, gelten die *Sondervorschriften* der §§ 406 und 407 BGB. Vorliegend erklärt C die Aufrechnung

1 BGH NJW 1967, 2199; *Larenz* SchuldR I § 34 IV.

am 30.4. und damit erst nach der am 28.4. erfolgten Abtretung. § 404 BGB ist nicht anzuwenden.[2]

Die im Zeitpunkt der Abtretung bestehende Aufrechnungslage kann über § 404 BGB dann Bedeutung gewinnen, wenn dem Schuldner ein *Zurückbehaltungsrecht* nach § 273 BGB zusteht. Das Zurückbehaltungsrecht ist eine Einwendung iSd § 404 BGB. Voraussetzung ist, dass dem Schuldner Gegenforderungen aus dem Schuldverhältnis (etwa aus Pflichtverletzung des *Zedenten*) bereits bei der Abtretung dem Rechtsgrund nach zustehen.
Andere Gestaltungsrechte als die Aufrechnung können nach § 404 BGB mit Wirkung gegen den *Zessionar* erklärt werden, ohne dass – anders als für die Aufrechnung in §§ 406, 407 BGB – besondere Voraussetzungen bestehen. Umstritten ist, ob nach der Abtretung ein dem Schuldner zustehendes Gestaltungsrecht gegenüber dem *Zedenten* oder gegenüber dem *Zessionar* auszuüben ist (etwa die Abgabe einer Anfechtungserklärung nach § 143 BGB). Nach überwiegender Meinung steht dem Schuldner gegen den *Zessionar* nur eine *Einrede* (etwa der Anfechtbarkeit) und entsprechend § 770 BGB ein *Leistungsverweigerungsrecht* zu, bis der Schuldner gegenüber dem *Zedenten* das Gestaltungsrecht ausgeübt hat. Andere wollen dem Schuldner ein *Wahlrecht* zugestehen. Er kann die Erklärung entweder dem *Zedenten* oder dem *Zessionar* gegenüber abgeben. Ein Wahlrecht wird dem Schuldner aber dann nicht eingeräumt, wenn vor Ausübung des Gestaltungsrechts eine Mahnung des *Zedenten* erforderlich ist. In einem solchen Fall muss der Schuldner die Mahnung dem *Zedenten* gegenüber erklären, notfalls im Wege öffentlicher Zustellung (§ 132 II BGB).[3] Die hM scheint vorzugswürdig, da dem Schuldnerinteresse entsprechend § 770 BGB Genüge getan ist.

3. Tilgungswirkung nach § 406 BGB

§ 406 BGB erhält dem Schuldner eine zur Zeit der Abtretung bereits bestehende *Aufrechnungslage* und gestattet ihm, mit einer Gegenforderung gegen den Zedenten auch dann noch aufzurechnen, wenn die Abtretung erfolgt ist und er Kenntnis von ihr erlangt hat. Das Gesetz ermöglicht dem Schuldner die Erklärung der Aufrechnung gegenüber dem Zessionar (Ausnahme vom Erfordernis der Gegenseitigkeit nach § 387 BGB).

§ 406 BGB behandelt den Fall einer Aufrechnung des Schuldners gegenüber dem *neuen* Gläubiger. Vorliegend hat C gegenüber seinem *bisherigen* Gläubiger A aufgerechnet. C hätte gegenüber dem Zessionar B aufrechnen müssen. Schon deshalb greift die Tilgungswirkung nach § 406 BGB iVm § 389 BGB nicht ein.

Nach § 406 BGB bleibt dem Schuldner die Aufrechnung in zwei Fällen ausnahmsweise *nicht* erhalten. Zum einen kann der Schuldner dem *Zessionar* gegenüber dann nicht aufrechnen, wenn der Schuldner bei dem Erwerb der (Gegen-)Forderung die Abtretung kannte. Zum anderen ist die Aufrechnung ausgeschlossen, wenn die (Gegen-)Forderung des Schuldners erst nach der Abtretung und Kenntnisnahme durch den Schuldner und später als die abgetretene Forderung fällig geworden ist.
War die Gegenforderung des Schuldners zur Zeit der Kenntnisnahme zwar begründet, aber noch nicht fällig, soll er gleichwohl jedenfalls dann aufrechnen können, wenn diese Forderung früher fällig wurde, als die abgetretene Forderung. Der Schuldner durfte mit der Möglichkeit der Aufrechnung rechnen, sobald seine Forderung fällig wurde. Die zedierte Forderung brauchte nicht fällig zu sein (vgl. §§ 387, 271 BGB).

2 Soergel/*Schreiber* § 406 Rn. 1; MüKoBGB/*Roth/Kieninger* § 404 Rn. 11.
3 *Neumann-Duesberg* NJW 1971, 271.

4. Tilgungswirkung nach § 407 BGB

Die Tilgungswirkung könnte nach § 407 BGB iVm § 389 BGB eingetreten sein. Nach § 407 BGB muss der neue Gläubiger eine Leistung, die der Schuldner nach der Abtretung an den bisherigen Gläubiger bewirkt (etwa zur Erfüllung der Schuld leistet) sowie jedes Rechtsgeschäft über die Forderung zwischen dem Schuldner und dem bisherigen Gläubiger gegen sich gelten lassen, solange der Schuldner keine Kenntnis von der Abtretung hat; die Unkenntnis des Schuldners wird vermutet.

> Rechtsgeschäfte iSd § 407 BGB sind etwa der Erlassvertrag (§ 397 BGB), eine inhaltliche Umgestaltung der Forderung (so die Stundung als ein vertragliches Hinausschieben der Fälligkeit, das *pactum de non petendo* als ein Versprechen, die fällige Forderung zeitweise nicht geltend zu machen oder die Gestattung nach § 364 BGB), der Vergleich (§ 779 BGB) sowie die Aufrechnung (§§ 387 ff. BGB). Nicht hierher gehören Rechtsgeschäfte über die Forderung zuungunsten des Schuldners (etwa eine Mahnung des bisherigen Gläubigers), da § 407 BGB eine Schutzvorschrift zugunsten des Schuldners ist.[4]

Im vorliegenden Fall hat C, ohne von der Abtretung der Forderung an B am 28.4. zu wissen, am 30.4. die Aufrechnung gegenüber A erklärt. Die Aufrechnung ist nichts anderes als eine Kurzabwicklung der beiderseitigen Schulden: Schuldner C leistet an Zedent A und dieser an C. Die Voraussetzungen des § 407 BGB (Leistung an den bisherigen Gläubiger) liegen vor.

Doch ist C nicht ohne Weiteres von seiner Verbindlichkeit befreit. Nach heute einhelliger Ansicht[5] treten die Wirkungen des § 407 BGB nur ein, wenn sich der Schuldner auf den Schutz dieser Vorschrift *beruft*, das heißt, durch die Leistung an den bisherigen Gläubiger von seiner Verbindlichkeit auch gegenüber dem neuen Gläubiger befreit sein will. Der Schuldner kann durchaus ein Interesse daran haben, *auf den Schutz des § 407 BGB zu verzichten*, etwa um nicht seine Kreditfähigkeit (wenn auch zu Unrecht) dem neuen Gläubiger gegenüber fraglich erscheinen zu lassen oder um sich dem neuen Gläubiger gegenüber durch Aufrechnung mit einer anderen Forderung gegen diesen befreien zu können. Bedeutsam ist dies vor allem, wenn der neue Gläubiger in Insolvenz gefallen ist (zur Aufrechnung in der Insolvenz s. §§ 94 ff. InsO).

Beruft sich der Schuldner auf § 407 BGB, so ergibt sich das Schicksal des Forderungsrechts des Zessionars aus dem zwischen Zedent und Schuldner nach der Abtretung abgeschlossenen Rechtsgeschäft: Entweder die Durchsetzbarkeit der Forderung wird gehindert (zum Beispiel bei Stundung der Forderung) oder die Forderung erlischt (zum Beispiel bei Erlass oder Aufrechnung). Beruft sich C nach § 407 BGB auf die Aufrechnung, so ist die Forderung des A (wie auch die Forderung des C gegen A) erloschen, und zwar mit *Rückwirkung* auf den Zeitpunkt des erstmaligen Entstehens der Aufrechnungslage (§ 389 BGB). B hat keinen Anspruch gegen C.

---

4 RGZ 125, 409; s. nur Erman/*Westermann* § 407 Rn. 1.

5 BGH NJW 1969, 1479; s. nur MüKoBGB/*Roth/Kieninger* § 407 Rn. 10; aA Staudinger/*Busche*, 2017, § 407 Rn. 8.

Für die *Aufrechnung im Zessionsrecht* bleibt festzuhalten:
(1) § 404 BGB gewährt den Einwand der Schuldtilgung, wenn die Aufrechnungserklärung *vor der Abtretung* erfolgt ist.
(2) § 407 BGB lässt die Aufrechnungserklärung gegenüber dem bisherigen Gläubiger auch noch *nach der Abtretung*, aber *vor Erlangung der Kenntnis* von der Abtretung zu.
(3) § 406 BGB gestattet dem Schuldner die Aufrechnungserklärung gegenüber dem neuen Gläubiger *nach Abtretung* und *nach Erlangung der Kenntnis*.

5. Zwischenergebnis

Der Anspruch ist durch Aufrechnung gem. § 389 BGB erloschen.

III. Ergebnis

B hat gegen C keinen Anspruch auf Zahlung des Kaufpreises gem. §§ 433 II, 398 BGB.

B. Ansprüche des B gegen A

Voraussetzung eines Anspruchs des B gegen A ist, dass C sich auf den Schutz des § 407 BGB beruft, da B andernfalls nach wie vor Erfüllung vom Schuldner C verlangen kann und insoweit keinen Schaden erlitten hat.

I. Sachmängelhaftung bei Hingabe an Erfüllungs statt, § 365 BGB

1. Rückverschaffung der ursprünglichen Forderung gegen A nach Rücktritt von der Erfüllungsvereinbarung

B könnte gegen A nach Rücktritt einen Anspruch aus §§ 437 Nr. 2, 440, 453 I, 326 V, 323 I, 346 I, 365 BGB auf *Rückverschaffung* seiner ursprünglichen Forderung gegen A haben. Zwar liegt kein Kaufvertrag über eine Forderung vor, doch hat A dem B die Forderung an *Erfüllungs statt* übertragen; insoweit greifen nach § 365 BGB die *Sachmängelhaftungsregeln* über den Kauf von Forderungen ein.

Wäre die Forderung nur *erfüllungshalber* an B abgetreten worden, so würde § 365 BGB nicht eingreifen. B könnte vielmehr – nachdem er mit verkehrsüblicher Sorgfalt, aber ohne Erfolg, versucht hat, die Forderung für sich einzuziehen – auf seine ursprüngliche Forderung gegen A zurückgreifen.

Nach § 453 I BGB iVm §§ 433 I, 435 BGB haftet der Verkäufer einer Forderung dafür, dass die Forderung im Zeitpunkt des Forderungsverkaufs besteht. Besteht das verkaufte Recht nicht, besteht es nicht im vereinbarten Umfang oder steht es dem Verkäufer nicht zu, liegt ein Rechtsmangel der Forderung analog § 435 BGB vor.[6]

6 Palandt/*Weidenkaff* § 453 Rn. 17.

Hat das Recht *von Anfang an* nicht bestanden, ist § 311a II BGB einschlägig, wenn dem Verkäufer die Verschaffung des Rechts unmöglich ist. Da der Käufer nichts erhalten hat, scheidet die Anwendung der §§ 437 ff. BGB insoweit aus.[7]
Erlischt die Forderung später, so hat der Verkäufer dafür einzustehen, wenn der Grund des späteren Erlöschens bereits im Zeitpunkt des Kaufabschlusses vorlag.[8] Die §§ 437 ff. BGB sind anwendbar, da der Fall wie das Bestehen einer Drittberechtigung an der zunächst verschafften, existenten Forderung zu behandeln ist.

Für die Aufrechnung bedeutet das: Hat der Schuldner (C) seinerseits *bei Vertragsabschluss* gegen den Verkäufer (Zedent) der Forderung (A) eine aufrechnungsfähige Gegenforderung, ohne dass die Voraussetzungen der Aufrechnung schon zu diesem Zeitpunkt vollständig vorliegen, so haftet der Verkäufer dem Käufer (Zessionar) der Forderung (B) nach §§ 437 ff., 453 I BGB, wenn die Aufrechnung später erklärt wird.

Im vorliegenden Fall stand C die Forderung gegen A, die zu den Aufrechnungswirkungen nach §§ 407, 389 BGB geführt hat, bereits vor Kaufvertragsabschluss zu. A haftet dem B nach §§ 437 Nr. 2, 440, 453 I, 323 I, 326 V, 346 I, 365 BGB. B kann von der Abrede, dass A die ursprüngliche Forderung des B gegen A durch die Abtretung der Forderung gegen C an Erfüllungs statt erfüllen dürfe, *zurücktreten*. Eine Fristsetzung zur Nacherfüllung ist entbehrlich, weil A die Forderung gegen C nach ihrem Erlöschen (§ 389 BGB) nicht mehr nacherfüllen kann (§ 326 V BGB). Die alte Forderung lebt allerdings nicht von selbst wieder auf, sondern muss von A neu begründet werden. B kann im Prozess sofort auf Erfüllung der wiederhergestellten Forderung klagen.[9]

2. Anspruch auf Schadensersatz statt der Leistung nach §§ 437 Nr. 3, 440, 280 I, III, 283 S. 1, 453 I, 365 BGB

B kann auch nach §§ 437 Nr. 3, 440, 280 I, III, 283 S. 1, 453 I, 365 BGB *Schadensersatz statt der Leistung* verlangen. Auf diesem Wege kann er wegen § 249 I BGB verlangen, dass seine ursprüngliche Forderung gegen A wiederbegründet wird.[10]

II. Wirksame Leistung an einen Nichtberechtigten, § 816 II BGB

B könnte gegen A ein Anspruch aus ungerechtfertigter Bereicherung nach § 816 II BGB zustehen. Nach dieser Vorschrift findet zwischen dem Berechtigten und dem Nichtberechtigten ein bereicherungsrechtlicher Ausgleich statt, wenn der Schuldner eine Leistung an einen Nichtberechtigten erbringt, die dem Gläubiger gegenüber *aufgrund einer schuldnerschützenden Vorschrift* wirksam ist.

§ 816 II BGB ist (ebenso wie § 816 I BGB) Spezialvorschrift im Bereich der Eingriffskondiktion. Der Streit, ob § 816 II BGB im Verhältnis zu § 812 I 1 Alt. 2 BGB überflüssig ist,[11] ist ohne praktische Bedeutung und kann unentschieden bleiben.

7 S. Jauernig/*Berger* § 453 Rn. 7; Palandt/*Weidenkaff* § 453 Rn. 19.
8 So zu § 437 BGB aF Palandt/*Putzo*, 61. Aufl. 2002, § 437 Rn. 8; Erman/*Weitnauer*, 9. Aufl. 1993, § 437 Rn. 7.
9 S. oben Fall 21 mwN.
10 S. *Medicus/Lorenz* SchuldR AT Rn. 280; *Jacoby/v. Hinden* § 364 Rn. 4.
11 MüKoBGB/*Schwab* § 816 Rn. 74.

C hat nach § 407 BGB gegenüber A wirksam aufgerechnet, obwohl dem A die Hauptforderung nicht mehr zustand. Die Aufrechnung bewirkt, dass C seine Schuld gegenüber B an A »bezahlt« und zwar mit seiner Gegenforderung gegen A (»Kurzabwicklung«). A war aber nach der Abtretung nicht mehr Gläubiger, also Nichtberechtigter. B kann daher »das Geleistete« nach § 816 II BGB von A herausverlangen. Durch die Leistung (Aufrechnung) hat A die *Befreiung von seiner Schuld* gegenüber C erlangt. Nach § 818 II BGB muss er deren Wert ersetzen und damit deren Nennbetrag von 1.000 EUR zahlen, unter Umständen zuzüglich gezogener Nutzungen (§ 818 I BGB).

III. Ergebnis

B hat gegen A Mängelgewährleistungsrechte gem. §§ 437 Nr. 2, 440, 453 I, 323 I, 326 V, 346 I, 365 BGB, einen Schadensersatzanspruch gem. §§ 437 Nr. 3, 440, 280 I, III, 283 S. 1, 453 I, 365 BGB sowie einen Anspruch auf 1.000 EUR nach § 816 II BGB.

2. Fallvariante

Stundungsvereinbarung mit dem Zedenten

A. Ansprüche des B gegen C

I. Anspruch aus der abgetretenen Forderung

Der Zahlungsanspruch des B aus der abgetretenen Forderung ist entstanden.[12] Der Anspruch besteht fort, da keine Erlöschensgründe ersichtlich sind. Der Anspruch könnte aber nach § 407 BGB in der *Durchsetzbarkeit gehemmt* sein. Der frühere Gläubiger A und der Schuldner C haben die Stundung der Forderung bis zum 30.6. vereinbart. C hatte von der Abtretung noch keine Kenntnis. Da die Voraussetzungen des § 407 BGB vorliegen, muss B dieses Rechtsgeschäft gegen sich gelten lassen, falls C sich auf § 407 BGB beruft.

II. Anspruch aus unerlaubter Handlung, § 823 I BGB

C hat die Stundung mit A in Unkenntnis der Forderungsabtretung an B vereinbart. Er hat daher zumindest nicht vorsätzlich gehandelt.

> Das Ergebnis ist nicht anders, wenn C die Tatsache der Abtretung hätte kennen müssen (Fahrlässigkeit). In den Fällen des Schuldnerschutzes (§§ 406, 407 BGB) scheidet eine Haftung des Schuldners nach § 823 I BGB aus und zwar unabhängig davon, ob man den Eingriff in die Forderungszuständigkeit als Verletzung eines sonstigen Rechts iSv § 823 I BGB ansieht oder nicht. Denn das Ergebnis, dass der Schuldner zwar nach § 407 BGB frei wird, aber schon bei leichter Fahrlässigkeit wegen seiner Leistung nach § 823 I BGB haften muss, ist sachwidrig. Zudem gestattet § 409 BGB nach ganz hM dem Schuldner so-

12 Vgl. oben unter Frage 1. A. I.

gar, den wahren Gläubiger wider besseren Wissens durch Zahlung an den Scheingläubiger um seine Forderung zu bringen.[13] Die Haftung des Schuldners nach § 823 I BGB widerspricht eindeutig der Wertung des Gesetzes.[14]
Wenn B gegen C aus der abgetretenen Forderung vor dem Fälligkeitstag (30.6.) klagt, dann ist je nach Sachlage zu entscheiden:
(1) Eine Klage des B auf sofortige Leistung ist mangels Anspruchsvoraussetzung als unbegründet abzuweisen, wenn C sich auf § 407 BGB beruft. B könnte allerdings die Klage bei entsprechendem Vortrag des C noch nach § 264 Ziff. 2 ZPO umstellen.
(2) Eine Klage auf künftige Leistung (B trägt selbst vor, die Fälligkeit ist noch nicht eingetreten, da C sich auf § 407 BGB berufen hat) ist grundsätzlich unzulässig. Aber Ausnahmen sind in §§ 257–259 ZPO geregelt. Hier greift § 257 ZPO (Klage auf künftige Leistung bei kalendermäßiger Fälligkeit) ein; die Klage ist zulässig und begründet.

III. Ergebnis

Der Zahlungsanspruch des B gegen C aus abgetretener Forderung scheitert an der Durchsetzbarkeit, sofern sich C auf § 407 BGB beruft und ein Schadensersatzanspruch gem. § 823 I BGB besteht nicht.

B. Ansprüche des B gegen A

I. Schadensersatzanspruch nach § 280 I BGB

B könnte gegen A einen Schadensersatzanspruch gem. § 280 I BGB haben. A hat gemeinsam mit C nach Abtretung der Forderung deren Inhalt zulasten des B verändert. B kann nicht schon am 30.4., sondern erst am 30.6. Zahlung von C verlangen. A hat damit gegen seine aus Treu und Glauben herzuleitende Verpflichtung, den Vertragszweck nicht nachträglich zu gefährden, verstoßen. Wenn B dadurch ein Schaden (etwa Zinsverlust, Schaden wegen Nichterfüllung von Forderungen seiner Gläubiger) entstanden ist, dann ist A, der schuldhaft gehandelt hat, nach § 280 I BGB zum Schadensersatz verpflichtet.[15]

In Fällen der vorliegenden Art besteht über das Ergebnis Einigkeit; umstritten ist die *konstruktive* Einordnung der Pflichtverletzung. Das treuwidrige Verhalten des A (Stundungsvereinbarung) liegt zeitlich nach der Erfüllung des der Abtretung zugrunde liegenden Kausalgeschäfts. A hat bereits vorher mit der Abtretung der Forderung seine (Haupt-)Verpflichtung zur Übertragung der Forderung erfüllt. Andere Fälle sind die Duldung eines Hinweisschilds bei Praxisverlegung oder die Vereinbarung eines Wettbewerbsverbots bei Praxisverkauf.
Manche gehen davon aus, dass die nachwirkende Treuepflicht aus einem eigenständigen, nachwirkenden Schuldverhältnis folgt.[16] Der Schädiger hafte wegen Pflichtverletzung dieses Schuldverhältnisses. Nach *neuem Schuldrecht* kann man diese Fälle zumindest *analog § 311 II Nr. 2 BGB* behandeln. Soweit danach ein Schuldverhältnis mit Pflichten nach § 241 II BGB auch dann begründet wird, wenn weder die Aufnahme von Vertrags-

13 Vgl. unten unter Frage 3. A.
14 Vgl. hierzu *Medicus/Petersen* BürgerlR Rn. 610.
15 Vgl. Palandt/*Grüneberg* § 280 Rn. 7.
16 So *Larenz* SchuldR I § 19 IIa.

verhandlungen noch eine Vertragsanbahnung, sondern lediglich ein *»ähnlicher geschäftlicher Kontakt«* vorliegt, ist daran zu denken, dies als umfassenden *Auffangtatbestand* nicht nur für die Fälle des vorvertraglichen Bereichs anzusehen, sondern allgemein als *Begründung für Pflichten aus dem Schuldverhältnis außerhalb der eigentlichen Vertragsbindung*. Es spielt letztlich keine Rolle, ob ein vertragsähnliches Vertrauensverhältnis vor oder nach dem vertraglichen Schuldverhältnis begründet wird; wesentlich ist die Inanspruchnahme von Vertrauen außerhalb der eigentlichen Vertragsbindung. Die Haftung ergibt sich dann nach §§ 280 I, 311 II Nr. 2, 241 II BGB.
Nach überwiegender Ansicht[17] ergeben sich diese Pflichten aus dem ursprünglichen Schuldverhältnis (häufig *culpa post contractum finitum* bzw. *pactum perfectum* genannt). Der Meinungsstreit ist weder von großer praktischer Bedeutung, noch ist er geeignet, den Begriff des Schuldverhältnisses inhaltlich näher zu bestimmen. Er ist auf die unterschiedlichen Auffassungen darüber zurückzuführen, wann das ursprüngliche Schuldverhältnis im weiteren Sinne erlischt. Nach der Mindermeinung genügt dazu die beiderseitige Erfüllung der eigentlichen Leistungspflichten. Anders beurteilt dies die hM, die das Schuldverhältnis bis zur vollkommenen Befriedigung des Leistungsinteresses des Gläubigers andauern lässt.[18] Sicher ist, dass ein Anspruch auf Schadensersatz nicht aus einer Verletzung des Abtretungsvertrags selbst abzuleiten ist, denn die Abtretung ist reines Verfügungsgeschäft ohne schuldrechtliche Folgen und Nebenfolgen, abgesehen von den Pflichten nach § 402 BGB (Auskunftspflicht und Urkundenauslieferung) und § 403 BGB (Pflicht zur Beurkundung auf Verlangen).

II. Anspruch aus Geschäftsanmaßung nach § 687 II BGB

Ein Anspruch des B gegen A könnte sich wegen unerlaubter Eigengeschäftsführung (Geschäftsanmaßung) nach § 687 II BGB iVm §§ 677, 678 BGB ergeben. A hat ein *objektiv fremdes Geschäft* als eigenes behandelt, da er über die (fremde) Forderung des B gegen C verfügt hat. Nach dem Sachverhalt (Stundung nach Abtretung) kann davon ausgegangen werden, dass A wusste, dass er ein Geschäft des B führte und es kann davon ausgegangen werden, dass er dieses als eigenes wollte. Die Voraussetzungen des § 687 II BGB liegen vor. A ist daher nach § 678 II BGB verpflichtet, den Schaden des B zu ersetzen.

Da A von C für die Stundung nichts erlangt hat, scheiden Ansprüche des B auf Rechenschaftslegung und Herausgabe des Erlangten (§§ 681, 666, 667 BGB) aus, ebenso ein Anspruch nach § 816 I BGB (Herausgabe des Erlangten bei wirksamer Verfügung eines Nichtberechtigten). A hat seinerseits keine Bereicherungsansprüche nach §§ 684 S. 1, 812 ff. BGB.

III. Anspruch aus unerlaubter Handlung nach § 823 I BGB

Der schuldhafte Eingriff des A in die Forderung des B ist wegen der *Relativität der Forderung* keine Verletzung eines sonstigen Rechts iSd § 823 I BGB.[19] Teils wird die *Forderungszuständigkeit* (die Zugehörigkeit der Forderung zum Vermögen des

17 BGH NJW-RR 1990, 142; *Esser/Schmidt* SchuldR AT I § 6 V; *Fikentscher/Heinemann* SchuldR Rn. 98, 719; *Medicus/Lorenz* SchuldR AT Rn. 5; Jauernig/*Mansel* § 242 Rn. 28; Palandt/*Grüneberg* § 280 Rn. 7.

18 MüKoBGB/*Fetzer* Vorbem. zu §§ 362 ff. Rn. 8.

19 BGH NJW 1970, 137 (138); *Medicus/Petersen* BürgerlR Rn. 610; *Esser/Weyers* Schuldrecht II, § 55 I 2b.

Gläubigers) dem Schutz des § 823 I BGB unterstellt.[20] Selbst wenn man von dieser Auffassung ausgeht, hat A aber die Forderung des B gegen C nicht dessen Vermögen entzogen, sondern diese lediglich inhaltlich geändert. Er hat nicht in die Forderungszuständigkeit des B eingegriffen.

IV. Ergebnis

B hat gegen A einen Schadensersatzanspruch gem. § 280 I und § 687 II BGB.

3. Fallvariante

Abtretungsanzeige

A. Anspruch des A gegen C nach § 433 II BGB

A könnte gegen C einen Anspruch auf Zahlung des Kaufpreises gem. § 433 II BGB haben. A ist Gläubiger des entstandenen Anspruchs auf Kaufpreiszahlung (§ 433 II BGB), da die Abtretung (§ 398 BGB) an B nicht erfolgt ist. Doch könnte der Anspruch nach §§ 409, 398, 362 BGB erloschen sein. Nach § 409 BGB muss der Gläubiger die dem Schuldner *angezeigte Abtretung gegen sich gelten* lassen, auch wenn die Abtretung nicht erfolgt oder unwirksam ist. Der Sachverhalt lässt offen, ob C bei Zahlung Kenntnis davon hatte, dass die Abtretung nicht erfolgt ist. Darauf kommt es aber nicht an, da § 409 BGB nach allgemeiner Ansicht *unabhängig von der Gutgläubigkeit des Schuldners* eingreift. § 409 BGB soll verhindern, dass Unklarheiten zulasten des Schuldners gehen. Da der Schuldner niemals sichere Kenntnis von den rechtsgeschäftlichen Vorgängen zwischen seinem Gläubiger und Dritten haben kann, muss er sich auf die Mitteilung des Gläubigers verlassen können, es sei denn, es liegen Arglist oder Kollusion vor.[21] Die Voraussetzungen des § 409 BGB sind gegeben.

Die *Rechtsfolge des § 409 BGB* ist dem Wortlaut der Vorschrift nicht ohne Weiteres zu entnehmen. Früher ist vereinzelt vertreten worden, § 409 BGB habe rechtsgestaltende Kraft und führe zum Erlöschen der Forderung des Anzeigenden.[22] Heute ist jedoch anerkannt, dass § 409 BGB – ebenso wie §§ 404, 406 und 407 BGB – lediglich eine *Schutzvorschrift zugunsten des Schuldners* ist.[23] Der Schuldner hat ein *Wahlrecht*: Er kann die Unwirksamkeit der Abtretung oder die Tatsache, dass die Abtretung nicht erfolgt ist, dem Scheinzessionar entgegenhalten (insoweit trägt der Schuldner die Beweislast), oder er kann sich auf § 409 BGB berufen.

Beruft sich C auf § 409 BGB, so muss A die angezeigte Abtretung gegen sich gelten lassen. Daraus folgt, dass C den B als seinen Gläubiger betrachten durfte und mit befreiender Wirkung an ihn zahlen konnte (Prinzip des Rechtsscheinschutzes). B gilt

20 *Larenz/Canaris* SchuldR II/2 § 76 II 4g; *Löwisch* Deliktsschutz relativer Rechte 80 ff.
21 RGZ 126, 183 (185); *Larenz* SchuldR I § 34 IV; vgl. einschränkend *Medicus/Lorenz* SchuldR AT Rn. 825; Jauernig/*Stürner* § 409 Rn. 2.
22 Staudinger/*Werner*, 9. Aufl. 1925, § 409 Rn. 1.
23 MüKoBGB/*Roth/Kieninger* § 409 Rn. 1.

gleichsam als ein *ex lege* (§ 409 BGB) zum Empfang Ermächtigter (§ 362 II BGB). C braucht nicht noch einmal an A zu leisten (§§ 409, 362 II BGB). Ein Anspruch des B gegen C nach § 433 II BGB besteht nicht.

> Hat der Schuldner, dem die Abtretung angezeigt oder eine Abtretungsurkunde vom Zessionar vorgelegt worden ist, noch nicht geleistet und verlangt nunmehr der (Schein-) Zedent seinerseits Erfüllung, so braucht der Schuldner an ihn nur zu leisten, wenn er *Sicherheit über die Rechtslage* erhält. Solange darf er die Leistung verweigern. Geklärt ist die Rechtslage, wenn der Scheinzessionar die Abtretungsurkunde zurückgegeben oder der Rücknahme bzw. dem Widerruf der Abtretungsanzeige durch den Scheinzedenten zugestimmt hat.[24]

B. Anspruch des A gegen B nach § 816 II BGB

Eine Vertragsbeziehung zwischen A und B ist aus dem Sachverhalt nicht ersichtlich. B schuldet dem A jedoch Herausgabe der von C empfangenen Leistung nach § 816 II BGB, da die Leistung des C an den Nichtberechtigten B dem Berechtigten A gegenüber nach § 409 BGB wirksam ist.

C. Ergebnis

A hat gegen B einen Anspruch nach § 816 II BGB.

24 BGH NJW 1978, 2025.

24. Fall Sachverhalt

Die Küchenbau GmbH (K) ist Herstellerin von Einbauküchen. Im Januar 2018 liefert die Ludwig-Lang-Holzhandlung (L) Holz an K zu einem Kaufpreis von 100.000 EUR. Für die Beziehungen zwischen K und L gelten die Allgemeinen Verkaufs- und Lieferbedingungen von L, in denen es unter anderem heißt:

»Die gelieferten Waren bleiben bis zur Erfüllung sämtlicher dem Lieferer aus der Geschäftsverbindung mit dem Besteller zustehender Forderungen Eigentum des Warenlieferanten. Vor der vollständigen Bezahlung ist die Veräußerung nur im ordnungsgemäßen Geschäftsverkehr zulässig. Im Fall der Weiterveräußerung der Vorbehaltsware werden die daraus für den Besteller entstehenden Forderungen im Voraus an den Warenlieferanten abgetreten. Die Abtretung gilt auch dann, wenn die Vorbehaltsware vorher von dem Besteller be- oder verarbeitet worden ist. Übersteigt der Wert der uns gegebenen Sicherung unsere Lieferungsforderungen um insgesamt mehr als 20%, so sind wir auf Verlangen des Käufers insoweit zur Rückübertragung verpflichtet.«

Im Februar 2018 schließt K zur Sicherstellung der termingerechten Bezahlung ihres laufenden Betriebsaufwands sowie zur Kosten sparenden Ausgliederung der gesamten EDV-gesteuerten Debitorenbuchhaltung, der Forderungseinziehung und des Mahnwesens mit der Finanz-Bank AG (F) einen Vertrag, in dem unter anderem geregelt ist:

»1. K verpflichtet sich, ihre künftig entstehenden Forderungen aus Warenlieferungen gegen ihre sämtlichen Kunden fortlaufend der Bank zum Kauf anzubieten, F verpflichtet sich, den Antrag der K anzunehmen, wenn nicht F die Schuldner als kreditunwürdig ansieht.

2. K tritt F im Voraus alle künftigen Forderungen aus Warenlieferungen, die ihr gegen sämtliche Abnehmer zustehen werden, unter der aufschiebenden Bedingung ab, dass die jeweilige Forderung von F angekauft wird.

3. F zahlt K den Kaufpreis für die Forderung sofort nach Eingang einer Rechnungskopie über die Forderung gegen den Abnehmer von K in Höhe des Rechnungsbetrags abzüglich einer monatlich in Rechnung gestellten Gebühr.

4. K haftet nicht für die Zahlungsunfähigkeit der Schuldner.«

Im März 2018 veräußert K an die Doria-GmbH (D) Einbauküchen im Wert von 100.000 EUR. D wird von K auf die Beziehungen zwischen K und F hingewiesen. F kauft die ihr von K angebotene Forderung gegen D auf und zahlt an K den Rechnungsbetrag abzüglich der ihr zustehenden Gebühr. Im April 2018 fällt K in Insolvenz.

1. L, dessen Forderung aus der Lieferung vom Januar 2018 noch offen steht, und F verlangen von D Zahlung iHv 100.000 EUR. Wem steht die Forderung zu?

2. Macht es einen Unterschied, wenn im Vertrag zwischen K und F anstelle der Ziffer 4 folgende Regelung enthalten ist:

»K haftet der F dafür, dass der Schuldner (Abnehmer) den Rechnungsbetrag spätestens 90 Tage nach Fälligkeit zahlt?«

3. Wie ist zu entscheiden, wenn zwischen D und K die Allgemeinen Einkaufs- und Zahlungsbedingungen des D gelten, nach denen die Abtretung der Forderung des K gegen D an die Zustimmung des D gebunden ist?

24. Fall Lösung

Schwerpunkte

- Echtes und unechtes Factoring
- Globalzession und Eigentumsvorbehalt
- Abtretungsausschluss
- Zustimmungsvorbehalt

Gliederung

Frage 1

A. Anspruch des F gegen D auf Kaupreiszahlung nach §§ 433 II, 398 BGB

F könnte gegen D einen Anspruch auf Zahlung von 100.000 EUR nach §§ 433 II, 398 BGB haben. Dann müsste F eine ursprünglich der K gegen D zustehende *Kaufpreisforderung* (§ 433 II BGB) im Wege der *Abtretung* nach § 398 BGB erworben haben. Aus dem Kaufvertrag zwischen K und D steht K ein Kaufpreisanspruch iHv 100.000 EUR zu, den D noch nicht erfüllt hat. Zu prüfen ist, ob K den Kaufpreisanspruch gegen D wirksam an F abgetreten hat.

Vereinbarung eines echten Factorings

In Ziffer 1 des Vertrags zwischen K und F ist die Verpflichtung der K geregelt, ihre künftig entstehenden Forderungen aus Warenlieferungen gegen ihre sämtlichen Kunden fortlaufend der Finanz-Bank AG (F) anzubieten, sowie die Verpflichtung der F, alle ihr angebotenen Forderungen aufzukaufen, wenn sie die Schuldner als kreditwürdig ansieht. Bei dieser Vereinbarung handelt es sich um den Abschluss eines *Factoring-Vertrags*.

Unterschieden wird zwischen *echtem* und *unechtem* Factoring. Nach Ziffer 4 der Vereinbarung haftet K nicht für die Zahlungsunfähigkeit der Schuldner der abgetretenen Forderungen. Das bedeutet, dass F im Falle der Zahlungsunfähigkeit eines Schuldners einer an F abgetretenen Forderung nicht bei K Rückgriff nehmen kann. K haftet als Verkäufer der Forderung nur für den rechtlichen Bestand (*Verität*), nicht für die Durchsetzbarkeit (*Bonität*) der Forderung. Somit trägt F das Kreditrisiko der abgetretenen Forderung. Vereinbart wurde ein *echtes* Factoring.[1]

Vorliegend wurde die Forderung des K gegen D dem F angeboten und von ihm angekauft (§§ 433 I, 453 I BGB). Damit ist die aufschiebende Bedingung eingetreten und die Forderung wirksam abgetreten (§§ 398, 158 BGB). F ist Inhaber der Forderung gegen D (§ 433 II BGB).

B. Wirksamkeit der Globalzession künftiger Forderungen

Die Abtretung einer erst künftig entstehenden Forderung im Voraus wird in der Praxis anerkannt und ist grundsätzlich wirksam. Voraussetzung einer *wirksamen Vorausabtretung* ist allerdings, dass die Entstehung der Forderung im Zeitpunkt der Abtretung möglich und dass die Forderung spätestens im Zeitpunkt des Entstehens individualisierbar, das heißt bestimmbar ist.[2]

Im Zeitpunkt der Abtretung muss der Rechtsgrund für die Forderung noch nicht wirksam geschaffen sein. Es genügt, dass das zukünftige Entstehen der Forderung wahrscheinlich ist. Entsteht die Forderung nicht, dann geht die Abtretung ins Leere. Die Abtretung ist also möglich, ohne dass Vertragsabschlüsse und Kunden im Zeitpunkt der Abtretung feststehen. Die Grenze der Zulässigkeit der Vorausabtretung liegt allerdings im Bestimmtheitserfordernis. Im Abtretungsvertrag muss die Vereinbarung über die künftige Forderung so konkretisiert sein, dass spätestens im Zeitpunkt der Entstehung der Forderung ohne weiteres Zutun der Parteien Schuldner, Inhalt und Umfang der Forderung bestimmt sind. Insoweit genügt *Bestimmbarkeit der künftigen Forderung*: sie muss gegenständlich individualisierbar sein und aus dem Abtretungsvertrag muss sich ergeben, wer alter und neuer Gläubiger sowie wer Schuldner der Forderung ist.

Bei einer *Gesamtabtretung* (*Globalzession*) bezieht sich die Abtretung auf eine unbestimmte Vielzahl künftiger Forderungen. Doch wird dem Bestimmtheitserfordernis bei einer Globalzession mit einer Bezeichnung der Forderungsgesamtheit Genüge getan. Es muss sichergestellt sein, dass die bestimmbar entstandene Forderung zu den zedierten gehört. Formulierungen wie »alle Kundenforderungen« oder »alle Kundenforderungen aus Geschäftsteil A« genügen. Die vorliegend gewählte Klausel »alle künftigen Forderungen aus Warenlieferungen, die ihr gegen sämtliche Abnehmer zustehen« (Ziffer 2 des Vertrags zwischen K und F) genügt dem Bestimmtheitserfordernis. Die Factoringglobalzession als Gesamtabtretung künftiger Forderungen ist wirksam.[3]

1 BGH NJW 1978, 1972.
2 RGZ 136, 102; BGH NJW 1953, 21; 1989, 2383.
3 BGH NJW 1975, 1226.

C. Sittenwidrigkeit der Factoringglobalzession (§ 138 BGB)

Der Einwand der Sittenwidrigkeit (§ 138 BGB), der zur Nichtigkeit der Factoringglobalzession führt, kann sich vornehmlich aus zwei unterschiedlichen Gründen ergeben.

> Neben diesen eher wirtschaftlich orientierten Sittenwidrigkeitseinwänden kann etwa auch der Bruch ärztlicher Schweigepflicht nach § 203 I Nr. 1 StGB durch den Factoring-Vertrag zur Sittenwidrigkeit des Factorings nach § 138 BGB führen. [4]

Zum einen ist das Factoring sittenwidrig, wenn es zu einer wirtschaftlichen *Knebelung* und damit zu einer ungebührlichen Beeinträchtigung der wirtschaftlichen Betätigungsfreiheit des Klienten K beziehungsweise einer *Übersicherung* des Factors F führt. Zum anderen kann sich die Sittenwidrigkeit des Factorings aus einer *Konkurrenz zu anderen Sicherheitsformen*, namentlich zum verlängerten Eigentumsvorbehalt ergeben.

I. Beeinträchtigung der wirtschaftlichen Betätigungsfreiheit

Sittenwidrigkeit wegen wirtschaftlicher Knebelung ist bei Vorliegen eines erheblichen *Missverhältnisses zwischen Kreditsumme und Sicherheit* anzunehmen (Übersicherung). Es genügt nicht, dass die Abtretung einen Großteil aller Forderungen aus dem Geschäftsbetrieb des Sicherungsgebers erfasst, entscheidend ist das Maß verbleibender wirtschaftlicher Bewegungsfreiheit des Zedenten. Vorliegend entspricht die Sicherung dem legitimen Interesse des Kreditgebers, der nur die angekauften und liquide gemachten Forderungen erwirbt.

II. Konkurrenz zu anderen Sicherheitsformen

Die Frage, ob und unter welchen Voraussetzungen die *Kollision zwischen Factoring-Geschäft und verlängertem Eigentumsvorbehalt* zur Sittenwidrigkeit des Factoring-Geschäfts führt, ist eines der wesentlichen Rechtsprobleme des Factorings. Bevor diese Frage beantwortet werden kann, ist zunächst die rechtliche Bewertung einer Kollision von Sicherungsglobalzession und verlängertem Eigentumsvorbehalt darzustellen, um anschließend die Übertragbarkeit der Problemlösung, über die heute weithin Einigkeit besteht, auf die Factoringglobalzession zu untersuchen.

1. Kollision zwischen Sicherungsglobalzession und verlängertem Eigentumsvorbehalt[5]

Die Sicherungsglobalzession ist ein bedeutsames Instrument der Kreditsicherung für Banken, die an Geschäftskunden Darlehen gewähren. Solche Globalzessionen (hier an F) treten in Konkurrenz zu den verlängerten Eigentumsvorbehalten der Warenlieferanten (hier der L), wenn der Darlehensnehmer (hier die K) seinerseits seine Waren auf Lieferantenkredit (hier der L) bezieht. Der Lieferant (L) behält sich einmal das Eigentum nach § 449 BGB vor und verlängert den Eigentumsvorbehalt ferner dadurch, dass er sich die Kundenforderung, die sein Partner aus der Weiterveräußerung erwirbt (Forderung der K gegen D), abtreten lässt.

4 S. dazu OLG Köln NJW 1991, 753.
5 S. hierzu allgemein MüKoBGB/*Roth/Kieninger* § 389 Rn. 140 ff.

Im Regelfall steht bei Kollision von Sicherungsglobalzession und verlängertem Eigentumsvorbehalt nach dem *Prioritätsgrundsatz* die Forderung der Bank zu, da die Lieferungen unter Eigentumsvorbehalt zumeist nachfolgen. Nach Rechtsprechung und Schrifttum[6] ist die Sicherungsglobalzession dann aber wegen Sittenwidrigkeit unwirksam. Zur Begründung dient das *Vertragsbruchargument*: Die zeitlich frühere Globalzession lässt den Eigentumsvorbehalt ins Leere laufen. Der Zedent ist in der Zwangslage, seinem nur unter Eigentumsvorbehalt liefernden Lieferanten die Globalzession zu verschweigen und sich damit vertragsbrüchig zu verhalten, sich gegebenenfalls sogar wegen Betrugs strafbar zu machen. Neben diesem allgemeinen Merkmal der Sittenwidrigkeit genüge subjektiv, dass die Bank vor dieser Sachlage nicht die Augen verschließen könne. Danach ist eine Globalzession nur dann wirksam, wenn sie auch eine *Vorrangklausel* zugunsten des verlängerten Eigentumsvorbehalts enthält.[7]

2. Kollision zwischen Factoringglobalzession und verlängertem Eigentumsvorbehalt

Zu untersuchen ist, ob die zur Kollision zwischen Sicherungsglobalzession und verlängertem Eigentumsvorbehalt entwickelten Grundsätze auch auf die Factoringglobalzession im Verhältnis zum verlängerten Eigentumsvorbehalt anzuwenden sind und die vorliegende Factoringglobalzession aus diesem Grunde unwirksam ist.

a) Wirksamkeit des verlängerten Eigentumsvorbehalts

Die Vereinbarung eines Eigentumsvorbehalts nach § 449 BGB ergibt sich aus Satz 1 der zwischen L und K vereinbarten Allgemeinen Verkaufs- und Lieferbedingungen. Da die Übertragung des Eigentums nicht schon mit der Zahlung des Kaufpreises eintritt, sondern erst mit der Bezahlung weiterer oder aller Forderungen des Lieferanten aus der Geschäftsverbindung, ist hier die Vereinbarung eines Eigentumsvorbehalts in Form eines *Kontokorrentvorbehalts* gegeben. Die Kontokorrentklausel wird von der Rechtsprechung gebilligt.

> Unwirksam ist nach hM der Konzernvorbehalt (§ 449 III BGB): Der Eigentumsvorbehalt beschränkt sich auf die Forderungen der Lieferanten, die im Konzernverband mit dem Lieferanten stehen.[8]

Der verlängerte Eigentumsvorbehalt könnte zwar nach §§ 305c I, 305b, 307 BGB unwirksam sein. Doch widerspricht die Erstreckung des Eigentumsvorbehalts auf sämtliche Forderungen der L aus der bestehenden Geschäftsverbindung weder dem Vorrang der Individualabrede (§ 305b BGB), noch als unangemessene Benachteiligung dem Vertragszweck (§ 307 II Nr. 2 BGB).[9] Ebenso wenig kann die Vereinbarung als überraschende Klausel gewertet werden (§ 305c). Allerdings ist der in der Kontokorrentklausel der AGB der von L verwendete Begriff der »Geschäftsverbindung mit dem Besteller« eng auszulegen und auf den *Zusammenhang mit dem Umsatzgeschäft* zu beschränken.[10] Vorliegend ist ein solcher Zusammenhang der Forde-

6 BGH NJW 1971, 372; krit. gegenüber der Rechtsprechung Erman/*Westermann* § 398 Rn. 21; MüKoBGB/*Roth/Kieninger* § 398 Rn. 140 ff.
7 S. dazu MüKoBGB/*Roth/Kieninger* § 398 Rn. 144.
8 S. BGH NJW 1978, 632; 1985, 1836 (1837) und NJW 1987, 487 (488);
9 Anders wohl gegenüber Nichtkaufleuten, vgl. Jauernig/*Berger* § 929 Rn. 31.
10 S. dazu nur Ulmer/Brandner/Hensen/*H. Schmidt* Teil 3 (10) Rn. 13 mwN.

rung mit dem Umsatzgeschäft gegeben. Dabei kommt es gar nicht mehr auf die Eigentumsverhältnisse an den Küchen an, weil L nicht das Eigentum verwerten möchte, sondern die Kaufpreisforderung zedieren will.

Branchenüblich ist auch die *Weiterveräußerungsermächtigung* (L ermächtigt die K nach § 185 I BGB, über die aufgrund des verlängerten Eigentumsvorbehalts im Eigentum der L stehenden Küchen im ordnungsgemäßen Geschäftsverkehr im eigenen Namen zur Erfüllung von Kaufverträgen – hier zwischen K und D – zu verfügen.) nach Satz 2 der vereinbarten AGB des Warenlieferanten L, da ansonsten der Händler in der Ausübung seines Geschäftsbetriebs behindert würde.[11] Die in Satz 3 der Klausel vereinbarte *Vorausabtretung* der Kundenforderungen der K zugunsten des Lieferanten dient der Sicherung des Lieferanten, der durch die Veräußerung das vorbehaltene Eigentum verliert. Sie stellt regelmäßig keine unangemessene Benachteiligung nach § 307 BGB dar und ist wirksam.

Unwirksamkeit der Vorausabtretung tritt aber dann ein, wenn die Vorausabtretung so gestaltet ist, dass sie generell zu einer erheblichen *Übersicherung* des Lieferanten führt. Dies ist etwa dann der Fall, wenn die Vorausabtretung in voller Höhe, unter Einschluss des Gewinns und Werklohns des Käufers und des Wertes der Vorbehaltsware anderer Lieferanten vorgesehen ist. Dieser Übersicherung wird auch nicht durch die Einziehungsermächtigung der L abgeholfen. Doch kann die Übersicherung durch *Freigabeklauseln* (wie hier in Satz 5 der Klausel) verhindert werden.

> Nach Auffassung des Großen Senats in Zivilsachen ist die ausdrückliche Vereinbarung eines Freigabeanspruchs keine Wirksamkeitsvoraussetzung der Sicherungsabtretung. Fehlt eine Freigabevereinbarung, so tritt danach ein *ermessensunabhängiger ungeschriebener Freigabeanspruch* an die Stelle der fehlenden Freigabevereinbarung.[12] Dieser Freigabeanspruch wird vom BGH aus der treuhänderischen Natur der Sicherungsabrede abgeleitet.
> Unabhängig von den Anwendungsvoraussetzungen des § 307 BGB muss auch beim erweiterten Eigentumsvorbehalt das Erfordernis der Bestimmtheit oder Bestimmbarkeit der im Voraus abgetretenen Forderungen gewahrt sein. Hiergegen bestehen jedoch im vorliegenden Fall keine Bedenken.
> Unproblematisch ist auch die Vereinbarung einer *Verarbeitungsklausel* (Satz 4 der AGB zwischen L und K). Vereinbart wird durch diese Klausel, dass L Hersteller iSd § 950 BGB ist.[13]

Festzuhalten bleibt: Zwischen L und K wurde wirksam ein verlängerter Eigentumsvorbehalt vereinbart. Im Zusammenhang mit dem Verkauf und der Übereignung der Küchen von K an D wurde die Forderung der K gegen D an L abgetreten.

b) Wirksamkeit der Factoringglobalzession

Darzustellen ist nunmehr, ob die zur Kollision zwischen Sicherungsglobalzession und verlängertem Eigentumsvorbehalt geltende *Vertragsbruchtheorie* auch auf die Kollision zwischen Factoringglobalzession und verlängertem Eigentumsvorbehalt mit der Rechtsfolge anzuwenden ist, dass dem Warenlieferanten Vorrang vor dem Kreditgeber zukommt und der Warenlieferant Inhaber der Forderung geworden ist. Die Frage geht dahin, ob zwischen Sicherungsglobalzession und echtem Factoring rechtserhebliche Unterschiede bestehen, die eine abweichende Problemlösung verlangen.

---

11 S. Wolf/Lindacher/Pfeiffer/*Dachmann* Teil 5 E 64 ff.; Jauernig/*Berger* § 929 Rn. 28.

12 BGH NJW 1998, 671; s. *Fezer/Obergfell* BGB AT Fall 15 mwN.

13 *Medicus/Petersen* BürgerlR Rn. 515.

Die Frage ist trotz der Priorität zu prüfen, weil zum einen in einem Gutachten alle Nichtigkeitsgründe zu prüfen sind und zum anderen der L im Regelfall auch noch nachfolgend nur unter verlängertem Eigentumsvorbehalt liefern wird.

Anders als die Sicherungsglobalzession, die Teil eines Kreditgeschäfts ist, ist das echte Factoring ein Forderungskauf. Die *unterschiedliche Rechtsnatur der Zessionsarten*, die eine Übertragung der Vertragsbruchtheorie auf das echte Factoring verbietet, wird bei einem Vergleich des echten Factorings mit einem *Bargeschäft* deutlich. Wie bei einem Bargeschäft bezahlt beim echten Factoring die Factoring-Bank den Kaufpreis für die angekaufte und abgetretene Forderung unmittelbar an den Klienten. Der Forderungsinhaber des Umsatzgeschäfts (K) erhält den Erlös der Forderung in bar – nur nicht von seinem Schuldner (D), sondern vom Factor (F). Die Factoring-Bank trägt das Risiko für die Bonität der Kundenforderung. Nach der Abtretung ist der Factor nicht mehr Gläubiger der K und gerät so nicht in Konflikt mit deren Warenlieferanten (L) um die Sicherheiten der K.

Das Risiko der Warenlieferanten, mit ihren Kundenforderungen gegen K auszufallen, wird zudem beim echten Factoring gegenüber einem Bargeschäft nicht erhöht. Das Weiterleitungsrisiko hinsichtlich des Erlöses in der Kasse der K bleibt gleich, sei es, dass die K aufgrund der Einziehungsermächtigung des Warenlieferanten L bei ihrem Partner des Umsatzgeschäfts (D) die an seinen Vorbehaltslieferanten L abgetretene Forderung einzieht, sei es, dass die K von der Factoring-Bank den Gegenwert der verkauften und abgetretenen Forderung unmittelbar erhält. Das echte Factoring *erhöht nicht das Sicherungsrisiko* des Warenlieferanten. Es ist nicht gerechtfertigt, die Vertragsbruchtheorie auf das echte Factoring zu übertragen, das mit einem verlängerten Eigentumsvorbehalt kollidiert.[14] Die Globalzession eines echten Factorings ist wirksam. Vorliegend ist die Forderung der K gegen D wirksam an F abgetreten worden.

c) Anwendung des Prioritätsgrundsatzes

Vorliegend sind sowohl die Zession des verlängerten Eigentumsvorbehalts als auch des echten Factorings wirksam vereinbart. Vorrang hat die Abtretung mit Priorität. Die Wirksamkeit der Globalzession eines echten Factorings führt in der Praxis regelmäßig zu deren zeitlichem Vorrang gegenüber einem später vereinbarten verlängerten Eigentumsvorbehalt. Im hier zu entscheidenden Sachverhalt liegt die Vereinbarung des Eigentumsvorbehalts des L zeitlich vor dem Abschluss des Factoring-Geschäfts. Nach dem Prioritätsgrundsatz genießt an sich die Abtretung der Forderung der K gegen D an L Vorrang vor der Abtretung an F.

Zu bedenken ist aber, ob nicht die wirtschaftlichen und rechtlichen Besonderheiten des echten Factorings sogar eine Durchbrechung des Prioritätsgrundsatzes zugunsten der Factoring-Bank verlangen. Zur Verdeutlichung: Zunächst wurde im Verhältnis zur Globalzession des Warenlieferanten eine Durchbrechung des Prioritätsgrundsatzes zulasten der Factoring-Bank untersucht und abgelehnt (*Bargeschäftstheorie statt Vertragsbruchtheorie*). Nunmehr geht es darum, ob nicht die Rechtsnatur des echten Factorings eine Korrektur des Prioritätsprinzips *zugunsten* der Factoring-Bank erzwingt.

Zur Beantwortung dieser Frage kommt der Veräußerungsermächtigung sowie der Einziehungsermächtigung des verlängerten Eigentumsvorbehalts des Warenlieferan-

14 S. dazu *Bähr* NJW 1979, 1281, der ein Konkurrenzverhältnis der Factoring-Bank mit dem Warenlieferanten wegen der Möglichkeit des Widerrufs der Einziehungsermächtigung annimmt.

ten L eine argumentative Schlüsselstellung zu. Aus der Vereinbarung einer *Veräußerungsermächtigung* wird geschlossen, dass der Warenlieferant mit Barzweitgeschäften einverstanden ist und auf die Forderung aus dem Weiterverkauf verzichtet. Die Vereinbarung einer Einziehungsermächtigung lässt den Schluss zu, dass der Warenlieferant auf eine unmittelbare Zahlung aus dem Umsatzgeschäft an sich verzichtet und bereit ist, das Weiterleitungsrisiko zu tragen. Da die Zahlung des Factors an den Klienten wirtschaftlich wie eine Barzahlung des Debitors anzusehen ist und das Risiko des Warenlieferanten gegenüber einer Barzahlung des Schuldners aus dem Umsatzgeschäft nicht erhöht, fällt die Zahlung des Factors aus dem Forderungskauf wie eine Barzahlung unter die Einziehungsermächtigung des Warenlieferanten, jedenfalls solange diese Ermächtigung noch vorliegt und nicht widerrufen ist. Aus diesem Grund hat die Rechtsprechung[15] für den Fall, dass vor Abschluss der Factoringglobalzession ein verlängerter Eigentumsvorbehalt mit dem Warenlieferanten vereinbart worden ist, das Prioritätsprinzip zugunsten des echten Factorings durchbrochen.

Die Vereinbarung einer Factoringglobalzession geht einem zuvor vereinbarten Eigentumsvorbehalt voraus.[16]

D. Ergebnis zu Frage 1

F hat gegen D eine Forderung auf Zahlung von 100.000 EUR nach §§ 398, 433 II BGB.

Frage 2

F hat nicht das Risiko für die Bonität der Forderung (*Delkredere-Risiko*) übernommen und sich den Rückgriff auf K vorbehalten. Vereinbart ist ein *unechtes Factoring*. Zu untersuchen ist, ob das unechte Factoring im Fall der Kollision mit einem verlängerten Eigentumsvorbehalt wie das echte Factoring oder wie die Sicherungsglobalzession zu behandeln ist. Die Frage geht dahin, ob der Umstand, dass die Factoring-Bank nicht bereit ist, die Delkredere-Haftung zu tragen, einer Vergleichbarkeit des unechten Factorings mit einem Bargeschäft – anders beim echten Factoring – entgegensteht und die Anwendung der Vertragsbruchtheorie – wie bei der Sicherungsglobalzession – die Sittenwidrigkeit der Factoringglobalzession begründet.

Für eine Gleichbehandlung von echtem und unechtem Factoring wird vorgetragen, der Unterschied zwischen den beiden Factoring-Arten werde lediglich bei einer Insolvenz des Debitors offenbar. Denn nur im Falle der Zahlungsunfähigkeit des Schuldners nehme der Factor bei dem Klienten Rückgriff. Sei der Schuldner – und das sei in der Praxis die Regel – zahlungsfähig, dann bestehe zwischen echtem und unechtem Factoring kein Unterschied. Auch beim unechten Factoring handele es sich eher um einen Forderungskauf wie beim echten Factoring, weniger um ein Kreditgeschäft. Behandele man echtes und unechtes Factoring rechtlich ungleich, dann würden zudem Sicherungsinstrumente mit unterschiedlicher Zielsetzung vermengt. So

15 BGH NJW 1978, 1972.

16 Gegen die von der Factoring-Bank verwendeten Klauseln ergeben sich keine Bedenken nach AGB-Recht; s. dazu Ulmer/Brandner/Hensen/*Schmidt* Teil 2 (12) Rn. 3.

schütze der verlängerte Eigentumsvorbehalt bei Zahlungsunfähigkeit des Vorbehaltskäufers, das unechte Factoring eröffne den Regress bei Insolvenz eines Abnehmers des Schuldners.[17]

Überwiegend wird eine rechtliche Gleichbehandlung der beiden Factoring-Arten abgelehnt. Nicht die unterschiedliche Sicherungsrichtung des Warenlieferanten und der Factoring-Bank sei im Falle einer Sicherungskollision rechtserheblich. Vielmehr komme es darauf an, ob sich die Sicherungsrichtung des unechten Factorings so sehr von der Sicherungsrichtung einer kreditsichernden Globalzession unterscheide, dass eine Anwendung der Grundsätze zur Sittenwidrigkeit einer Sicherungsglobalzession auf die Globalzession des unechten Factorings nicht gerechtfertigt sei. Da beide Zessionen vornehmlich der Kreditsicherung dienten, sei das *unechte Factoring wie die Sicherungsglobalzession* zu behandeln.

Mit der überwiegenden Auffassung ist davon auszugehen, dass es sich beim unechten Factoring vornehmlich um ein *Kreditgeschäft* handelt. Beim unechten Factoring bleibt die Factoring-Bank bis zur Erfüllung der Forderung des Schuldners Kreditgläubiger. Die Anschlusskundenforderung wird nicht in Erfüllung, sondern nur erfüllungshalber für eine Darlehensforderung übertragen. Die Rückgriffsmöglichkeit des Factors auf den Klienten sichert den Factor im Vergleich zur Sicherungsglobalzession in zweifacher Weise. Daher ist es gerechtfertigt, die Grundsätze zur Sittenwidrigkeit der Sicherungsglobalzession (*Vertragsbruchtheorie*) auch auf den Kollisionsfall des unechten Factorings mit einem verlängerten Eigentumsvorbehalt anzuwenden. Auch die Rechtsprechung[18] hat in diesem Sinne entschieden. Die rückbelastbare Bankgutschrift des Factors stehe dem Forderungseinzug bei dem Drittschuldner nicht gleich; deshalb sei das unechte Factoring nicht von der Einziehungsermächtigung gedeckt.

Da die Kaufpreisforderung gegen D dem Warenlieferanten L schon im Januar 2018 – einen Monat vor Abschluss des Factoring-Vertrags – abgetreten worden ist, steht sie nach dem Prioritätsgrundsatz dem L zu.

Im Übrigen ist die Factoringglobalzession auf der Grundlage des unechten Factorings wegen Fehlens einer *Schutzklausel* zugunsten der Warenlieferanten nach der Vertragsbruchtheorie nach § 138 BGB sittenwidrig. Im Ergebnis kann L von D Zahlung iHv 100.000 EUR verlangen.

Frage 3

Die Abtretbarkeit der Forderung, die in Fallvariante 1 dem Factor, in Fallvariante 2 dem Warenlieferanten zusteht, wird in Fallvariante 3 an die Zustimmung des D gebunden (*Zustimmungsvorbehalt*).

A. Vereinbarter Ausschluss der Abtretbarkeit (§ 399 BGB)

Nach § 399 BGB kann die Abtretbarkeit einer Forderung durch Vereinbarung ausgeschlossen werden (*pactum de non cedendo*). Eine solche Forderung ist unabtretbar,

17 Dazu MüKoBGB/*Roth/Kieninger* § 398 Rn. 166 ff.
18 BGH NJW 1982, 164.

eine dennoch vorgenommene Abtretung ist absolut unwirksam. Beim vereinbarten *Abtretungsausschluss* handelt es sich nicht nur um ein relatives Veräußerungsverbot iSv § 135 BGB, vielmehr liegt überhaupt kein veräußerliches Recht iSd § 137 BGB vor.[19]

Statt einen Abtretungsausschluss zu vereinbaren, kann die Abtretung auch an die *Zustimmung des Schuldners* gebunden werden. Eine ohne Zustimmung vorgenommene Abtretung ist unwirksam; genehmigt der Schuldner nachträglich die Abtretung, dann wird diese rückwirkend wirksam (entsprechend §§ 185, 184 BGB). Wenn D vorliegend die Zustimmung zur Abtretung der Forderung verweigert, dann können weder B noch F die Forderung der K gegen D erwerben.

B. Wirksamkeit des Zustimmungsvorbehalts

Der in den AGB vereinbarte Zustimmungsvorbehalt zur Forderungsabtretung könnte unwirksam sein.

I. Sittenwidrigkeit nach § 138 BGB

Ein vertragliches Abtretungsverbot durch den Abkäufer kann dem Gläubiger als Hersteller die Grundlage für seine notwendige und übliche Kreditsicherung durch Globalzession und verlängerten Eigentumsvorbehalt entziehen. Aus diesem Grund könnte die Vereinbarung eines Abtretungsverbots oder eines Zustimmungsvorbehalts wegen *Knebelung* des Gläubigers nach § 138 BGB sittenwidrig sein. Die Rechtsprechung[20] hält ein solches Abtretungsverbot für wirksam und lehnt es ab, die zur Sittenwidrigkeit einer Sicherungsglobalzession gegenüber den unter verlängertem Eigentumsvorbehalt liefernden Warenkreditgebern geltenden Grundsätze auf das Abtretungsverbot zu übertragen. Die Begründung geht dahin, es handle sich nicht um einen Konflikt zwischen zwei auf gleicher Stufe stehenden Kreditgebern (Waren- und Geldkreditgeber), vielmehr verhindere das Abtretungsverbot jede Zession, ohne auf eine bestimmte Gruppe von Zessionaren Rücksicht zu nehmen. Das Abtretungsverbot sei durch das Interesse des Schuldners gerechtfertigt, den Abrechnungsverkehr klar und übersichtlich zu gestalten und zu verhindern, dass ihm eine im Voraus nicht zu übersehende Vielzahl von Gläubigern gegenübertritt.

II. Verstoß gegen § 307 BGB

Die Maßstäbe bei der Inhaltskontrolle nach § 307 BGB sind wesentlich niedriger anzulegen als bei der Prüfung der Sittenwidrigkeit nach § 138 BGB.[21] Nach § 307 I ist eine AGB-Klausel unwirksam, wenn sie den Vertragspartner des Verwenders entgegen den Geboten von Treu und Glauben (§ 242 BGB) unangemessen benachteiligt, wenn mit anderen Worten der Verwender mit der Formulierung der Klausel nur seine eigenen Interessen im Auge hat und keine hinreichende Rücksicht auf diejenigen des Vertragspartners nimmt. Danach darf ein Abtretungsverbot oder ein Zustimmungs-

19 BGH NJW 1964, 243; so auch die heute überwiegende Auffassung MüKoBGB/*Roth/Kieninger* § 399 Rn. 62.
20 BGH NJW 1969, 415.
21 Palandt/*Grüneberg* Überbl. v. § 305 Rn. 15.

vorbehalt nur soweit gehen, wie das *berechtigte Sicherungsinteresse* des Schuldners als Verwender der AGB-Klausel zum Abtretungsausschluss überwiegt.

Die *Rechtsprechung* hat bezüglich des Abtretungsverbots an ihrer Interessenwertung, die sie zur Beurteilung der Sittenwidrigkeit vorgenommen hat, festgehalten und zugunsten des Debitors entschieden. Sein Interesse an einer unkomplizierten Vertragsabwicklung und geschäftlichen Behandlung könnte beeinträchtigt werden, wenn ihm statt seines Vertragspartners ein Dritter gegenübergestellt werde.[22]

Nach *herrschender Lehre*[23] verstößt ein absolutes Abtretungsverbot im Rahmen der Inhaltskontrolle nach § 307 I BGB gegen die Interessen des Gläubigers an der wirtschaftlichen Verwertung der Forderung durch Abtretung. Außerdem sei in die Wertung miteinzubeziehen, dass Warenlieferanten in der Regel nur unter der Voraussetzung liefern, dass ihnen die Forderungen aus der Weiterverarbeitung oder Weiterveräußerung abgetreten werden. Ein absolutes Abtretungsverbot widerspricht dem berechtigten Interesse des Vertragspartners, seinen Lieferanten gegenüber nicht vertragsbrüchig werden zu müssen.

Die von D verwendete Klausel, die einen Zustimmungsvorbehalt enthält, könnte auch nach der Rechtsansicht der herrschenden Lehre wirksam sein. Denn Abtretungsverbote sind nach überwiegender Auffassung dann angemessen, wenn sie zugleich für den Gläubiger zumutbare Voraussetzungen aufstellen, unter denen er die Zustimmung des Schuldners zur Zession erreichen kann. Um einer Inhaltskontrolle nach § 307 I BGB standzuhalten, muss ein Abtretungsverbot die Zustimmungsbereitschaft des Verwenders sowie bestimmte Voraussetzungen, die dem Interesse des Gläubigers an der Abtretung hinreichend Rechnung tragen, enthalten. Danach wird der Schuldner zwar weiterhin vor Abtretungen geschützt, gerade auch vor Teil- und Mehrfachabtretungen, aber der Gläubiger erhält unter bestimmten Voraussetzungen ein *Recht auf Zustimmung zur Abtretung*, sodass sein Interesse an reibungslosen Geschäftsbeziehungen zu seinen Vorbehaltslieferanten entsprochen werden kann.

Vorliegend ist eine solche Zustimmungsklausel gegeben, sodass eine Abtretung sowohl nach Ansicht der Rechtsprechung als auch nach herrschender Lehre an die Zustimmung des D gebunden ist. Nach der Literaturmeinung allerdings hätte K wohl gegen D einen Anspruch auf Erteilung der Zustimmung zur Abtretung der Forderung.

Zu beachten ist, dass die Vereinbarung zwischen D und K wegen § 354a HGB letztlich gleichwohl *keine Wirkung* entfaltet, wenn K entgegen der Vereinbarung eine *Geldforderung* gegen D abtritt. Denn die Forderungen entstehen aus Rechtsverhältnissen, die als *beiderseitige Handelsgeschäfte* nach §§ 354a S. 1, 343 HGB zu qualifizieren sind; sowohl K als auch D sind Kaufleute und handeln in ihrer Unternehmenssphäre. Eine *Abtretung* ist dann unabdingbar (§ 354a S. 3 HGB) *wirksam*. Dabei spielt es keine Rolle, dass zwischen K und D nur ein abgeschwächter Abtretungsausschluss vereinbart wurde.[24] Nach § 354a S. 2 HGB kann der Schuldner aber weiterhin schuldbefreiend an den bisherigen Gläubiger leisten.

22 BGH WM 1980, 1346.
23 MüKoBGB/*Wurmnest* § 307 Rn. 234 f.
24 S. eingehend MüKoBGB/*Roth/Kieninger* § 399 Rn. 35 ff.

Allgemeines zum Factoring

Rechtsnatur und Inhalt des echten Factorings

Das Factoring-Geschäft[25] besteht aus einem Verpflichtungsgeschäft sowie einem Verfügungsgeschäft, das vom schuldrechtlichen Kausalgeschäft abstrakt ist. Im Vordergrund der *schuldrechtlichen* Komponente (Verpflichtungsgeschäft) des echten Factorings stehen die *kaufrechtlichen* Elemente (Ziffer 1 des Vertrags zwischen K und F enthält die Vereinbarung eines Forderungskaufs.). Ferner enthält das schuldrechtliche Kausalgeschäft regelmäßig *geschäftsbesorgungs-* und gegebenenfalls *darlehensrechtliche* Vereinbarungen.[26] Bei dem als Dauerschuldverhältnis ausgerichteten Factoring-Geschäft verpflichtet sich der Klient, bestimmte Arten von Forderungen gegen Bevorschussung an die Factoring-Bank zu übertragen. Der Factor verpflichtet sich, unter bestimmten Voraussetzungen die Forderungen aufzukaufen, wobei er sich vorbehält, die Bonität des Schuldners im Voraus mit zu bedenken (um etwa Schuldner der Schwarzen Liste auszuschließen). Die Verpflichtung des Klienten, seine künftigen Forderungen der Factoring-Bank zum Kauf anzubieten, bezieht sich auf alle Forderungen des Klienten aus zumindest einem Geschäftsbereich; so soll vermieden werden, dass der Factoring-Bank lediglich die dubiosen Forderungen angeboten werden, während der Klient die sicheren Forderungen selbst realisiert. Die Factoring-Bank zahlt den Kaufpreis für die Forderung sofort nach Abschluss des Forderungskaufs (s. im Einzelnen Ziffer 3 des Vertrags zwischen K und F).

Die *verfügungsrechtliche* Komponente des echten Factorings enthält eine aufschiebend bedingte *Globalzession* aller (gegenwärtigen und) künftigen Forderungen aus dem Geschäftsbetrieb des Klienten an die Factoring-Bank (Ziffer 2 des Vertrags zwischen K und F enthält die Vereinbarung einer aufschiebend bedingten Globalzession.). Die Vorausabtretung erfolgt unter der aufschiebenden Bedingung, dass die vom Klienten dem Factor jeweils zum Kauf angebotene Forderung vom Factor angekauft wird. Die Factoringglobalzession als Verfügungsgeschäft ist schon mit Abschluss des Factoring-Vertrags wirksam abgeschlossen, doch tritt die Wirksamkeit der jeweiligen Forderungsabtretung erst mit Eintritt der aufschiebenden Bedingung (Ankauf der vom Klienten zum Kauf angebotenen Forderung durch den Factor) ein. Darin unterscheidet sich die Factoringglobalzession von einer Mantelzession, bei der sich der Klient lediglich verpflichtet, jede Forderung, wenn sie entstanden ist, einzeln abzutreten.

Die Factoringglobalzession erfolgt – anders als die bloße Sicherungszession einer Bank oder die Vorauszession innerhalb eines Eigentumsvorbehalts – nicht still, sondern *offen*, das heißt, sie wird dem Schuldner mitgeteilt. Die Mitteilung des Klienten an den Schuldner über die Zession an die Factoring-Bank bewirkt, dass die Debitoren mit befreiender Wirkung nur noch an den Factor zahlen können. Sie begründet aber keinen Zweifel an der Kreditwürdigkeit des Sicherungsgebers.

---

25 Dazu auch *Fischinger* JA 2005, 651.
26 *Looschelders* SchuldR BT Rn. 224.

7. Kapitel. Mehrheit von Schuldnern und Gläubigern (§§ 420 ff. BGB) – Gesamtschuld

Übersicht
Gläubigermehrheit und Schuldnermehrheit (§§ 420 ff. BGB)

Gliederung

A. Abgrenzung zur Kumulation

Gläubiger- und Schuldnermehrheiten (Gläubiger- und Schuldnerkonkurrenz) nach §§ 420 ff. BGB liegen dann vor, wenn der Schuldner mehreren Gläubigern insgesamt nur einmal leisten muss oder der Gläubiger von mehreren Schuldnern die Leistung insgesamt nur einmal verlangen kann. Nicht in den Anwendungsbereich der §§ 420 ff. BGB fallen solche Sachverhalte, bei denen Ansprüche mehrerer Gläubiger oder Verbindlichkeiten mehrerer Schuldner kumuliert werden. In diesen Fällen stehen mehrere selbstständige Schuldverhältnisse völlig unverbunden nebeneinander. Bei der *Kumulation von Gläubigern* haben mehrere Gläubiger gegen denselben Schuldner aus unabhängig voneinander bestehenden Schuldverhältnissen Forderungen. Bei der *Kumulation von Schuldnern* hat ein Gläubiger aus unabhängig voneinander bestehenden Schuldverhältnissen mehrere Schuldner, deren Leistungen verschiedene Interessen des Gläubigers befriedigen.

Wenn Verkäufer V dieselbe Warenpartie nacheinander an die Käufer A, B und C verkauft, dann besteht keine Gläubigermehrheit im Rechtssinn, sondern es liegen drei selbstständige Kaufverträge vor. Wenn K Baustoffe für ein von ihm zu errichtendes Gebäude, um sicher zu gehen, sowohl von A als auch von B kauft, dann besteht keine Schuldnermehrheit, sondern es liegen zwei selbstständige Kaufverträge vor.

Ob eine Kumulation selbstständiger Forderungen oder Schulden zum einen, eine Gläubiger- oder Schuldnermehrheit iSd §§ 420 ff. BGB zum anderen gegeben ist, bestimmt sich nach Vertrag oder Gesetz. In erster Linie kommt es auf die *Parteivereinbarung* an, in der die Forderungen oder Verbindlichkeiten zu einem einheitlichen Schuldverhältnis (im weiteren Sinne) zusammengefasst werden. Doch auch das Gesetz kann *ausdrücklich* anordnen, dass mehrere Forderungen oder Verbindlichkeiten rechtlich miteinander verbunden werden (etwa nach § 840 I BGB die Zusammenfassung mehrerer selbstständiger Schadensersatzverbindlichkeiten zu einer Gesamtschuld). Schließlich kann aus dem Gesetzeszweck der einzelnen Anspruchsnormen eine rechtliche Gläubiger- oder Schuldnermehrheit abzuleiten sein.

B. Arten von Gläubigermehrheiten

Eine Gläubigermehrheit liegt vor, wenn der Schuldner eine Leistung nur einmal zu erbringen verpflichtet ist, aber mehrere Gläubiger die Leistung fordern können. Drei Grundstrukturen der Gläubigermehrheit sind zu unterscheiden.[1]

I. Teilgläubigerschaft (§ 420 BGB)

Wenn mehrere Gläubiger eine teilbare Leistung zu fordern haben, dann liegt im Zweifel eine Teilgläubigerschaft nach § 420 BGB vor. Bei der Teilgläubigerschaft ist jeder Gläubiger *nur zu einem gleichen Anteil* berechtigt. Zwar ist die Anordnung der Teilgläubigerschaft der gesetzliche Regelfall (Vermutung der Teilgläubigerschaft), doch kommt die Teilgläubigerschaft selten vor, da die anderen Formen der Gläubigermehrheiten vorrangig sind.

II. Gesamtgläubigerschaft (§§ 428–430 BGB)

Bei der Gesamtgläubigerschaft (Gesamtforderung, Gesamtberechtigung) nach § 428 BGB ist jeder Gläubiger berechtigt, die *ganze Leistung* an sich zu fordern, der Schuldner aber nur verpflichtet, die Leistung *einmal* zu erbringen. Der Schuldner kann nach seinem Belieben an jeden der Gläubiger leisten. Der Ausgleich zwischen den Gesamtgläubigern erfolgt im Innenverhältnis (§ 430 BGB).

Die rechtsgeschäftliche Vereinbarung einer Gesamtberechtigung ist selten. Dies liegt zum einen an dem Recht des Schuldners, an den Gesamtgläubiger seiner Wahl leisten zu dürfen. Klagt etwa ein Gläubiger auf Zahlung der Schuld, so hat der Schuldner die Möglichkeit, die Klage durch Zahlung an den anderen Gesamtgläubiger ins Leere laufen zu lassen. Zum anderen trägt ein Gesamtgläubiger nicht nur das Liquiditätsrisiko des Schuldners, sondern beim Ausgleich im Innenverhältnis auch das Liquiditätsrisiko

1 Instruktiv zum Ganzen *Looschelders* SchuldR AT § 54 Rn. 2 ff.; *Petersen* JURA 2014, 483.

des anderen Gesamtgläubigers, an den der Schuldner geleistet hat. Ein Beispiel einer gesetzlichen Gesamtgläubigerschaft sind die mehreren Bedachten eines Vermächtnisses, wenn die Ausübung des Bestimmungsrechts unterbleibt, § 2151 III 1 BGB.

III. Gläubigergemeinschaft

Bei der Gläubigergemeinschaft (gemeinschaftliche Gläubigerschaft, Berechtigung oder Forderung) steht eine Forderung mehreren Gläubigern in der Weise zu, dass der Schuldner nur *an alle Gläubiger gemeinschaftlich* leisten darf. Gläubigergemeinschaften bestehen etwa, wenn eine Forderung den Gläubigern zur gesamten Hand zusteht (Personengesellschaftsrecht, Erbrecht, Ehegüterrecht), eine Forderung den Gläubigern nach Bruchteilen zusteht (§§ 741 ff. BGB) oder die Forderung auf eine unteilbare Leistung (etwa §§ 432, 2039 BGB) gerichtet ist, sofern nicht schon eine Gesamthands- oder eine Bruchteilsgemeinschaft und auch keine Gesamtgläubigerschaft vorliegt.

C. Arten von Schuldnermehrheiten

Eine Schuldnermehrheit liegt vor, wenn der Gläubiger zwar jeden der Schuldner in Anspruch nehmen, die Leistung aber nur einmal verlangen kann. Vier Grundstrukturen der Schuldnermehrheit sind zu unterscheiden.[2]

I. Die Teilschuld (§ 420 BGB)

Wenn mehrere Schuldner eine teilbare Leistung zu erbringen haben, dann liegt im Zweifel eine Teilschuld nach § 420 BGB vor. Bei der Teilschuld ist jeder Schuldner *nur zu einem gleichen Anteil* verpflichtet. Zwar ist die Anordnung der Teilschuld der gesetzliche Regelfall (Vermutung der Teilschuld), doch kommt die Teilschuld selten vor, da die anderen Formen der Schuldnermehrheiten vorrangig sind.

II. Die gemeinschaftliche Schuld

Bei der gemeinschaftlichen Schuld erbringen die mehreren Schuldner dem Gläubiger die Leistung aus tatsächlichen oder rechtlichen Gründen nur gemeinschaftlich (*im gemeinsamen Zusammenwirken*). Die gemeinschaftliche Schuld ist gesetzlich nicht geregelt. Die Vorschriften über die Teil- und Gesamtschuld (§§ 420, 431 BGB) sind nicht sachgerecht, da die Schuldner die Leistung nicht einzeln erbringen können. Eine gemeinschaftliche Schuld besteht etwa, wenn mehrere Schuldner aus einem gemeinsamen Vermögen, über das sie nur gemeinschaftlich verfügen können, zu leisten haben (Gesamthandsschuld, Schuld einer Bruchteilsgemeinschaft).

III. Die Gesamtschuld (§§ 421–427 BGB)

Bei der Gesamtschuld nach § 421 BGB ist jeder Schuldner verpflichtet, die *ganze Leistung* zu erbringen, der Gläubiger aber nur berechtigt, die Leistung *einmal* zu fordern.[3]

---

2 Einführend *Looschelders* SchuldR AT § 54 Rn. 13 ff.; *Petersen* JURA 2014, 902.

3 Zur Gesamtschuld s. ausführlich unten D. und Fall 25.

IV. Die Schuldnermehrheit mit abgestufter Leistungspflicht

Bei der Schuldnermehrheit mit abgestufter Leistungspflicht ist zwar jeder Schuldner verpflichtet, die *ganze Leistung* zu erbringen, auch ist der Gläubiger nur berechtigt, die Leistung *einmal* zu fordern, doch tritt einer der Schuldner nur für den anderen Schuldner in *Vorlage* (abgestufte Leistungspflicht) und ist berechtigt, von dem anderen Schuldner im Innenverhältnis im Wege des *Rückgriffs* die gesamte vorgelegte Leistung zurückzuverlangen (Anordnung eines Zessionsregresses). Der Rückgriff erfolgt entweder aufgrund einer gesetzlich angeordneten *Legalzession* (*cessio legis*), nach der die Forderung des Gläubigers auf den leistenden Schuldner übergeht (etwa §§ 774, 1607 BGB, § 130 BRAGO, § 67 VVG, §§ 116, 117 SGB X, § 87a BBG, § 52 BRRG, § 6 EFZG, ähnlich auch § 90 BSHG) oder aufgrund einer *Abtretungspflicht* (*beneficium cedendarum actionum*), nach der die Forderung an den leistenden Schuldner abzutreten ist (etwa §§ 255, 285 BGB).

D. Die Gesamtschuld (§§ 421–427 BGB)

I. Abgrenzung zu anderen Schuldnermehrheiten

1. Echte und unechte Gesamtschuld

Die Gesamtschuld ist eine Form der Schuldnermehrheit (Schuldnerkonkurrenz). Bei der Gesamtschuld ist jeder Schuldner verpflichtet, die *ganze Leistung zu erbringen*, der Gläubiger aber nur berechtigt, die *Leistung einmal zu fordern* (§ 421 S. 1 BGB).

> Gesamtschulden liegen etwa vor bei vertraglichen Schulden (gemeinsame Taxifahrt), wenn nichts anderes vereinbart wird (Vermutung nach § 427 BGB); Mitbürgen sind Gesamtschuldner, auch wenn sie die Bürgschaft nicht gemeinschaftlich übernommen haben (§ 769 BGB); Schuldbeitritt und gesetzlicher Schuldübergang (etwa § 419 BGB aF) begründen Gesamtschulden; Tätermehrheit (§ 840 BGB); Miterben als Gesamtschuldner für Nachlassverbindlichkeiten (§ 2058 BGB); Gesellschafterhaftung im Personengesellschaftsrecht (§ 128 HGB); Haftung bei Betriebsübergang (§ 613a BGB).

Die Legaldefinition der Gesamtschuld vermag nur unzureichend die Gesamtschuld von anderen Rechtsverhältnissen der Schuldnermehrheit zu unterscheiden, in denen ebenfalls mehrere Schuldner dem Gläubiger die Befriedigung desselben Interesses schulden, der Gläubiger die Leistung aber nur einmal zu fordern berechtigt ist. In diesen anderen Rechtsverhältnissen führt eine Anwendung der §§ 422–426 BGB weithin nicht zu sachgerechten Ergebnissen. Solche der Gesamtschuld ähnlichen Schuldnermehrheiten werden häufig unechte (auch scheinbare) Gesamtschulden genannt.

Bei der *unechten Gesamtschuld* handelt es sich um eine Form der Schuldnermehrheit, bei der mehrere Schuldner aus unterschiedlichen Rechtsgründen dasselbe Gläubigerinteresse zu befriedigen verpflichtet sind und der Gläubiger die Leistung nur einmal zu fordern berechtigt ist. Insoweit liegen die formalen, begrifflichen Voraussetzungen einer Gesamtschuld iSd § 421 S. 1 BGB vor. Es unterscheiden sich aber die Rechtsverhältnisse der unechten Gesamtschulden inhaltlich wesentlich von den echten Gesamtschulden der §§ 421 ff. BGB. Der rechtserhebliche Unterschied eines echten zu einem unechten Gesamtschuldverhältnis liegt im *Verhältnis der Gesamtschuldner* und ihrer Gesamtschulden zueinander. Im Schrifttum werden verschiedene Kriterien einer Abgrenzung angeboten. In der früheren Rechtsprechung und im älteren Schrifttum wurde ein unechtes Gesamtschuldverhältnis dahingehend gekennzeichnet, dass die unechten Gesamtschulden nicht in einem *inneren Zusammenhang* stünden und die unechten Gesamtschuldner nicht in einer *rechtlichen Zweckgemeinschaft*.[4] Im neueren Schrifttum wird auf die *Gleichstufigkeit* oder *Gleichrangigkeit* als Wesensmerkmal einer echten Gesamtschuld abgestellt.[5]

Als **Beispiele** unechter Gesamtschulden werden die Fallgestaltungen genannt, in denen (1) Schädiger und Schadensversicherer oder Unterhaltspflichtiger, (2) Dieb und nachlässiger Verwahrer oder (3) Brandstifter und Baulastpflichtiger dem Schadensersatzgläubiger gegenüber zur Deckung des gleichen Schadens verpflichtet sind. In diesen Fällen soll im Ergebnis allein der *unmittelbare Schadensverursacher* den Schaden tragen. Im Innenverhältnis kommt also *kein wechselseitiger Regress* in Betracht, sondern stets nur ein *einseitiger Totalregress* des privilegierten Schuldners.

Die inhaltliche *Abgrenzung* der echten Gesamtschuld von den unechten Gesamtschuldverhältnissen, auf die die Regeln der Gesamtschuld (§§ 421–426 BGB) nicht anzuwenden sind, ist im Hinblick auf den *Ausgleich im Innenverhältnis* der Schuldnermehrheit vorzunehmen. Eine (echte) Gesamtschuld iSd § 421 S. 1 BGB liegt dann nicht vor, wenn das Gesetz die Schuldnermehrheit durch Anordnung einer *cessio legis* oder Gewährung eines *Abtretungsanspruchs* eigenständig regelt.[6]

Wenn das Gesetz eine *cessio legis* anordnet (und damit keine Gesamtschuld nach §§ 421 ff. BGB vorliegt), ließen sich zwar auch dann praktikable, wenngleich gekünstelt erscheinende Ergebnisse erzielen,[7] wenn man diese Fallgestaltungen der Schuldnermehrheit noch in den gesetzlichen Gesamtschuldrahmen einordnet. Denn auch die Gesamtschuld kennt in § 426 II BGB die *cessio legis*; auch ist ihr, wie § 840 II und III BGB zeigt, die interne Alleinbelastung eines Schuldners nicht fremd, die zum einseitigen Totalregress führt. Doch ergeben sich Bedenken gegen eine Einbeziehung dieser Fallgestaltungen in den gesetzlichen Gesamtschuldrahmen vor allem daraus, dass der Legalzession nach § 426 II BGB nur ergänzende Funktion zukommt (hinsichtlich der Sicherheiten vgl. §§ 412, 401 BGB). Der Umfang des Rückgriffs richtet sich jedoch ausschließlich nach § 426 I BGB (selbstständiger Ausgleichsanspruch). Dieser selbstständige Regressanspruch fehlt aber in den sonstigen Fällen der Legalzession. Das Gesetz sieht in ihnen offenbar *eigenständige Regressformen* gegenüber dem Gesamtschuldnerausgleich. Entscheidend gegen die Lehre vom umfassenden Gesamtschuldrahmen spricht vor allem, dass jedenfalls der Regressweg über Ansprüche auf Abtretung (§§ 255, 285 BGB) mit der Gesamtschuldregelung nicht vereinbar ist.[8]

2. Bildung von Fallgruppen

Geht man von der Abgrenzung aus, dass eine Gesamtschuld nach § 421 S. 1 BGB nur dann vorliegt, wenn die *Schuldnermehrheit nicht eigenständig gesetzlich (cessio legis, Abtretungsanspruch) geregelt* ist, dann sind hinsichtlich einer Zuordnung zu

---

4 Offen gelassen von BGH NJW 1972, 1802.

5 S. etwa *Larenz* SchuldR I § 37 I; *Jacoby/v. Hinden* § 421 Rn. 12; auch *Medicus/Petersen* BürgerlR Rn. 922.

6 So die wohl überwiegende Auffassung, s. dazu *Larenz* SchuldR I § 37 I; *Brox/Walker* SchuldR AT § 37 Rn. 10; *Medicus/Petersen* BürgerlR Rn. 918 (919); MüKoBGB/*Bydlinski* § 421 Rn. 12, 60; *Jacoby/v. Hinden* § 421 Rn. 12.

7 Dazu s. etwa *Rüssmann* JuS 1974, 292 (295 f.).

8 So selbst *Ehmann* Gesamtschuld, 69 f.; *Rüssmann* JuS 1974, 292 (298).

§§ 421–426 BGB noch solche Fallgestaltungen der Schuldnermehrheit zu beurteilen, die kraft Parteivereinbarung (s. § 427 BGB) oder kraft Gesetzes *weder der Gesamtschuldregelung noch einem Zessionsregress* unterstellt sind.

Beispiele sind die Schuldnermehrheiten zwischen *Schädiger und Unterhaltspflichtigem* (vgl. § 843 IV BGB, wonach der Schadensersatzanspruch auf eine Geldrente nicht dadurch ausgeschlossen wird, dass ein anderer dem Verletzten Unterhalt zu gewähren hat), zwischen *Schädiger und Baulastpflichtigem* (Fuldaer Dombrandfall[9]) sowie zwischen *Schädiger und entgeltfortzahlungspflichtigem Arbeitgeber*.[10]

Alle Bemühungen um den Begriff der Gesamtschuld haben gezeigt, dass er inhaltlich nicht eindeutig und schon gar nicht einheitlich für alle als Gesamtschuldverhältnis zu kennzeichnenden Schuldnermehrheiten definiert werden kann. Das liegt daran, dass die Gesichtspunkte, die den Gesetzgeber zur Anordnung einer Gesamtschuld bewogen haben, nicht auf ein einheitliches Prinzip zurückgeführt werden können. Was bleibt, ist der Versuch einer Fallgruppenbildung und der typologischen Zuordnung der nicht positivrechtlich geregelten Fälle zu einer dieser Fallgruppen. Die *beiden herausragenden Fallgruppen* einer (echten) Gesamtschuld iSd §§ 421 ff. BGB sind zum einen die an § 427 BGB orientierten Fälle der *Gesamtschuld kraft Vereinbarung* sowie zum anderen die an § 840 I BGB orientierten Fälle der *Verantwortlichkeit mehrerer für ein und denselben Schaden*.

Es besteht Einigkeit darüber, dass nach § 840 I BGB (analog) auch bei solchen Fallgestaltungen eine Gesamtschuld vorliegt, wenn (1) mehrere Schuldner aus Gefährdung haften, (2) der eine Schuldner aus Delikt oder Gefährdung und der andere Schuldner aus Vertrag haftet oder (3) beide Schuldner aus Vertragsverletzung haften.[11]

Andere Fallgestaltungen von Schuldnermehrheiten, die sich nach den dargestellten Regeln nicht als echte Gesamtschuldverhältnisse kennzeichnen lassen (das sind vor allem die Schuldnermehrheiten von *Schädiger* einerseits und *Unterhaltspflichtigem, Baulastpflichtigem* und *entgeltfortzahlungspflichtigem Arbeitgeber* bei verletztem Angestellten andererseits), sollten nicht in den Gesamtschuldrahmen der §§ 421 ff. BGB gepresst werden. Vor allem ist die Anwendung der Ausgleichsregelung des § 426 I BGB auf diese Schuldnermehrheiten nicht sachgerecht. So besteht im Ergebnis auch Einigkeit dahin, dass bei diesen Schuldnermehrheiten stets nur ein einseitiger Totalregress zulasten des Schädigers stattfindet. Die hM gewährt deshalb auch *eigenständige Regressansprüche*, sei es in Analogie zu § 255 BGB oder zu § 285 BGB, sei es in Analogie zu den Vorschriften über die Legalzession.[12]

II. Der Gesamtschuldnerausgleich

1. Außenverhältnis

Im Außenverhältnis der Gesamtschuldner zum Gläubiger schuldet jeder Gesamtschuldner dem Gläubiger die ganze Leistung. Der Gläubiger ist berechtigt, die Leistung von jedem Gesamtschuldner nach seiner Wahl ganz oder auch teilweise zu ver-

9 S. RGZ 82, 206.
10 S. dazu für Arbeiter und Angestellte § 6 EFZG.
11 S. dazu nur Soergel/*Zeuner* § 840 Rn. 6, 9.
12 Dazu *Medicus/Petersen* BürgerlR Rn. 927; MüKoBGB/*Bydlinski* § 421 Rn. 63; aA *Ehmann* Gesamtschuld 69 f.; *Rüssmann* JuS 1974, 292 (298).

langen, notfalls im Wege der Zwangsvollstreckung beizutreiben.[13] Er kann alle Schuldner nebeneinander (als Gesamtschuldner) verklagen, die Forderung auch voll in der Insolvenz eines jeden Gesamtschuldners anmelden.

Die Erfüllung (§ 422 I 1 BGB) und die Aufrechnung (§ 422 I 2 BGB), ein Erlassvertrag (§ 423 BGB) sowie der Verzug des Gläubigers (§ 424 BGB) wirken für alle Gesamtschuldner (*Gesamtwirkung*). Andere als diese in §§ 422–424 BGB bezeichneten Tatsachen wirken nur für und gegen den Gesamtschuldner, in dessen Person sie eintreten (*Einzelwirkung*), soweit sich nicht aus dem Schuldverhältnis ein anderes ergibt (§ 425 I BGB); solche Tatsachen sind insbesondere Kündigung, Schuldnerverzug, Verschulden, Unmöglichkeit der Leistung, Verjährung, Konfusion und rechtskräftiges Urteil (§ 425 II BGB). Eine ausnahmsweise Gesamtwirkung kann sich aus Vereinbarung, Inhalt oder Zweck des Gesamtschuldverhältnisses ergeben.

So besteht etwa bei einer *Anwaltssozietät*[14] regelmäßig eine Haftung aller Gesellschafter für das Verschulden eines Mitgesellschafters.

2. Innenverhältnis

Das Innenverhältnis besteht zwischen den Gesamtschuldnern untereinander.

a) Ausgleichspflicht

Im Innenverhältnis der Gesamtschuldner untereinander ist jeder Gesamtschuldner nach seinem Anteil zur Befriedigung des Gläubigers verpflichtet (§ 426 I 1 BGB). Diese Verpflichtung der Gesamtschuldner untereinander, die von vornherein mit der Begründung der Gesamtschuld entsteht, begründet *Mitwirkungspflichten* und *Befreiungsansprüche* zwischen den Gesamtschuldnern im Innenverhältnis.[15] Bei schuldhafter Verletzung der Befriedigungspflicht hat der benachteiligte Gesamtschuldner einen Schadensersatzanspruch gegen den pflichtwidrig handelnden Gesamtschuldner.[16]

b) Haftung nach Kopfteilen

Jeder Gesamtschuldner hat im Innenverhältnis einen *gleichen Anteil* (Kopfteil) zu tragen, wenn nichts anderes bestimmt ist (§ 426 I 1 BGB). Eine abweichende Bestimmung findet sich in zahlreichen Gesetzen (etwa §§ 840 II, III, 841, 1833 II BGB; § 736 HGB; § 17 StVG). In den Fällen einer gemeinschaftlichen vertraglichen Verpflichtung (§ 427 BGB) kann sich ein anderes aus dem Vertrag ergeben. Bei einer gemeinschaftlichen Verursachung desselben Schadens ist vor allem die interne Schadensteilung entsprechend § 254 BGB zu beachten.

Schwierigkeiten bereitet die Bestimmung der internen Haftungsanteile von Nebentätern bei einem Mitverschulden (§ 254 BGB) des Verletzten, wenn die Mitschuldanteile im Außenverhältnis unterschiedlich sind. Die Rechtsprechung entscheidet aufgrund einer Gesamtschau unter Einzelabwägung.[17]

13 S. BGH NJW 1991, 1289.
14 BGH NJW 1971, 1801; NJW-RR 1988, 1299.
15 BGH NJW 1958, 497.
16 BGH NJW 1974, 693 (694).
17 BGH NJW 1959, 1772.

c) Ausgleichsanspruch (§ 426 I BGB)

Leistet ein Gesamtschuldner mehr als seinen internen Anteil an den Gläubiger, entsteht für ihn ein *Ausgleichsanspruch* gegen die anderen Gesamtschuldner (§ 426 I 1 BGB). Sind mehrere Gesamtschuldner ausgleichspflichtig, dann haften sie dem ausgleichsberechtigten Gesamtschuldner nur *pro rata* in Höhe ihrer Anteile; sie sind Teilschuldner, nicht selbst wiederum Gesamtschuldner. Kann von einem Gesamtschuldner Ausgleich nicht erlangt werden, dann ist der Ausfall von den übrigen, ausgleichspflichtigen Gesamtschuldnern nach Kopfteilen zu tragen (§ 426 I 2 BGB). Die Ausgleichsansprüche sind *selbstständige*, gesetzliche Ansprüche, die der regelmäßigen Verjährung (§§ 195, 199 BGB) unterliegen. Der Ausgleichsanspruch des Gesamtschuldners, der den Anspruch des Gläubigers erfüllt hat, wird grundsätzlich nicht davon berührt, dass der Anspruch des Gläubigers gegen die anderen Gesamtschuldner verjährt ist.[18]

In *Ausnahmefällen* haften die *ausgleichspflichtigen* Gesamtschuldner dem ausgleichsberechtigten Gesamtschuldner nicht nur als Teilschuldner, sondern selbst als *Gesamtschuldner*:

(1) Ein gesetzlicher Fall der gesamtschuldnerischen Ausgleichshaftung ist der wechselmäßige *Remboursregress* (Ersatzrückgriff) des Rückgriffsschuldners, der den Wechsel einlöst, gegen seine Vormänner als Gesamtschuldner (Art. 47 III WG).

(2) Die Rechtsprechung nimmt eine gesamtschuldnerische Ausgleichshaftung an, wenn der leistende Gesamtschuldner im *Innenverhältnis* (etwa aufgrund von § 254 BGB) *voll entlastet* ist.[19]

(3) Die Ausgleichspflichtigen haften auch dann dem Ausgleichsberechtigten als Gesamtschuldner, wenn die mehreren Gesamtschuldner eine *Haftungseinheit* bilden.[20] Beispiel: A, B und C haften als Gesamtschuldner nach § 840 I BGB. A haftet nur nach § 831 BGB für die Handlung des B. Im Verhältnis A zu B ist intern B allein verantwortlich (§ 840 II BGB). A und B tragen zusammen nur einen Anteil von ½. Zahlt C, so kann er bei der Haftungseinheit A und B Regress zu ½ nehmen, aber nicht etwa von jedem nur anteilig, sondern von beiden in vollem Umfang als Gesamtschuldner. A und B mögen sich dann untereinander ausgleichen.

d) Gesetzlicher Forderungsübergang (§ 426 II BGB)

Soweit ein Gesamtschuldner Ausgleich verlangen kann, geht die Forderung des Gläubigers auf ihn über (§ 426 II BGB). Die Gesamtwirkung der Erfüllung nach §§ 422, 362 I BGB ist insoweit eingeschränkt; sie führt nur zur Befreiung im Außenverhältnis.[21] Der *Ausgleichsanspruch nach § 426 I BGB* und die *nach § 426 II BGB übergegangene Gläubigerforderung* sind selbstständige Ansprüche des ausgleichsberechtigten Gesamtschuldners; Einreden gelten nur für den jeweiligen Anspruch (eigene Verjährungsfristen).

Die *cessio legis* verstärkt die Rechtsstellung des ausgleichsberechtigten Gesamtgläubigers. Die Gläubigerforderung geht mit den für sie bestehenden *Nebenrechten* (Sicherungsrechte wie Bürgschaft, Pfandrecht und Hypothek) über (§§ 412, 401 BGB). Soweit bei selbstständigen, *fiduziarischen Sicherungsrechten* (Sicherungsübereignung,

---

18 BGH NJW 2010, 62 (63); weiterführend s. *Pfeiffer* NJW 2010, 23.
19 BGH NJW 1955, 1314, str. s. Palandt/*Grüneberg* § 426 Rn. 18.
20 Dazu BGH NJW 1984, 2087.
21 S. BGH NJW 1988, 1375 (1376 f.); 1991, 97.

Sicherungsabtretung), die keine Nebenrechte iSd § 401 BGB sind,[22] eine Pflicht des Sicherungsnehmers zur Mitübertragung auf den Zessionar angenommen wird, gilt dies auch für § 426 II BGB.[23]

3. Der gestörte Gesamtschuldnerausgleich

a) Die Rechtswirkung eines Haftungsprivilegs im Gesamtschuldverhältnis

Ein *Haftungsausschluss* oder eine *Haftungsbeschränkung*, die auf Gesetz oder Vereinbarung beruhen können, führen zu einer *Störung des Gesamtschuldnerausgleichs* (Regressbehinderung).[24] Denn bei Vorliegen eines Haftungsausschlusses oder einer Haftungsbeschränkung haftet der durch sie begünstigte Schadensverursacher nicht oder nur beschränkt im Außenverhältnis. Er ist, soweit die Haftungsbeschränkung reicht, nicht Gesamtschuldner, auch wenn er den Schaden mitverursacht hat. Das Haftungsprivileg stört den Gesamtschuldnerausgleich, weil es den Regress des nicht privilegierten Gesamtschuldners behindert.

Die Problematik der Rechtslage wird an der allgemeinen *Fallkonstellation* modellhaft anschaulich: Wenn der Geschädigte G, dem von den Schädigern A und B ein Schaden iHv 2.000 EUR zugefügt worden ist, mit dem Schädiger A einen Haftungsausschluss vereinbart hatte, dann ist A im Außenverhältnis nicht Gesamtschuldner des G. Auch wenn unzweifelhaft der A dem G wegen des zwischen ihnen vereinbarten Haftungsausschlusses nicht haftet, so herrscht doch Streit über die Rechtswirkung des Haftungsausschlusses im Gesamtschuldnerausgleich.

b) Drei Lösungswege

Im Grundsatz sind drei Lösungswege denkbar: Im Gesamtschuldnerausgleich wirkt der Haftungsausschluss entweder (1) zuungunsten des nicht haftungsbegünstigten Gesamtschuldners (Schädiger B), (2) zuungunsten des haftungsbegünstigten Gesamtschuldners (Schädiger A) oder (3) zuungunsten des Schadensersatzgläubigers (Geschädigter G).

aa) Wirkung des Haftungsprivilegs zuungunsten des nicht haftungsbegünstigten Gesamtschuldners (Schädiger B)

Zuungunsten des B wirkt der Haftungsausschluss, wenn G von B Schadensersatz in voller Höhe (2.000 EUR) und B von A keinen Ausgleich verlangen kann. Ein Gesamtschuldnerregress des B gegen A scheidet deshalb aus, weil A infolge des Haftungsausschlusses nicht Schuldner des G geworden ist und so ein Gesamtschuldverhältnis nicht besteht. Es ist aber nicht gerechtfertigt, den B als bloßen Mitverursacher zum Ersatz des ganzen Schadens zu verpflichten. Denn der Vereinbarung eines Haftungsausschlusses im *Außenverhältnis von A und G* kommt keine Drittwirkung im *Innenverhältnis von A und B* zulasten des B zu.

22 BGH NJW-RR 1986, 1182.
23 Dazu MüKoBGB/*Bydlinski* § 426 Rn. 45.
24 S. dazu *Medicus/Petersen* BürgerlR Rn. 928 ff.; *Ehmann* Gesamtschuld 244 ff.; *Brox/Walker* SchuldR AT § 37 Rn. 20 ff.; *Medicus* JZ 1967, 398.

bb) Wirkung des Haftungsprivilegs zuungunsten des haftungsbegünstigten Gesamtschuldners (Schädiger A)

Zuungunsten des A wirkt der Haftungsausschluss, wenn G von B Schadensersatz in voller Höhe (2.000 EUR) und B von A anteilig Ausgleich (1.000 EUR) verlangen kann. A kann sich gegenüber B nicht auf den nur zwischen ihm und G wirkenden Haftungsausschluss berufen. In früheren Entscheidungen hat der BGH diesen Lösungsweg eingeschlagen, den er mit einem *fingierten Gesamtschuldnerverhältnis* zwischen A und B begründete.[25] So verliert A teilweise den Vorteil seines Haftungsprivilegs. Doch ist die Fiktion eines Gesamtschuldnerregresses nicht nur dogmatisch bedenklich, sondern vor allem im Ergebnis nicht sachgerecht. Wenn nämlich A im Verhältnis zu B allein verantwortlich wäre, dann haftete er nicht, weil er zum einen wegen des Haftungsausschlusses dem G nicht schuldete und zum anderen ein Rückgriff des B wegen Alleinverantwortlichkeit des A ausschiede. Darin liegt ein Wertungswiderspruch, der nur durch die Anerkennung eines Regresses des haftungsbegünstigten Schädigers gegen den Geschädigten ausgeglichen werden könnte.[26]

cc) Wirkung des Haftungsprivilegs zuungunsten des Schadensersatzgläubigers (Geschädigter G)

Zuungunsten des G wirkt der Haftungsausschluss, wenn G von B Schadensersatz nur anteilig (1.000 EUR) verlangen kann. Der Schadensersatzanspruch des G gegen B (Außenverhältnis) besteht von vornherein nur insoweit, als ohne Haftungsvereinbarung B im Verhältnis zu A (Innenverhältnis) Schadensersatz zu leisten hat; der ohne Haftungsausschluss bestehende Ausgleich des B gegen A kommt bei dem Schadensersatzanspruch des G gegen B in Abzug. Diesen interessengerechten Lösungsweg geht überwiegend das Schrifttum.[27] Der Gläubiger des Schadensersatzanspruchs hat den Nachteil des Haftungsausschlusses zu tragen, da er selbst sein *Integritätsinteresse durch Vereinbarung des Haftungsausschlusses abgewertet* hat und insoweit nicht schutzwürdig ist. Nach dem Normzweck der Haftungsvereinbarung geht der Nachteil zulasten des Geschädigten.

c) Der Normzweck vertraglicher und gesetzlicher Haftungsregeln

Der *Normzweck der Haftungsregeln* bestimmt die Rechtswirkung des Haftungsprivilegs im Gesamtschuldnerausgleich. Das macht notwendig, zwischen *vertraglichen* und *gesetzlichen* Haftungsregeln zu unterscheiden. Die Rechtswirkung einer Haftungsvereinbarung zuungunsten des Schadensersatzgläubigers als *Regelfall* entspricht normzweckgerechter Interessenwertung der privatautonomen Rechtsgestaltung. Bei gesetzlichen Haftungsregeln kann der jeweilige Normzweck der Vorschrift (*Normzweckanalyse*) eine andere Rechtswertung gebieten und zu einer abweichenden Rechtswirkung des Haftungsprivilegs im Gesamtschuldnerausgleich als im Regelfall privatautonomer Haftungsvereinbarungen führen.[28] Das ist auch der Grund, weshalb die Rechtsprechung uneinheitlich erscheint, denn die Interessenlagen in den entschiedenen Fallgestaltungen sind jeweils unterschiedlich.

---

25 Zur Rechtsprechung s. den Überblick unten d).
26 S. MüKoBGB/*Bydlinski* § 426 Rn. 57, der deshalb von einem »Regresskreisel« spricht.
27 S. nur *Larenz* SchuldR AT § 37 III; *Looschelders* SchuldR AT § 54 Rn. 37; *Brox/Walker* SchuldR AT § 37 Rn. 24; MüKoBGB/*Bydlinski* § 426 Rn. 57; *Medicus* JZ 1967, 398 ff.
28 *Looschelders* SchuldR AT § 54 Rn. 38.

d) Überblick über die Rechtsprechung

In seiner *frühen Rechtsprechung* hat der BGH zuungunsten des haftungsbegünstigten Gesamtschuldners (Schädiger A) entschieden und einen fingierten Ausgleichsanspruch des anderen Gesamtschuldners (Schädiger B) angenommen.

Die eine Entscheidung[29] betraf eine vertraglich vereinbarte Haftungsfreistellung oder Haftungsminderung zwischen Fahrer (Schädiger A) und Fahrgast (Geschädigte G) für den vorausbedachten Fall einer Unfallschädigung. In der anderen Entscheidung[30] gewährte der BGH den Gesamtschuldnerausgleich der aufgrund des Haftpflichtgesetzes schadensersatzpflichtigen Bahn (Schädiger B) gegen den verantwortlichen Ehemann (Schädiger A), obgleich dieser als Fahrer seiner bei dem Unfall verletzten Ehefrau (Geschädigte G) aufgrund des gesetzlichen Haftungsprivilegs des § 1359 BGB (*diligentia quam in suis* der Eheleute) nicht schadensersatzpflichtig war.

Der BGH hat *im Jahre 1988* die frühere Rechtsprechung zuungunsten des haftungsbegünstigten Gesamtschuldners (Schädiger A) aufgegeben und zuungunsten des nicht haftungsbegünstigten Gesamtschuldners (Schädiger B) entschieden. Der BGH sprach dem bei Benutzung eines öffentlichen Kinderspielplatzes verletzten Kind (Geschädigter G) gegen die Stadt (Schädiger B) wegen Verletzung der Verkehrssicherungspflicht vollen Schadensersatz zu, ohne der Stadt einen Ausgleichsanspruch gegen die mitverantwortlichen Eltern (Schädiger A) zu gewähren, die wegen des Haftungsprivilegs des § 1664 I BGB (*diligentia quam in suis* der Eltern) nicht hafteten.[31] Diese Rechtsprechung scheint auf einem Verständnis der familienrechtlichen Haftungsprivilegierungen als drittwirkende familienschützende Normen zu beruhen.[32]

Eine *andere Tendenz* zeichnet sich in der Rechtsprechung in den Fallgestaltungen ab, in denen der Geschädigte *sozialversicherungsrechtliche Schadensdeckung* erhält. Zwar entscheidet der BGH zuungunsten des Schadensersatzgläubigers (Geschädigter G), doch wirkt sich der Nachteil nicht beim Geschädigten aus, dessen Schaden der Sozialversicherungsträger als der nicht haftungsbegünstigte Gesamtschuldner (»Schädiger« B) ausgleicht, sondern beim Sozialversicherungsträger, dessen *cessio legis* (§ 116 SGB X) gegen den haftungsbegünstigten (§§ 104, 105 SGB VII) Gesamtschuldner (Schädiger A) ins Leere läuft. Innerhalb von *Sozialversicherungsverhältnissen* kann als gefestigte Rechtsprechung gelten, dass im Gesamtschuldnerausgleich oder Zessionsregress ein Haftungsprivileg rechtlich (wenn auch nicht wirtschaftlich und tatsächlich) zuungunsten des Schadensersatzgläubigers wirkt. Der BGH begründet sein zutreffendes Ergebnis ausdrücklich mit dem Normzweck des Haftungsprivilegs (§§ 636, 637 RVO aF, vgl. §§ 104, 105 SGB VII).

> Der Ausgangsentscheidung[33] dieser Entwicklung lag der folgende Sachverhalt zugrunde: Arbeitgeber S fährt mit seinem Arbeitnehmer G im eigenen Pkw zu einer Filiale. S verursacht fahrlässig einen Verkehrsunfall mit der Straßenbahn der Stadt D. G wird schwer verletzt. Die Berufsgenossenschaft B erbringt Schadensersatzleistungen an G nach § 547 RVO aF (vgl. § 26 SGB VII). B verlangt von D Ersatz ihrer Leistungen nach § 1 HPflG, § 1542 RVO aF (vgl. § 116 SGB X).

29 BGH NJW 1954, 875.
30 BGH NJW 1961, 1966.
31 BGH NJW 1988, 2667.
32 S. *Medicus/Lorenz* SchuldR AT Rn. 904.
33 BGH NJW 1969, 236.

Der BGH entschied, dass eine Berufsgenossenschaft (B) gegen einen außerhalb des Sozialversicherungsverhältnisses stehenden zweiten Schädiger (D) insoweit keinen Rückgriff nehmen kann, als der für den Unfall verantwortliche Unternehmer (S) ohne seine Eingliederung in das System der Unfallversicherung und ohne die hierauf beruhende Freistellung von der Haftung (§ 636 RVO aF, vgl. § 104 SGB VII) im Verhältnis zum Zweitschädiger (D) für den Schaden aufkommen müsste. Die Begründung geht dahin: S haftet G nach §§ 7, 18 StVG, § 823 I, II BGB wegen der Haftungsfreistellung nach § 636 RVO aF (§ 104 SGB VII, Haftungsausschluss bei Arbeitsunfall) nicht; ohne die gesetzliche Haftungsfreistellung hätte S den Schaden allein zu tragen (§ 254 BGB, § 17 StVG). Nach der *cessio legis* des § 1542 RVO aF (§ 116 SGB X) konnte deshalb ein Schadensersatzanspruch des G gegen S nicht auf B übergehen. Auch der Schadensersatzanspruch des G gegen D, der an sich nach § 1 HPflG besteht, wird nicht von der *cessio legis* erfasst, weil ein solcher Zessionsregress dem Normzweck des Haftungsprivilegs und § 636 RVO aF (§ 104 SGB VII) widerspricht.

Die Rechtsprechung wird in weiteren Entscheidungen[34] bestätigt und ausgebaut sowie auf das *Beamtenrecht* übertragen.[35] Der bei einer Dienstfahrt verletzte Beamte kann einen außerhalb des Dienstverhältnisses stehenden Schädiger nur insoweit auf Schmerzensgeld in Anspruch nehmen, als dieser im Verhältnis zu dem im öffentlichen Dienst beschäftigten Mitschädiger für den Schaden verantwortlich ist.

Die Fallgestaltung eines *doppelt gestörten Gesamtschuldverhältnisses* entschied der BGH[36] dahin, dass dem Geschädigten kein Anspruch zusteht. Zwei Schädiger waren wegen Verletzung von Verkehrssicherungspflichten ersatzpflichtig. Dem Erstschädiger kam das Haftungsprivileg der §§ 636, 637 RVO aF zugute; der Zweitschädiger war vom Erstschädiger aufgrund einer vertraglichen Freistellungsklausel vom Haftungsrisiko entbunden.

Eine von der Rechtswirkung eines Haftungsprivilegs im Gesamtschuldnerausgleich zu unterscheidende Frage ist es, ob die gesetzliche Anordnung eines milderen Sorgfaltsmaßstabs zwischen bestimmten Personen auch auf Schadensereignisse im *Straßenverkehr* anzuwenden ist. So haften etwa Personengesellschafter (§ 708 BGB), Ehegatten (§ 1359 BGB) und Eltern (§ 1664 BGB) nur für die Sorgfalt in eigenen Angelegenheiten (s. § 277 BGB). In ständiger Rechtsprechung[37] lehnt der BGH die Anwendung des § 708 BGB auf die Teilnahme am Straßenverkehr[38] ab (Beispiel: Infolge eines sorgfaltswidrigen Fahrverhaltens des als Geschäftsführer tätigen Gesellschafters wird ein Mitgesellschafter bei einem Verkehrsunfall verletzt); im Straßenverkehr sei kein Raum für individuelle Sorglosigkeit.[39] Nicht anders hat die Rechtsprechung zur Ehegattenhaftung nach § 1359 BGB entschieden;[40] entsprechendes muss für § 4 LPartG und dann auch für § 1664 BGB gelten.

34 BGH NJW 1972, 94; 1987, 2669 ff.

35 BGH NJW 1985, 2261 s. dazu MüKoBGB/*Bydlinski* § 426 Rn. 63.

36 BGH NJW 1987, 2669 ff.; krit. dazu *Burkert/Kirchdörfer* JuS 1988, 341 ff.

37 BGH NJW 1967, 558; s. aber auch BGH JZ 1979, 101 (Haftungsbeschränkung kraft ergänzender Vertragsauslegung bei gemeinschaftlicher Urlaubsreise); krit. MüKoBGB/*Schäfer* § 708 Rn. 13.

38 Offen gelassen für den Luftverkehr, BGH JZ 1972, 88.

39 *Larenz* FS Westermann, 1974, 299 ff. verneint das Vorliegen »eigener Angelegenheiten« iSd § 708 BGB im Straßenverkehr.

40 BGH NJW 1970, 1271 (1272); 1974, 2124 (2125 f.).

25. Fall Sachverhalt

Dieb D hat dem Fabrikanten E gehörende Elektrogeräte im Wert von 20.000 EUR gestohlen und sie an den gutgläubigen K veräußert. K hat die Geräte an seine Kunden für insgesamt 25.000 EUR weiterveräußert. E genehmigt die Verfügungen des K und verlangt von ihm Zahlung von 25.000 EUR. Am 2.5. gelingt es E, von D Schadensersatz iHv 20.000 EUR einzuziehen. K, der davon nichts weiß, zahlt am 15.5. 25.000 EUR an E. Als K von der Schadensersatzleistung des D an E erfährt, verlangt er von E Rückzahlung von 25.000 EUR.

Mit Recht?

25. Fall Lösung

Schwerpunkte

- Echte und unechte Gesamtschuld (§§ 421 ff. BGB)
- Abtretungsanspruch (§ 255 BGB)

Gliederung

Anspruch des K gegen E auf Rückzahlung nach § 812 I 1 Alt. 1 BGB

Es kommt ein Bereicherungsanspruch des K gegen E nach § 812 I 1 Alt. 1 BGB (Leistungskondiktion) in Betracht.[1]

A. Etwas durch Leistung erlangt

K hat an E zum Zweck der Erfüllung einer Verbindlichkeit 25.000 EUR gezahlt. Vorliegend hat E daher entweder Eigentum und Besitz an den Geldscheinen oder aber einen Auszahlungsanspruch gegen die Bank (BGH: unregelmäßige Verwahrung gem. §§ 700 I 1, 2, 488 I 2, 697, 695 BGB; aA § 675f II BGB; dies kann dahinstehen, da die Gutschrift jedenfalls ein abstraktes Schuldversprechen gem. §§ 780, 781 BGB ist) erlangt. Somit hat E »Etwas« durch Leistung iSd § 812 I 1 Alt. 1 BGB erlangt.

B. Ohne Rechtsgrund

Die Leistung müsste ohne Rechtsgrund erfolgt sein. Subjektiver Leistungszweck des K war eine *causa solvendi*, die auf eine Zahlungsverbindlichkeit des K gegenüber E Bezug nimmt. Zu prüfen ist, ob ein *Anspruch des E gegen K* bestand, zu dessen Erfüllung K an E (Rechtsgrund) geleistet hat.

I. Bereicherungsanspruch des E gegen K nach § 816 I BGB

Ein Anspruch des E gegen K, auf den K erfüllungshalber 25.000 EUR an E geleistet hat, könnte nach § 816 I 1 BGB begründet sein. K konnte an den ihm von D übereig-

1 Leitentscheidungen sind BGH NJW 1969, 1165 und NJW 1972, 1802.

neten Geräten kein Eigentum erwerben, da sie dem E gestohlen worden waren (§§ 929, 932, 935 BGB). K hat bei seinen Weiterveräußerungen als Nichtberechtigter gehandelt. Die *Verfügungen* des K waren zunächst *unwirksam*, da auch seine Abnehmer nach § 935 BGB kein Eigentum erwerben konnten. E hat diese Verfügungen jedoch *genehmigt* und sie damit *rückwirkend wirksam* gemacht (§§ 185 II 1, 184 I BGB).

Damit liegen die Voraussetzungen des § 816 I 1 BGB vor. K war verpflichtet dem E das durch die Verfügungen Erlangte herauszugeben. Das ist nach hM das gesamte, durch die Verfügung erlangte Entgelt, und zwar auch insoweit, als es den Wert des Verfügungsgegenstandes übersteigt.[2]

1. Erlöschen des Anspruchs durch Zahlung des D an E

Die Verpflichtung des K gegenüber E nach § 816 I BGB könnte jedoch infolge und im Umfang der Zahlung des D an E iHv 20.000 EUR erloschen sein. D hat eine eigene Schuld gegenüber E erfüllt. Er hat nicht nach §§ 267, 362 I BGB als Dritter die Schuld des K getilgt. Denn D haftet dem E zum einen auf Schadensersatz nach (1) §§ 992, 823 I und II BGB iVm § 242 StGB, § 848 BGB, (2) §§ 990, 989 BGB und §§ 687 II, 678 BGB sowie zum anderen (3) nach §§ 687 II, 681 S. 2, 667 BGB auf Herausgabe des Verkaufserlöses iHv 20.000 EUR.

Infolge der Leistung des D an E könnte K gleichwohl von seiner Verbindlichkeit gegenüber E frei geworden sein, wenn zwischen den beiden Schuldnern D und K des E ein *Gesamtschuldverhältnis* besteht. Nach § 422 I 1 BGB wirkt die Erfüllung einer Gesamtschuldforderung durch einen Gesamtschuldner (D) kraft Gesetzes auch für den anderen Gesamtschuldner (K). Zu untersuchen ist, ob D und K dem E als Gesamtschuldner haften.

Gesamtschuldverhältnis zwischen D und K gegenüber E

Wenn D und K dem E als Gesamtschuldner haften, dann hat die Leistung des D an E nach § 422 I 1 BGB insoweit schuldbefreiende Wirkung (§ 362 BGB) für K. Der Meinungsstreit um den Begriff der Gesamtschuld und deren Abgrenzung zu Schuldnermehrheiten unechter Gesamtschuldverhältnisse spiegelt die *verschiedenen Lösungen* wider, die zur Entscheidung des vorliegenden Falls vorgetragen werden. Hinsichtlich einer Anwendung der Gesamtschuldregeln der §§ 421–426 BGB ist über das Außenverhältnis sowie das Innenverhältnis in der Dreiecksbeziehung zwischen Gläubiger (E) einerseits, sowie den beiden Schuldnern andererseits, dem Schadensersatzpflichtigen (D) und dem Herausgabepflichtigen (K), zu entscheiden.

Nach der *Grundsatzentscheidung des BGH* aus dem Jahre 1969[3] sind der Dieb D als Schadensersatzpflichtiger und der Verfügende K als Herausgabepflichtiger dem Eigentümer E der gestohlenen Sache gegenüber wie *Gesamtschuldner* zu behandeln. Gegenüber dem Eigentümer stehe dem Dieb in einem solchen Fall kein Anspruch nach § 255 BGB auf Abtretung des Ersatzanspruchs des E gegen K nach § 816 I BGB

2 StRspr seit RGZ 138, 45; BGH MDR 59, 568; umstritten, vgl. nur *Medicus/Petersen* BürgerlR Rn. 719 ff.

3 BGH NJW 1969, 1165; s. auch BGH JZ 1984, 230.

zu. Die Entscheidung wurde im Schrifttum wegen der Begrenzung des § 255 BGB auf dingliche Ansprüche zunächst weithin zustimmend aufgenommen.[4]

Doch ist die Entscheidung des BGH verfehlt. Denn nur D haftet dem E auf Schadensersatz. K dagegen war zunächst nur nach § 985 BGB zur Herausgabe verpflichtet. Nach der Weiterveräußerung der Geräte an die Kunden des K haftet K dem E als unrechtmäßiger (vgl. § 935 BGB), aber gutgläubiger Besitzer überhaupt nicht (§ 993 I Hs. 2 BGB); vielmehr behielt E die Ansprüche auf Herausgabe der Geräte nach § 985 BGB gegen die Abnehmer des K. Erst aufgrund der Genehmigung durch E nach § 185 II BGB wurde K nach § 816 I BGB zur Herausgabe des Erlangten gegenüber E verpflichtet. Eine solche Fallgestaltung stellt typologisch keine dem Vorstellungsbild einer Gesamtschuld wegen Verursachung desselben Schadens entsprechende Haftungslage (§§ 830, 840 I BGB) dar. Es liegt vielmehr ein *Fall des § 255 BGB* vor.

In einer früheren Entscheidung[5] war der BGH noch mit der hM davon ausgegangen, dass zu den Ansprüchen, die »aufgrund des Eigentums an der Sache« dem Ersatzberechtigten gegen Dritte iSd § 255 BGB zustehen, auch ein auf § 816 I 1 BGB beruhender Anspruch auf den Erlös aus der Veräußerung der Sache gehört. Gleichwohl wendet der BGH nunmehr[6] § 255 BGB auf einen Fall wie den vorliegenden nicht an; die Abtretung des Anspruchs nach § 816 BGB an den Dieb habe deshalb keinen Sinn, weil dessen redlicher Abnehmer ihm entgegenhalten könne, er habe die Sache durch Kaufvertrag vom Dieb erworben sowie bezahlt und sei von Ansprüchen Dritter freizuhalten.

> Die *Voraussetzungen des § 255 BGB* sind umstritten. Sein Anwendungsbereich wird jedoch zunehmend beschränkt auf die Fälle, in denen die Sache, für deren Verlust Ersatz zu leisten ist, noch vorhanden ist oder an deren Stelle ihr Surrogat geschuldet wird.[7] Nach anderen soll nur derjenige nach § 255 BGB privilegiert werden, der die Sache, die wegen der Verletzung einer Obhutspflicht von einem Dritten entwendet worden ist, nicht mehr herausgeben kann. Ihm soll die Vorteilsausgleichung zugutekommen, weil er in einem weiteren Sinne lediglich für fremdes Verschulden haftet.[8] Teils wird § 255 BGB nur auf denjenigen angewandt, der dafür einzustehen hat, dass der Berechtigte nicht mehr die Sache selbst, sondern nur noch die Sache betreffende Ansprüche gegen Dritte geltend machen kann. Es handelt sich danach um eine Art der Risikoübernahme für die Anspruchsdurchsetzung.[9]

§ 255 BGB ist im vorliegenden Fall entgegen der höchstrichterlichen Rechtsprechung zugunsten des D anzuwenden. D hat dem E allein das *Liquidationsrisiko* abzunehmen. Das ergibt sich aus folgender Überlegung: Wenn E die gestohlenen Sachen wiedererlangt hätte, wäre dem E insoweit kein Schaden entstanden; D wäre von seiner Schadensersatzverpflichtung frei geworden. Gleiches hätte auch gegolten, wenn zunächst K das aus der Weiterveräußerung Erlangte an E geleistet hätte. Umgekehrt sind die Ansprüche des E gegen die Besitzer der Geräte und sein Anspruch gegen K nach § 816 I BGB nicht dadurch berührt worden, dass D Schadensersatz geleistet hat.

---

4 *Rüssmann* JuS 1974, 292 (298); *Ehmann* Gesamtschuld 61 f.; aA aber Staudinger/*Bittner*, 2014, § 255 Rn. 26.
5 BGH MDR 59, 568.
6 BGH NJW 1969, 1165.
7 *Ehmann* Gesamtschuld 69 f., 232; *Rüssmann* JuS 1974, 292 (298).
8 So *Selb* FS Larenz, 1973, 517 (547 f.).
9 Staudinger/*Bittner*, 2014, § 255 Rn. 4 f.

Insofern steht letztlich der D dem Schaden ferner als K. § 255 BGB beruht auf der Vorstellung, dass im Innenverhältnis der Schuldnermehrheit der Ersatzleistende *dem Schaden ferner steht* und deshalb in vollem Umfang bei dem anderen Schuldner Regress nehmen kann.

Der Abtretungsanspruch kann auch noch dann geltend gemacht werden, wenn der Ersatzpflichtige inzwischen geleistet hat.[10] Hat der Eigentümer auch den Herausgabeanspruch auf die Sache (§ 985 BGB) oder das Surrogat (§ 816 BGB) inzwischen durchgesetzt (nach D hat auch K geleistet), dann muss der Gläubiger (E) dem Ersatzpflichtigen (D) die zurückerhaltene Sache selbst bzw. das an deren Stelle erlangte Surrogat (25.000 EUR) herausgeben, kann aber wahlweise auch das vom Ersatzverpflichteten Erhaltene (20.000 EUR) an diesen zurückgeben.[11] Keinesfalls kann der Herausgabepflichtige (K) das von ihm an den Gläubiger E Geleistete zurückfordern. Vor allem ist nach der ratio des § 255 BGB nicht etwa D als der vorsätzlich und rechtswidrig handelnde Schuldner (Dieb) näher daran, den Schaden zu ersetzen.[12]

Im Anwendungsbereich des § 255 BGB ist die Annahme einer Gesamtschuld ausgeschlossen.[13] Der Rechtsansicht des BGH,[14] § 255 BGB passe im vorliegenden Fall nicht, weil die Anwendung der Vorschrift »keinen Sinn« habe, denn der redliche K könne dem an D abgetretenen Anspruch seine Einwendungen aus dem Kaufvertrag mit D entgegenhalten (§§ 437 ff. BGB), ist nicht zu folgen. Dies deshalb, weil das Innenverhältnis zwischen K und D zu Unrecht in das Außenverhältnis zwischen K bzw. D zu E hineingetragen wird. § 255 BGB lässt das Innenverhältnis zwischen den mehreren Schuldnern völlig unberührt. Es ist eine nur zwischen K und D auszutragende Sache, ob der an D nach § 255 BGB abzutretende Anspruch im Einzelfall auch durchsetzbar ist. Das wird deutlich, wenn man einmal annimmt, der Kaufvertrag zwischen D und K sei nichtig. Dann hat D einen »sinnvollen« Anspruch nach § 816 BGB (aus abgetretenem Recht, § 255 BGB), dem K nur seinen Bereicherungsanspruch nach § 812 I BGB wegen des an D gezahlten Kaufpreises entgegensetzen kann, wenn er bereits gezahlt hat. Jedenfalls gebührt dann der Veräußerungserlös dem D, nicht dem K.

2. Zwischenergebnis

Da kein Gesamtschuldverhältnis zwischen D und K gegenüber E vorliegt, ist der Anspruch des E gegen K nach § 816 BGB infolge der Zahlung des D an E (20.000 EUR) nicht nach §§ 422, 362 I BGB insoweit erloschen.

II. Ergebnis

Mithin besteht wegen des Anspruchs des E gegen K nach § 816 I BGB ein Rechtsgrund für die Leistung des K iHv 25.000 EUR.

10 So die hM; s. etwa MüKoBGB/*Oetker* § 255 Rn. 12; auch BGH NJW 1969, 1165.

11 Palandt/*Grüneberg* § 255 Rn. 7–9.

12 So aber Staudinger/*Bittner*, 2014, § 255 Rn. 9.

13 *Ehmann* Gesamtschuld 69 f., 232; *Rüssmann* JuS 1974, 292 (298); MüKoBGB/*Bydlinski* § 421 Rn. 62.

14 BGH NJW 1969, 1165; so auch im Ergebnis *Medicus/Petersen* BürgerlR Rn. 927.

C. Ergebnis zu Fall 25

Ein Anspruch des K gegen E nach § 812 I 1 BGB (Leistungskondiktion) besteht nicht. K hat nur die Rechte aus dem Kaufvertrag nach §§ 437 ff. BGB gegen D.

Wenn die Rechtsprechung[15] in einer Entscheidung aus dem Jahre 1972 demgegenüber generell der Gesamtschuld und damit § 426 BGB den Vorrang vor § 255 BGB einräumt, so ist dem nicht zu folgen. Dann bleibt für § 255 BGB kein Anwendungsbereich mehr. Wenn die Entscheidung dennoch im Ergebnis richtig ist, so liegt das daran, dass § 255 BGB auf den dort entschiedenen Fall nicht anwendbar war. Die mehreren Schuldner hafteten von vornherein alle auf Schadensersatz in Geld, der eine nach § 823 I BGB, der andere aus Pflichtverletzung.

15 BGH NJW 1972, 1802; zustimmend *Rüssmann* JuS 1974, 292 ff.; *Medicus/Petersen* BürgerlR Rn. 927.

26. Fall Sachverhalt

Von ihrem Ersparten erwerben die Eheleute M und F Anfang 2018 von der Sparkasse S zwei Sparkassenbriefe (Namensschuldverschreibungen) über je 50.000 EUR. Die Eheleute werden von der Sparkasse auf den Sparkassenbriefen als Gesamtgläubiger vermerkt. Zur Zeit des Erwerbs wohnen sie in einem betreuten Wohnen und werden gelegentlich von der Pflegeschwester P betreut. Weil sie keine Erben haben, treten die noch rüstige Ehefrau F und der jetzt unerkannt geisteskranke Ehemann M im November 2018 die Sparkassenbriefe nebst Zinsen von demselben Tage an mit schriftlicher Erklärung an P ab und übergeben ihr die Sparkassenbriefe.

Als der Ehemann im Januar 2019 verstirbt, beerbt ihn allein die Ehefrau F. Sie ist mittlerweile ebenfalls merklich gealtert und nicht mehr in der Lage, ihre Vermögensangelegenheiten selbst zu regeln. Daher wird für sie kurz darauf ein Betreuer B bestellt.

B ficht die Abtretungserklärungen der Eheleute vom November 2018 mit der Begründung an, die P habe den Eheleuten versprochen, sie später in ihre Eigentumswohnung aufzunehmen. Dagegen wendet P zu Recht ein, es habe sich bei der Abtretung in Wahrheit um einen Akt der Dankbarkeit und Zuneigung ihr gegenüber gehandelt. Daraufhin erklärt B, es komme letztlich auf die Anfechtung gar nicht an, weil die Abtretung wegen der Geschäftsunfähigkeit des Ehemanns ohnehin unwirksam sei.

Wie ist die Rechtslage?

Bearbeitervermerk: Auf das Heimgesetz ist nicht einzugehen.

26. Fall Lösung

Schwerpunkte

- Gesamtgläubigerschaft (§ 428 BGB)
- Gemeinschaft nach Bruchteilen (§§ 741 ff. BGB)
- Fehlerhafte Mitwirkung eines Teilnehmers
- Umdeutung (§ 140 BGB)

Gliederung

Ansprüche der F gegen P

A. Anspruch der F gegen P auf Herausgabe der Sparkassenbriefe nach § 985 BGB

F könnte gegen P einen Anspruch nach § 985 BGB auf Herausgabe der Sparkassenbriefe haben.[1] Der Anspruch besteht, wenn F Eigentümerin der Sparkassenbriefe ist, an denen P zwar Besitz, aber kein Recht zum Besitz (§ 986 BGB) hat.

I. Eigentum der F

Voraussetzung des Herausgabeanspruchs nach § 985 BGB ist, dass F *Eigentümerin der Sparkassenbriefe* ist.

1 Der Fall ist der Entscheidung BGH NJW-RR 1987, 1260 f. nachgebildet; dazu *Schwintowski* JuS 1988, 605 ff.

Bei Sparkassenbriefen handelt es sich um *Rektapapiere* (Namensschuldverschreibungen). Das Rektapapier ist ein Wertpapier, dessen verbrieftes Recht nur von der namentlich bezeichneten Person geltend gemacht werden kann. Der Erwerb von Sparkassenbriefen bedeutet nichts anderes als die Gewährung eines Kredits des Kunden an die Bank gegen Übergabe einer verbrieften Forderung, aus der der Berechtigte, die Laufzeit und der Zinssatz ersichtlich sind. Dieses Papier kann als Rektapapier nur durch *Abtretung nach § 398 BGB* übertragen werden (Das Recht am Papier folgt dem Recht aus dem Papier, § 952 I BGB.).[2] Eine Übergabe des Papiers ist nur in den gesetzlich vorgeschriebenen Fällen erforderlich (etwa bei der Anweisung nach § 792 I 3 BGB und beim Hypothekenbrief nach § 1154 I 1 BGB), sodass gutgläubiger Erwerb vom Nichtberechtigten grundsätzlich ausscheidet. Da die Sparkassenbriefe Rektapapiere sind, ist zur Geltendmachung der Forderung wertpapierrechtlich die *Vorlage der Papiere* erforderlich. Anders ist das bei Inhaber- und Orderpapieren. Diese Wertpapiere werden sachenrechtlich durch Verfügung über das Papier gem. § 929 BGB übertragen (Das Recht aus dem Papier folgt dem Recht an dem Papier.). Diese Wertpapiere sind überwiegend für den Umlauf bestimmt.
Nach dem auf Endemann/*Brunner*, Die Wertpapiere, Handbuch des deutschen Handels-, See- und Wechselrechts, Bd. II, 1882, 140 ff. zurückgehenden, *weiten* Wertpapierbegriff ist ein Wertpapier eine Urkunde, die ein privates Recht in der Weise verbrieft, dass die Innehabung der Urkunde zur Geltendmachung des Rechts notwendig ist. Dagegen ist nach dem engen Wertpapierbegriff von *E. Ulmer,* Das Recht der Wertpapiere, 1938, 20 ein Wertpapier eine Urkunde, bei der die Verfügung über das verbriefte Recht durch die Verfügung über das Papier erfolgt. Nach dem engen Wertpapierbegriff gehören die Rektapapiere nicht zu den Wertpapieren; Lehre und Praxis gehen ganz überwiegend vom weiten Wertpapierbegriff aus.[3]

Eigentümer der Sparkassenbriefe waren zunächst die Eheleute als Inhaber der verbrieften Forderungen. Die P hat das Eigentum an den Sparkassenbriefen nach § 952 I BGB erworben, wenn sie infolge der Abtretung der Forderungen durch die Eheleute Gläubigerin der Forderungen geworden ist. War allerdings die Abtretung der Forderungen unwirksam, dann hat P weder die Forderungen nach § 398 BGB noch das Eigentum an den Sparkassenbriefen nach § 952 I BGB erworben. Bei unwirksamer Abtretung sind die Eheleute Inhaber der Forderungen geblieben; dann ist nunmehr F Gläubigerin der Forderungen und somit Eigentümerin der Sparkassenbriefe.

Zu prüfen ist die *Wirksamkeit der Abtretung*. Die Abtretung könnte wegen der Altersverwirrtheit des Ehemannes (§§ 104 Nr. 2, 105 I BGB) sowie nach wirksamer Anfechtung (§§ 123 I, 142 I BGB) nichtig sein. Die Anfechtung eines nichtigen Rechtsgeschäfts ist rechtlich möglich (*Lehre vom Doppelmangel*).[4]

1. Nichtigkeit der Abtretung nach §§ 104 Nr. 2, 105 I BGB

M war unerkannt geisteskrank. Seine Abtretungserklärung war deshalb nichtig (§§ 104 Nr. 2, 105 I BGB).

---

2 Palandt/*Herrler* § 952 Rn. 1, 6.

3 Zum Wertpapierbegriff s. nur Baumbach/Hefermehl/Casper/*Casper*, Wechselgesetz, Scheckgesetz, Recht der kartengeschützten Zahlungen, 23. Aufl. 2003, WPR Rn. 3 ff.; *Canaris* BankvertragsR Rn. 1814; *Brox/Henssler*, Handelsrecht, 22. Aufl. 2016, § 28.

4 S. dazu *Fezer/Obergfell* BGB AT Übersicht vor Fall 20, B. VI.

a) Gesamtverfügungsbefugnis der F aufgrund Gesamtgläubigerschaft

Die Nichtigkeit der Abtretungserklärung des M ist rechtlich dann nicht von Bedeutung, wenn F auch allein wirksam über beide Anteile der zwei Sparkassenbriefe verfügen konnte. Den Eheleuten standen die Ansprüche aus den Sparkassenbriefen als *Gesamtgläubiger iSd § 428 BGB* zu. Gesamtgläubigerschaft liegt dann vor, wenn mehrere eine Leistung in der Weise zu fordern berechtigt sind, dass jeder die ganze Leistung fordern kann, der Schuldner aber die Leistung nur einmal zu bewirken verpflichtet ist. Ein Ausgleich zwischen den Gesamtgläubigern erfolgt im Innenverhältnis (§ 430 BGB). Ein Gesamtgläubiger kann über seinen Anteil verfügen. Die Rechte Dritter bleiben von solchen Verfügungen unberührt. Doch kann ein Gesamtgläubiger nicht über die Anteile der anderen Gesamtgläubiger verfügen (vgl. auch § 429 III BGB).

Im vorliegenden Fall hat F schon gar nicht über die Anteile des M verfügt, da beide gemeinsam die Abtretung erklärt haben. Auch teilten die Eheleute die Sparkassenbriefe nicht in einzelne Anteile auf, um schließlich die Bruchteile einzeln an die Pflegeschwester abzutreten. Es gibt auch keinerlei Hinweise auf einen Teilungswillen. Vielmehr wollten sie die Sparkassenbriefe im Ganzen übertragen. Doch aus dem Recht, die ganze Leistung fordern zu dürfen, folgt nicht auch das Recht, über die Forderung als Ganzes durch Abtretung verfügen zu können. Eine derartige Verfügung über die Anteile im Ganzen ist nicht im Recht der Gesamtgläubigerschaft geregelt. Als Gesamtgläubigerin konnte F nicht über den Anteil ihres Mannes verfügen.

b) Gesamtverfügungsbefugnis der F als Gemeinschafterin

Die Eheleute könnten als Gemeinschafter iSd §§ 741 ff. BGB über die Sparkassenbriefe verfügt haben.

> Die Vorschriften über die Gemeinschaft nach Bruchteilen[5] sind Grundform und Auffangtatbestand, wenn mehreren ein Recht gemeinsam zusteht. Keine Anwendung finden sie etwa bei Gläubigern einer unteilbaren Leistung (wie Gesamthandsgläubigern nach § 432 BGB).[6] Gegenstand einer Bruchteilsgemeinschaft können Rechte aller Art sein, wie etwa ein Konto mit gemeinschaftlicher Verfügungsbefugnis (Und-Konto) oder gemeinschaftlich verbriefte Forderungen wie Sparkassenbriefe.

Verfügen Gesamtgläubiger gemeinschaftlich über ihre Forderung, so finden die Vorschriften über die *Gemeinschaft nach Bruchteilen* Anwendung.[7] Die Eheleute verfügten somit als Gemeinschafter über die jeweiligen Sparkassenbriefe als Einheit (§ 747 S. 2 BGB). Eine Verfügung über den Gegenstand im Ganzen kann nur von allen Teilhabern gemeinschaftlich vorgenommen werden.[8] M konnte jedoch aufgrund seiner Geschäftsunfähigkeit nicht mitverfügen. Da F auch nach § 747 S. 2 BGB nicht für ihren Mann bei der Abtretung der Sparkassenbriefe mitverfügen konnte, ist die Abtretung jedenfalls *in Höhe des Anteils des Ehemannes* nach §§ 104 Nr. 2, 105 I BGB nichtig.

---

5 S. zur Gemeinschaft nach § 741 ff. BGB Fall 1.
6 S. dazu nur MüKoBGB/*Schmidt* § 741 Rn. 6.
7 *Schwintowski* JuS 1988, 605 (606).
8 Palandt/*Sprau* § 747 Rn. 3, 4.

Anders wäre die Rechtslage zu beurteilen, wenn die Eheleute durch die Vereinbarung der Gesamtgläubigerschaft die Rechtswirkung eines *Oder-Kontos* erzielen wollten. Bei einem Oder-Konto handelt es sich um ein gemeinschaftliches Konto, das in seiner Wirkung der Gesamtgläubigerschaft gleicht.[9] Wie bei der Gesamtgläubigerschaft sind beide Kontoinhaber Gläubiger der Forderung, und jeder Inhaber kann das gesamte Guthaben nach § 428 S. 1 Hs. 1 BGB fordern, hat also *Einzelverfügungsbefugnis*. Die Bank jedoch darf – im Unterschied zur Gesamtgläubigerschaft – nicht nach ihrem Belieben an einen der Kontoinhaber leisten. Sie muss vielmehr an denjenigen Gläubiger leisten, der als erster Zahlung begehrt. Auch verzichten die Kontoinhaber mit der Einrichtung eines Oder-Kontos konkludent auf die Ausgleichspflicht nach §§ 430, 742 BGB. Sie haben durch die Vereinbarung des Oder-Kontos dem anderen Mitinhaber eine Verfügungsberechtigung nach § 185 I BGB über ihren Anteil erteilt. Die für den Gesamtgläubiger und Gemeinschafter typische Begrenzung der Verfügungsmacht auf den eigenen Anteil ist kraft Parteiwillens ausdrücklich aufgehoben, der Gläubiger kann über das gesamte Guthaben verfügen und damit entgegen der Regelung des § 429 III 2 BGB gerade die Rechte der anderen Berechtigten beschneiden. Ein Oder-Konto kann nicht durch einseitige Erklärung eines Kontoinhabers in ein Und-Konto umgewandelt werden.[10] Bei Annahme eines Oder-Kontos hätte F somit wirksam auch über die Anteile ihres Ehemannes verfügen können, sofern von einem solchen Verfügungswillen überhaupt ausgegangen werden konnte.

Auch wenn die Wahl der Einrichtung eines Oder-Kontos der typische Fall des gemeinschaftlichen Kontos bei Eheleuten ist, ist eine Interpretation des Parteiwillens entgegen der Wortwahl des gesetzlichen Grundfalles in den Sparkassenbriefen mit entgegengesetzten Rechtsfolgen nicht zulässig.

So ist vom Vorliegen einer typischen Gesamtgläubigerschaft auszugehen; F konnte nicht wirksam über die Anteile des M mitverfügen.

c) Wirksamwerden der Abtretung durch Bestätigung (§ 141 BGB)

Die Verfügung wurde auch nicht durch den Betreuer B (§ 1896 ff. BGB) erneut vorgenommen. Die Ehefrau war zum Zeitpunkt ihrer Rechtsnachfolge selbst nicht mehr geschäftsfähig und konnte die Verfügung daher ebenfalls nicht mehr bestätigen.

d) Wirksamwerden der Abtretung durch Heilung der Verfügung des M (§ 185 BGB)

Die *Verfügung des M* könnte durch den Eintritt des Erbfalls nachträglich wirksam geworden sein. Nach § 185 II 1 3. Alt. BGB wird eine Verfügung wirksam, wenn der Berechtigte den Verfügenden beerbt und unbeschränkt für die Nachlassverbindlichkeiten haftet.[11] § 185 BGB bezieht sich auf die Heilung von schwebend unwirksamen, nicht aber nichtigen Rechtsakten.[12] Zudem regelt die Vorschrift den Fall der Verfügung eines Nichtberechtigten. M verfügte aber als Mitberechtigter. Demnach ist § 185 BGB auf die Verfügung des M nicht anwendbar. Heilung ist nicht eingetreten. Die Abtretung bezüglich des Anteils des M ist nichtig.

---

9 BGH NJW 1986, 63; MüKoBGB/*Bydlinski* § 428 Rn. 4; s. auch *Canaris* BankvertragsR Rn. 224 ff.
10 BGH NJW 1991, 420.
11 S. zur schwebenden Unwirksamkeit und zur Heilung nach § 185 BGB *Fezer/Obergfell* BGB AT Übersicht vor Fall 32, C. II.
12 Vgl. Soergel/*Hefermehl* § 105 Rn. 3.

e) Schwebende Unwirksamkeit

Ausgangspunkt zur Lösung des Problems der *fehlerhaften Mitwirkung eines Teilhabers bei einer Verfügung* ist die seit langem umstrittene Frage, in welcher Art und Weise die Verfügung über den gemeinschaftlichen Gegenstand im Ganzen nach § 747 S. 2 BGB erfolgt. Hierzu werden zwei Lösungsansätze diskutiert:

Die nunmehr hM sieht hierin eine Verfügung der Gemeinschaft über den gemeinschaftlichen Gegenstand insgesamt.[13] Falls die Verfügung eines Teilhabers nichtig ist, führt diese Auffassung dazu, dass die fehlerfrei handelnden Teilhaber über den gemeinschaftlichen Gegenstand als nicht vollständig Berechtigte, dh als Nichtberechtigte iSd § 185 I BGB, verfügen.[14] Diese Verfügung der Teilhaber ist demnach schwebend unwirksam, § 185 I BGB.[15]

Teilweise wird in der Verfügung über den gemeinschaftlichen Gegenstand im Ganzen nach § 747 S. 2 BGB jedoch die koordinierte Verfügung eines jeden Teilhabers über seinen Anteil gesehen.[16] Dies hat zur Folge, dass die Nichtigkeit der Verfügung eines Teilhabers sich nicht notwendig auf die Verfügungen der anderen auswirkt. Geht man von diesem Ansatz aus, so ist die Wirksamkeit dieser Verfügungen konsequenterweise in Anwendung des § 139 BGB zu bestimmen.[17]

Nach dieser Vorschrift ist bei Vorliegen von Teilnichtigkeit grundsätzlich das ganze Rechtsgeschäft nichtig, es sei denn, es wäre auch ohne den nichtigen Teil vorgenommen worden. Teilbar ist ein Rechtsgeschäft, wenn der verbleibende Teil des Rechtsgeschäfts als selbstständiges Rechtsgeschäft bestehen bleiben kann.[18] Ein einheitliches Rechtsgeschäft kann hinsichtlich seines Inhalts, der Zeitabschnitte, in denen es Rechtswirkungen hervorrufen soll, aber auch hinsichtlich der Abschlussbeteiligten teilbar sein. Zu unterscheiden ist objektive, quantitative und subjektive Teilbarkeit.[19] Wenn mehrere Personen auf einer Seite des Rechtsgeschäfts beteiligt sind, kommt *subjektive Teilbarkeit* in Betracht.[20] Als Gesamtgläubigerin und Gemeinschafterin war F berechtigt, über ihren Anteil (§ 430 BGB) an den beiden verbrieften Rechten zu verfügen. Die Verfügung kann demnach in zwei selbstständige Rechtsgeschäfte aufgeteilt werden. Folgt man der Mindermeinung, ist in unserem Fall von der Wirksamkeit der Abtretungsverfügung in Höhe des Anteils der F auszugehen, wenn sie die Rechte aus den Sparkassenbriefen auch bei Kenntnis der Geschäftsunfähigkeit ihres Ehemannes abgetreten hätte.

Für die hM spricht allerdings schon der Wortlaut des § 747 S. 2 BGB, nach dem sich die gemeinschaftliche Verfügung gerade auf den Gegenstand im Ganzen und nicht, wie im Fall des § 747 S. 1 BGB, auf die einzelnen Anteile bezieht. Eine solche Übertragung im Ganzen werden die Parteien in den meisten Fällen auch vor Augen haben. Bei einer Verfügung nach § 747 S. 2 BGB ist der Parteiwille, im Gegensatz zur Verfü-

---

13 BGH NJW 1994, 1470 (1471); Jauernig/*Stürner* §§ 743 ff. Rn. 14; Palandt/*Sprau* § 747 Rn. 4.

14 MüKoBGB/*Bayreuther* § 185 Rn. 18.

15 BGH NJW 1994, 1470 (1471); Jauernig/*Stürner* §§ 743 ff. Rn. 14; Palandt/*Sprau* § 747 Rn. 4; BeckOK BGB/*Gehrlein*, 48. Ed. 1.11.2018, § 747 Rn. 7.

16 MüKoBGB/*Schmidt* § 747 Rn. 25; Soergel/*Hadding* § 747 Rn. 4.

17 BGH NJW 1994, 1470 (1471); aA wohl MüKoBGB/*Schmidt* § 747 Rn. 25; Soergel/*Hadding* § 747 Rn. 4, die § 139 BGB ohne nähere Begründung für nicht anwendbar halten; anders noch in MüKoBGB/*Schmidt*, 4. Aufl. 2004, § 747 Rn. 22.

18 RGZ 93, 338; BGH NJW 1962, 913.

19 S. dazu ausführlich Erman/*Arnold* § 139 Rn. 18 ff.

20 Vgl. RGZ 59, 175; Erman/*Arnold* § 139 Rn. 21.

gung über einzelne Anteile nach § 747 S. 1 BGB, daher gerade darauf gerichtet, das Eigentum nicht aufzuteilen, sondern als Ganzes zu veräußern. Mit der hM ist somit die Anwendbarkeit des § 139 BGB zu verneinen. Durch die Nichtigkeit der Verfügung des M wird die Verfügung im Ganzen nicht auch nichtig, sondern bleibt als Verfügung der Nichtberechtigten F zunächst schwebend unwirksam, § 185 I BGB.

f) Wirksamwerden der Abtretung durch Heilung der Verfügung der F (§ 185 BGB)
Im Hinblick auf die schwebend unwirksame *Verfügung der F über den gemeinschaftlichen Gegenstand im Ganzen* kommt eine Heilung nach § 185 II 1, 3. Alt. BGB nicht in Betracht, da § 185 II 1, 3. Alt. BGB die umgekehrte Konstellation der Beerbung des Verfügenden (F) durch den Berechtigten (M) regelt.

Die *Verfügung der F über den gemeinschaftlichen Gegenstand* könnte jedoch nach § 185 II 1 Alt. 2 BGB nachträglich wirksam geworden sein. Die Verfügende F hat die Anteile des M als Erbin des M erworben. Die in § 185 II 1 Alt. 2 BGB geregelte Konvaleszenz durch nachträglichen Rechtserwerb bedarf jedoch einer teleologischen Auslegung und setzt voraus, dass der Nichtberechtigte den Verfügungserfolg noch schuldet und daher ohnehin verpflichtet wäre, die von ihm vorgenommene Verfügung nach Erwerb der Rechtszuständigkeit zu genehmigen.[21] Gegen eine solche Rechtsgrundabhängigkeit wird mit dem Wortlaut des § 185 I 1 BGB sowie mit dem Abstraktionsprinzip, nach dem die Wirksamkeit des Verfügungsgeschäfts grundsätzlich nicht von dem Verpflichtungsgeschäft abhängt, argumentiert.[22] Betrachtet man jedoch die ratio legis des § 185 I 1 Alt. 2 BGB, so liegt der Grund für das Wirksamwerden der Verfügung in der Vereinigung von Recht und Pflicht. Es ist daher ein fortbestehender Rechtsgrund für den Erwerb zu fordern. Besteht keine Pflicht zur Herbeiführung des Verfügungserfolgs mehr, wäre im Falle der Heilung eine Rückforderung und damit ein Umweg über §§ 812 ff. BGB erforderlich. Dies erscheint nicht praxisgerecht.

Nimmt man eine Rechtsgrundabhängigkeit der Konvaleszenz durch nachträglichen Rechtserwerb an, ist eine Heilung ausgeschlossen, wenn das der Verfügung zugrunde liegende Kausalgeschäft, die Schenkung, unwirksam ist. Im Zeitpunkt des Schenkungsversprechens war M geschäftsunfähig (§§ 104 Nr. 2, 105 I BGB), seine Willenserklärung ist nichtig. Weder bestand eine Gesamtverfügungsbefugnis der F, noch wurde die Schenkung nachträglich bestätigt.

Jedoch könnte lediglich Teilnichtigkeit der Schenkung der Sparkassenbriefe nach § 139 BGB vorliegen. Ob die F der P ihre Anteile an den Sparkassenbriefen aus Dankbarkeit auch dann geschenkt hätte, wenn ihr die Nichtigkeit der Schenkung des M bekannt gewesen wäre, lässt der Sachverhalt offen. Der tatsächliche Wille der F lässt sich nicht mehr feststellen, sodass auf den hypothetischen Parteiwillen abzustellen ist. Es kommt darauf an, ob das Rechtsgeschäft auch nach objektiver Bewertung ohne den nichtigen Teil vernünftigerweise vorgenommen worden wäre.

---

21 BGH NJW 1994, 1470 (1471); Soergel/*Leptien* § 185 Rn. 27; so auch BGH NJW 1994, 1470 (1471) für § 185 II 1 Alt. 3 BGB, für § 185 II 1 Alt. 2 BGB jedoch offen gelassen; aA MüKo-BGB/*Bayreuther* § 185 Rn. 51; Erman/*Maier-Reimer* § 185 Rn. 24 ff.; Staudinger/*Gursky*, 2014, § 185 Rn. 66; *Medicus* BGB AT Rn. 1031 f.; BeckOK-BGB/*Bub*, 48. Ed. 1.11.2018, § 185 Rn. 11.

22 Staudinger/*Gursky*, 2014, § 185 Rn. 66, 79; BeckOK BGB/*Bub*, 48. Ed. 1.11.2018, § 185 Rn. 13; *Flume* BGB AT II Rn. 1031 f.

Die heute überwiegende Auffassung orientiert sich am hypothetischen Parteiwillen ohne weiter auf den tatsächlichen Willen der Beteiligten einzugehen.[23]

Die Eheleute haben keine Erben ihres Vermögens, sodass eigentlich nichts dagegen spricht, das ersparte Vermögen der Pflegeperson des Alters zu schenken. Unerheblich ist in diesem Zusammenhang, ob Dankbarkeit und Zuneigung zu diesem Entschluss führten oder falsche Versprechungen der Pflegeschwester der Grund waren. Diese Umstände sind lediglich bei einer Anfechtung zu prüfen. Die Schenkung des Ersparten zugunsten einer Pflegeperson im Alter kann nicht allgemein als objektiv unvernünftig angesehen werden. Somit kann davon ausgegangen werden, dass die F ihre Anteile an den Sparkassenbriefen auch dann der P geschenkt hätte, wenn ihr die Geschäftsunfähigkeit ihres Ehemannes bekannt gewesen wäre. Deshalb ist *Teilnichtigkeit der Schenkung* bezüglich der jeweiligen Anteile des M anzunehmen, wohingegen F sich zur Übertragung ihrer Anteile durch ihr wirksames Schenkungsversprechen verpflichtet hat.

Eine Pflicht zur Herbeiführung des Verfügungserfolgs besteht für die Anteile des M demnach zum Zeitpunkt des Erbfalls nicht. Insofern scheitert eine Heilung im Hinblick auf die *Verfügung der F* über den gemeinschaftlichen Gegenstand im Ganzen.

g) Umdeutung

Es ist weiterhin zu prüfen, ob die Verfügung über den Gegenstand im Ganzen nach § 140 BGB in eine Verfügung der F über ihren Bruchteil *umgedeutet* werden kann. Für das Erfordernis eines nichtigen Rechtsgeschäfts ist die endgültig unwirksam gewordene Verfügung eines Nichtberechtigten ausreichend.[24] Subjektive Voraussetzung ist der hypothetische Wille der Parteien zur Vornahme eines solchen Rechtsgeschäfts.[25] Die Umdeutung hängt daher davon ab, ob anzunehmen ist, dass die Beteiligten sich im Hinblick auf die von ihnen verfolgten wirtschaftlichen Ziele vernünftigerweise mit einer Anteilsübereignung zufrieden gegeben hätten, wenn sie gewusst hätten, dass die Mitwirkung des betreffenden Teilhabers nicht zu erlangen ist.[26]

Wie bereits im Rahmen der Schenkung ausgeführt, erscheint es für die erbenlose F nicht unvernünftig und es ist davon auszugehen, dass sie ihre Anteile an den Sparkassenbriefen auch dann an die P abgetreten hätte, wenn ihr die Geschäftsunfähigkeit ihres Ehemannes bekannt gewesen wäre. Somit kann die Verfügung nach § 140 BGB in eine wirksame Verfügung nach § 747 S. 1 BGB umgedeutet werden. Die Abtretung der Anteile des M ist unwirksam.

Die hM kommt damit im vorliegenden Fall zum gleichen Ergebnis wie die teilweise zur fehlerhaften Mitwirkung eines Teilhabers vertretene Lösung über die Teilnichtigkeitsregel des § 139 BGB.

23 S. Palandt/*Ellenberger* § 139 Rn. 14; vgl. MüKoBGB/*Busche* § 139 Rn. 29 ff.
24 Palandt/*Ellenberger* § 140 Rn. 3.
25 Staudinger/*Eickelberg*, 2015, § 747 Rn. 74; Palandt/*Ellenberger* § 140 Rn. 8.
26 Staudinger/*Eickelberg*, 2015, § 747 Rn. 74; MüKoBGB/*Busche* § 140 Rn. 19; Palandt/*Ellenberger* § 140 Rn. 8.

2. Nichtigkeit der Abtretung nach Anfechtung (§ 142 I BGB)

a) Anfechtungserklärung (§ 143 BGB)

Eine Anfechtungserklärung nach § 143 I BGB wurde von F, vertreten durch B (§ 1902 BGB), gegenüber P abgegeben.

b) Anfechtungsgrund (§ 123 BGB)

In Betracht kommt eine Anfechtung wegen arglistiger Täuschung (§ 123 I BGB). Allerdings ist für eine Anfechtung wegen arglistiger Täuschung die bewusste und gewollte Erregung, Bestärkung oder Aufrechterhaltung eines Irrtums mit dem Ziel der Abgabe einer Willenserklärung erforderlich.[27] Wie sich aus dem Sachverhalt ergibt, hat P die Eheleute nicht arglistig getäuscht, vielmehr erfolgte die Abtretung aus Dankbarkeit und Zuneigung. Eine Anfechtung scheidet mangels Anfechtungsgrund aus.

3. Miteigentum von F und P

Die Anteile des M an den Sparkassenbriefen wurden nicht wirksam an P übertragen. Die Ehefrau F ist als Alleinerbin nach § 1922 I BGB Inhaberin der Anteile des M geworden. Da sie jedoch ihre Anteile an den Sparkassenbriefen wirksam an P übertragen hat, sind F und P Miteigentümer der Sparkassenbriefe (§ 1008 BGB).

4. Ergebnis

Folglich ist F Miteigentümerin iSd § 1008 BGB.

II. Besitz der P

Schließlich befinden sich die Sparkassenbriefe auch im Besitz der P.

III. Recht zum Besitz der P nach § 986 BGB

1. Recht zum Mitbesitz aufgrund Miteigentums

Da P Miteigentümerin der Sparkassenbriefe ist, hat sie ein Recht zum Besitz nach § 986 BGB. Dieses kann sie als Einwendung gegen den Herausgabeanspruch der F geltend machen. F kann von P nur *Einräumung des Mitbesitzes an den Sparkassenbriefen* verlangen.[28]

2. Besitzrecht aufgrund Schenkung

Ein Recht zum Alleinbesitz an den Sparkassenbriefen könnte sich für P aus dem Schenkungsversprechen von F und M ergeben. Ist die Schenkung wirksam (§ 516 I BGB), so hat P einen Anspruch auf Abtretung der Forderung und auf Übergabe der Papiere. Der Inhaber der Forderung aus den Sparkassenbriefen ist nach § 952 I BGB Eigentümer der Papiere. Bei wirksamer Schenkung hätte P ein Alleinbesitzrecht an den Sparkassenbriefen.

---

27 MüKoBGB/*Armbrüster* § 123 Rn. 1 ff.; Palandt/*Ellenberger* § 123 Rn. 2 ff.; s. auch Fall 16.
28 Vgl. MüKoBGB/*Baldus* § 985 Rn. 11; Palandt/*Herrler* § 1011 Rn. 1.

Im Zeitpunkt des Schenkungsversprechens war M geschäftsunfähig (§§ 104 Nr. 2, 105 I BGB), sein Schenkungsversprechen ist nichtig. Es liegt jedoch nur Teilnichtigkeit der Schenkung vor, da anzunehmen ist (§ 139 BGB), dass F der P ihre Anteile an den Sparkassenbriefen aus Dankbarkeit auch dann geschenkt hätte, wenn ihr die Nichtigkeit der Schenkung des M bekannt gewesen wäre.

Aufgrund der nur teilwirksamen Schenkung der Sparkassenbriefe steht P lediglich ein Recht zum Mitbesitz zu. Die Geltendmachung des Herausgabeanspruchs nach § 985 BGB durch F verstößt im Hinblick auf das Mitbesitzrecht der P insoweit gegen den Grundsatz der unzulässigen Rechtsausübung nach § 242 BGB (*dolo agit, qui petit, quod statim redditurus est*).[29] Auch begründet der Schenkungsvertrag nicht anders als ein Kaufvertrag ein Recht zum Besitz iSd § 986 BGB, wenn der Vertragsgegenstand bereits übergeben, nur noch nicht übereignet ist.[30]

IV. Ergebnis

Im Ergebnis hat die F gegen P einen *Anspruch auf Einräumung des Mitbesitzes* an den Sparkassenbriefen nach § 985 BGB.

B. Anspruch der F gegen P auf Einräumung des Mitbesitzes nach § 812 I 1 Alt. 1 BGB

Auch ein Kondiktionsanspruch nach § 812 I 1 Alt. 1 BGB (Leistungskondiktion) der F gegen P geht allein auf Einräumung des Mitbesitzes an den Sparkassenbriefen, da nur der Alleinbesitz der P ohne Rechtsgrund geleistet worden ist.

I. Leistung

In der Übergabe der Sparkassenbriefe in den Alleinbesitz der P liegt eine bewusste, zweckgerichtete Vermehrung fremden Vermögens. F und M haben die Sparkassenbriefe zur Erfüllung ihres Schenkungsversprechens *geleistet*. Die fehlende Geschäftsfähigkeit des M ist unbeachtlich, da es sich bei der Leistung nicht um ein Rechtsgeschäft handelt, sondern um einen Realakt.[31] Trotz Altersverwirrtheit des M haben F und M an P geleistet.

II. Etwas erlangt

P hat den Alleinbesitz an den Sparkassenbriefen erlangt.

---

29 S. auch Fall 16; MüKoBGB/*Schubert* § 242 Rn. 440 ff.; Soergel/*Teichmann* § 242 Rn. 408 ff.

30 Vgl. Soergel/*Mühl* § 986 Rn. 4.

31 Diese Auffassung zum Leistungsgrund (s. dazu Jauernig/*Stadler* § 812 Rn. 3; aA MüKoBGB/*Schwab* § 812 Rn. 47 ff.; dazu auch *Medicus/Petersen* BürgerlR Rn. 666 ff. [686 f.]) entspricht der Theorie der realen Leistungsbewirkung zu § 362 BGB (s. dazu *Larenz* SchuldR I § 18 I); vgl. zur Leistungskondiktion bei *Besitzaufgabe* durch einen Geschäftsunfähigen *Larenz/Canaris* SchuldR II/2 § 67 II 1e; s. dazu auch *Fezer/Obergfell* BGB AT Fall 18, 3. Fallvariante, A. II. 3. c).

III. Ohne Rechtsgrund

Rechtsgrund für die Übertragung des Alleinbesitzes ist die Schenkung, die wegen der Geschäftsunfähigkeit des M teilweise nichtig ist.[32] Nur die Schenkung des Anteils der F an P ist wirksam. Aus diesem Anteil steht der P nur ein Recht auf Mitbesitz zu. Insoweit erfolgte die Einräumung des Alleinbesitzes an den Sparkassenbriefen ohne Rechtsgrund.

IV. Ergebnis

Im Ergebnis ist P nach § 812 I 1 Alt. 1 BGB zur Einräumung des Mitbesitzes an F verpflichtet.

C. Gesamtergebnis zu Fall 26

F hat gegen P sowohl gem. § 985 BGB als auch gem. § 812 I 1 Alt. 1 BGB einen Anspruch auf Einräumung des Mitbesitzes an den Sparkassenbriefen.

32 S. oben A. II. 2.

8. Kapitel. Schaden und Schadensersatz

Übersicht
Schadensersatzrecht

Gliederung

A. Tendenz im Schadensersatzrecht

Das Schadensersatzrecht ist beherrscht von einer Vielfalt neuer Denkansätze und Lösungsvorschläge. Rechtsprechung und Schrifttum sind kaum noch überschaubar.[1] Stichworte sind etwa normativer Schadensbegriff, objektiver Mindestschaden, merkantiler Minderwert, Schadensersatz für entgangene Gebrauchsvorteile, Frustrationsgedanke, Kommerzialisierung von Nichtvermögensschäden, Bedarfsschaden, Vorhaltekosten und Weiterfresserschaden. Diese Begriffe kennzeichnen die Entwicklung einer nahezu uferlosen *Ausdehnung des Schadensersatzrechts*. Die Tendenz geht dahin, sämtliche Arten einer tatsächlichen Beeinträchtigung der Lebensgestaltung des Einzelnen rechtlich als Schaden zu qualifizieren und Schadensersatz zuzuerkennen. Erforderlich ist, sich stärker auf die Grundgedanken und Grenzen des Schadensrechts zu besinnen und der *schadensrechtlichen Ökonomisierung* von Leben und Umwelt Einhalt zu gebieten.

B. Zurechnung des Schadens

I. Haftungsbegründende und haftungsausfüllende Kausalität

Zu unterscheiden ist zwischen haftungsbegründender und haftungsausfüllender Kausalität. Die *haftungsbegründende* Kausalität beschreibt den Kausalzusammenhang zwischen dem *Schadensereignis* (Handlung oder Unterlassen) und der *Rechts(guts)verletzung* und wird bestimmt nach der conditio sine qua non-Formel (Äquivalenztheorie, Bedingungstheorie). Äquivalente Kausalität begründet aber noch keine Schadensersatzpflicht.

1 Vgl. nur die Grundfälle bei *Armbrüster* JuS 2007, 411 ff.; 508 ff.; 605 ff. Instruktiv auch die Darstellung zum Schadensrecht bei *Looschelders* SchuldR AT §§ 43 ff.

Zwischen der *Rechts(guts)verletzung* und dem Schaden muss ein Kausalzusammenhang bestehen, den man als *haftungsausfüllende Kausalität* umschreibt.

Der Umfang des zu leistenden Schadensersatzes bestimmt sich nach dem Umfang des verursachten Schadens. Die haftungsausfüllende Kausalität bedarf normativer Zurechnungskriterien zur Begrenzung der Schadenshaftung, da äquivalente Kausalität zu einer uferlosen Schadensersatzpflicht führt. Techniken normativer Schadenszurechnung sind vor allem die Adäquanztheorie und die Normzwecklehre.

II. Adäquanztheorie

Adäquat kausal ist ein dem Schädiger zurechenbarer Schaden, wenn eine Tatsache (die vom Schädiger gesetzte Bedingung) im Allgemeinen und nicht nur unter besonders eigenartigen, ganz unwahrscheinlichen und nach dem regelmäßigen Verlauf der Dinge außer Betracht zu lassenden Umständen zur Herbeiführung eines Erfolgs (Schadens) geeignet war.[2] Die Adäquanztheorie ist eine *Kausalitätslehre der Wahrscheinlichkeit*. Die adäquate Bedingung eines Erfolgs erhöht die objektive Möglichkeit des Erfolgs von der Art des eingetretenen generell in nicht unerheblicher Weise. Das Adäquanzurteil verlangt eine wertende Würdigung der zu berücksichtigenden Umstände. Zu berücksichtigen sind alle zur Zeit des Eintritts der Begebenheit dem optimalen Beobachter erkennbaren Umstände sowie die dem Handelnden noch darüber hinaus bekannten Umstände. Mit anderen Worten: Nicht adäquat ist ein Schaden, der außerhalb aller Wahrscheinlichkeit liegt (unwahrscheinlicher Schaden). Die Begrenzungsfunktion der Adäquanztheorie ist gering, weil das Beurteilungsvermögen des Idealbeobachters sehr weit reicht. Es bedarf deshalb eines weiteren Zurechnungskriteriums, das die Normzwecklehre bietet.

III. Lehre vom Normzweck

Es kann geboten sein, auch adäquat kausale Schäden dem Schädiger nicht zuzurechnen. Eine Schadenshaftung besteht dann nicht, wenn sie nach dem *Schutzzweck der verletzten Norm* ausgeschlossen ist (Lehre vom Normzweck oder Rechtswidrigkeitszusammenhang).[3] Der Schadensverlauf muss mit dem Unrechtsgehalt gerade der schadensstiftenden Handlung konform gehen. Eine Schadenshaftung besteht nur dann, wenn der adäquate Schaden vom Schutzbereich der Haftungsnorm umfasst ist.

> **Beispiel:** Ein Lkw verunglückt und sperrt die Straße für den nachfolgenden Verkehr. Die Führer der behinderten Fahrzeuge umfahren die Unfallstelle über den Rad- und Fußweg, wobei erhebliche Schäden entstehen. Der BGH verneint eine Schadensersatzpflicht des Halters und des Fahrers des Unfallwagens.[4] Der Unfall sei zwar eine adäquate Ursache für das Verhalten der ungeduldigen Kraftfahrer, aber doch nur äußerer Anlass, ohne es »herausgefordert« zu haben. Der Pflichtenkreis eines Kraftfahrers erstrecke sich nicht mehr auf die Abwendung des selbstständigen Verhaltens der Dritten, es falle nicht in seinen Risikobereich.

Ein ähnliches Problem stellen die »*Verfolgungsfälle*« dar, bei denen ein Polizist bei der Verfolgung eines Flüchtigen verunglückt.[5]

---

2 Die Adäquanz-Formel geht auf *Traeger* Kausalbegriff 159 zurück, wurde vom RG (seit RGZ 133, 126) in stRspr vertreten und vom BGH übernommen (BGH VersR 52, 128).

3 S. dazu etwa *Lange/Schiemann* HdB SchuldR § 3 I; *Esser/Schmidt* SchuldR AT II § 33 III.

4 BGH NJW 1972, 904 mAnm *Lange* JuS 1973, 280.

5 BGH NJW 2012, 1951 mAnm *Mäsch* JuS 2012, 1029.

C. Schadensbegriff und Schadensarten

I. Naturalrestitution und Geldersatz

Was ein Schaden ist, wird im Gesetz nicht definiert. § 249 I BGB regelt nur, wie der Schaden zu ersetzen ist, nämlich in erster Linie durch Naturalrestitution. Es ist der Zustand herzustellen, der bestehen würde, wenn der zum Ersatz verpflichtende Umstand nicht eingetreten wäre (*Schutz des Integritätsinteresses*). Ist eine Naturalherstellung nicht möglich oder nicht genügend, ist nach § 251 I BGB der Schaden in Geld zu ersetzen (*Schutz des Wertinteresses*). Auch nach fruchtlosem Ablauf einer Herstellungsfrist kann der Geschädigte Ersatz in Geld verlangen (§ 250 BGB).

II. Vermögensschaden und Nichtvermögensschaden

Zu unterscheiden ist zwischen Vermögensschaden (*materieller* Schaden) und Nichtvermögensschaden (*immaterieller* Schaden). Bei der Naturalherstellung nach § 249 I BGB kommt es nicht darauf an, ob ein Vermögens- oder ein Nichtvermögensschaden vorliegt (etwa Körperverletzung). Geldersatz ist dagegen grundsätzlich nur bei Vermögensschäden zu leisten. Nichtvermögensschäden sind nur dann zu ersetzen, wenn das im Gesetz ausdrücklich vorgesehen ist (§ 253 I BGB). Eine solche Bestimmung nimmt § 253 II BGB für die dort aufgezählten Fälle vor. Von Bedeutung ist zudem § 651n II BGB (= § 651f II BGB aF), der eine angemessene Entschädigung in Geld für nutzlos aufgewendete Urlaubszeit vorsieht. Die Entschädigungspflicht für schwerwiegende und nicht anders auszugleichende Beeinträchtigungen des allgemeinen Persönlichkeitsrechts wird unmittelbar aus dem Schutzauftrag des Art. 2 I GG iVm Art. 1 I GG hergeleitet.[6]

> Zur Vererblichkeit rechtshängiger Ansprüche bei Persönlichkeitsrechtsverletzungen s. BGH NJW 2017, 3004.

Die Abgrenzung des Vermögensschadens vom Nichtvermögensschaden ist schwierig. Das liegt zum einen an dem rechtlich nicht eindeutig bestimmten Vermögensbegriff, zum anderen an der zunehmenden Kommerzialisierung der immateriellen Werte. Vermögen ist nach überwiegender Auffassung die Summe aller geldwerten (Rechts-)Güter einer Person. Dieser *rein wirtschaftliche* Begriff verkürzt den Tatbestand der rechtlichen Zuordnung von Gegenständen zu einer Person um die *personale* Funktion dieser Güter in der Handlungssphäre des Einzelnen auf den ökonomischen Rechtsgehalt; unberücksichtigt bleibt das durch den Gegenstand vermittelte Handlungspotenzial des Einzelnen (*Freiheitsvermögen* der Person). Dieser Gedanke ist für die Bestimmung des Vermögensschadens nutzbar zu machen.[7] Der subjektiv-funktionale Aspekt des Vermögensbegriffs verdient auch im Schadensrecht Beachtung, ohne freilich eindeutig Auskunft darüber geben zu können, in welchen Fällen eine Vermögensfunktionsstörung als ein selbstständig berechenbarer Vermögensschaden anzusehen ist.

---

6 So erstmals BGH NJW 1961, 2059 (2060); verfassungsrechtlich gebilligt durch BVerfG NJW 1973, 1221 (1223). Vgl. auch BGH GRUR 2014, 693; vertiefend zum Ganzen *Looschelders* SchuldR AT § 48 Rn. 12 ff.

7 Dazu *Hagen* Drittschadensliquidation 171 ff.

Doch sind subjektive Ziele und Zwecke nicht erwerbswirtschaftlicher Art (sonst § 252 BGB) an sich noch keine Vermögensbestandteile und ihre Beeinträchtigung noch nicht Vermögensschaden. Der *Kommerzialisierungsgedanke* eröffnet nur einen Weg, bestimmte Güter oder Vorteile zu einem bestimmten Geldbetrag in Relation zu setzen, sagt aber nichts darüber aus, ob es sich um ein Vermögensgut oder einen Vermögensvorteil handelt. Entsprechendes gilt für den *Frustrierungsgedanken*, nach dem ein Vermögensschaden dann vorliegen soll, wenn eine Vermögensaufwendung deshalb nutzlos geworden ist, weil infolge des haftungsbegründenden Ereignisses der mit ihr angestrebte Zweck nicht mehr erreicht werden kann.[8]

Kommerzialisierungs- und Frustrierungsgedanke bedürfen noch weiterer Präzisierung, um sachgerechte Ergebnisse zu erzielen und unangemessene Lösungen zu vermeiden.[9]

III. Differenzschaden und normativer Schaden

Zur Lösung einer Reihe besonderer Probleme ist der Begriff des *normativen* Schadens geprägt worden.[10] Die Bedeutung des Begriffs wird weithin überschätzt. Er soll und kann den im Kern *natürlichen* Schadensbegriff nicht verdrängen, sondern nur verdeutlichen, dass dieser zur Lösung einiger spezieller Sachprobleme (etwa das Problem der überholenden Kausalität sowie der Reserveursachen; auch die Vorteilsausgleichung) nicht ausreicht, sondern durch rechtliche Wertungen zu ergänzen ist.[11]

Im Hintergrund der Diskussion um den normativen Schadensbegriff steht das Verständnis des *Schadens als Differenz*. Danach ist Schaden die (nachteilige) Differenz zweier Güterzustände (Differenzschaden). Zu vergleichen ist der gegebene Zustand mit demjenigen, der hypothetisch bestanden hätte, wenn das haftbar machende Ereignis nicht eingetreten wäre. Die *Differenzhypothese* ist im Kern richtig. Kritik und Streit entzünden sich an der Frage, welche tatsächlichen Zustände (etwa Berücksichtigung eingetretener Vorteile) und welche hypothetischen Lagen (etwa Reserveursachen) in die Differenzrechnung einzustellen sind (Schadensbilanz). Nach dem Prinzip der *Totalreparation* ist der volle Schaden zu ersetzen, wo immer er sich auch zeigt. Das hat zur Folge, dass die Differenzrechnung auf die Gesamtheit der Rechtsgüter und das gesamte Vermögen des Verletzten zu erstrecken ist.

Zwischen Rechtsgüterstand und Vermögenslage ist wegen der unterschiedlichen Formen des Schadensersatzes zu unterscheiden. Der *Substanzschaden* (verletzter Körper, beschädigte Sache) ist durch Naturalherstellung auszugleichen (§ 249 I BGB), der *Vermögensschaden* (die in Geld ausgedrückte Differenz der Gesamtvermögenslagen) ist durch Geldleistung auszugleichen (§ 251 BGB). Der Substanzschaden braucht nicht Vermögensschaden zu sein (etwa bei Körperverletzung Ersatz durch Heilung oder bei Ehrverletzung Ersatz durch Widerruf). Auch der Substanzschaden lässt sich in Geld ausdrücken (§ 249 II 1 BGB), denn es geht nur um unterschiedliche Erscheinungsformen desselben Schadens.

---

8 S. dazu insbesondere *Larenz* FS Oftinger, 1969, 151.
9 Zu den Einzelheiten s. Fall 29.
10 BGH NJW 1968, 1823; 1970, 1411.
11 S. auch *Lange/Schiemann* HdB SchuldR 36 ff.

Gesamtvermögensvergleich meint selbstverständlich nicht die Aufstellung einer umfassenden Vermögensbilanz. In die Schadensrechnung sind nur diejenigen Vermögenszustände aufzunehmen, die sich infolge des haftungsbegründenden Ereignisses verändert haben.

Die Differenzhypothese im Sinne eines abstrakten Vergleichs der realen und hypothetischen Zustände und Vermögenslagen, bezogen auf einen bestimmten Vergleichszeitpunkt, hat zu der Forderung geführt, alle vom Schädiger verursachten Änderungen, negative wie positive, reale wie hypothetische, in die Differenzrechnung einzubeziehen. Daraus ergeben sich die besonderen Probleme etwa der überholenden Kausalität sowie der Vorteilsausgleichung, zu deren Lösung der normative Schadensbegriff herangezogen wird.[12]

12 S. dazu die Fälle 30 und 31.

27. Fall Sachverhalt

Frau G ist Eigentümerin eines zwölfjährigen Pudels, der ihr ein guter Freund ist. Bei einem von S verschuldeten Unfall wird der Hund verletzt. Frau G wendet 750 EUR für die tierärztliche Behandlung auf; sie verlangt von S Ersatz der ihr entstandenen Kosten. S meint, die Behandlungskosten seien unverhältnismäßig hoch, da der Hund wegen des hohen Alters nur noch eine geringe Lebenserwartung habe. Einen Marktwert hat der Pudel nicht mehr. Ein vergleichbarer, junger Pudel kostet etwa 400 EUR.

Wie ist die Rechtslage?

27. Fall Lösung

Schwerpunkte

- Naturalherstellung
- Ersatz unverhältnismäßiger Herstellungskosten
- Affektionsinteresse
- Heilbehandlung eines Tieres

Gliederung

Schadensersatzanspruch der G gegen S nach § 823 I BGB

G könnte gegen S wegen der Verletzung ihres Pudels und der daraus resultierenden tierärztlichen Behandlungskosten iHv 750 EUR einen Schadensersatzanspruch gem. § 823 I BGB haben.

I. Haftungsbegründender Tatbestand

Da S rechtswidrig und schuldhaft den Hund der G verletzt hat, liegen die haftungsbegründenden Voraussetzungen des Schadensersatzanspruchs nach § 823 I BGB vor (Rechtsgutsverletzung, Verletzungshandlung, haftungsbegründende Kausalität, Rechtswidrigkeit, Verschulden).

> Zwar sind *Tiere keine Sachen* (§ 90a S. 1 BGB), doch sind die für Sachen geltenden Vorschriften auf Tiere entsprechend anzuwenden (§ 90a S. 2 BGB). Der Gesetzgeber des § 90a BGB, der den bürgerlich-rechtlichen Tierschutz zu verstärken suchte, stellt auf die Andersartigkeit und Eigenwertigkeit von Tieren gegenüber Sachen ab, wenn er Tiere nicht als Sachen versteht, sondern nur entsprechend den Vorschriften über Sachen behandelt. Grundlage der Vorschrift ist gleichwohl die gesetzgeberische Vorstellung, an Tieren könne Eigentum wie an Sachen bestehen. Das wird etwa für die bürgerlich-rechtlichen Übereignungsvorschriften (§§ 929 ff. BGB) oder für den Strafrechtsschutz (§§ 242, 303 StGB) zu gelten haben. Ob allerdings deliktsrechtlich an einem Tier Eigentum besteht oder nicht vielmehr von einem eigenen Recht am Tier als einem sonstigen Recht iSd § 823 I BGB auszugehen ist, mag zweifelhaft sein, soll hier aber dahingestellt bleiben.

II. Haftungsausfüllender Tatbestand

Zudem müsste G ein nach §§ 249 ff. BGB ersatzfähiger Schaden entstanden sein.

Der Schadensersatzanspruch der G gegen S nach § 823 I BGB besteht, soweit die Kosten der tierärztlichen Behandlung iHv 750 EUR einen Schaden im Rechtssinne darstellen. Als Schaden wird dabei jede unfreiwillige Vermögenseinbuße verstanden. Die Ersatzfähigkeit eines Schadens bestimmt sich nach §§ 249 ff. BGB.

Nach § 249 BGB ist Schadensersatz grundsätzlich durch *Naturalherstellung* zu leisten (*Schutz des Integritätsinteresses*). Dem Gedanken der Naturalrestitution liegt ein weiter, nicht nur auf Vermögenseinbußen beschränkter Schadensbegriff zugrunde. Schaden ist jede Einbuße, die jemand an seinen Rechten oder Rechtsgütern erleidet (*Verschlechterung der Sache*). Auch die Einbuße an nicht vermögenswerten Rechten oder Rechtsgütern ist Schaden (Körperverletzung, Verletzung der Ehre). Nach § 249 I BGB ist der Schädiger verpflichtet, diesen Objekt- oder Substanzschaden durch (Wieder-)Herstellung zu beseitigen. § 249 II 2 BGB gestattet dem Geschädigten, in den Fällen der Verletzung einer Person oder Beschädigung einer Sache die Herstellung selbst vorzunehmen oder vornehmen zu lassen und den dafür erforderlichen Geldbetrag zu verlangen.
Ganz anders ist der Schaden in § 251 BGB bestimmt (*Schutz des Wertinteresses*). Er geht nicht vom Zustand des beeinträchtigten Rechts oder Rechtsguts aus, das wiederherzustellen ist, sondern von der Minderung des in Geld ausgedrückten Vermögens des Geschädigten (*Minderung des Gesamtvermögenswerts*).

1. Naturalrestitution, § 249 BGB

Die Verletzung des Hundes ist ein *Substanzschaden*. S hat den Schaden durch Wiederherstellung der Gesundheit des Hundes auszugleichen, sei es nach § 249 I BGB durch Beauftragung eines Tierarztes, sei es nach § 249 II 1 BGB nach Wahl der Geschädigten G durch Zahlung des Geldbetrags, den Frau G benötigt, um ihrerseits den Tierarzt zu bezahlen. Dass der verletzte Hund keinen Marktwert und damit keinen Vermögenswert hat, ist im Anwendungsbereich des § 249 BGB, in dem es um die Beseitigung des Substanzschadens (Naturalrestitution) geht, grundsätzlich ohne Bedeutung. S hat der G die Wiederherstellungskosten iHv 750 EUR zu ersetzen.

2. Unverhältnismäßigkeit der Herstellung, § 251 II BGB

Die beiden Absätze des § 251 BGB regeln zwei unterschiedliche Tatbestände, die sich nur in der Rechtsfolge (Schadensersatz in Geld) gleichen. Im *Interesse des Geschädigten* bestimmt § 251 I BGB, dass diesem als Schadensersatzgläubiger ein Geldersatzanspruch zusteht, wenn Naturalrestitution nicht möglich oder nicht genügend ist. Im *Interesse des Schädigers* bestimmt § 251 II 1 BGB, dass dieser als Schadensersatzschuldner nur Geldersatz zu leisten hat, wenn Naturalrestitution nur mit *unverhältnismäßigen* Aufwendungen möglich ist (Ersetzungsbefugnis des Schuldners). Die Höhe des zu leistenden Geldersatzes richtet sich nach der schadensbedingten Minderung des geldwerten Vermögens des Geschädigten (Vermögensdifferenz), nicht nach dem Restitutionsaufwand.

Wenn die Reparaturkosten eines Unfallwagens mit einem Marktwert von 2.500 EUR höher liegen und 4.000 EUR betragen, dann tritt auf Verlangen des Schadensersatzschuldners an die Stelle des Anspruchs auf Naturalrestitution nach § 249 BGB iHv 4.000 EUR ein Geldersatzanspruch nach § 251 II BGB iHv 2.500 EUR (Minderung des Gesamtvermögens).[1]

1 S. dazu ausführlich Fall 28.

Früher war umstritten, ob die *Unverhältnismäßigkeitsregel* bei der *Verletzung eines Tiers* überhaupt anzuwenden oder zumindest so auszulegen ist, dass Heilbehandlungskosten nicht bereits dann unverhältnismäßig sind, wenn der wirtschaftliche Wert des Tiers überschritten wird; andere haben den Schadensersatz auf den reinen Marktwert eines Tiers beschränkt. Der Gesetzgeber hat die Frage später in § 251 II 2 BGB entschieden. Nach dieser Vorschrift sind die aus der Heilbehandlung eines verletzten Tiers entstandenen Aufwendungen nicht bereits dann unverhältnismäßig, wenn sie dessen Wert erheblich übersteigen.[2]

Unverhältnismäßigkeit des Herstellungsaufwands nach § 251 II 1 BGB wird in der Praxis regelmäßig schon dann bejaht, wenn die Reparaturkosten den Wiederbeschaffungswert um ein Drittel übersteigen. Eine Begrenzung der Wiederherstellungskosten ist allerdings nur dann gerechtfertigt, wenn unter dem wirtschaftlichen Wert des verletzten Rechtsguts auch das persönliche und *immaterielle Interesse* des Geschädigten an der Restitution berücksichtigt wird.[3]

Im Schadensrecht werden zwar grundsätzlich nichtvermögensrechtliche Nachteile (*Affektionsinteresse*) nicht ersetzt.[4] Auch wenn die beschädigte Sache einen persönlichen Erinnerungswert (Erbstück) besitzt, geht der Schadensersatz nur auf Ersatz des wirtschaftlichen Werts, es sei denn, dass sich die besondere Wertschätzung (Kunstwerk) im *Marktwert* niederschlägt. Anders ist es bei Anwendung des § 251 II BGB, der die Restitution ausschließt, deshalb ist auch das *Affektionsinteresse an der Restitution* mit zu berücksichtigen.

Vorliegend übersteigen die Kosten der tierärztlichen Behandlung iHv 750 EUR den wirtschaftlichen Wert des Tiers zwar erheblich. Auch wenn der alte Pudel keinen Marktwert mehr besitzt, so ist doch das Affektionsinteresse der Geschädigten an der Restitution mit zu berücksichtigen. Die zur Heilbehandlung entstandenen Aufwendungen sind nach § 251 II 2 BGB nicht unverhältnismäßig.[5]

3. Zwischenergebnis

G sind daher nach § 251 II 2 BGB die 750 EUR für die tierärztliche Behandlung zu erstatten. Zudem basiert dieser Schaden auch kausal auf der Verletzung des Hundes, sodass die haftungsausfüllende Kausalität ebenfalls gegeben ist. Ein Mitverschulden der G nach § 254 BGB ist nicht ersichtlich.

III. Ergebnis

G kann von S nach § 823 I BGB Schadensersatz iHv 750 EUR verlangen.

---

2 Umfassend zur Stellung des Tieres im Zivilrecht *Obergfell* RW 2016, 388 ff.
3 Zur Anwendbarkeit des § 251 II 1 BGB, wenn die Restitution zu einer Wertsteigerung führt (Neubau eines durch Brand zerstörten Wohngebäudes) s. BGH NJW 1988, 1835.
4 S. nur MüKoBGB/*Oetker* § 251 Rn. 40 ff.; *Brox/Walker* SchuldR AT § 31 Rn. 14.
5 Lehrreich zum Umfang des Schadensersatzanspruchs bei Aufwendung unverhältnismäßiger Kosten zur Heilbehandlung eines Tieres BGH NJW 2016, 1589.

28. Fall Sachverhalt

Bei einem Unfall wird der Pkw des E beschädigt. Die Reparatur soll nach einer Kostenschätzung der Werkstatt etwa 1.000 EUR kosten. Als E den Wagen abholt, wird ihm eine Rechnung von 1.600 EUR vorgelegt, weil sich weitere, vorher nicht erkennbare Unfallschäden herausgestellt haben. Der für den Unfall verantwortliche S weigert sich, die Reparaturkosten sowohl iHv 1.600 EUR als auch iHv 1.000 EUR zu erstatten. Er meint, er brauche nicht mehr zu zahlen als den Wert, den der Pkw zur Zeit des Unfalls hatte; dieser Verkehrswert (Zeitwert) betrug 900 EUR. Der Kaufpreis für den Erwerb eines nach Alter und Erhaltungszustand vergleichbaren Pkw (Wiederbeschaffungswert) beträgt etwa 1.200 EUR. Nach dem Unfall beträgt der Wert des beschädigten Pkw (Restwert) nur noch 200 EUR.

Hat E gegen S einen Anspruch aus § 823 I BGB? In welcher Höhe?

28. Fall Lösung

Schwerpunkte

- Prognose des Herstellungsaufwands (§ 251 II 1 BGB)
- Schadensberechnung bei beschädigtem Kraftfahrzeug (Wiederbeschaffungswert, Zeitwert, Restwert)

Gliederung

Anspruch des E gegen S auf Schadensersatz nach § 823 I BGB

E könnte gegen S wegen der Beschädigung des Pkw und der daraus resultierenden Werkstattkosten iHv 1.600 EUR einen Schadensersatzanspruch gem. § 823 I BGB haben.

I. Anspruchsvoraussetzungen

Die Anspruchsvoraussetzungen des § 823 I BGB (Rechtsgutsverletzung in Form einer Eigentumsverletzung, Verletzungshandlung, haftungsbegründende Kausalität, Rechtswidrigkeit, Verschulden und Schaden) liegen vor. Zweifelhaft ist nur die Höhe des zu ersetzenden Schadens.

II. Schadensberechnung, §§ 249, 251 II 1 BGB

1. Unverhältnismäßigkeit zwischen Herstellungsaufwand und Wertinteresse

Nach dem Grundsatz der *Naturalrestitution* des § 249 I BGB kann E von S in erster Linie verlangen, dass S den Pkw tatsächlich reparieren lässt. Statt Naturalrestitution kann S nach § 249 II 1 BGB den zur Herstellung erforderlichen Geldbetrag verlangen. Der *Herstellungsaufwand* beträgt, wie sich im Nachhinein herausstellt, 1.600 EUR; vor Durchführung der Reparatur wurden die Reparaturkosten auf 1.000 EUR geschätzt. Nach § 251 II 1 BGB muss S dem E nur das *Wertinteresse* ersetzen, wenn der Herstellungsaufwand unverhältnismäßig ist. Zur Berechnung des zu ersetzenden Wertinteresses des E kommt es auf den hypothetischen Vermögenswert des Pkw vor dem Unfall an. Der rechtserhebliche Wert ist nicht der Zeitwert oder Verkehrswert (*Marktwert als Veräußerungswert*) des Pkw (900 EUR), sondern entscheidend ist der Aufwand zur Beschaffung eines Pkw gleicher Art und vergleichbaren Zustands (Wiederbeschaffungswert[1]); wegen der Händlerspanne liegt der Wiederbeschaffungswert (1.200 EUR) regelmäßig höher als der Zeitwert[2] (900 EUR).

---

1 S. BGH NJW 1972, 1800; mAnm *Medicus* JuS 1973, 211; Palandt/*Grüneberg* § 249 Rn. 23.
2 Nachweise der instanzgerichtlichen Rechtsprechung bei MüKoBGB/*Oetker* § 251 Rn. 41 ff.

Das Wertinteresse des E nach § 251 II 1 BGB bestimmt sich nach dem Wiederbeschaffungswert iHv 1.200 EUR, nicht nur nach dem Zeitwert iHv 900 EUR. Vor Durchführung der Reparatur hatte E gegen S einen Schadensersatzanspruch iHv 1.200 EUR abzüglich des *Restwertes* des Pkw iHv 200 EUR oder gegen Herausgabe des Wracks, das S dann für 200 EUR verkaufen könnte. Nach dieser Art der Schadensberechnung muss S wirtschaftlich nur 1.000 EUR als Schadensersatz aufbringen. Vorliegend sind jedoch Reparaturkosten iHv 1.600 EUR entstanden. Die Reparaturkosten (1.600 EUR) sind um 60% höher als das nach § 251 II 1 BGB zu ersetzende Wertinteresse (1.000 EUR). Die Rechtsprechung zieht die *Grenze der Verhältnismäßigkeit* des § 251 II 1 BGB bei etwa 30% des in Geld zu berechnenden Schadens (sog. Integritätszuschlag).[3] Somit besteht vorliegend ein Missverhältnis zwischen Herstellungsaufwand (§ 249 II 1 BGB) und Wertinteresse (§ 251 II 1 BGB). Die Kosten der Naturalrestitution sind unverhältnismäßig und deshalb grundsätzlich nicht von S zu ersetzen.

Der *BGH* geht bei *gebrauchten Kraftfahrzeugen* demgegenüber in ständiger Rechtsprechung von einem *abweichenden Ansatz* aus: Danach richtet sich die Bemessung des Schadens nur nach dem Prinzip der Naturalrestitution des § 249 BGB. Dem liegt die Vorstellung zugrunde, dass die *Ersatzbeschaffung* eines gleichwertigen Fahrzeugs ebenso einen Fall der *Naturalrestitution* darstellt wie die Reparatur des beschädigten Fahrzeugs.[4] Für die Anwendung des § 251 BGB bleibt danach nur dann Raum, wenn trotz Reparatur des Fahrzeugs ein Minderwert verbleibt.[5] Dieser Auffassung ist entgegenzuhalten, dass ein ersatzbeschaffter Pkw allenfalls bei Anlegen einer das Geschädigteninteresse jedoch nicht ausreichend berücksichtigenden ausschließlich wirtschaftlichen Betrachtungsweise als gleichwertig mit dem beschädigten Gebrauchtwagen angesehen werden kann. Berücksichtigt man dagegen richtigerweise auch das darüber hinaus gehende schützenswerte Interesse des Geschädigten an seinem konkreten Fahrzeug (namentlich hinsichtlich Marke, Ausstattung, Erhaltungszustand, Baujahr), dann kann ein Ersatzfahrzeug niemals vollständig gleichwertig mit dem beschädigten Pkw sein.[6]

2. Prognoserisiko

Die Unverhältnismäßigkeit des Herstellungsaufwands hat sich erst während der Wiederherstellung (Reparatur des Pkw) herausgestellt. Diese Tatsache wurde dem E sogar erst nach Abschluss der Reparatur bekannt. Wenn sich S auch in einem solchen Fall auf § 251 II 1 BGB berufen könnte, dann würde man dem Geschädigten das Risiko unvorhergesehener Mehrkosten vorher unerkennbarer Unfallschäden aufbürden. E müsste aus dem im eigenen Namen abgeschlossenen Werkvertrag den vollen Werklohn iHv 1.600 EUR zahlen, würde aber von S nur 1.000 EUR erhalten.

Das *RG* hat in einem solchen Falle dennoch § 251 II 1 BGB angewendet und dem Geschädigten nur Ersatz des Wertinteresses zugesprochen.[7] Das Prognoserisiko hin-

3 Kritisch hierzu *Korch* JuS 2017, 6.

4 BGH NJW 1999, 500 (501); zustimmend Palandt/*Grüneberg* § 249 Rn. 21; Erman/*Ebert* § 249 Rn. 17; wie hier MüKoBGB/*Oetker* § 251 Rn. 11, 42; BeckOK BGB/*Flume*, 48. Ed. 1.8.2018, § 251 Rn. 6.

5 Palandt/*Grüneberg* § 249 Rn. 21 f., § 251 Rn. 4.

6 MüKoBGB/*Oetker* § 251 Rn. 10.

7 RGZ 71, 212 ff.

sichtlich des Herstellungsaufwands geht so zulasten des Geschädigten, der die Reparatur selbst aufgrund eines von ihm eingeholten Kostenvoranschlags durchführen lässt und zu spät die Unwirtschaftlichkeit der Naturalrestitution erkennt. Allerdings soll der Schädiger auch nach Auffassung des RG die Aufwendungen schuldlos vergeblicher Herstellungsversuche durch den Geschädigten tragen.[8]

Der *BGH*[9] unterscheidet: Der Schädiger trägt dann das Prognoserisiko, wenn der Herstellungsaufwand überraschend und unvorhergesehen den Wert des Pkw unverhältnismäßig übersteigt. Das gilt jedoch auch bei unvorhersehbarer Überschreitung der Unverhältnismäßigkeitsgrenze dann nicht, wenn schon nach dem Kostenvoranschlag die Instandsetzungskosten den Wert des Fahrzeugs (wenn auch nicht unverhältnismäßig) übersteigen. In einem solchen Fall muss der Geschädigte mit dem Schädiger verhandeln und sich um eine Einigung bemühen.

Richtig ist, grundsätzlich dem *Schädiger das Prognoserisiko* aufzubürden. Wenn der Geschädigte die Herstellungskosten tatsächlich aufgewendet hat, dann gehören diese Aufwendungen zum Schaden.[10] Sie sind nach § 249 II 1 BGB zu ersetzen, wenn sie zur Herstellung erforderlich waren und im Rahmen der Verhältnismäßigkeit iSd § 251 II BGB bleiben. Erweisen sich die Aufwendungen als *nutzlos* (die Herstellung gelingt nicht) oder als *übermäßig* (unvorhersehbare Unfallschäden), so hat der Schädiger nach § 251 I BGB Ersatz zu leisten. Dieser Ersatzanspruch umfasst alle durch das haftungsbegründende Ereignis adäquat verursachten Schäden, also nicht nur die Sachwertdifferenz (Wertinteresse). Aufwendungen, die der Schädiger zum Zwecke der Schadensbeseitigung gemacht hat, gehören zu diesem Schaden. Sie sind dem Geschädigten zu ersetzen, soweit sie ihm nicht selbst zurechenbar sind (§ 254 II BGB). An einem *Mitverschulden* des Geschädigten fehlt es, wenn er die Nutzlosigkeit der Aufwendungen oder ihre Unverhältnismäßigkeit bei Anwendung der erforderlichen Sorgfalt nicht (rechtzeitig) erkennen konnte.

Schließlich kann der Geschädigte nach § 249 I BGB verlangen, dass der Schädiger die Wiederherstellung selbst vornimmt oder vornehmen lässt. Missglückte Herstellungsversuche gehen dann ebenso zulasten des Schädigers wie ein übermäßiger Herstellungsaufwand (§ 251 II 1 BGB). Nach § 249 II 1 BGB soll der Geschädigte nur davor geschützt werden, sich zum Zwecke der Wiederherstellung des beeinträchtigten Rechtsguts erneut dem Schädiger anzuvertrauen. Nach dem Zweck dieser Vorschrift sollen die beschriebenen Risiken einschließlich des Prognoserisikos über den Herstellungsaufwand nicht dem Schädiger abgenommen werden.[11]

Ein ähnliches Problem besteht, wenn die vom Geschädigten beauftragte Werkstatt ohne dessen Schuld objektiv unnötige (etwa unwirtschaftliche oder unsachgemäße) Herstellungsmaßnahmen ergreift oder die Reparatur verzögert. Der Geschädigte ist in solchen Fällen berechtigt, auf eine Auseinandersetzung mit der Werkstatt über die Richtigkeit der Reparaturkostenrechnung zu verzichten. Er kann den vollen Rechnungsbetrag nach § 249 II 1 BGB vom Schädiger verlangen, muss diesem aber seine Ansprüche gegen die Werkstatt abtreten. Auch hier geht das *Werkstattrisiko* zulasten

8 RGZ 99, 172 ff.
9 BGH NJW 1972, 1800 ff.
10 Zum Verhältnis von Aufwendungs- und Schadensersatz vgl. *Thiele* FS Felgentraeger, 1969, 393.
11 So richtig *Medicus/Petersen* BürgerlR Rn. 820; im Grundsatz auch BGH NJW 1978, 2592.

des Schädigers. Die Werkstatt ist insbesondere auch nicht als Erfüllungsgehilfin des Geschädigten, der nach § 249 II 1 BGB vorgeht, anzusehen.[12]

Im Ergebnis muss S an E 1.600 EUR zahlen. Der Schadensersatzanspruch mindert sich nur dann, wenn E an der Verursachung des Mehraufwands der Reparatur ein Mitverschulden iSd § 254 II BGB trifft, für das sich im Sachverhalt allerdings kein hinreichender Anhaltspunkt findet.

3. Zwischenergebnis

Die zu ersetzende Schadenshöhe beträgt somit 1.600 EUR.

III. Ergebnis

E hat gegen S einen Schadensersatzanspruch iHv 1.600 EUR gem. § 823 I BGB.

12 BGH BB 1975, 10; s. auch BGH NJW 1974, 34; OLG Saarbrücken MDR 2012, 581.

29. Fall Sachverhalt

Auf dem Weg ins Theater zu einem einmaligen Gastspiel stürzt A auf einem Gehweg vor dem Gebäude des streupflichtigen Hauseigentümers H, der nicht ordnungsgemäß gestreut hat. Da A ärztlicher Behandlung bedarf, versäumt er das Gastspiel, die Theaterkarte verfällt. A verlangt von H Schadensersatz unter anderem iHv 18 EUR, die er für die Theaterkarte bezahlt hat.

Zu Recht?

29. Fall Lösung

Schwerpunkte

- Nutzungsentschädigung
- Kommerzialisierung von Nichtvermögensgütern
- Frustrierungsgedanke

Gliederung

Schadensersatzanspruch des A gegen H nach § 823 I BGB

A könnte gegen H wegen des Sturzes auf dem Gehweg des H und des darauf basierenden Verfalls der Theaterkarte einen Schadensersatzanspruch iHv 18 EUR gem. § 823 I BGB haben.

I. Haftungsbegründender Tatbestand

Zunächst müsste der haftungsbegründende Tatbestand des § 823 I BGB vorliegen. Dies ist der Fall, wenn H durch eine schuldhafte, rechtswidrige und kausale Verletzungshandlung ein Recht bzw Rechtsgut des A iSd § 823 I BGB verletzt hätte.

H hat es unterlassen, den Gehweg ordnungsgemäß zu streuen. Unterlassungen sind dem positiven Tun gleichzustellen, wenn den Schädiger eine Rechtspflicht zur Abwendung der (drohenden) Rechtsgutsverletzung trifft und ihm die Erfolgsabwendung möglich ist.[1] Eine Rechtspflicht zum Handeln ergibt sich aus der *Streupflicht als Verkehrssicherungspflicht*.[2] Auf dem Gehweg einer öffentlichen Straße trägt die Verkehrssicherungspflicht grundsätzlich nicht der Straßen- und Wegeunterhaltungspflichtige, sondern innerhalb geschlossener Ortschaften die Gemeinde, die den Straßenverkehr eröffnet. Durch Satzung wird die Streupflicht regelmäßig den Anliegern auferlegt.[3] Verkehrssicherungspflichtig ist mithin Hauseigentümer H. Durch das Streuen wäre eine Abwendung der Verletzung des A möglich gewesen. H hat nicht ordnungsgemäß gestreut, damit seine Verkehrssicherungspflicht verletzt und so durch rechtswidriges Unterlassen fahrlässig die Körperverletzung des A verursacht. Der haftungsbegründende Tatbestand des § 823 I BGB liegt somit vor.

---

1 *Looschelders* SchuldR BT Rn. 1224.
2 S. hierzu MüKoBGB/*Wagner* § 823 Rn. 424 ff.
3 S. etwa § 41 II 1 BWStrG. Vergleichbare Vorschriften finden sich auch in den Straßengesetzen der anderen Bundesländer.

II. Haftungsausfüllender Tatbestand

Problemtisch erscheint jedoch der haftungsausfüllende Tatbestand. Hierbei ist nun zu erörtern, in welcher Höhe dem A ein von H zu ersetzender Schaden entstanden ist.

Der Umfang des zu ersetzenden Schadens bestimmt sich nach §§ 249 ff. BGB. Ersatz etwa der Arztkosten und des Verdienstausfalls, die zweifelsfrei Schäden im Rechtssinne darstellen, steht vorliegend nicht infrage. Zu untersuchen ist, ob A Schadensersatz für die verfallene Theaterkarte zusteht.

A hat für die Theaterkarte 18 EUR bezahlt. Diese Summe hat A aber nicht infolge des Unfalls eingebüßt, denn um sie war das Vermögen des A schon vor dem Unfall verringert. A ist die Realisierung des in der Theaterkarte verbrieften Anspruchs auf Zutritt zum Theater und auf den Besuch der Aufführung (s. § 807 BGB) entgangen. Die schadensrechtliche Behandlung solcher Fallgestaltungen des *Nutzungsentgangs* ist umstritten.

1. Immaterieller Schaden nach § 253 BGB

Der Schaden besteht darin, dass A die Theatervorstellung nicht besuchen konnte. Der Vorteil, den A sich durch die Aufwendung von 18 EUR zu ermöglichen suchte, ist nicht vermögensrechtlicher Art, sondern ein immaterieller Vorteil (Genuss der Theatervorstellung als immaterieller Wert). Das Versäumnis des Theaterbesuchs ist ein *immaterieller Schaden*, der nicht gem. § 251 I BGB ersatzfähig ist, sondern nach § 253 I BGB nur dann, wenn das Gesetz eine Entschädigung in Geld vorsieht.[4] Anders ist es nur, wenn der Theaterbesuch nachholbar ist; dann gilt § 249 II 1 BGB.

2. Frustrationstheorie

Der Schaden besteht darin, dass das mit der Aufwendung von 18 EUR angestrebte Ziel infolge des haftungsbegründenden Ereignisses nicht erreicht wird, die Aufwendungen ganz oder teilweise abzuschreiben sind und sich als nutzlos erweisen.[5] Dieser Auffassung liegt der sog. *Frustrierungsgedanke* zugrunde, der besagt, dass der Ausfall einer bezweckten Nutzung gleichsam den Geldwert frustriere und als Vermögensschaden nach § 251 BGB zu ersetzen sei.

3. Kommerzialisierung von Nichtvermögensgütern (Kommerzialisierungsthese)

Der Schaden besteht darin, dass die ständige Verfügbarkeit eines Gegenstands nach der Verkehrsauffassung einen selbstständigen Vermögenswert neben dem Substanzwert darstellt. Indiz für eine solche *Kommerzialisierung von Verwendungsmöglichkeiten*, zu welchem Zweck auch immer, ist der Umstand, dass es einen Markt für sie gibt und es typischerweise möglich ist, den ungestörten Gebrauch oder Genuss eines Gegenstands gegen eine übliche oder doch nach objektiven Maßstäben errechenbare Vergütung zu erkaufen.[6] Danach hat die Theatervorstellung als immaterielles Gut ei-

---

4 MüKoBGB/*Oetker* § 249 Rn. 69 ff.

5 Dazu *Esser/Schmidt* SchuldR AT II § 31 III; *Larenz* SchuldR I § 29 IIc; *Larenz* FS Oftinger, 1969, 151 ff.; krit. hierzu Palandt/*Grüneberg* Vorbem. § 249 Rn. 61.

6 Zum Kommerzialisierungsgedanken s. nur *Looschelders* SchuldR AT § 49 Rn. 18; MüKoBGB/*Oetker* § 249 Rn. 41 ff.

nen durch den Preis der Theaterkarte kommerzialisierten Vermögenswert, der schadensrechtlich zu ersetzen ist.

Zusammenfassend kann man den Stand von Rechtsprechung und Schrifttum dahin umschreiben: Der Nutzungsmöglichkeit einer Sache kommt ein selbstständiger Vermögenswert neben dem Substanzwert zu (vgl. etwa § 987 II BGB). Die zur anderweitigen Beschaffung der entzogenen Nutzung erforderlichen Aufwendungen sind grundsätzlich ersatzfähig. Voraussetzung ist, dass die Gebrauchsmöglichkeit infolge eines Eingriffs in den Gebrauchsgegenstand entzogen wird. Wird der Gebrauch durch eine Körperverletzung oder Gesundheitsbeschädigung unmöglich gemacht, kommt eine Berücksichtigung nur bei der Bemessung des immateriellen Schadens (§ 253 II BGB) in Betracht. Dem Geschädigten steht ein Anspruch auf Geldersatz in Höhe der Kosten zu, die erforderlich sind, um einen vergleichbaren Gebrauchsvorteil anderweitig zu beschaffen.

4. Zwischenergebnis

A hat gegen H einen Anspruch auf Ersatz der verfallenen Theaterkarte iHv 18 EUR. Nach den Grundsätzen zum Ersatz des Nutzungsentgangs als Vermögensschaden steht dem A der Schadensersatzanspruch dann zu, wenn ihm unter Berücksichtigung seiner besonderen Interessen der spätere Besuch einer vergleichbaren Theatervorstellung (Ersatzbeschaffung) zumutbar ist. An dieser Begründung ist unbefriedigend, dass der Geschädigte, der seine Ziele und Zwecke eng umrissen hat, leer ausgeht, wenn eine Ersatzbeschaffung ausscheidet. Richtig ist deshalb, bei zeitlich genau bestimmten geldwerten Gebrauchs- und Nutzungsrechten, die infolge Zeitablaufs untergegangen sind, auch dann einen Ersatz in Höhe des Marktwerts der Nutzung zuzulassen, wenn nicht der Gebrauchsgegenstand beeinträchtigt, sondern der Berechtigte selbst an der Ausübung seines Rechts gehindert wird (Frustrierungsgedanke).[7] Die Theaterkarte vermittelt die Nutzung (Theaterbesuch) als Vermögenswert.[8]

III. Ergebnis

A hat gegen H einen Schadensersatzanspruch iHv 18 EUR gem. § 823 I BGB.

---

7 So *Larenz* SchuldR I § 29 IIc.

8 Deshalb ist auch rechtlich unerheblich, ob A die Theaterkarte selbst gekauft hat oder sie ihm geschenkt worden ist.

Rechtsprechung zum Nutzungsentgang als Vermögensschaden

Die Rechtsprechung erkennt in einer Reihe unterschiedlicher Fallgestaltungen das Vorliegen eines Vermögensschadens an, wenn dem Geschädigten die Möglichkeit der Nutzung einer Sache entgeht (*Nutzungsentgang, Nutzungsausfall*).[9] Während der Reparatur der beschädigten Sache oder bis zum Erwerb einer neuen Sache hat der Geschädigte einen Anspruch auf Nutzung einer vergleichbaren anderen Sache.

> Beispiele einer *Entschädigung für Nutzungsentgang*: Ersatz der Mietwagenkosten (oder eines Teils der fiktiven Kosten, wenn kein Ersatzwagen gemietet wird) bei Beschädigung eines Pkw während der Reparaturzeit;[10] Ausfall der Eigennutzung eines Wohnhauses;[11] Beeinträchtigung des ungestörten Gebrauchs eines Grundstücks;[12] Minderung des Genusses einer Seereise wegen fehlenden Urlaubsgepäcks;[13] Beeinträchtigung eines ungestörten Urlaubs oder der Freizeit.[14]
> Im *Pauschalreisevertragsrecht* ist der Schadensersatz wegen nutzlos aufgewendeter Urlaubszeit inzwischen gesetzlich geregelt (§ 651n II BGB). Die Vorschrift stellt eine Ausnahme von § 253 I BGB dar. In Abgrenzung zum Recht des Reisevertrags lehnt die Rechtsprechung eine Deliktshaftung für entgangenen Urlaub nunmehr ab.
> Wird der Geschädigte infolge einer Körperverletzung am Urlaub gehindert, dann besteht keine deliktische Haftung aufgrund einer Kommerzialisierung des Urlaubsgenusses, doch kann dies bei Bemessung des Schmerzensgelds berücksichtigt werden.[15]
> Rechtlich unhaltbar und abzulehnen, auch verfassungsrechtlich (Verletzung der Menschenwürde des Behinderten, Art. 1 I GG) bedenklich, ist die Entscheidung des AG Flensburg NJW 1993, 272, in der das Gericht einem Pauschalreisenden reisevertragliche Minderungsansprüche zuerkannte, weil ihm gemeinsame Mahlzeiten mit Behinderten nicht zumutbar seien (»Der unausweichliche Anblick der Behinderten auf engem Raum bei jeder Mahlzeit verursacht Ekel und erinnerte ständig in einem ungewöhnlich eindringlichen Maße an die Möglichkeiten menschlichen Leids. Solche Erlebnisse gehören nicht zu einem typischerweise erwarteten Urlaubsverlauf.«).[16]

Die Rechtsprechung zum Nutzungsentgang als Vermögensschaden geht vom Gedanken der Kommerzialisierung aus und berücksichtigt bei der Schadensberechnung auch die Frustrierungstheorie.

---

9 Zum Ganzen *Looschelders* SchuldR AT § 49 Rn. 2 ff.
10 BGH NJW 1964, 542; 1985, 2471.
11 BGH NJW 1987, 50.
12 BGH NJW 1967, 1803.
13 BGH NJW 1956, 1234; s. auch OLG München NJW-RR 1986, 964.
14 OLG Frankfurt NJW 1967, 1372 (Abbruch des Urlaubs, da der gemietete Bungalow nicht frei ist); KG NJW 1970, 474 (Zweck des Kuraufenthalts wird wegen Hundebiss nicht erreicht); NJW 1973, 747 (Kein Ersatz für entgangene Urlaubsfreude, wenn wegen Beschädigung des Pkw die Ferien statt am Golf von Venedig auf dem Campingplatz am See in Herdecke verbracht werden); NJW 1975, 40 (Beanstandungen des Hotels, der Verpflegung und der Badegelegenheit am Strand); NJW 1981, 1833 (Kein Ersatz bei vertanem Urlaub während Klinikaufenthalt); NJW 1983, 218 (Wegen Baustelle am Hotel nutzlos aufgewendete Urlaubszeit eines Schülers).
15 BGH NJW 1983, 1107.
16 Ähnlich unverständlich schon LG Frankfurt a.M. NJW 1980, 1169; vgl. auch AG Frankfurt a.M. NJW 2000, 84.

Die dogmatischen Unterschiede einer Kommerzialisierung oder Frustrierung betreffen vornehmlich die Berechnungsmethode; sie sind praktisch kaum erheblich. Denn der objektive Wert einer Gebrauchsmöglichkeit kann letztlich nur aufgrund einer Kalkulation bestimmt werden, in der die zeitanteiligen Gemeinkosten (Abschreibung, fixe Kosten wie Steuern, Versicherung, Garage) die entscheidende Rolle spielen.

Die Rechtsprechung des BGH zur Anerkennung von Nutzungsausfallschäden ist in der Tendenz großzügig. Doch ist die dogmatische und systematische Einordnung und Behandlung der Geldentschädigung für entgangene Gebrauchsmöglichkeiten nach wie vor unklar und uneinheitlich. So spricht die Rechtsprechung selbst wegen Vorenthaltung einer vertraglich eingeräumten Gebrauchsmöglichkeit Schadensersatz wegen Nutzungsausfalls zu.[17] Zunächst gewährte der BGH einen Ersatzanspruch uneingeschränkt nur beim *Ausfall der privaten Nutzung eines Pkw.* Seine Rechtsprechung begründete der BGH vorwiegend rechtspolitisch. Beim Nutzungsausfall eines beschädigten Pkw handle es sich um typische Massenrisiken. Der Kfz-Halter wage häufig nicht die Anmietung eines Ersatzwagens, weil er sich seiner Ansprüche nicht sicher sei. Er solle aber, wenn er auf einen Ersatzwagen verzichte, nicht schlechter gestellt werden als derjenige, der sich einen solchen Wagen mietet.[18] Der zeitweilige *Ausfall der Nutzung anderer Gegenstände* wurde dagegen regelmäßig nicht als Vermögensschaden anerkannt. Die Rechtsprechung neigte dazu, der Gebrauchsmöglichkeit keinen selbstständigen Vermögenswert neben dem Substanzwert zuzuerkennen.[19] Zwischenzeitlich erkennt der BGH aber auch den nur zeitweiligen Ausfall der Nutzung anderer Gegenstände als ersatzfähigen Schaden an. In Anknüpfung an § 252 BGB wurde dieser Anspruch zunächst auf Wirtschaftsgüter von allgemeiner und zentraler *Bedeutung für die Lebenshaltung* beschränkt.[20] Hierzu wird mittlerweile auch der Internetzugang gezählt.[21] Die entgangene Nutzung von *Luxusgütern* wie etwa die Gebrauchsmöglichkeit eines Pelzmantels[22] oder eines Schwimmbads[23] rechtfertigen allerdings keinen Schadensersatzanspruch.[24]

Der ständige Ausbau und die Verfestigung der Rechtsprechung zum Nutzungsentgang als Vermögensschaden haben die grundsätzliche Diskussion um die Berechtigung eines abstrakten Schadensersatzes beim Nutzungsausfall nicht beendet. Zwar ist nunmehr die Sonderstellung des Pkw im Schadensrecht und die damit verbundene Differenzierung zu anderen Gebrauchsgütern aufgehoben und die Kritik an der Rechtsprechung insoweit entschärft. Doch ist die Legitimität der abstrakten Nutzungsausfallentschädigung nach wie vor im Grundsatz umstritten, auch die Ausgrenzung der Luxusgüter vom abstrakten Schadensersatz wird kritisiert. Somit wird statt einer Schadensbegrenzung durch Ausgrenzung bestimmter Nutzungsarten und

17 BGH NJW 1988, 251 (Scheidungsvereinbarung mit Nutzungsrecht eines Ferienhauses).
18 Dazu BGH NJW 1976, 1630.
19 S. etwa BGH NJW 1978, 812 (gewerblich genutzter Lkw; nur entgangener Gewinn nach § 252 BGB als ersatzfähiger Schaden); NJW 1978, 1805 (verspätete Übergabe eines Hauses oder einer Eigentumswohnung; nur tatsächliche Aufwendungen für Ersatzwohnraum oder entgangene Mieteinnahmen als Schaden).
20 BGH NJW 2018, 1393 (Motorrad); NJW 2014, 1374 (verspätete Herstellung einer Eigentumswohnung); NJW 1987, 50 (vorübergehender Ausfall der Eigennutzung eines Wohnhauses).
21 BGH NJW 2013, 1072 (1074); dazu auch *Exner* JuS 2015, 680.
22 BGH NJW 1975, 733.
23 BGH NJW 1980, 1386.
24 S. dazu *Medicus* NJW 1989, 1889 ff.

Gebrauchsgüter eine Schadensregelung durch Schadenshöhebegrenzung vorgeschlagen.[25] Die Kritik im Schrifttum aufnehmend, entschied der BGH schließlich im Gegensatz zu seiner früheren Rechtsprechung, dass auch die Vorenthaltung eines *Ferienhauses* eine Geldentschädigung begründe.[26] Mit dieser Entscheidung wird die Entschädigung für den Nutzungsausfall von Wirtschaftsgütern von allgemeiner, zentraler Bedeutung für die Lebenshaltung auf solche Güter, die dem Luxus und der Freizeitgestaltung dienen, erweitert. Die Schadensbegrenzung soll in Anlehnung an die Rechtsprechung zum Nutzungsausfall eines Pkw erfolgen.

Bei der Nutzungsausfallentschädigung für einen beschädigten Pkw (*fiktive Mietwagenkosten*) erfolgt ein Abzug von bis zu 70% der Mietwagenkosten. Die Rechtsprechung kürzt den Mietwert insbesondere um den Gewinn des Vermieters, die von ihm aufgeschlagenen Risikowerte, erhöhten Verschleiß, Generalkosten und anderes mehr.[27] Die Ausdehnung dieser Rechtsprechung auch auf andere Gebrauchsgüter bedeutet, dass nicht die Anmietung einer Ersatzsache oder der entgangene Gewinn aus einer entgeltlichen Gebrauchsüberlassung Bemessungsgrundlage sein soll, sondern der *Gebrauchsverlust für eine eigenwirtschaftliche Verwendungsplanung*.[28] Ferner stellt die Rechtsprechung auf die Subjektbezogenheit des Schadens und die Fühlbarkeit der Beeinträchtigung ab. Dem Geschädigten wird eine abstrakte Nutzungsentschädigung versagt, wenn er selbst etwa durch Krankheit an der Nutzung verhindert ist, es sei denn, ein Dritter hätte den Gebrauchsgegenstand nutzen können und dürfen.[29]

25 *Rauscher* NJW 1986, 2011 (2016).
26 BGH NJW 1988, 251; 1987, 771.
27 Dazu auch BeckOK BGB/*Flume*, 48. Ed. 1.8.2018, § 249 Rn. 165.
28 BGH NJW 1987, 50 (53); 1988, 251 (253).
29 BGH NJW 1968, 1778; auch BGH NJW 1975, 922; 1988, 251 (253); s. dazu *Medicus/Petersen* BürgerlR Rn. 826.

30. Fall Sachverhalt

Bei einem von S allein verschuldeten Verkehrsunfall wird der Pkw des G beschädigt. Der Pkw wird in die Werkstatt abgeschleppt. In der folgenden Nacht brennt das Haus des G infolge eines Kurzschlusses völlig nieder. Es ist sicher, dass der Wagen in der Garage mit verbrannt wäre. G verlangt von S Schadensersatz in Höhe der Reparaturkosten von 2.000 EUR. Schließlich ist G auf seinen Pkw angewiesen, da er mit diesem zu seiner rund 30 km entfernten Arbeitsstätte fahren muss. Daher verlangt er auch die Erstattung der Auslagen für den Mietwagen während der Dauer der Reparatur iHv 200 EUR. Mit Recht?

30. Fall Lösung

Schwerpunkt

- Reserveursachen (hypothetische oder überholende Kausalität)

Gliederung

A. Schadensersatzanspruch des G gegen S nach § 7 I StVG

G könnte gegen S einen Schadensersatzanspruch in Höhe der Reparaturkosten von 2.000 EUR und der Auslagen für die Mietwagennutzung während der Dauer der Reparatur iHv 200 EUR nach § 7 I StVG haben.

I. Anspruchsvoraussetzungen

Da bei Betrieb eines Kraftfahrzeugs iSd § 1 II StVG eine Sache beschädigt wurde und ein Ausschluss nach §§ 7 II, 8 StVG nicht einschlägig ist, liegen die Anspruchsvoraussetzungen des § 7 I StVG vor.

Die Tatsache, dass der Wagen durch ein späteres Ereignis, den Brand des Hauses (*Reserveursache*), ebenfalls zerstört worden wäre, ändert nichts an der Kausalität des Verkehrsunfalls für den Schadenseintritt.

> Die Problematik der hypothetischen oder überholenden Kausalität ist zwar grundsätzlich, aber nicht immer nur ein Problem der *Schadensberechnung*, sondern sie kann auch den *Ursachenzusammenhang* selbst betreffen. Das gilt insbesondere für die Feststellung, ob ein Gewinn entgangen ist.[1] Im Grundsatz geht es aber um ein Problem der Schadenszurechnung, nicht der Kausalität.

II. Art und Umfang des Schadensersatzes

Fraglich ist nun, in welchem Umfang Schadensersatz zu leisten ist. Dazu müsste G zunächst infolge des Verkehrsunfalls einen Schaden erlitten haben. Ein Schaden ist

1 S. dazu unten B. IV.

jede unfreiwillige Vermögenseinbuße. Ob eine solche vorliegt ist durch einen Vergleich der Vermögenslage vor und nach dem schädigenden Ereignis zu beurteilen (sog. Differenzhypothese).[2] Problematisch ist dabei vorliegend, dass in der Nacht nach dem Verkehrsunfall das Haus des G infolge eines Kurzschlusses völlig niedergebrannt ist. Dabei ist sicher, dass der Wagen in der Garage verbrannt wäre. Man könnte nun argumentieren, dass somit die Ersatzpflicht des S entfallen müsse, da auch ohne den Unfall das Auto einen Schaden bekommen hätte. Es stellt sich damit die Frage, ob sog. Reserveursachen beachtlich sind.[3]

Im vorliegenden Fall steht fest, dass der Verkehrsunfall und damit das Verhalten des S für die Beschädigung des Pkw kausal geworden ist, der Brand dagegen gerade nicht. Es ist kein Umstand ersichtlich, der es rechtfertigte, ausnahmsweise den Brand als Reserveursache beim Ersatz des Substanzschadens zu berücksichtigen.

G hat gegen S einen Anspruch auf Ersatz der Reparaturkosten iHv 2.000 EUR.

Problematisch erscheinen jedoch die Mietwagenkosten iHv 200 EUR. Da diese auf der freiwilligen Entscheidung des G beruhten – er hat sich aus freien Stücken für die Nutzung eines Mietwagens entschieden – stellen diese grundsätzlich keinen ersatzfähigen Schaden dar.

Ein Auto wird idR gerade deswegen gekauft, um sich damit nach Belieben fortbewegen zu können. Die Kosten für einen Mietwagen, die dem Geschädigten aufgrund der Nichtnutzbarkeit des eigenen Pkw entstehen, müssen daher ebenfalls ersatzfähig sein. Denn der Schädiger hat nach § 249 I BGB den Zustand herzustellen der bestehen würde, wenn der zum Ersatz verpflichtende Umstand nicht eingetreten wäre. Ohne das schädigende Ereignis (hier der Verkehrsunfall) hätte G einen Pkw zur Verfügung gehabt, mit dem er dann zur Arbeit gefahren wäre.

Fraglich ist nur, bis zu welcher Höhe solche Kosten zu erstatten sind. Grundsätzlich ist es dem Geschädigten gestattet, einen gleichwertigen Pkw zu mieten.[4] Die hierbei anfallenden Kosten müssen jedoch erforderlich sein, vgl. § 249 II 1 BGB. Schließlich darf auch nicht außer Acht gelassen werden, dass den Geschädigten zudem nach § 254 II 1 Alt. 2 BGB eine Schadensminderungspflicht trifft. Die von G angeführten 200 EUR sind als angemessen anzusehen.

Da für diese Zeit der eigene Pkw des G nicht genutzt wurde, sind im Wege der Vorteilsausgleichung jedoch die ersparten Eigenaufwendungen als Abzug von 10% vorzunehmen.[5] Der Mietwagen des G hat insgesamt 200 EUR gekostet, sodass 10% hiervon 20 EUR darstellen. Dem G sind daher 180 EUR für die Mietwagennutzung zu ersetzen.

Zwar entstehen diese Kosten für ein Ersatzfahrzeug als Schaden erst zu einem späteren Zeitpunkt. Aber auch soweit sie nach dem Brand anfallen, sind sie zu ersetzen, da der Brand die Benutzung des Pkw eben nicht real ausgeschlossen hat. Ursächlich dafür war allein der Umstand, dass der Pkw aufgrund des Verkehrsunfalls in der Werkstatt repariert wurde und daher nicht einsatzbereit war. Anders wäre es, wenn eine überholende, reale

2 *Looschelders* SchuldR AT § 44 Rn. 3.
3 S. hierzu die Ausführungen im Anschluss an diesen Fall.
4 Palandt/*Grüneberg* § 249 Rn. 31.
5 BGH NJW 2010, 1445 (1446).

Ursache den Pkw betroffen hätte: Der Pkw verbrennt in der Reparaturwerkstatt. Hier ist zu erwägen, ob der Erstschädiger für diesen weiteren Erfolg ebenfalls einzustehen hat, er ihm zugerechnet werden kann. Das ist zu bejahen, wenn ein Verschulden der Werkstatt vorliegt (Gesamtschuldnerschaft bezüglich des Mehrschadens).

III. Ergebnis

G kann von S nach § 7 I StVG Schadensersatz iHv 2.000 EUR zuzüglich der Zahlung von 180 EUR für die Mietwagennutzung verlangen.

B. Schadensersatzanspruch des G gegen S nach § 18 I StVG

Ein Schadensersatzanspruch des G gegen S iHv 2.000 EUR zuzüglich der Zahlung von 180 EUR für die Mietwagennutzung besteht auch nach § 18 I StVG.

C. Schadensersatzanspruch des G gegen S nach § 823 I BGB

Auch nach § 823 I BGB kann G von S Schadensersatz iHv 2.000 EUR zuzüglich der Zahlung von 180 EUR für die Mietwagennutzung verlangen.

D. Gesamtergebnis zu Fall 30

G kann von S nach §§ 7 I, 18 I StVG, § 823 I BGB Schadensersatz iHv 2.000 EUR zuzüglich der Zahlung von 180 EUR für die Mietwagennutzung verlangen.

Allgemeines zu Reserveursachen

I. Differenzmethode und grundsätzliche Berücksichtigung von Reserveursachen

Aufgrund einer strengen Anwendung der Differenzmethode[6] im Schadensrecht gelangt ein Teil des Schrifttums zu dem Grundsatz, dass *Reserveursachen allgemein zu berücksichtigen* sind.[7] Dem Geschädigten steht gegen den Erstschädiger ein Schadensersatzanspruch dann nicht zu, wenn der Schaden unabhängig vom ersten Schadensereignis mit Sicherheit später durch das zweite Schadensereignis eingetreten wäre. Wenn die Reserveursache zu berücksichtigen ist, dann besteht ein ersatzfähiger Schaden nur insoweit, als im Zeitraum bis zum Eintritt der Reserveursache ein *eigenständiger* Schaden entstanden ist.

Die Reserveursache ist dann nicht zu berücksichtigen, wenn das zweite Schadensereignis *Ersatzansprüche* gegen den Zweitschädiger oder eine Versicherung ausgelöst hätte.[8] Solche Ersatzansprüche gegen Dritte entgehen dem Geschädigten, weil die Rechtsgutsverletzung schon infolge des ersten Schadensereignisses eingetreten ist. Die Begründung für die ausnahmsweise Nichtberücksichtigung der Reserveursache geht also dahin, dass die Erstursache den Ausfall der Ersatzansprüche gegen den hypothetischen Zweitverursacher ausgelöst hatte.[9] Bei Beachtung der Reserveursache stünde der Geschädigte schlechter als ohne das erste schädigende Ereignis. Im Ergebnis herrscht über die Lösung der Fallgestaltungen hypothetischer Ersatzansprüche gegen Dritte Einigkeit.[10]

II. Rechtsprechung

1. Die reichsgerichtliche Rechtsprechung zur Schadensanlage

Nach Auffassung des RG sind *Reserveursachen grundsätzlich schadensrechtlich unerheblich.*[11] Der einmal entstandene Schadensersatzanspruch gegen den Erstschädiger geht nicht infolge des weiteren Verlaufs der Dinge unter: Doch machte das RG eine Ausnahme in den Fällen sog. *Schadensanlagen.*[12] Wenn der verletzten Person oder beschädigten Sache schon eine Schadensanlage innewohnt, deren Verwirklichung zu einem späteren Zeitpunkt den Schaden verursacht hätte, dann ist diese Schadensanlage als Reserveursache zu berücksichtigen.

Der Ausgangspunkt des RG, Reserveursachen grundsätzlich nicht zu berücksichtigen, ist mit der Differenzmethode im Schadensrecht unvereinbar. Rechtserheblich ist allerdings die Schadensanlage eines Rechtsguts.[13] Doch handelt es sich dabei um ein Problem der Schadensberechnung, nicht um ein solches der hypothetischen Kausalität.[14]

6 Allgemein zur Differenzmethode s. nach Fall 14 unter dem Exkurs: Berechnung des Schadensersatzes statt der Leistung
7 S. etwa *Esser/Schmidt* SchuldR AT II § 33 IV; Jauernig/*Teichmann* Vorbem. §§ 249–253 Rn. 42 ff.; s. auch MüKoBGB/*Oetker* § 249 Rn. 207 ff.
8 S. MüKoBGB/*Oetker* § 249 Rn. 214 mwN; *Looschelders* SchuldR AT § 45 Rn. 24.
9 *Looschelders* SchuldR AT § 45 Rn. 24.
10 S. auch BGH NJW 1967, 551.
11 RGZ 141, 365; 169, 117.
12 RGZ 129, 316 (321); 169, 117 (120).
13 S. nur Staudinger/*Schiemann*, 2017, § 249 Rn. 97 ff.; *Brox/Walker* SchuldR AT § 30 Rn. 20.
14 Richtig MüKoBGB/*Oetker* § 249 Rn. 208; s. auch BGH NJW 2006, 2767 (2769).

Die Schadensanlage, die dem Rechtsgut anhaftet, beeinflusst schon dessen objektiven Wert vor dem haftungsbegründenden Ereignis. Der Schadensfall betrifft ein ohnehin im Wert gemindertes Rechtsgut.

Beispiele:
(1) Das schuldhaft verletzte Pferd, das getötet werden muss, wäre infolge einer bereits vorhandenen Krankheit kurze Zeit später ohnehin gestorben. Der Schaden besteht nur im Verkehrswert des kranken Pferdes und dem Nutzungsentgang bis zum voraussichtlichen natürlichen Tod.
(2) Ein Haus muss abgerissen werden, weil es infolge von Ausschachtungsarbeiten auf dem Nachbargrundstück erhebliche Schäden erlitten hat. Beim Abriss wird festgestellt, dass das Haus ohnehin baufällig war und hätte abgerissen werden müssen.

2. Entscheidungen des BGH

Der BGH hat bislang *keine geschlossene Konzeption* entwickelt und nur einzelne Fallgestaltungen entschieden. Doch geht er von dem Grundsatz aus, dass solche Umstände, die nach dem Eintritt des Schadens denselben Erfolg herbeigeführt hätten, nur bei der *Schadensberechnung* und auch dort nur *in beschränktem Umfang* zu berücksichtigen sind. Deshalb seien bei Ersatzansprüchen für die Zerstörung einer Sache derartige Umstände regelmäßig unerheblich, weil mit dem Eingriff sogleich der Anspruch auf Schadensersatz entstanden sei und das Gesetz den späteren Ereignissen keine schuldtilgende Kraft beilege. Allerdings seien bei der Ermittlung des durch Zerstörung einer Sache eingetretenen Schadens solche Umstände von Bedeutung, die bereits bei dem Eingriff vorgelegen und notwendig binnen kurzem denselben Schaden verursacht hätten, weil derartige Umstände den Wert der Sache bereits im Augenblick des Eingriffs minderten. Der BGH berücksichtigt Reserveursachen nur bei der Feststellung und Berechnung des *entgangenen Gewinns* (§ 252 BGB), der *Erwerbsminderung* (§ 843 BGB), des *Unterhaltsentzugs* (§ 844 II BGB) und ähnlichen sich in der Zeit entwickelnden Folgen,[15] nicht bei Sach- oder Substanzschäden. Auch die Schadensanlage eines Rechtsguts wird als rechtserheblich berücksichtigt.

III. Schranken der Differenzmethode (vermittelnde Auffassungen)

Im *Schrifttum* werden vermittelnde Auffassungen vertreten, die die Strenge der Differenzmethode und des Grundsatzes der allgemeinen Berücksichtigung von Reserveursachen zu mildern suchen.

1. Unmittelbare und mittelbare Schadensfolgen

Zum einen wird unterschieden zwischen unmittelbaren Schadensfolgen, die an *dem verletzten Rechtsgut* selbst entstehen, und mittelbaren Schadensfolgen, die *im sonstigen Vermögen* des Geschädigten eintreten.[16] *Unmittelbare* Schadensfolgen sind unabhängig von einer Reserveursache, die nicht zu berücksichtigen ist, zu ersetzen. Anders sind bei *mittelbaren* Vermögensfolgeschäden hypothetische Schadensursachen zu berücksichtigen. Auch wenn diese Unterscheidung dem Schadensrecht des BGB fremd ist, so ist der Umstand doch rechtserheblich, dass der Eintritt bestimmter Schäden nicht unmittelbar mit dem haftungsbegründenden Schadensereignis zusam-

15 S. etwa BGH NJW 1959, 1131.

16 S. etwa *Larenz* SchuldR I § 30 I, S. 523 ff.; *Larenz* VersR 1963, 1; Palandt/*Grüneberg* Vorbem. § 249 Rn. 103; BeckOK BGB/*Flume*, 48. Ed. 1.8.2018, § 249 Rn. 321; ablehnend MüKoBGB/*Oetker* § 249 Rn. 211.

menfällt und der verursachte Schaden sich nur weiterentwickelt, sondern dass bestimmte Schäden von vornherein erst in der Zukunft entstehen (»*Zeitfaktor*«[17]).

2. Arten des Schadensersatzes

Andere unterscheiden nach der Art des zu leistenden Ersatzes.[18] Ansprüche auf *Naturalherstellung* nach §§ 249, 250 BGB sollen von Reserveursachen unberührt bleiben. Dagegen seien *Geldersatzansprüche* nach §§ 251, 252 BGB grundsätzlich unter Berücksichtigung von Reserveursachen zu berechnen. Doch hat das Problem der Schadenszurechnung nichts mit der Art des Schadensersatzes zu tun.

IV. Berechnung des entgangenen Gewinns

Die Problematik der hypothetischen Kausalität als eine Frage der Schadenszurechnung wird an der Berechnung des entgangenen Gewinns als einem unmittelbaren Schaden anschaulich. § 252 S. 1 BGB stellt die Ersatzfähigkeit des entgangenen Gewinns klar, welche sich bereits aus § 249 I BGB ergibt.[19] § 252 S. 2 BGB erleichtert den Beweis, ob und in welcher Höhe Gewinn entgangen ist (beweisrechtliche Regelung).

Um die Ursächlichkeit des Schadensereignisses hinsichtlich des entgangenen Gewinns festzustellen, ist ein *hypothetisches Urteil* erforderlich. Es ist der Gewinn als entgangen anzusehen, der nach dem gewöhnlichen Lauf der Dinge oder nach den besonderen Umständen, insbesondere nach den getroffenen Anstalten und Vorkehrungen mit Wahrscheinlichkeit erwartet werden konnte.

Die Wahrscheinlichkeit ergibt sich aus dem Zusammenspiel vieler Umstände bis zu dem Zeitpunkt, in dem der Gewinn zu erwarten ist. Das haftungsbegründende Ereignis hat nur eine der Voraussetzungen für die Gewinnerzielung beseitigt. Stellt sich nachträglich heraus, dass trotz anfänglicher Wahrscheinlichkeit des Gewinns eine andere Voraussetzung für die Gewinnerzielung ebenfalls, und zwar unabhängig vom haftungsbegründenden Schadensereignis, entfallen ist, dann steht fest, dass der Gewinn nicht gemacht worden wäre, auch wenn das Schadensereignis nicht eingetreten wäre. Das bedeutet, dass eine reale Ursache den Eintritt des Gewinns verhindert hätte. Hier liegt überholende Kausalität im wörtlichen Sinne vor.

Beispiel: Nach einem Unfall tritt bei dem Verletzten eine Minderung der Erwerbsfähigkeit ein. Daraufhin wird eine Rente nach § 843 I BGB bis zur Erreichung der Altersgrenze gewährt. Die Rente wird nach einem wahrscheinlich aufsteigenden Gehalt als Angestellter berechnet. Stirbt der Verletzte vorzeitig an einer Krankheit, wäre auch das Gehalt ausgefallen. Also endet auch die Rente. Sie endet – oder ruht – auch für die Zeit, in der der Verletzte etwa im Gefängnis sitzt. Diese *Rentenfälle* werden seit jeher auf diese Weise entschieden.[20] Dies gilt allgemein: In jedem Fall, in dem ein entgangener Gewinn geltend gemacht wird, wird vorausgesetzt, dass er mit Wahrscheinlichkeit gemacht worden wäre. Steht, aus welchem Grund auch immer, fest, dass er in dem Zeitpunkt, in dem er hätte gemacht werden sollen, nicht gemacht worden wäre, entfällt ein entsprechender Ersatzanspruch.
Entsprechendes gilt für alle Schadensentwicklungen, die erst künftigen Schaden eintreten lassen. Insoweit ist der Zeitfaktor für die Schadensentstehung erheblich und zu berücksichtigen, nicht aber die Mittelbarkeit der Schadensfolge entscheidend. Anders ist bei Objekt- oder Substanzschäden (unmittelbare Schäden) eine Reserveursache grundsätzlich nicht zu berücksichtigen. Es bleibt bei der strikten Anwendung der Differenzmethode, abgesehen bei Rechtsgütern mit einer Schadensanlage.

---

17 *Medicus/Petersen* BürgerlR Rn. 851.
18 *Esser/Schmidt* SchuldR AT II § 33 IV.
19 MüKoBGB/*Oetker* § 252 Rn. 1 mwN.
20 S. nur RGZ 1, 66; auch BGH NJW 1953, 977.

31. Fall Sachverhalt

G wurde vor Jahren infolge einer Mittelohrentzündung einseitig taub. Er entschließt sich auf Rat seines Arztes zu einer Operation. Kurz vor dem Operationstag wird G auf einem Zebrastreifen von S schuldhaft angefahren. Er stürzt und erleidet Knochenbrüche und Prellungen. Gleichzeitig löst sich aber eine Verwachsung im Innenohr und G gewinnt sein Gehör teilweise wieder. S will den Schaden des G iHv 1.000 EUR (Arztkosten, Verdienstausfall) nicht bezahlen, weil G sich die ersparten Operationskosten von 4.000 EUR auf den Schaden anrechnen lassen müsse.

Zu Recht?

Bearbeitervermerk: Bei der Bearbeitung ist davon auszugehen, dass der haftungsbegründende Tatbestand vorliegt.

31. Fall Lösung

Schwerpunkt

- Vorteilsausgleichung

Gliederung

A. Haftungsgrundlage

Die Voraussetzungen eines Schadensersatzanspruchs nach §§ 7 I, 18 I StVG, § 823 I BGB liegen vor.

B. Art und Umfang des Schadensersatzes

I. Körperschaden und Verdienstausfall

G hat einen Körperschaden erlitten. Nach § 249 II 1 BGB kann G Ersatz der entstehenden Arzt- und Heilungskosten verlangen. Der eingetretene Verdienstausfall ist als entgangener Gewinn nach § 252 BGB zu ersetzen. G steht gegen S ein Schadensersatzanspruch iHv 1.000 EUR zu.

II. Vorteilsausgleichung

Ein Schadensereignis kann bei dem Geschädigten nicht nur einen Schaden verursachen, sondern ihm zugleich einen Vorteil bringen. Das Vermögen des Geschädigten wird nicht nur durch den Schaden vermindert, sondern auch durch den Vorteil vermehrt. Es ist zu unterscheiden, ob die nachteiligen Folgen des haftungsbegründenden Ereignisses (Körperschaden, Verdienstausfall) mit den gleichzeitig verursachten Vermögensvorteilen (ersparte Operationskosten) zu verrechnen sind.

1. Schadensberechnung nach der Differenzmethode

Im Schadensrecht gilt zur Schadensberechnung grundsätzlich die Differenzmethode. Der Differenzschaden ergibt sich aus einem Vergleich zweier Vermögenslagen: der realen Vermögenslage nach Eintritt des Schadensereignisses und der hypothetischen Vermögenslage ohne Eintritt des Schadensereignisses. Die Differenzmethode scheint zu einer Verrechnung des eingetretenen Vorteils mit dem verursachten Schaden zu zwingen. Denn Aufgabe des Schadensersatzes ist es nur, den erlittenen Schaden auszugleichen, nicht aber den Geschädigten besser zu stellen. Aus diesem Grund liegt eine *Vorteilsausgleichung* (*compensatio lucri cum damno*) nahe.

Vergleicht man die gesamte vom Unfall beeinflusste Vermögenslage des G, so sind zwar Nachteile iHv 1.000 EUR (Körperschaden, Verdienstausfall), aber auch der Vorteil ersparter Operationskosten iHv 4.000 EUR zu verzeichnen. Eine Verrechnung von Vorteil und Nachteil (Vorteilsausgleichung) ergäbe, dass G keinen Schaden erlitten hat, ihm vielmehr ein Gewinn iHv 3.000 EUR verbleibt, den er ohne den Unfall nicht gemacht hätte.

Selbstverständlich ist, dass G gegen S keinen Anspruch auf Herausgabe des den Schaden übersteigenden Vorteils hat. Es gibt keine Rechtsnorm, die dem Schädiger eines fremden Rechtsguts außer dem von ihm verursachten Schaden auch die verursachten Vermögensvorteile zuwiese. Ansprüche auf Herausgabe des Erlangten gewährt das Gesetz nur dann, wenn der Vorteil aus oder mit dem Vermögen eines anderen oder in dessen Interesse erworben worden ist (etwa §§ 812 ff., 816 BGB oder §§ 667, 677, 681 BGB). Die bloße Verursachung der vorteilhaften Veränderung der Vermögenslage eines anderen ist kein ausreichender Grund für eine Abschöpfung des Vorteils zugunsten des Verursachers.

Die *formalisierte* Schadensberechnung nach der Differenzmethode vermag aber die nahe liegende Verrechnung der Vor- und Nachteile nicht zu legitimieren. Es bestehen grundsätzliche Bedenken, die durch ein haftungsbegründendes Ereignis neben dem eingetretenen Schaden verursachten Vorteile überhaupt in die Vergleichsrechnung des Differenzschadens einzubeziehen. Ob Vorteile in die Schadensberechnung als Rechnungsposten einzustellen sind, bedarf einer *wertenden Entscheidung* über die Berechtigung der konkreten Vorteilsausgleichung.[1]

2. Adäquanz des Vorteils

Die adäquate Verursachung eines Vorteils durch das Schadensereignis ist kein zureichender Rechtsgrund für eine Vorteilsausgleichung. Zwar haftet ein Schädiger nur für den adäquat-kausalen Schaden, doch rechtfertigt die Vorhersehbarkeit eines Vorteils nicht schon eine Bilanzierung zugunsten des Schädigers. Allerdings ist die Adäquanz des Vorteils eine *notwendige*, wenn auch *nicht hinreichende* Bedingung einer Vorteilsausgleichung.

C. Ergebnis

Der vorliegende Fall[2] gehört zu der Fallgruppe, bei der allgemein der rechtlich erhebliche Bedingungszusammenhang zwischen Nachteil (Körperschaden und Verdienstausfall) und Vorteil (ersparte Operationskosten) zweifelhaft ist. Der Vorteil der

1 S. dazu *Thiele* AcP 167 (1967), 193 ff.; *Lange/Schiemann* HdB SchuldR § 9 S. 486 ff.; *Esser/Schmidt* SchuldR AT II § 33 V 1; *Larenz* SchuldR I § 30 IIa.
2 Er ist dem Fall des Bergbauern bei *Heck* Grundriß des Schuldrechts § 15 Rn. 2 nachgebildet.

ersparten Operationskosten ist nicht auf die tatbestandsmäßige Verletzung zurückzuführen, sondern ist eine selbstständige Begleitfolge des Sturzes, die auch ohne die schädlichen Folgen hätte eintreten können. Es besteht *kein ausgleichsbegründender Zusammenhang* zwischen Vorteil und Nachteil. Eine Vorteilsausgleichung findet nicht statt, der Vorteil (4.000 EUR) ist nicht auf den Schaden (1.000 EUR) anzurechnen. G kann von S Ersatz der Arztkosten und des Verdienstausfalls iHv 1.000 EUR verlangen.

Fallgruppen der Vorteilsausgleichung

Der Schaden ist zwar in dem Sinne stets ein natürlicher, als er allein bestimmbar ist durch den Vergleich zweier Vermögenszustände (natürlicher Schadensbegriff). Er ist aber kein »dem Recht vorgegebener Begriff aus dem Rechenbuch«. Es muss vielmehr stets sorgsam geprüft und wertend beurteilt werden, welche Folgen des haftungsbegründenden Ereignisses in die Schadensberechnung einzubeziehen sind. Die Notwendigkeit einer *haftungsbezogenen Rechtswertung* ist der Kern des normativen Schadensbegriffs, der zum Ausdruck bringt, dass die Einstellung von nachteiligen und vorteilhaften Folgen eines Schadensereignisses in die Schadensrechnung nur aufgrund rechtlicher Wertungen erfolgen kann.

Welche Wertungen für die Vorteilsausgleichung maßgeblich sind, lässt sich nicht allgemein sagen. In Rechtsprechung und Schrifttum werden Fallgruppen gebildet, die jeweils nach selbstständigen Kriterien beurteilt werden.[3] Nach der *Korrespondenzformel* ist maßgebend, ob zwischen Vorteil und Nachteil, die durch dasselbe haftungsbegründende Schadensereignis herbeigeführt worden sind, ein *unlösbarer, innerer Zusammenhang* unter dem Aspekt der Schadensberechnung besteht.[4] Zwar ist diese Formel noch verhältnismäßig allgemein, vermag aber als Ausgangspunkt zu dienen; sie wird in der Sache vom BGH herangezogen[5] und im Schrifttum angewendet, auch wenn sie die rechtswertende Bildung von Fallgruppen nicht ersetzt.[6] Ferner wird in der Rechtsprechung auf den Sinn und Zweck des Schadensersatzes unter Berücksichtigung der *Zumutbarkeit* und der *Billigkeit* abgestellt; der Schädiger solle nicht unbillig entlastet werden.[7]

I. Vorteile aus dem Vermögen eines Dritten

Die aufgrund des Schadensereignisses im Vermögen des Geschädigten eintretenden Vorteile können *aus dem Vermögen eines Dritten* und damit nicht aus dem Vermögen des Schädigers stammen. Über die Berechtigung einer Vorteilsausgleichung entscheidet der Zweck der Leistung des Dritten oder der Zweck der gesetzlichen oder vertraglichen Regelung, die den Dritten zur Leistung an den Geschädigten verpflichtet.

1. Freiwillige Leistungen Dritter

Bei *freiwilligen* Leistungen Dritter (etwa Spenden) aus Anlass des Schadensfalles wird zwar geleistet, um den Schaden zu decken oder zu mindern, nicht aber, um den Schädiger zu entlasten. *Entlastungswirkung* tritt nur dann ein, wenn eine Zwecksetzung nach § 267 BGB mit der Folge der Erfüllung des Ersatzanspruchs vorliegt. Fehlt, wie regelmäßig, eine solche Zwecksetzung, dann verbleibt im Zweifel die Zuwendung des Dritten im Vermögen des Geschädigten zusätzlich und endgültig.

---

3 S. dazu *Larenz* SchuldR I § 30 II; *Thiele* AcP 167 (1967), 193 (206 ff.); *Medicus/Petersen* BürgerlR Rn. 856 ff.; *Brox/Walker* SchuldR AT § 31 Rn. 21 ff.

4 So *Thiele* AcP 167 (1967), 193 (201).

5 BGH NJW 1979, 760; 1989, 211.

6 Vgl. *Esser/Schmidt* SchuldR AT II § 33 V 2, *Larenz* SchuldR I § 30 IIa.

7 BGH NJW 1953, 1346; 1983, 2137 ff.; zu den Fallgruppen im Einzelnen auch *Looschelders* SchuldR AT § 45 Rn. 41 ff.

2. Leistungsverpflichtungen Dritter

Leistet der Dritte *aufgrund einer Verpflichtung*, so scheidet eine Vorteilsausgleichung schon immer dann aus, wenn die Leistung von vornherein unter einem *Ausgleichsvorbehalt* steht. Das ist dann der Fall, wenn dem Geschädigten der ihm gewährte Vorteil wirtschaftlich nicht endgültig gebührt, er vielmehr dem Dritten gegenüber in irgendeiner Weise zum Ausgleich verpflichtet ist. In der Regel ist der Ausgleich gesetzlich bestimmt durch Anordnung einer *cessio legis* oder einer Abtretungspflicht.

Beispiele:
(1) Leistungen aus der *Sozialversicherung* (§ 116 SGB X) oder aufgrund *Beamtenrechts* (§ 87a BBG, § 52 BRRG); der Schadensersatzanspruch geht mit seiner Entstehung auf den Versicherungsträger oder den Dienstherrn über.
(2) Leistungen einer *Schadensversicherung* (§ 67 VVG); der Schadensersatzanspruch geht auf den Versicherer über, soweit er dem Versicherungsnehmer den Schaden ersetzt.
(3) Leistungen zur Erfüllung von Entgeltfortzahlungsansprüchen (§§ 1, 6 EFZG; auch § 616 BGB), die dem Schutz des Arbeitnehmers oder Dienstverpflichteten dienen, nicht aber eine Entlastung des Schädigers bezwecken der die Arbeitsunfähigkeit verursacht hat.

Beruht die Leistung des Dritten auf einer *gesetzlichen Unterhaltspflicht* (etwa §§ 1601 ff. BGB), so folgt aus § 843 IV BGB[8], dass die Unterhaltsleistung dem Schädiger nicht zugutekommen soll. Umstritten ist, ob der Geschädigte neben der Unterhaltsleistung auch den Schadensersatz behalten kann oder dem Unterhaltsleistenden ausgleichspflichtig ist. Da der mit einem Schadensersatzanspruch (etwa nach §§ 843 I–III, 844 II BGB) konkurrierende Unterhaltsanspruch nur vorläufig und hilfsweise die bedarfsdeckende Funktion eines Vorschusses hat, besteht im Innenverhältnis zwischen Geschädigtem und Unterhaltspflichtigem eine Ausgleichspflicht. Die Art des Ausgleichs wird unterschiedlich begründet: Ansprüche aus Geschäftsführung ohne Auftrag (§§ 677, 683, 667 BGB) und aus Bereicherungsrecht (§ 812 BGB)[9] oder gesetzlicher Forderungsübergang analog § 1607 II BGB und § 1615b BGB aF[10] sowie ein Abtretungsanspruch analog § 255 BGB.[11]

Leistungen aus einer *privaten Summenversicherung* (Lebensversicherung, Unfallversicherung) oder aufgrund von *Ruhegehaltszusagen* sind nicht anrechenbar. Der Geschädigte (oder zu seinen Gunsten ein Dritter) hat die Versicherungsleistungen durch die Zahlung der Versicherungsprämien gleichsam erkauft. Der Abschluss der privaten Versicherung dient nicht der Entlastung eines künftigen Schädigers.[12] Vor allem erfolgt keine Anrechnung auf Rentenansprüche (§§ 844 II, 845 BGB).[13] Das gilt auch für die Erträge einer dem Unterhaltsberechtigten ausgezahlten Summe einer Lebensversicherung auf den Erlebens- und Todesfall (Sparversicherung).[14]

---

8 S. auch § 618 III BGB, § 13 II StVG.
9 RGZ 138, 2.
10 *Larenz* SchuldR I § 30 IIc; *Thiele* AcP 167 (1967), 193 (221 f.).
11 *Selb* FS Larenz, 1973, 517 f.
12 S. BGH NJW 1956, 222. Anders ist es nur, wenn gerade der Schädiger die Versicherung abgeschlossen hat (RGZ 152, 199 ff.).
13 Vgl. nur BGH NJW 1957, 1876; VersR 1969, 351 und NJW 1971, 2069 – zur Unfallversicherung.
14 BGH NJW 1979, 760; anders noch BGH NJW 1963, 1604.

3. Stammwert einer Erbschaft

Wird ein Unterhaltspflichtiger getötet und vom Unterhaltsberechtigten beerbt, so wird der *Stammwert der Erbschaft* nicht auf den Unterhaltsschaden angerechnet, wenn der Berechtigte (Erbe) die Erbschaft später ohnehin gemacht hätte. Angerechnet werden dagegen die *Erträgnisse der vorzeitig angefallenen Erbschaft*, sofern sie auch vorher zur Bestreitung des Unterhalts dienten.[15]

II. Vorteile aus Maßnahmen des Geschädigten

1. Überpflichtmäßige Anstrengungen

Vorteile aus Maßnahmen des Geschädigten selbst sind, soweit diese über die Schadensminderungspflicht nach § 254 II 1 BGB hinausgehen, grundsätzlich nicht auf den Schaden anrechenbar.[16]

Im Einzelnen ist zu unterscheiden: Dienten die Maßnahmen des Geschädigten konkret der Schadensverhinderung oder Schadensminderung, so ist, wenn sie erfolgreich waren, kein Schaden entstanden. Der Geschädigte kann jedoch die für notwendig gehaltenen *Aufwendungen als Schaden* ersetzt verlangen.[17] Anders ist es, wenn der Ersatzberechtigte *überpflichtmäßige Anstrengungen*, die über das gebotene Maß des § 254 II 1 BGB hinausgehen, unternimmt.

Beispiele: Der geschädigte Fahrlehrer, dessen Fahrschulwagen beschädigt wird, holt nach der Reparatur ausgefallene Fahrstunden außerhalb der gewöhnlichen und zumutbaren Arbeitszeit nach.[18] Die verletzte Ärztin, die nur gelegentlich Vertretungen übernimmt, eröffnet Jahre später eine eigene Praxis, wozu sie nach § 254 II 1 BGB nicht verpflichtet ist.[19] Der Verdienst aus den zusätzlichen Fahrstunden sowie der eröffneten Praxis ist durch eigene *überpflichtmäßige Arbeitsleistung* gleichsam erkauft und auf den Verdienstausfall nicht anzurechnen. Entsprechendes gilt bei Arbeitsaufnahme einer Witwe trotz Unzumutbarkeit.[20] Nicht anrechenbar sind auch *Ersteigerungsgewinne*, die der um Rangverschlechterung und ähnliches Geschädigte durch spätere Ersteigerung erzielt[21] oder die der Geschädigte bei Durchsetzung seines Ersatzanspruchs erlangt.[22] Die rechtliche Behandlung des Sonderfalls einer nicht erfüllten *Ausbietungsgarantie* ist umstritten.[23]

2. Schadensvorbeugende Vorsorgemaßnahmen

Die Ersatzfähigkeit von *Maßnahmen der Schadensvorsorge*, die den Eintritt künftigen Schadens verhindern sollen, ist noch weithin ungeklärt.[24] So ist auch umstritten, ob und inwieweit *Überwachungsaufwand* (Kosten für Warenhausdetektive, Fernseh-

15 *Thiele* AcP 167 (1967), 193 ff.
16 BGH NJW 1974, 602 ff.; VersR 1987, 1239 ff.
17 S. dazu *Thiele* FS Felgentraeger, 1969, 393 ff.
18 BGH NJW 1971, 836; *Medicus/Petersen* BürgerlR Rn. 859, die darauf abstellen wollen, dass der Fahrlehrer insgesamt keine zusätzliche Arbeit geleistet habe; das rechtfertige, den Nachteil der nachgeholten Arbeit gegen den Vorteil der Freizeit zu verrechnen.
19 BGH NJW 1974, 602.
20 BGH VersR 1969, 469.
21 RGZ 84, 386.
22 RGZ 133, 221; zum Ganzen *Thiele* AcP 167 (1967), 193 (238 f.).
23 RGZ 100, 255; s. dazu *Medicus/Petersen* BürgerlR Rn. 860 gegen *Thiele* AcP 167 (1967), 193 (239).
24 S. etwa BGH NJW 1960, 1339; auch BGH NJW 1973, 96; dazu *Thiele* FS Felgentraeger, 1969, 393; MüKoBGB/*Oetker* § 249 Rn. 178 f.

anlagen) sowie *Fangprämien* auf entdeckte Ladendiebe umgelegt werden können.[25] Solche schadensvorbeugenden Maßnahmen gehören nur entfernt und insoweit zum Bereich der Vorteilsausgleichung, als infolge der vorsorglichen Maßnahmen ein Schaden verhindert wird. In der Sache geht es um die Bewertung der im Einzelfall angewendeten Maßnahmen unter dem Gesichtspunkt der Aufwendungen zur Schadensverhinderung.[26]

III. Vorteile aus ersparten Aufwendungen

Erspart der Geschädigte infolge des haftungsbegründenden Ereignisses Aufwendungen, die er sonst sicher hätte machen müssen, hängt es von den Umständen ab, ob sie auf den Schaden anzurechnen sind. Angerechnet werden etwa die während eines Krankenhausaufenthalts *ersparten Lebenshaltungskosten*.[27] Umstritten ist die Anrechnung solcher hypothetischer Vermögensverluste, die infolge des Schadensereignisses beim Geschädigten nicht eingetreten sind.[28]

IV. Nachteilsbedingte Vorteile (ausgleichsbegründender Zusammenhang)

Infolge eines Schadensereignisses können Vorteile entstehen, die ein nur loser und zeitlicher, gleichsam *zufälliger* Zusammenhang mit dem Schadensereignis verbindet. Eine Vorteilsausgleichung ist allgemein nur dann berechtigt, wenn zwischen konkretem Vorteil und konkretem Nachteil ein Zusammenhang derart besteht, dass der Vorteil nur über das Opfer des Vermögensnachteils erzielbar ist. Zwischen Vorteil und Nachteil muss ein *ausgleichsbegründender* Zusammenhang bestehen.[29] Eine Vorteilsausgleichung ist nur bei *nachteilsbedingten Vorteilen* gerechtfertigt.

> Kein nachteilsbedingter Vorteil liegt vor, wenn der Brandstifter ein denkmalgeschütztes Haus zerstört und das übrig bleibende Grundstück infolge des Fortfalls der mit dem Denkmalschutz verbundenen Beschränkungen eine Wertsteigerung erfährt.[30] Zwischen Brandschaden und Wertsteigerung besteht kein ausgleichsbegründender Zusammenhang. Der nicht nachteilsbedingte Vorteil ist nicht anzurechnen.

---

25 S. *Canaris* NJW 1974, 521; *Creutzig* NJW 1973, 1593; s. auch BGH NJW 1984, 979 f.
26 Zur Fangprämie s. BGH NJW-RR 1987, 1398.
27 *Thiele* AcP 167 (1967), 209 ff.
28 Vgl. RG Recht 1908, Nr. 3240; dazu *Thiele* AcP 167 (1967), 192 (211).
29 Dazu auch *Medicus/Petersen* BürgerlR Rn. 860.
30 S. *Thiele* AcP 167 (1967), 193 (207).

32. Fall Sachverhalt

Der fünf Jahre alte G bekommt von seinen Eltern E zu Weihnachten ein Kinderfahrrad geschenkt. Die Eltern ermahnen ihn immer wieder, nur im Hof des Wohnblocks und auf gar keinen Fall auf der Straße, sei es auch nur auf dem Gehweg, zu fahren. Eines Tages fährt G doch hinter einigen älteren Kindern her und durch den Torweg direkt auf die Fahrbahn. Trotz sofortigen Bremsens kann der S seinen Wagen nicht mehr rechtzeitig anhalten und auch nicht mehr ausweichen. G wird angefahren und verletzt. Er verlangt von S Schadensersatz. Höhere Gewalt liegt nicht vor.

Kann G von S Schadensersatz verlangen?

32. Fall Lösung

Schwerpunkte

- Mitverschulden Minderjähriger
- Mitverschulden von Erfüllungsgehilfen und gesetzlichen Vertretern

Gliederung

A. Schadensersatzanspruch des G gegen S nach § 7 I StVG

G könnte gegen S einen Schadensersatzanspruch nach § 7 I StVG haben. Vorliegend ist davon auszugehen, dass G Halter des Pkw ist. Da S während der Fahrt vor den Wagen des G gelaufen kam und dadurch angefahren wurde, liegen die Voraussetzungen des § 7 I StVG vor. Der Haftungsausschluss nach § 7 II StVG greift nicht ein. Der Umfang der Ersatzpflicht bestimmt sich nach §§ 11 ff. StVG.

I. Mitverschulden

Es kommt ein mitwirkendes Verschulden des G oder seiner Eltern in Betracht (§ 9 StVG, § 254 BGB).

1. Mitwirkendes Verschulden des G (§ 9 StVG, § 254 I BGB)

a) Verschulden des Geschädigten als Obliegenheitsverletzung

G ist, verleitet durch die älteren Kinder, objektiv verkehrswidrig auf die Straße gefahren und hat dadurch den Unfall mitverursacht. Das Gesetz lässt aber die Mitverursachung des Schadens nicht genügen, sondern verlangt im Tatbestand des § 254 I BGB auch ein *Verschulden* des Geschädigten an der Entstehung des Schadens. Ein Verschulden setzt rechtswidriges Handeln voraus. Da die Selbstschädigung grundsätzlich nicht verboten ist, eine Rechtspflicht, sich nicht selbst zu schädigen, nicht besteht, kommt es für die Anwendung des § 254 BGB auch nicht auf die Verletzung einer Rechtspflicht an. Das Verschulden iSd § 254 I BGB ist untechnisch zu verstehen und besteht in einem *Verschulden gegen sich selbst* (Verletzung einer nicht einklagbaren

Obliegenheit).[1] Wer die eigenen Interessen nicht zureichend wahrt, dem wird zwar rechtlich kein Schuldvorwurf gemacht, doch hat er den daraus entstehenden Schaden selbst zu tragen.

Die Rechtsprechung sieht in § 254 BGB eine Ausprägung des Grundsatzes von Treu und Glauben (§ 242 BGB) als Ausdruck des Verbots eines *venire contra factum proprium*.[2] § 254 BGB als Sonderfall des § 242 BGB zu verstehen, ist aber rechtlich unergiebig.[3]

Letztlich ist man sich darüber einig, dass es in § 254 BGB um die Zurechnung eigenen, nachlässigen Verhaltens des Geschädigten und damit um die *zurechenbare Unachtsamkeit in eigenen Angelegenheiten* geht.

b) Zurechenbarkeit des Mitverschuldens (analog §§ 827 ff. BGB)

Die nicht vollständig geklärte dogmatische Einordnung des Mitverschuldens zeigt sich insbesondere bei der Frage nach der *Zurechenbarkeit eigenen Fehlverhaltens*. Nach Rechtsprechung und hM[4] setzt Mitverschulden des Geschädigten dessen *Verschuldensfähigkeit* voraus. Die Vorschriften der §§ 827 ff. BGB sind auf § 254 BGB entsprechend anzuwenden. Einem Verschuldensunfähigen ist sein Mitverschulden nicht zurechenbar. Nur ausnahmsweise kann aus *Billigkeitsgründen* ein mitwirkendes Verschulden des schuldunfähigen Geschädigten nach § 829 BGB zu berücksichtigen sein, eine Vorschrift, an deren Voraussetzungen die Rechtsprechung strenge Anforderungen stellt.[5] Legt man diese Auffassung zugrunde, dann ist im vorliegend zu beurteilenden Fall G als fünfjähriges Kind für den von ihm mitverursachten Schadensanteil nicht verantwortlich (§ 828 I BGB).

Nach einer Mindermeinung im Schrifttum[6] gehören die §§ 827 ff. BGB zum haftungsbegründenden Tatbestand und sind auf das anspruchsmindernde Fehlverhalten nicht anwendbar. Der Verschuldensunfähige trage den von ihm selbst verursachten »Unglücksschaden« selbst. Denn er trage ihn auch, wenn ein Dritter den Schaden mitverschuldet habe, aber – etwa nach § 7 II StVG – nicht hafte. Entscheidend sei daher nur, inwieweit ein *objektives Fehlverhalten* des Verletzten mitgewirkt habe. Nach dieser Auffassung ist der Mitverursachungsanteil des G gegen die bloße Betriebsgefahr des von S geführten Fahrzeugs nach § 9 StVG, § 254 I BGB anzurechnen. G müsste seinen Schaden zu einem wesentlichen Teil selbst tragen.

Die hM ist vorzuziehen. Die Vorschrift des § 254 I BGB verlangt ein Verschulden des Verletzten. Auch wenn das Verschulden gegen sich selbst nur eine *Obliegenheitsverletzung* darstellt, so handelt es sich doch bei mitwirkendem Verschulden nicht nur um eine bloße Mitverursachung, sondern um eine darüber hinausgehende Mitverantwortlichkeit. Ein noch nicht sieben Jahre alter Mensch trägt aber nach dem Gesetz keine Verantwortung für sein eigenes Tun, ein nicht zehn Jahre alter Mensch im Straßenverkehr nur bei Vorsatz (§ 828 II BGB), ein über sieben Jahre alter Mensch nur

---

1 HM, s. nur *Larenz* SchuldR I § 31 Ia; MüKoBGB/*Oetker* § 254 Rn. 3; *Brox/Walker* SchuldR AT § 31 Rn. 37; aA *Esser/Schmidt* SchuldR AT II § 35 I 2.
2 BGH NJW 1974, 798; s. dazu auch Palandt/*Grüneberg* § 254 Rn. 1; *Dunz* NJW 1986, 2234 ff.
3 Richtig MüKoBGB/*Oetker* § 254 Rn. 4.
4 Palandt/*Grüneberg* § 254 Rn. 8 f.
5 BGH NJW 1962, 1199; 1973, 1795; LG Heilbronn NJW 2004, 2391.
6 *Esser/Schmidt* SchuldR AT II § 35 I 3b.

nach Maßgabe seiner Einsichtsfähigkeit (§ 828 III BGB). Bei gesetzestreuer Wertung hat deshalb die Mitverursachung eines Minderjährigen unter sieben Jahren außer Betracht zu bleiben. Dies steht auch im Einklang mit der *Gesetzeswertung* nach der *Änderung des Schadensersatzrechts* von 2002. Mit der Einfügung des *§ 828 II BGB* sollten Kinder im Straßenverkehr verstärkt geschützt werden. Zugleich sollte erreicht werden, dass Kinder auch im Hinblick auf ihre Anspruchslage im Straßenverkehr besser geschützt werden, was auch die Berücksichtigung eines Mitverschuldens umfassen muss.[7] Im Ergebnis hat G seine Mitverursachung nicht nach § 9 StVG, § 254 I BGB zu verantworten.

2. Mitwirkendes Verschulden (Aufsichtsverschulden) der E (§ 9 StVG, §§ 254 II 2, 278 BGB)

a) Mitverschulden der gesetzlichen Vertreter und Gehilfen

Dem Geschädigten wird nicht nur sein eigenes Mitverschulden (§ 254 I BGB), sondern auch das Mitverschulden seines gesetzlichen Vertreters oder seines Gehilfen (§ 254 II 2 BGB) zugerechnet.

> Nach § 254 II 2 BGB ist die Vorschrift des § 278 BGB entsprechend anzuwenden. Die Verweisungsvorschrift ist zwar als zweiter Satz des zweiten Absatzes normiert, bezieht sich aber nicht nur auf die Fälle des Unterlassungsverschuldens des § 254 II 1 BGB, sondern auch auf die Mitverschuldensregelung des § 254 I BGB. § 254 II 2 BGB ist als *dritter Absatz* der Vorschrift zu lesen, der sich auf den ersten und zweiten Absatz bezieht (Redaktionsversehen).[8]

Nach §§ 254 I, II 2, 278 BGB könnte G für ein Mitverschulden seiner Eltern an dem Unfall einzustehen haben. Ein Mitverschulden der E ist darin zu sehen, dass die Eltern dem erst fünfjährigen G ein (Kinder-)Fahrrad überlassen haben. Selbst bei eindringlichen Belehrungen und Ermahnungen ist ein Fahrrad in der Hand eines Fünfjährigen ein unfallträchtiges Fahrzeug, das nur unter Aufsicht der Eltern – zumindest bei Zugang zum öffentlichen Straßenverkehr – benutzt werden darf.

b) § 254 II 2 BGB als Rechtsgrundverweisung (Rechtsprechung)

§ 278 BGB ist im Rahmen des § 254 BGB entsprechend anzuwenden. Die Rechtsprechung versteht die Vorschrift des § 254 II 2 BGB als eine *Rechtsgrundverweisung*.[9] Nach dieser Auffassung ist § 278 BGB (Haftung für Erfüllungsgehilfen) nur anwendbar, wenn zwischen Schädiger (S) und Geschädigtem (G) *zur Zeit des Schadensereignisses* bereits ein *Schuldverhältnis* oder eine nach schuldrechtlichen Grundsätzen zu behandelnde *Sonderverbindung* besteht.[10] Außerhalb eines Schuldverhältnisses (Deliktshaftung) besteht eine Haftung für Hilfspersonen nur, wenn der Tatbestand des § 831 BGB (Haftung für Verrichtungsgehilfen) erfüllt ist. Erforderlich ist, dem Geschädigten ein mitwirkendes Verschulden seines Verrichtungsgehilfen nach § 831 BGB zuzurechnen. Die Rechtsprechung[11] wendet deshalb im Hinblick auf die Gleichbehandlung von Schädiger und Geschädigtem in der Frage der Zurechnung des Gehilfenverhaltens innerhalb bestehender Schuldverhältnisse § 278 BGB und außer-

---

7 *Medicus/Petersen* BürgerlR Rn. 869; Jauernig/*Teichmann* § 828 Rn. 2.
8 S. nur *Larenz* SchuldR I § 31 Id; *Brox/Walker* SchuldR AT § 31 Rn. 46.
9 BGH NJW 1979, 973; 1988, 2676.
10 RGZ 62, 346; BGH NJW 1951, 477; *Brox/Walker* SchuldR AT § 31 Rn. 47.
11 RGZ 164, 269; BGH NJW 1951, 477.

halb bestehender Schuldverhältnisse § 831 BGB – einschließlich der Möglichkeit, den Entlastungsbeweis zu führen – entsprechend auf § 254 BGB an.[12]

c) § 254 II 2 BGB als Rechtsfolgenverweisung (Schrifttum)

Im Schrifttum wird § 254 II 2 BGB teilweise als eine *Rechtsfolgenverweisung* verstanden.[13] Dem Geschädigten ist ein Mitverschulden seiner Gehilfen und gesetzlichen Vertreter nach § 254 I BGB auch dann anzurechnen, wenn zur Zeit des Schadensereignisses zwischen Schädiger und Geschädigtem ein Schuldverhältnis oder eine vergleichbare Sonderverbindung nicht besteht.[14] Die Auffassung wird vornehmlich mit einem Vergleich der Vertragshaftung einerseits und Deliktshaftung andererseits für mitwirkendes Verschulden eines Gehilfen begründet. Wenn der Geschädigte sich im Rahmen der Deliktshaftung für das Mitverschulden seines Gehilfen nach § 831 I 2 BGB entlaste, dann trage der Schädiger den ganzen Schaden, wenn mangels Schuldverhältnisses § 278 BGB nicht anwendbar sei. Doch formuliert dieser Einwand ein allgemeines Bedenken gegen den Entlastungsbeweis bei der deliktischen Gehilfenhaftung. Verzichtet man auf das Erfordernis eines Schuldverhältnisses, dann ist Erfüllungsgehilfe iSd § 254 II 2 BGB iVm § 278 BGB die Person, deren sich der Geschädigte zwar nicht zur Erfüllung einer Verbindlichkeit, aber doch zur *Erfüllung der Obliegenheit* des Geschädigten, sich nicht selbst zu schädigen, bedient.[15] Das entspricht im Ergebnis derjenigen Auffassung,[16] nach der zwar § 278 BGB nicht auf § 254 I BGB anzuwenden, aus Gründen der Zurechnung und Abwägung von Risikobereichen aber das Verschulden derjenigen Personen nach § 254 BGB zu berücksichtigen sei, die anstelle des Verletzten dessen Rechtsgüter zu bewahren haben (*Bewahrungsgehilfen*). Grund der Zurechnung ist das Anvertrauen der eigenen Rechtsgüter unter fremde Obhut.

d) Haftung für Bewahrungsgehilfen

Sachgerecht ist, dem Geschädigten das Fehlverhalten der Personen, die er mit der *Obhut über seine Rechtsgüter* betraut (Bewahrungsgehilfen), im Rahmen des § 254 BGB als mitwirkendes Verschulden zuzurechnen.[17] Doch ist zwischen *Gehilfen* und *gesetzlichen Vertretern* zu unterscheiden. Zu den Bewahrungsgehilfen zählen die gesetzlichen Vertreter nicht. Deliktisches Verhalten eines gesetzlichen Vertreters ist dem Vertretenen allenfalls über § 31 BGB zuzurechnen. Nur im rechtsgeschäftlichen Verkehr hat der Vertretene auch für ein mitwirkendes Verschulden seines gesetzlichen Vertreters einzustehen.

> Soweit ein gesetzlicher Vertreter den Schaden deliktisch mit zu verantworten hat, haftet er dem Geschädigten neben dem anderen Schädiger. Dieser kann nur mittelbar über §§ 840, 426 II BGB Regress nehmen. Über § 254 BGB würde dagegen die Haftung des Schädigers schon im Außenverhältnis reduziert.

12 § 254 II 2 BGB ist als quasi »§ 254 III BGB« so zu lesen: »Die Vorschriften der §§ 278, 831 BGB finden entsprechende Anwendung.«.
13 Zum Meinungsstand s. Staudinger/*Schiemann*, 2017, § 254 Rn. 96 ff.
14 Etwa *Larenz* SchuldR I § 31 Id.
15 Dazu *Larenz* SchuldR I § 31 Id.
16 *Esser/Schmidt* SchuldR AT II § 35 III 1.
17 Vgl. auch die gesetzlichen Regelungen über die Zurechnung des Verschuldens von Bewahrungsgehilfen in § 9 StVG, § 4 HPflG, § 6 I ProdHaftG, § 11 UmweltHG, § 27 AtG, § 34 LuftVG.

Es ist auch nicht angemessen, die zur Personensorge verpflichteten Eltern als Bewahrungsgehilfen im Hinblick auf die körperliche Unversehrtheit des Kindes anzusehen und so dem Kind das Mitverschulden der Eltern zuzurechnen.[18] Die Eltern sind nicht Bewahrungsgehilfen anstelle des Kindes, sondern *selbstständig* zur Sorge für das Kind verpflichtet. In diesem Fall ist die Gesamtschuldregelung sachgemäß.

II. Ergebnis

Dem G ist das Mitverschulden der Eltern nicht zuzurechnen. Zur Zeit des Schadensereignisses bestand zwischen G und S kein Schuldverhältnis; auch sind die Eltern keine Bewahrungsgehilfen des Kindes. G hat gegen S einen Anspruch auf vollen Ersatz seines Schadens nach § 7 I StVG.

B. Schadensersatzanspruch des G gegen S nach § 18 I StVG

Ein Schadensersatzanspruch des G gegen S nach § 18 I StVG scheitert jedenfalls an einem nach § 18 I 2 StVG erforderlichen Verschulden des Fahrers.

C. Schadensersatzanspruch des G gegen S nach § 823 I BGB

Auch ein Schadensersatzanspruch des G gegen S nach § 823 I BGB scheidet mangels Verschuldens des S aus.

D. Gesamtergebnis zu Fall 32

G hat gegen S einen – ungekürzten – Schadensersatzanspruch nach § 7 I StVG.

18 Wie hier *Lange/Schiemann* HdB SchuldR § 10 XI 5j bb; wohl auch *Medicus/Petersen* BürgerlR Rn. 872.

Sachverzeichnis

Die mageren Zahlen bedeuten die Nummern der Fälle; die fetten Zahlen verweisen auf Übersichten und bedeuten die Nummern der Kapitel.